Plaisir de peindre à
l'aquarelle

Édité par :

www.hachette-collections.com

Cet ouvrage est une édition partielle de l'encyclopédie
« Réussir ses aquarelles »

Maquette de couverture : Graph'm
Photos de couverture : Theo Sauer, Gilbert Falissard
Illustrations : Isabelle Arslanian, Joëlle Bondil, Béatrice Boulingre, Dorothée Duntze, Agnès Durand, Sophie Lebel, Marianne Le Vexier, Sonia Paolini, Pierre Pasquereau, Catherine Perdriaux, Bénédicte Peyrat, Christophe Pradal, Yann de Renty, Théo Sauer
Directeur de collection : Dominique Foufelle
Rédaction : Sylvie Albou-Tabart, Isabelle Arslanian, Joëlle Bondil, Nathalie Chahine, Jérôme Erbin, Dominique Foufelle, Sophie Lebel, Marianne Le Vexier, Sonia Paolini, Bénédicte Peyrat, Christophe Pradal, Yann de Renty, Théo Sauer

Imprimé par Graficas Estella (Espagne)
Achevé d'imprimer : Août 2004
Dépôt légal : Septembre 2004
ISBN : 2-84634-419-1

DU CÔTÉ DES LOISIRS

Plaisir de peindre à l'aquarelle

HACHETTE
Collections

Sommaire

Le matériel 7

Les principales techniques 15

Les couleurs 79

Peindre la nature et les éléments 97

Peindre les animaux et les personnages 145

La nature morte 177

Plaisir de peindre à l'aquarelle vous propose des méthodes qui vous assurent des progrès rapides et vous permettent d'affirmer votre propre style.

Grâce à ce livre, vous découvrirez le matériel et les techniques indispensables pour devenir un aquarelliste talentueux. Vous pourrez mettre vos nouvelles connaissances en pratique avec de nombreux exercices détaillés. En effet, dès les premières pages, cet ouvrage pratique vous donne les moyens de réaliser vos aquarelles, en vous guidant pas à pas.

L'ambiance d'un paysage, la magie des couleurs, les jeux d'ombre et de lumière, l'éclat d'un regard… Tous ces moments magiques de votre vie trouveront un éclat éternel grâce à vos propres aquarelles.

Le matériel

L'aquarelle dans tous ses états

On trouve l'aquarelle sous trois formes : les godets, tubes et pigments, auxquels s'ajoutent les crayons et pastels aquarellables.

Les godets

Ils sont pratiques pour une utilisation à l'extérieur. Diverses présentations sont possibles suivant le fabricant : des godets ronds, rectangulaires, conditionnés dans des boîtes de diverses formes, etc. Les qualités et les prix sont variables. Pour les professionnels ou les « mordus », on peut trouver des couleurs « extra-fines » de très bonne qualité, stables dans le temps. Mais elles sont assez chères.

Pour les débutants ou les amateurs, il existe des godets à des prix nettement plus abordables. Mais attention aux boîtes très bon marché ! Elles sont souvent de qualité médiocre, car la force colorante de leur pigment est très faible.

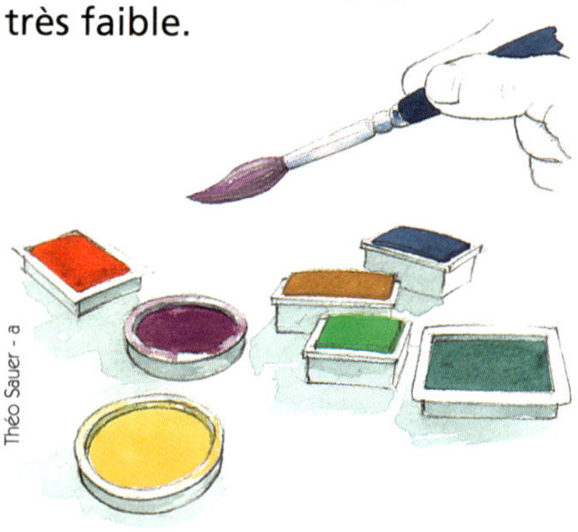

▲ Les godets, les demi-godets et les pastilles sont adaptés aux divers besoins des usagers. Ils conviennent notamment pour une utilisation à l'extérieur.

Les tubes

Ils servent à la préparation de grandes quantités de mélange coloré. Ils sont semi-liquides et se diluent rapidement quand on les mélange sur une palette. Ce sont des couleurs de bonne qualité.

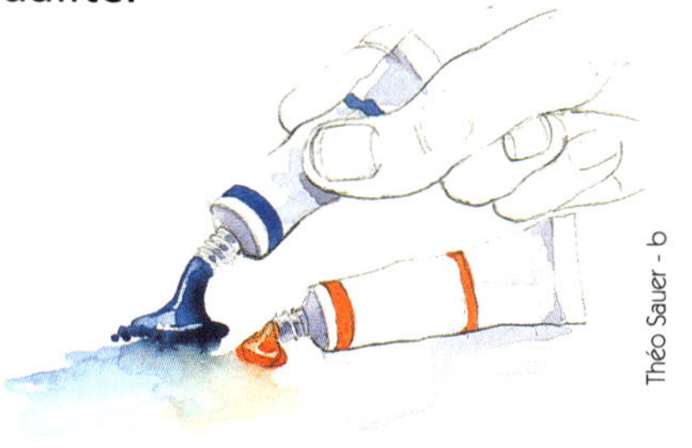

▲ Les tubes offrent des couleurs semi-liquides de qualité satisfaisante.

Les pigments pour aquarelle

C'est un moyen économique pour ceux qui ont de grandes surfaces à travailler. Ils servent à fabriquer sa propre aquarelle. Chacun fait plus ou moins sa « cuisine » et a ses petits secrets de composition.

Voici un exemple de recette pour une couleur : une part de pigment spécial aquarelle, une demi-part de gomme arabique, une part de miel ou de sucre liquide et quelques gouttes d'un agent conservateur. Mélangez le tout avec une spatule et conservez ce mélange dans un récipient clos. On peut y ajouter de la glycérine pour augmenter la transparence de l'aquarelle. La gomme arabique se trouve prête à l'emploi ou sous forme de paillettes (à dissoudre dans de l'eau).

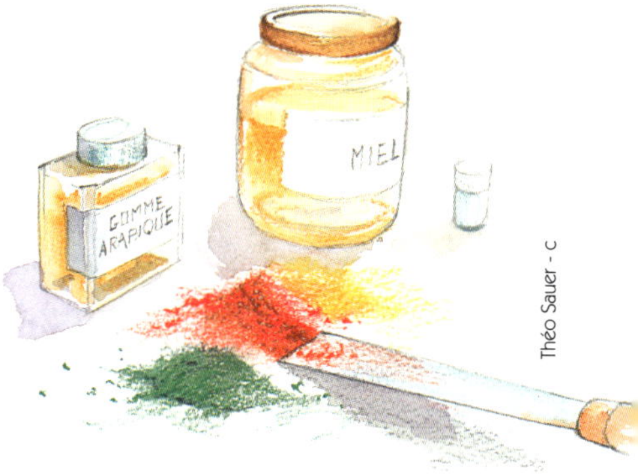

▲ Avec du pigment spécial aquarelle, de la gomme arabique, un peu de miel et un agent conservateur, on peut facilement fabriquer sa propre aquarelle.

Évitez le dessèchement

Pour empêcher vos couleurs de s'assécher, rebouchez systématiquement vos tubes après usage ou refermez le couvercle de votre boîte à godets. Ce petit geste vous évitera de gâcher vos aquarelles.

Crayons et pastels aquarellables

Ils apportent des éléments linéaires qui complètent l'aquarelle par leurs détails précis, incisifs et lumineux.

Les crayons

On les utilise secs pour mettre des détails en valeur. Ils peuvent servir pour réaliser un croquis de base, qui est ensuite rehaussé par des jus colorés. Dans la peinture humide, ils se dissolvent en partie. Cet effet peut être intéressant à exploiter.

Les pastels

Ils s'utilisent comme les crayons, mais conviennent moins bien pour les détails. En revanche, on peut les utiliser pour couvrir de plus grandes surfaces.

◀ Les crayons aquarellables permettent de mettre en valeur des détails.

Les pastels ▲ aquarellables permettent de couvrir de plus vastes surfaces.

La technique mixte

Marier les diverses présentations permet un jeu d'effets intéressant. On tire de chacune le meilleur parti. Pas besoin de crayon graphite pour réaliser l'esquisse ! Utilisez le crayon aquarellable pour dessiner les contours. Avec les pastels, mettez les valeurs en place puis, à l'aide de votre pinceau, mouillez les parties concernées. Les traits vont se dissoudre, et vous pourrez les transformer en lavis colorés. Après séchage, reprenez certaines zones sous forme de hachures. Enfin, soulignez les détails importants avec la pointe de vos crayons.

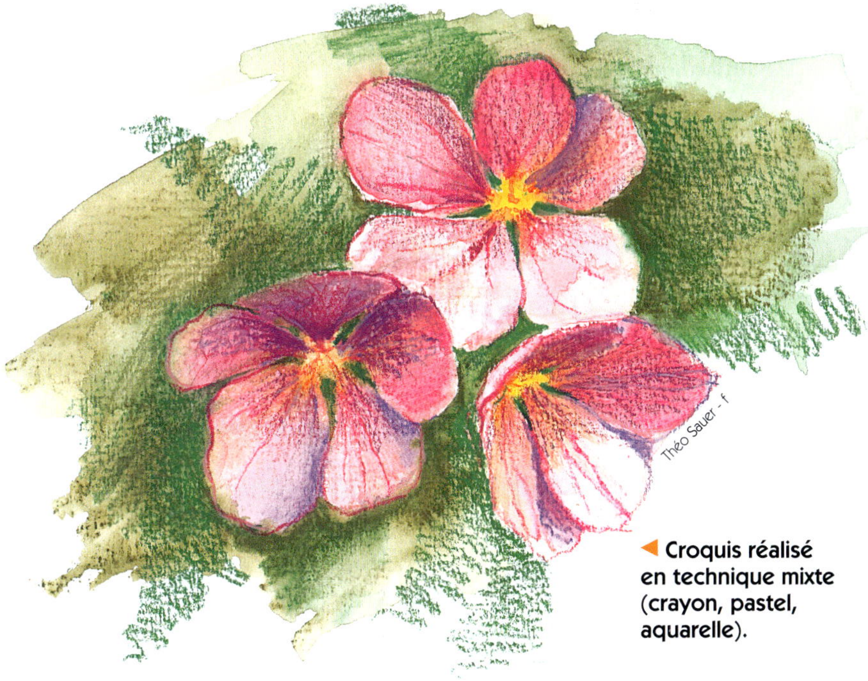

◀ Croquis réalisé en technique mixte (crayon, pastel, aquarelle).

Les pinceaux de l'aquarelliste

Les aquarellistes disposent d'un large éventail de pinceaux. Si vous désirez compléter votre gamme, choisissez ceux qui vous seront vraiment indispensables.

Les pinceaux sont généralement en poils ou soies naturels de différentes qualités, mais aussi en fibres synthétiques. Ils sont disponibles en de nombreuses tailles. Les meilleurs sont naturellement les plus chers ! En revanche, la qualité d'un pinceau ne nous rend pas meilleurs peintres !

Échelle de qualité

Les meilleurs sont en poils de martre : souples, ils reviennent bien en place et retiennent beaucoup d'eau (très important pour l'aquarelle). Les pinceaux en poils de martre mélangés à des fibres synthétiques sont un très bon compromis en rapport qualité/prix. Puis vient toute une gamme de pinceaux de qualité moyenne : petit-gris, en poils de chameau, en poils de poney, de chèvre... Ce sont des indispensables dans votre collection – mais n'en abusez pas !

Savoir-faire

Sachez que les peintres professionnels n'utilisent souvent que 3 ou 4 pinceaux ! Bien connaître ses outils est une des bases de la maîtrise technique.

Les pinceaux ronds

Ils sont d'une grande polyvalence. Les petites tailles sont adaptées pour des travaux de précision, et les grands modèles sont utilisés pour les lavis uniformes ou dégradés. Leur taille varie du 000 au n° 26.

Les pinceaux plats

On les utilise moins spontanément pour l'aquarelle – ce qui est bien dommage car ils ne manquent pas d'intérêt. Ils sont notamment très utiles pour les sujets tels que briques, bois, éléments d'architecture... On les choisira en poils mélangés martre/synthétique. Les brosses plates en soie sont très rigides et peuvent servir en frottis secs pour peindre les herbes.

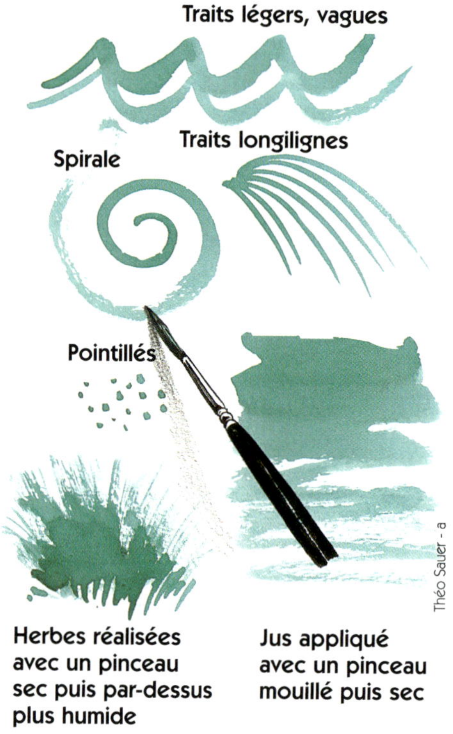

▲ Essais avec un pinceau rond n° 6

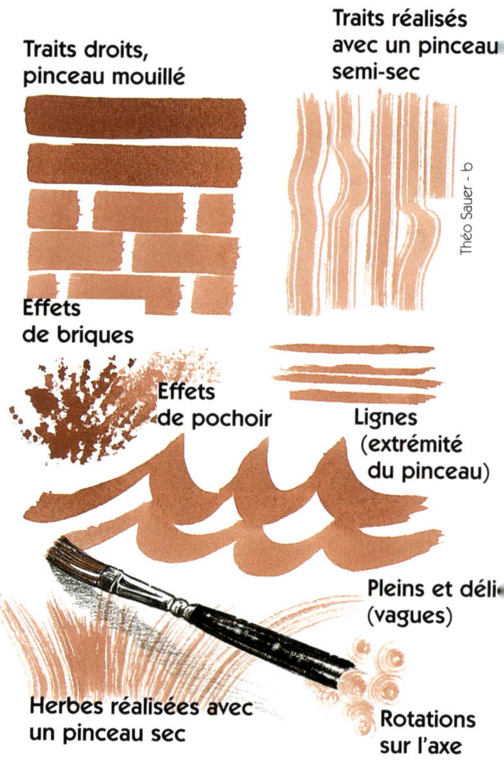

▲ Essais avec une brosse plate

Les pinceaux à lettres

D'une grande souplesse, ces pinceaux sont très utiles pour peindre de longues lignes sinueuses et fines. Ils servent, naturellement, pour l'écriture.
Les petits modèles ont de fines pointes, et, comme la touffe est plus longue, elle peut retenir beaucoup d'eau.
Les grands modèles ressemblent à des pinceaux plats et permettent une écriture comme avec une plume biseautée.

Les pinceaux en éventail

Ils sont utilisés en frottis légers pour suggérer de fines herbes, des branches, des lignes parallèles (faux bois)...
Ils ne sont pas indispensables : une vieille brosse plate, dont les poils seront écrasés entre le pouce et l'index, fera l'affaire.

Les pinceaux japonais ou chinois

Ces pinceaux sont dépourvus de virole métallique. Ils sont généralement fabriqués avec un manche en bambou – mais il existe aussi d'autres modèles.
Ils sont très polyvalents, offrent une pointe parfaite et permettent de moduler les lignes sans interruption.
Les grands modèles sont excellents pour réaliser des lavis.

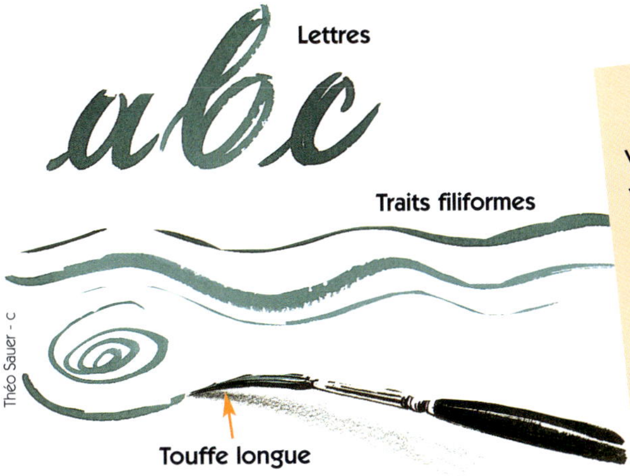

▲ Essais avec un pinceau à lettres

En résumé

Voici les modèles conseillés si vous souhaitez compléter votre collection :
- 1 pinceau à lettres (fin) ;
- 1 pinceau rond (moyen) ;
- 1 brosse plate n° 4 ou n° 6 ;
- 1 pinceau chinois (moyen ; le choisir avec une bonne pointe) ;
- éventuellement, 1 pinceau chinois plus gros si vous travaillez sur de grandes surfaces.

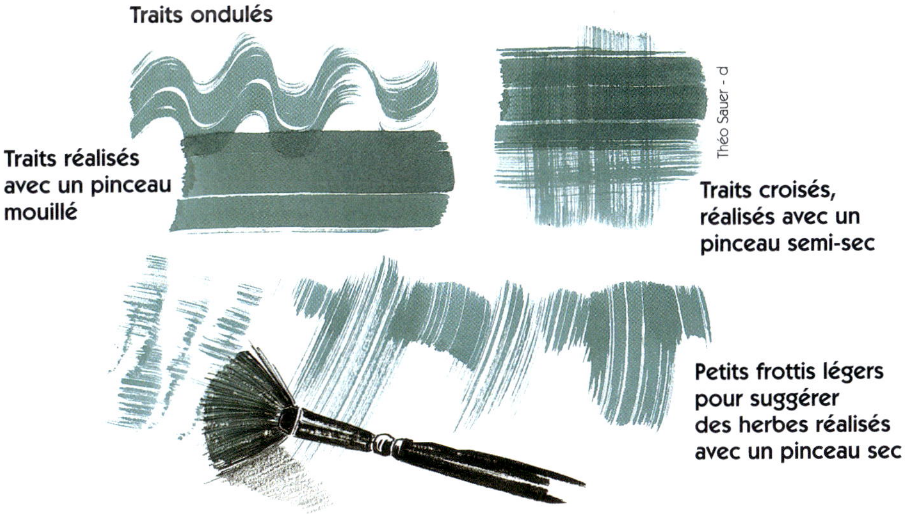

▲ Essais avec un pinceau en éventail

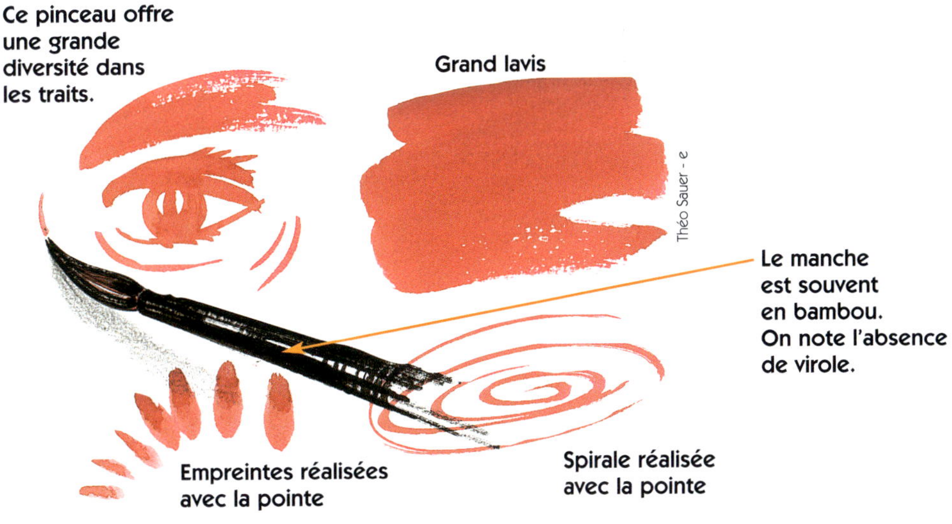

▲ Essais avec un pinceau japonais ou chinois

Comment tendre sa feuille

Pour éviter que le papier ne gondole sous l'effet de l'eau, il est conseillé de tendre sa feuille avant de commencer à peindre.

Le matériel

- 1 planchette en contre-plaqué de 40 x 50 cm (une simple chute fera l'affaire). Elle servira à tendre des feuilles jusqu'au format A3 ;
- du papier gommé ;
- 1 éponge ;
- 1 feuille de papier aquarelle ;
- 1 récipient d'eau pure.

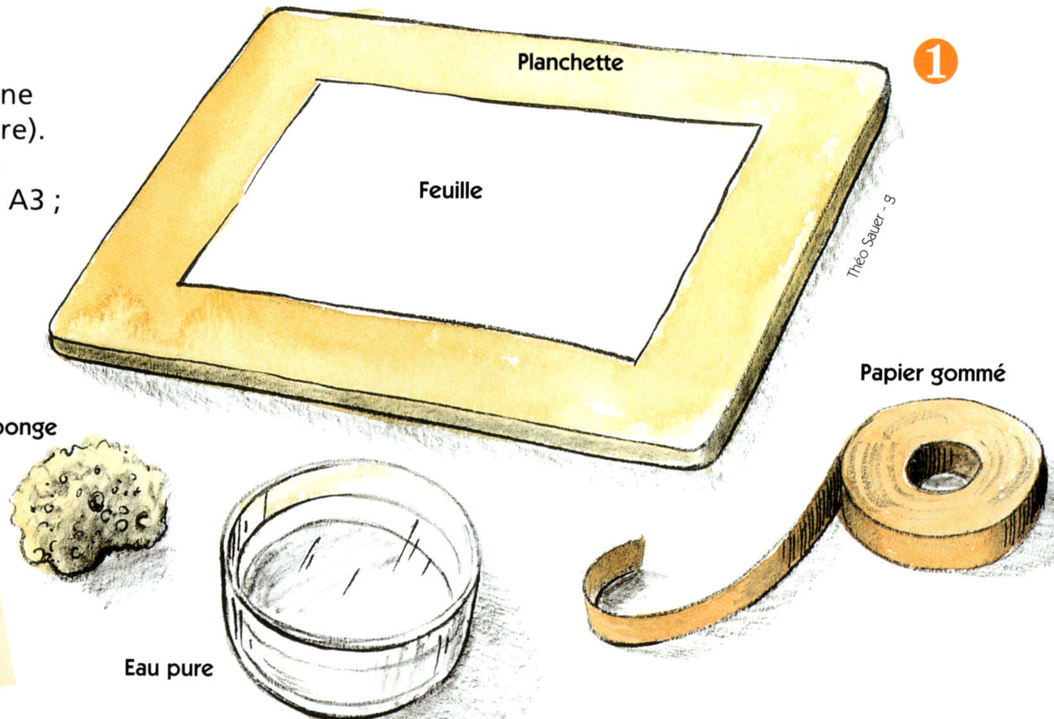

Astuce

Pensez à garder une marge égale sur les quatre côtés de la planchette.

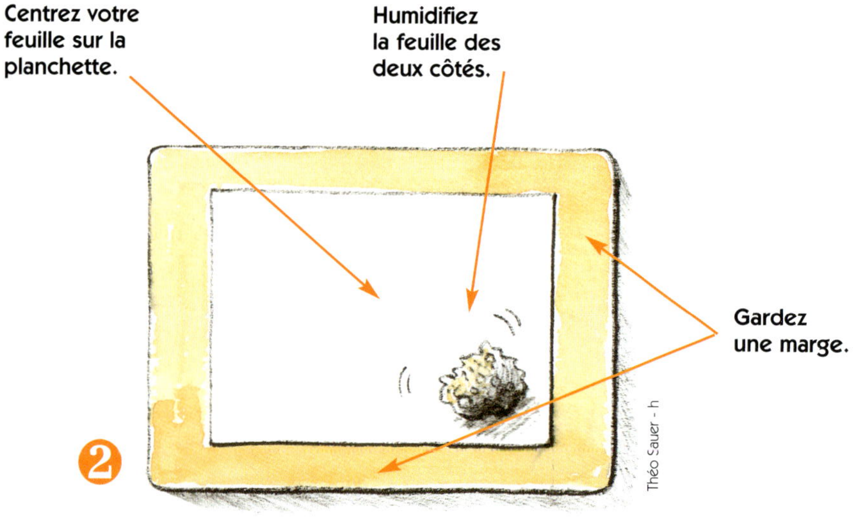

Les étapes

❶ Découpez quatre bandes de papier gommé (une pour chaque côté de la feuille), d'une longueur un peu supérieure à celle des côtés de la feuille.

❷ Humidifiez votre feuille uniformément des deux côtés avec une éponge que vous tremperez dans l'eau froide. Appliquez bien la feuille sur la planchette en appuyant régulièrement, toujours à l'aide de l'éponge, afin d'éviter les bulles d'air entre les deux surfaces.

❸ Humidifiez vos bandes de papier gommé sur le côté brillant (côté encollé), en commençant par les longueurs.

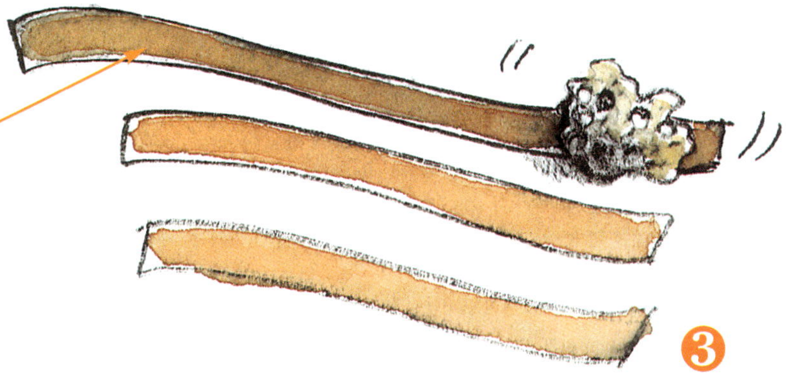

❹ Appliquez-les, l'une après l'autre, sur votre feuille mouillée, bien tendue, en recouvrant le papier de 1 à 2 cm de chaque côté.

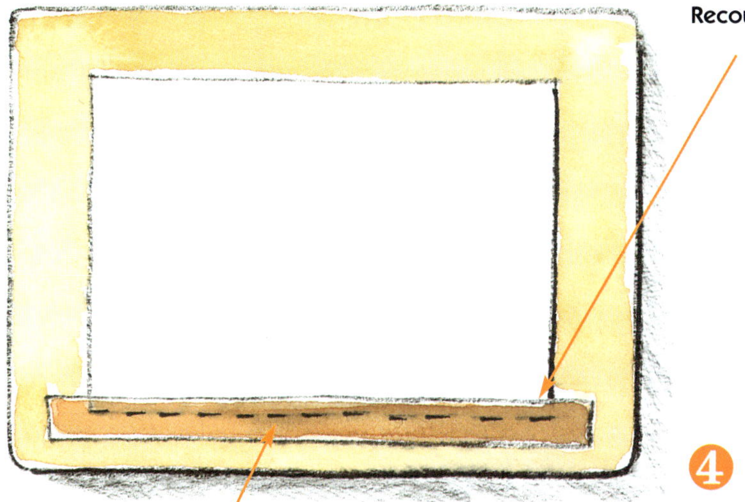

Le papier gommé

C'est une sorte de ruban en papier kraft dont le recto est enduit de gomme (comme les timbres) qui, une fois humidifiée, devient adhésive. De ce fait, il ne se décolle pas à l'eau comme un ruban adhésif standard et « suit » le papier lors du séchage. Il en existe de diverses largeurs (une largeur de 5 cm est idéale), en vente dans la plupart des papeteries.

❺ Laissez bien sécher votre papier avant de commencer à peindre.

Conseil

Quand votre tableau sera achevé, laissez de nouveau bien sécher avant de couper votre feuille au cutter, le long des bords intérieurs du papier gommé.
Pour cela, utilisez si possible une règle métallique.

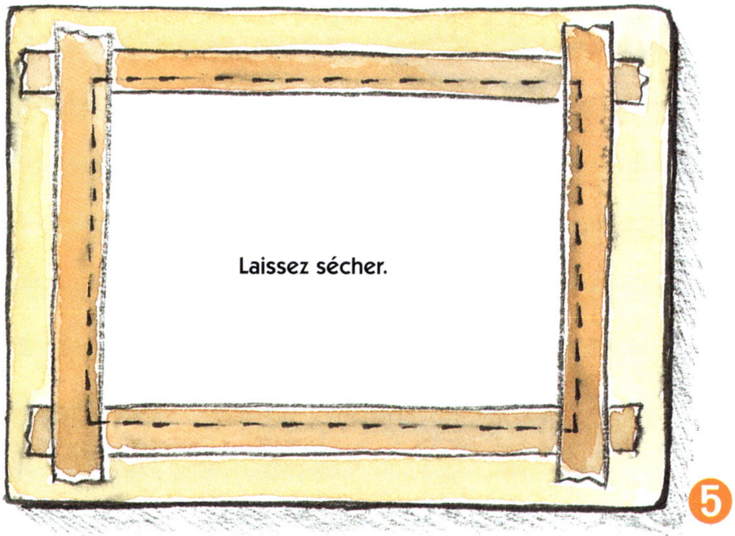

Les principales techniques

La technique du papier sec

Le papier sec (ou « mouillé sur sec ») est le procédé de superposition le plus facile à maîtriser. Il consiste à laisser sécher chaque zone de couleur avant de lui en superposer une autre.

Après avoir appliqué la première couleur, laissez sécher. Avant de poser la deuxième, observez bien votre feuille. Si vous remarquez une certaine brillance, c'est qu'elle est encore humide : attendez avant de passer la deuxième couche de couleur. La technique du papier sec permet de foncer progressivement le ton en posant une couche sur l'autre, jusqu'à obtention de la teinte souhaitée. Dans cette technique, il est important de connaître la réaction de votre couleur avec le support ; elle dépend aussi bien de la charge du pinceau en mélange coloré que de la qualité du papier. Les exemples ci-dessous ont été réalisés avec un papier à grain moyen.

Entretenez vos pinceaux

Nettoyez-les toujours après utilisation. Lavez la touffe de poils à l'eau savonneuse, puis rincez-la à l'eau tiède.

Reformez ensuite la pointe avant de les ranger dans un pot, à la verticale, touffe en l'air.

Si, par mégarde, vous avez laissé votre pinceau dans l'eau et que la touffe est déformée, déposez du savon sur vos doigts et redressez la pointe. Celle-ci, en séchant, durcira et permettra aux poils de retrouver leur position initiale. Avant de réutiliser le pinceau, il suffira de le rincer à l'eau claire.

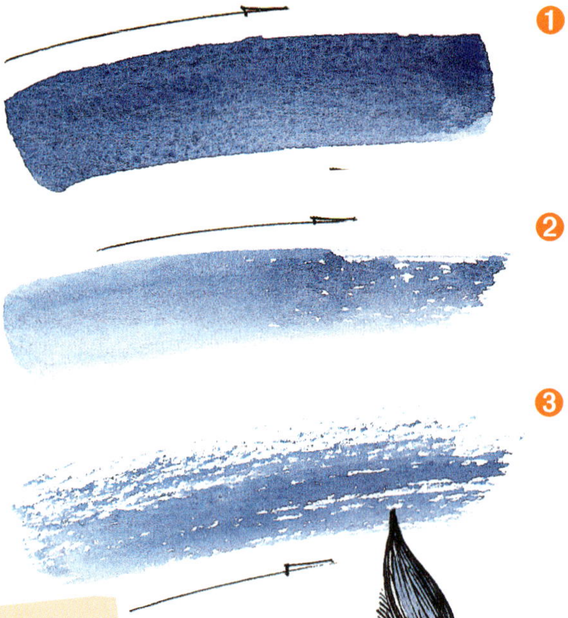

1 Le pinceau est très chargé. La surface est lisse, régulièrement remplie, les bords sont nets.

2 Le pinceau est légèrement chargé. La couleur est régulière au départ mais discontinue vers la fin. Les bords sont nets, puis s'effritent.

3 Le pinceau est sec. La couleur accroche en surface. Les bords sont irréguliers.

Astuce

Pour gagner du temps, vous pouvez utiliser un sèche-cheveux, mais de façon progressive pour ne pas risquer d'abîmer votre couleur.

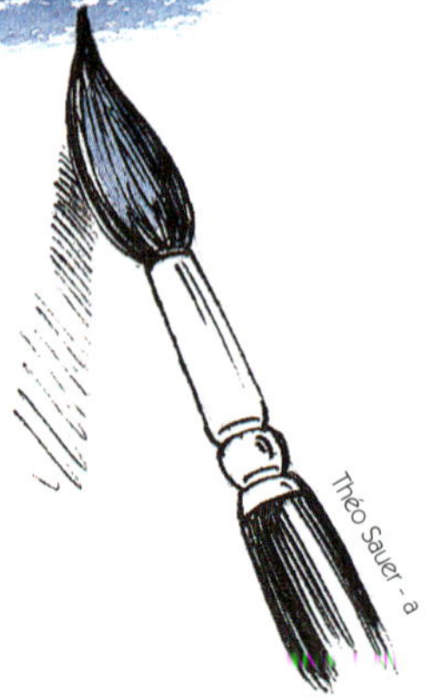

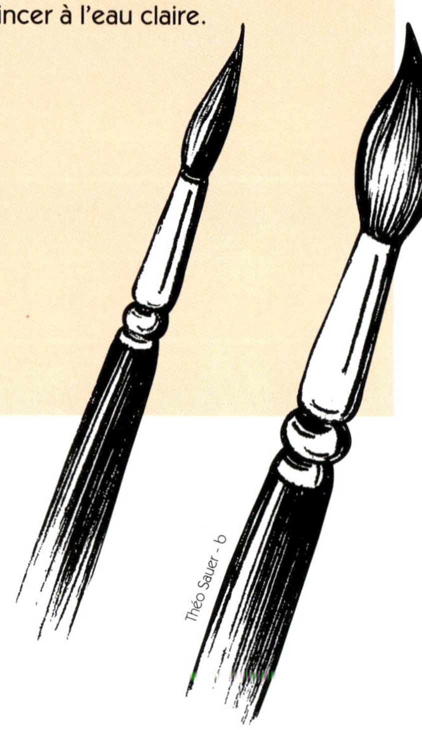

Parfaire la technique sèche

La technique sèche vous assure une bonne maîtrise de l'aquarelle. Elle permet d'obtenir un résultat propre et net.

Elle se travaille par lavis superposés transparents sur support sec. C'est aussi la technique du rehaut. De cette manière, le fond du papier laissé en blanc ou réalisé dans une valeur claire sert à figurer les lumières.

À quel moment l'utiliser ?

Il convient d'employer la technique sèche lorsque vous voulez représenter un sujet à forts contrastes. Vous obtiendrez de cette manière des rehauts d'excellente facture, nets et précis. Cette technique est idéale pour le néophyte, qui, sans grande expérience de l'aquarelle, posera spontanément ses premiers lavis par couches successives. Il arrivera ainsi assez facilement à construire son image en superposant les couleurs transparentes.

Bon à savoir

- N'oubliez pas d'incliner votre feuille pour réussir vos lavis.
- Laissez toujours bien sécher chaque surface avant la pose d'une autre couleur. Pour aller plus vite, vous pouvez utiliser un sèche-cheveux.

Quelques règles

Voici quelques consignes à respecter pour obtenir une image cohérente. Si vous utilisez uniquement la technique sèche, vous risquez d'obtenir une image plate, sans profondeur. Pour pallier cet inconvénient, il faut utiliser la perspective linéaire et la perspective aérienne. La première sert à lire une image en suivant les nombreuses lignes directrices qui entraînent le regard vers la ligne d'horizon. La seconde utilise les lois naturelles qui régissent les proportions et les couleurs des objets par rapport à leur distance au spectateur : grand au premier plan, plus petit à l'arrière-plan ; froid, bleuté et clair vers l'horizon, chaud et plus contrasté à l'avant.

La luminosité

En appliquant avec parcimonie des teintes foncées sur des teintes claires, autrement dit en remontant les tons progressivement, on parvient à obtenir en technique sèche des effets de lumière particulièrement intéressants, comme on peut le voir sur le schéma ci-contre.

Voici une manière de rendre ▶ en quatre étapes le palmier de l'exercice qui suit.

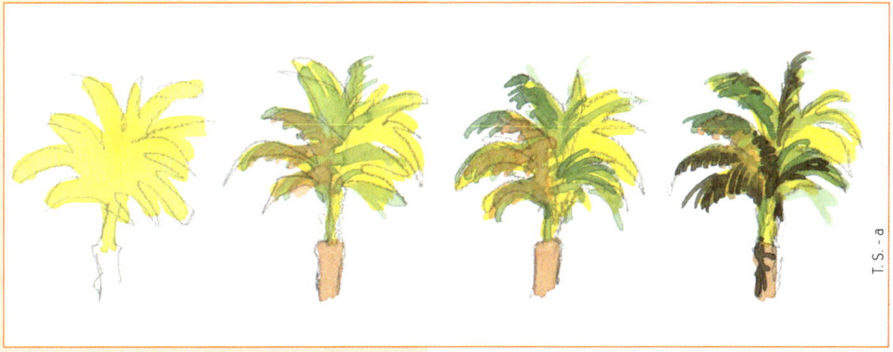

Exercice

Inspirez-vous de la photo d'une case créole et essayez de retrouver la qualité de lumière qui s'en dégage par une magnifique journée ensoleillée.

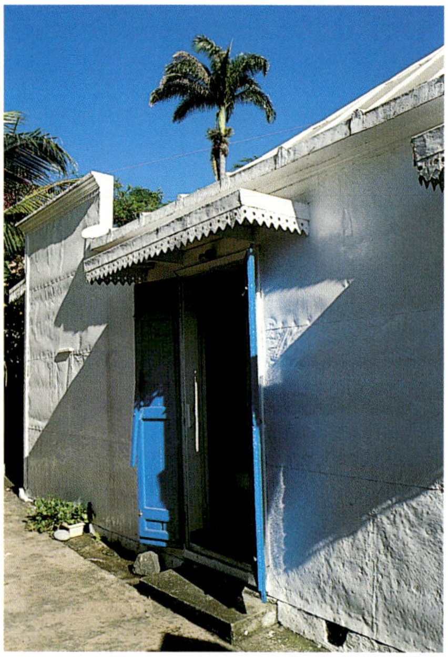

T.S. - b

▲ Le sujet : une case créole.

1 : Le croquis

Dessinez les lignes et les contours des formes principales. Le dessin doit être précis dans les zones qui resteront blanches. Deux solutions : réaliser le croquis à main levée d'après la photo ou d'après le dessin ci-contre.

2 : Des lavis clairs

Posez des lavis très dilués sur les murs blancs côté ombre. Appliquez également une teinte diluée sur le sol et une autre sur la végétation. Dans tous les cas, commencez par les valeurs les plus claires et les plus lumineuses.

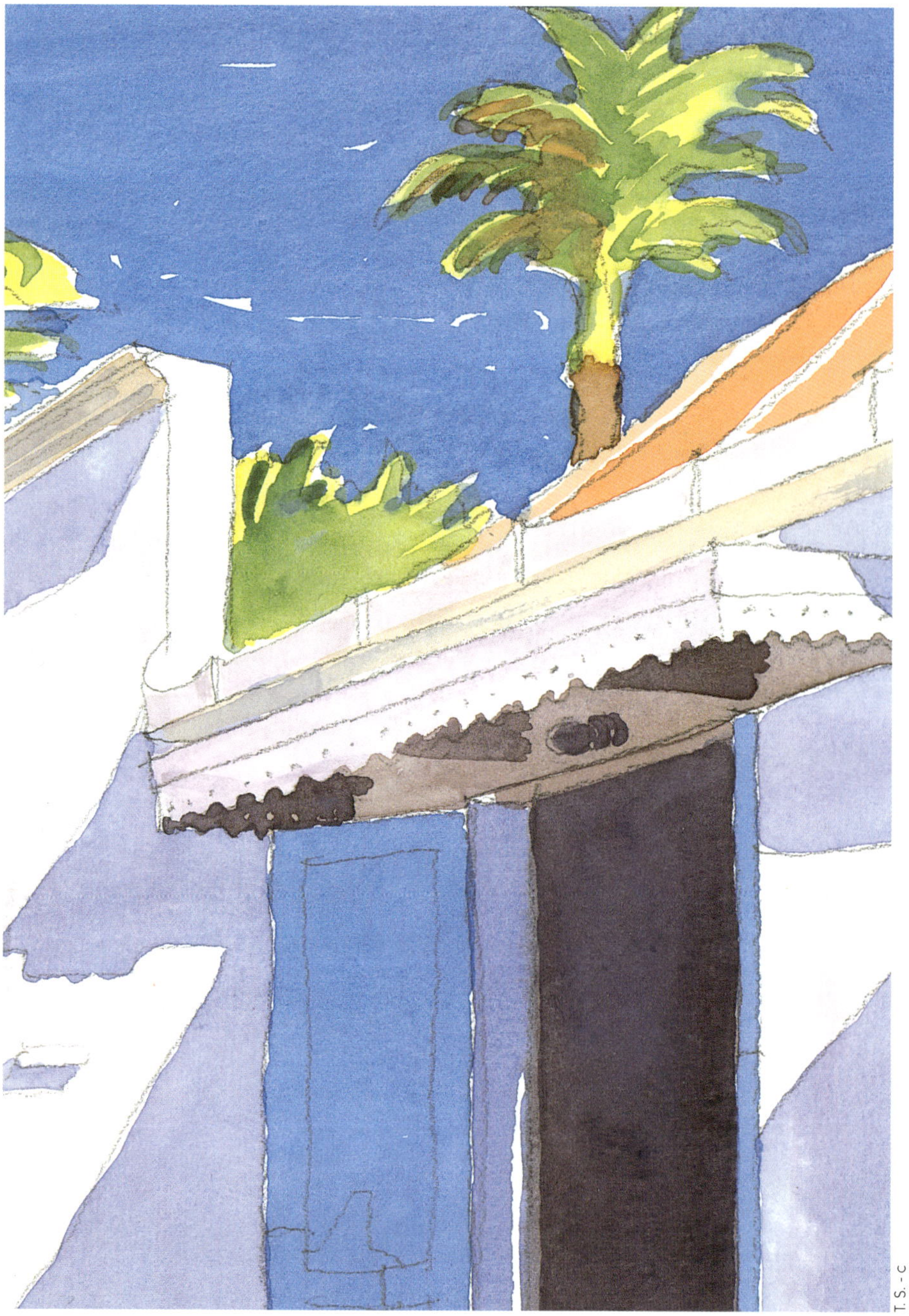

T.S. - c

▲ Posez les premiers lavis, qui seront les plus clairs, sur la végétation, le toit et la façade de la case. Un mur blanc qui n'est pas en totale exposition solaire n'est jamais véritablement blanc. Vous pouvez le constater en comparant sur le modèle la valeur de la façade et celle de la « tranche ».

Le toit en tôle sera figuré par des bandes de terre de Sienne brûlée. Ayez soin de séparer deux panneaux par une ligne blanche.

3 : Les ombres

Vous allez remonter peu à peu les tons. Pour « vieillir » les murs, frottez votre pinceau presque à sec en utilisant la largeur des poils au maximum. Pour réussir une telle opération, vérifiez le degré d'humidité du pinceau sur une feuille de brouillon. Le cas échéant, asséchez le pinceau. Procédez de la même façon pour le sol. Le ciel est réalisé avec du bleu outremer en lavis uniforme. Quand vous travaillez d'un côté, il faut entretenir la « bulle de couleur » pour éviter le séchage qui conduit à l'apparition d'une marque irrémédiable. Le bleu outremer est aussi utilisé pour peindre les volets, selon la même méthode. Ensuite, appliquez une teinte variant entre le bleu, le violet et la terre de Sienne pour les ombres projetées sur les murs.

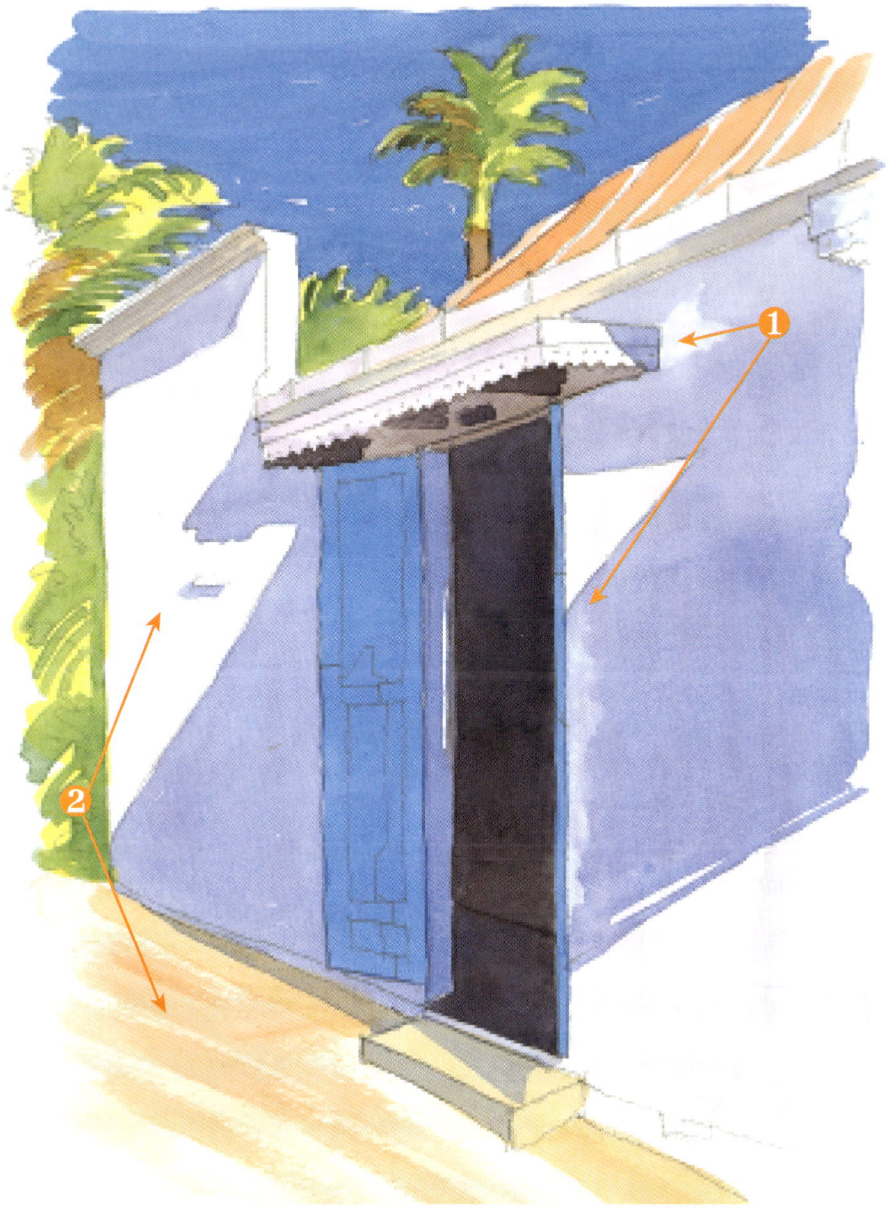

T.S. - a

❶ Dans le lavis frais, estompez avec un mouchoir en papier pour créer des zones claires.
❷ Pour réaliser un effet « granuleux », frottez le pinceau sec sur le mur et le sol.

4 : La végétation

Appliquez maintenant une teinte verte sur la végétation à l'arrière-plan. Utilisez une dilution de vert émeraude que vous allez poser en petites touches espacées, à l'aide d'un petit pinceau. Laissez transparaître la teinte jaune posée précédemment, qui donne la luminosité aux parties ensoleillées. Alternez avec de la terre de Sienne brûlée pour restituer la végétation sèche. Observez le dessous du pare-soleil ainsi que la teinte générale que vous allez

Le détail de la porte

Pour réussir la porte, il faut suivre scrupuleusement les formes en relief. Voici comment vous devriez procéder :

❶ posez la teinte la plus claire ;
❷ la teinte intermédiaire doit faire ressortir les épaisseurs du châssis ;
❸ passez un lavis sur l'ombre principale ;
❹ en dernier lieu, accentuez le relief par des traits d'ombre.

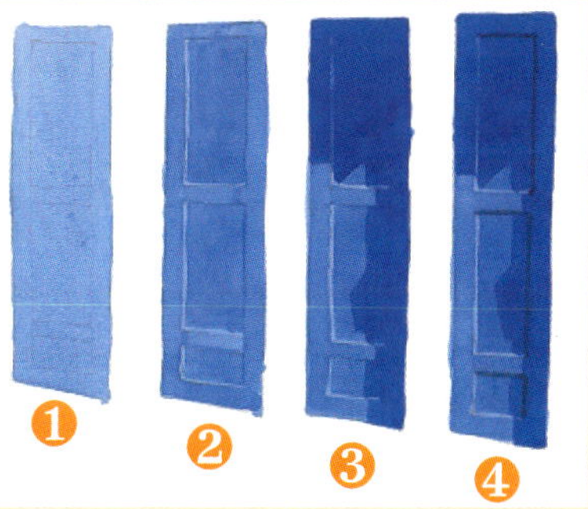

T.S. - d

utiliser. C'est une couleur chaude – reflet du sol – qui domine dans cette zone. Nous avons utilisé un mélange de violet et de terre de Sienne brûlée. Posez vos lavis en plusieurs étapes : une première teinte (valeur moyenne) sur l'ensemble de la surface, une valeur plus foncée sur les traverses qui tiennent la structure.

5 : Les nuances et finitions

Commencez par le palmier et la verdure du fond. Préparez plusieurs teintes foncées : vert émeraude mat, vert émeraude mat + brun Van Dyck, bleu vert + brun Van Dyck. En juxtaposant ces teintes à côté du mur blanc, vous allez lui donner davantage de luminosité. Travaillez certains éléments de la case avec plus de précision. Transformez et nuancez l'ombre intérieure en humidifiant les zones correspondantes. Séchez aussitôt avec un papier absorbant. La teinte s'éclaircit. Soulignez par des traits ou de petites valeurs sombres toutes les parties concernées. Pour finir, après avoir soigneusement masqué le reste de la composition, procédez à quelques projections sur le sol au premier plan.

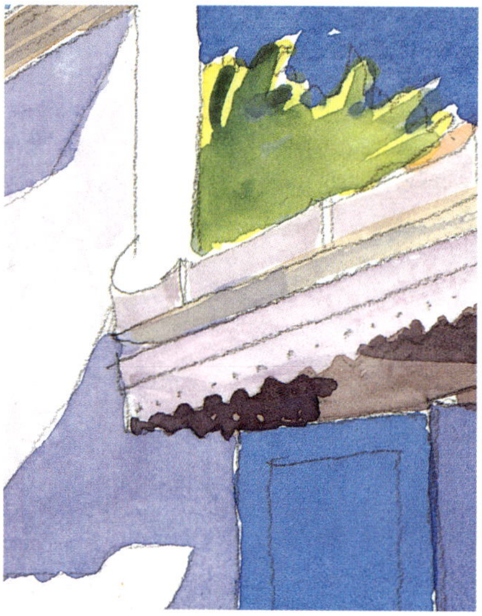

T.S. - b

▲ Faites attention aux petits trous, que vous devez contourner lorsque vous installez l'ombre à l'intérieur du pare-soleil !

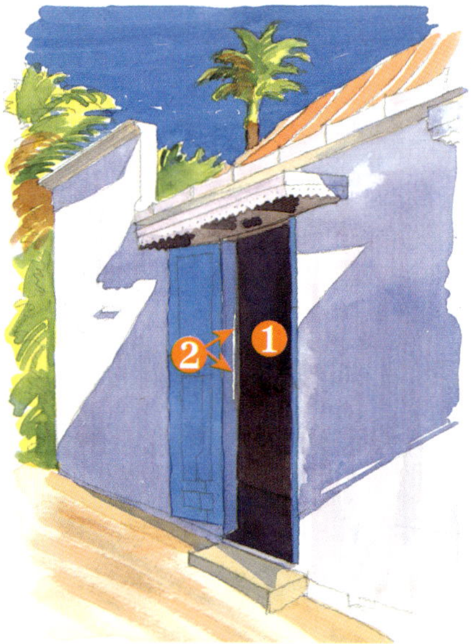

T.S. - c

❶ Posez une teinte contrastée et saturée dans l'ouverture de la porte (bleu outremer + terre de Sienne).
❷ Gardez intact le filet de lumière quand vous peignez l'embrasure de la porte. Il correspond à la lumière qui filtre entre le mur et la porte.

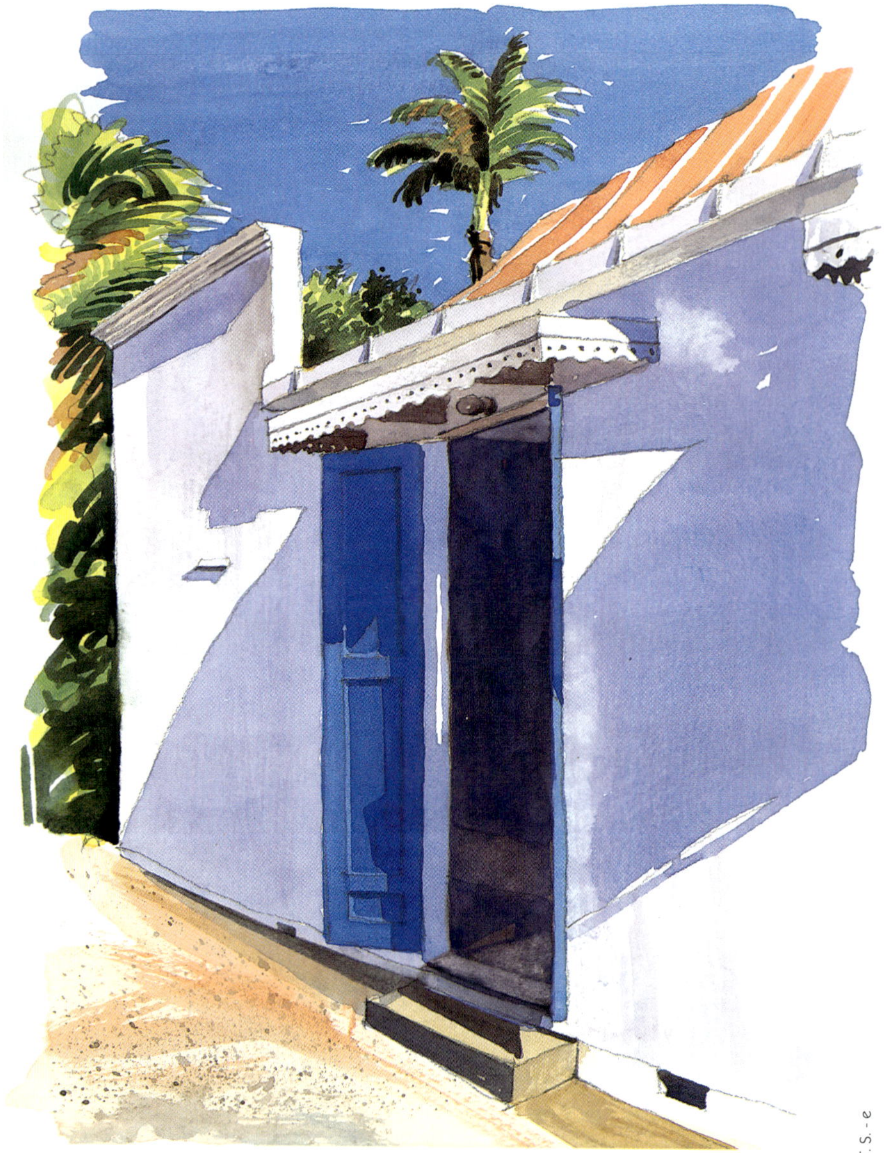

T.S. - e

▲ Vous pouvez enrichir la partie sol par de légères projections. Protégez toutes les autres surfaces avec du papier journal.

La technique humide

Elle consiste à appliquer la peinture sur un papier humecté à l'eau ou sur un lavis humide. Elle permet une multitude d'effets, relatifs au degré d'humidité de la feuille.

Sur une surface très mouillée

Le résultat est difficile à contrôler. L'apport de peinture sur ce type de surface se répand aussitôt en fusionnant avec tout ce qui se trouve autour. Les teintes se dispersent instantanément, créant des effets très aléatoires : dégradés légers, flous, vaporeux… En séchant, toutes ces teintes perdront encore de leur intensité. Les pigments se déplacent souvent vers les bords extérieurs. Cette technique est conseillée pour rendre des ambiances de brouillard, de pluie, des ciels nuageux, les reflets de l'eau.

Sur papier détrempé

Théo Sauer - c

▲ Les pigments migrent vers les bords extérieurs. Leur rencontre avec l'eau crée des zones très floues et de beaux effets de dispersion. La touche de peinture est incontrôlable.

Sur une surface humide

L'effet est plus maîtrisable car les couleurs se dispersent moins vite. Néanmoins, le résultat reste flou et imprécis.
Pour éviter que les couleurs ne paraissent fades et délavées, il est conseillé de préparer une grande quantité de mélange coloré (plus de peinture).

Sur papier humide

Théo Sauer - d

▲ On distingue plus facilement la touche du pinceau, mais les bords sont imprécis.

Remarque

Dans la technique humide, il est difficile de conserver des zones toutes blanches car les pigments migrent dans tous les sens. Pour ce faire, on peut utiliser deux méthodes.
La première consiste à ne pas mouiller les parties qui doivent rester vierges.
La seconde méthode implique l'utilisation de toute une série de fournitures pour garder en réserve des blancs de la feuille (gomme liquide, cire, ruban adhésif) : elles seront développées au fur et à mesure.

Conseil

En technique humide, utilisez un papier épais (si possible, de plus de 300 g). Sinon, tendez votre feuille comme indiqué pages 14-15.
Placez votre feuille bien à l'horizontale pour éviter la migration des couleurs vers le bas.

Sur une surface légèrement humide

Le lavis se répand uniformément, les contours sont nets, les couleurs saturées. Cette technique est souvent utilisée pour remplir des zones complètes (groupes d'arbres, pans de murs…).

Sur papier légèrement humide

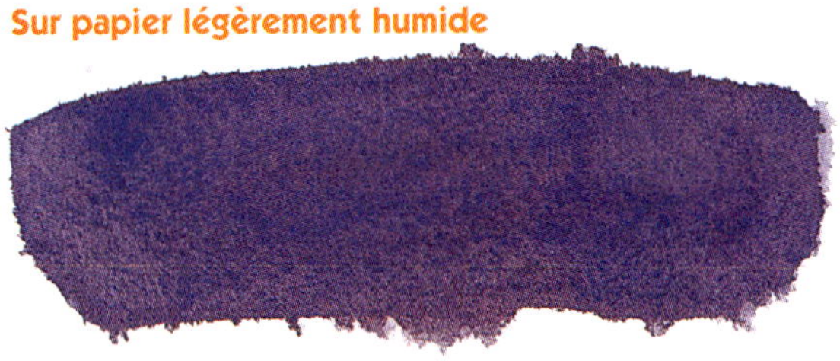

Théo Sauer - e

▲ Les bords peuvent être légèrement échancrés, mais la touche reste précise.

Les mélanges en technique humide

Nous allons à présent observer la façon dont les couleurs se mélangent sur papier mouillé et réaliser toute une série d'exercices pour bien comprendre les effets obtenus.

Préparez d'importantes quantités de rouge carmin, de jaune indien et de bleu de cobalt ; elles serviront pour l'ensemble des exercices. N'hésitez pas à saturer vos coloris afin d'éviter une perte de tonalité due à la diffusion des pigments ainsi qu'au séchage. En raison du caractère aléatoire de la dispersion des couleurs, il est pratiquement impossible de parvenir à un résultat identique à celui obtenu dans les exemples ci-dessous.
L'important est d'observer ce qui se passe en suivant les indications correspondant à chaque exercice.

Les effets de dispersion

Humidifiez trois feuilles identiques avec une éponge ou un gros pinceau propre. Déposez une grosse goutte de jaune sur la moitié de la première surface (1), puis sur la moitié de la deuxième surface (2). Procédez de même avec le bleu (sur les parties vierges des surfaces 2 et 3) et le rouge (sur les surfaces vierges 1 et 3).
Toutes ces opérations doivent être effectuées rapidement pour éviter que les couleurs et les surfaces ne sèchent.

Puis déposez une petite goutte de jaune, de rouge et de bleu sur les surfaces opposées correspondantes (regardez les exemples). Observez comment les couleurs se dispersent et réagissent sur surface humide.
En fait, les mélanges ne se font pas régulièrement. Une couleur ajoutée aura toujours tendance à chasser la teinte du dessous par sa dispersion.

Vocabulaire

Couleur saturée : une couleur est dite saturée lorsqu'elle est pure (utilisée avec très peu d'eau dans l'aquarelle).

❶

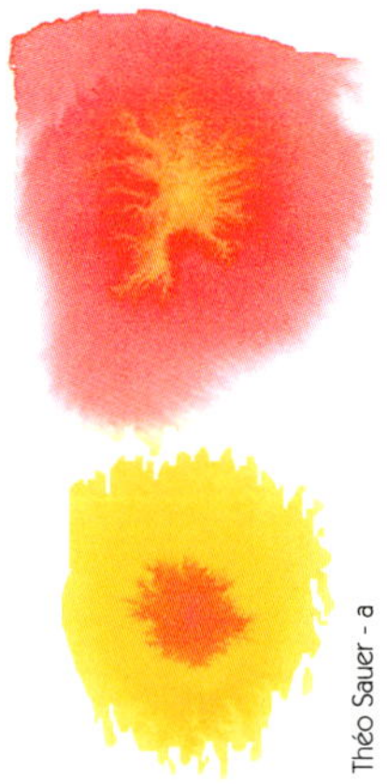

▲ Constatez comme le jaune irradie sur le rouge humide. En revanche, le rouge se diffuse plus régulièrement sur le jaune.

❷

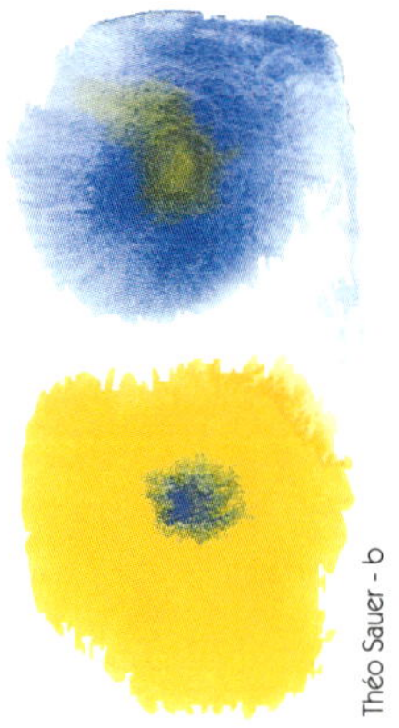

▲ Voyez comme le jaune se transforme rapidement en vert sur le bleu humide, alors que le bleu reste dominant sur le jaune.

❸

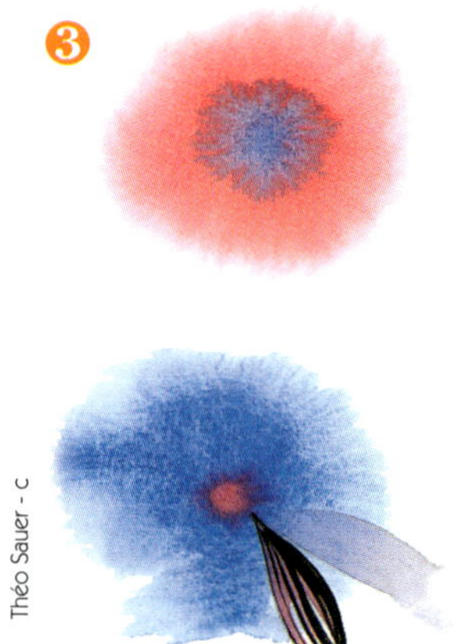

▲ Le bleu se disperse beaucoup sur le rouge mais, à l'inverse, le rouge reste concentré sur le bleu humide.

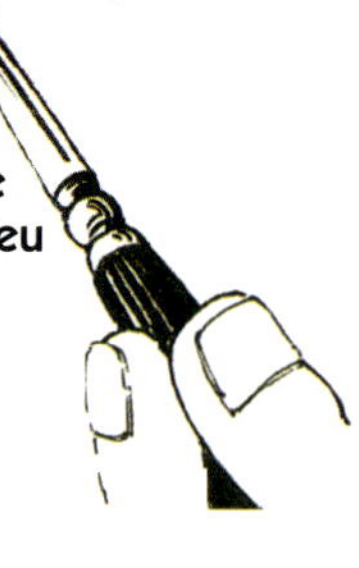

les variations d'humidité

Mouillez une surface à l'aide d'une éponge ou d'un pinceau. Recommencez l'opération si nécessaire. La surface doit paraître presque détrempée (4). Simultanément, humidifiez une deuxième surface sans excès (5), puis une troisième qui, elle, sera humectée très légèrement avec une éponge (6). Aussitôt, chargez votre pinceau de mélange coloré jaune que vous allez appliquer successivement sur les trois surfaces en petites touches sans couvrir toute la zone. Rincez votre pinceau et observez ce qui se passe. Chargez votre pinceau de rouge et déposez quelques touches sur chaque surface colorée. Voyez comme la peinture se mélange et réagit selon le degré d'humidité de la feuille. Laissez sécher.

▼ Sur un papier détrempé, les couleurs se dispersent très vite jusqu'aux limites de la zone mouillée. En séchant, la peinture forme une ligne nette sur chaque côté.

4

Théo Sauer - d

▼ Sur une surface moyennement humide, le résultat garde son caractère flou, aléatoire.

5

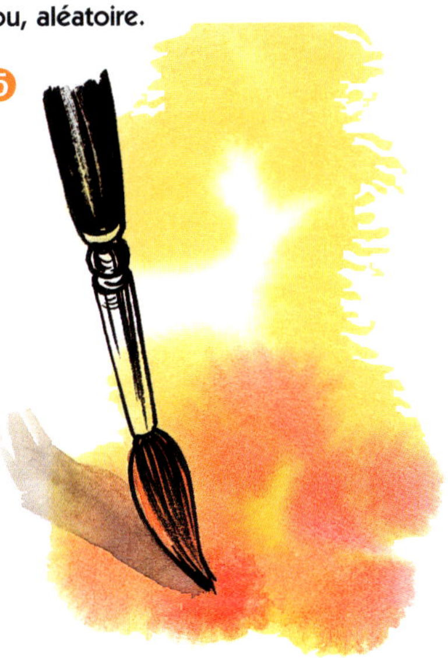

Théo Sauer - e

6

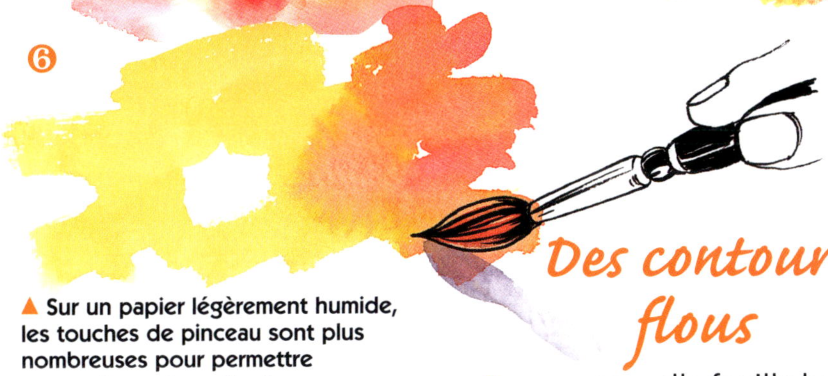

Théo Sauer - f

▲ Sur un papier légèrement humide, les touches de pinceau sont plus nombreuses pour permettre aux couleurs de se fondre.

Un mélange uniforme

Nous allons observer à présent comment réagissent une couleur déposée et une couleur mélangée sur un fond coloré humide (7). Humidifiez modérément une feuille à l'aide d'un pinceau ou d'une éponge. Chargez ensuite votre pinceau de mélange coloré bleu et appliquez-le sur votre fond humide en dessinant une forme rectangulaire (balayage de gauche à droite). Puis déposez trois petites gouttelettes de rouge d'un côté. Sur l'autre moitié, mélangez le reste de rouge du pinceau avec le fond bleu, directement sur la feuille. Laissez sécher.

Bon à savoir

Certains effets de la peinture encore humide sont temporaires. En séchant, les effets changent, certaines couleurs se dissocient. Avec la pratique, on arrive à anticiper les résultats.

7

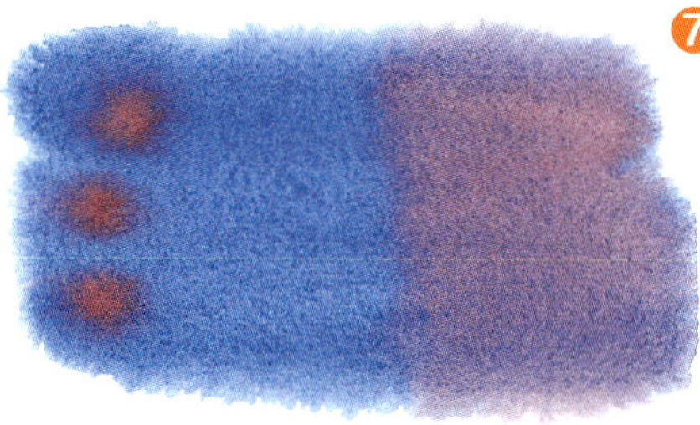

Théo Sauer - g

▲ Pour que les couleurs se mélangent bien sur la feuille, il ne suffit pas de les déposer l'une sur l'autre. Il faut faire plusieurs allers-retours sur la surface pour obtenir une certaine uniformité.

Des contours flous

Sur une nouvelle feuille humide, appliquez un fond jaune en formant un rectangle. Rincez votre pinceau et chargez-le de rouge que vous allez mélanger sur le jaune en faisant un rectangle plus petit. Reprenez du mélange coloré rouge et appliquez-le en formant une figure rectangulaire encore plus petite. Observez comment les contours de ces trois rectangles se dispersent et se fondent (8).

8

Théo Sauer - h

▲ Une forme précise avec des lignes nettes est impossible à réaliser sur une surface humide. Les teintes s'éclaircissent en séchant.

Parfaire la technique humide

La technique humide est utilisée systématiquement pour représenter l'élément liquide. C'est le domaine de l'impalpable, du non-contrôlable.

La technique humide donne un résultat flou, sans contours précis. Elle consiste le plus souvent à travailler à partir d'une couche humide à laquelle on intègre plusieurs couleurs afin de créer un subtil mélange diffus.

Récapitulons...

Les thèmes favoris

La technique humide sert généralement à représenter l'eau, sous toutes ses formes : pluie, brouillard, nuage, rivière, lac et mer sont les principaux sujets pour expérimenter cette technique.

L'utilité des réserves

Si vous travaillez sur une feuille entièrement humide, il sera impossible de garder des zones blanches, à moins de réserver ces surfaces par des techniques telles que la gomme liquide, la cire ou l'apposition d'un morceau de papier adhésif repositionnable.

Le flou total

En utilisant beaucoup d'eau, vous allez obtenir des effets très diffus. Pour arriver à contrôler la dispersion des couleurs, il faudra utiliser de moins en moins d'eau dans les étapes finales. C'est au cours de celles-ci qu'il s'agira de modeler et de construire les formes.

Le lavis polychrome

Il est pratiquement impossible de diriger l'exécution d'un lavis polychrome. Il est juste possible d'obtenir certains mélanges en inclinant la planche soit dans un sens, soit dans un autre. Il faut un certain tour de main pour réussir de beaux mélanges de couleurs sans traces.

Le secret, c'est de déposer une quantité d'eau et de couleur suffisante pour que le pigment se diffuse et se mélange à la prochaine touche de couleur. On peut également pomper de la couleur au moyen de papier absorbant ou d'une éponge.

T.S.-a

▲ Pour réaliser ce lavis polychrome qui évoque des nuages éclairés par le soleil levant, on a posé quelques touches d'un mélange rouge et d'un mélange bleu d'une manière aléatoire, sur une surface très humide. Puis on a laissé les couleurs se diffuser en inclinant la feuille dans différents sens. Enfin, on a enlevé du pigment par endroits à l'aide de papier absorbant.

Exercice

Nous allons accentuer l'ambiance pluvieuse d'un paysage en rendant les détails plus imprécis par l'utilisation de la technique humide.

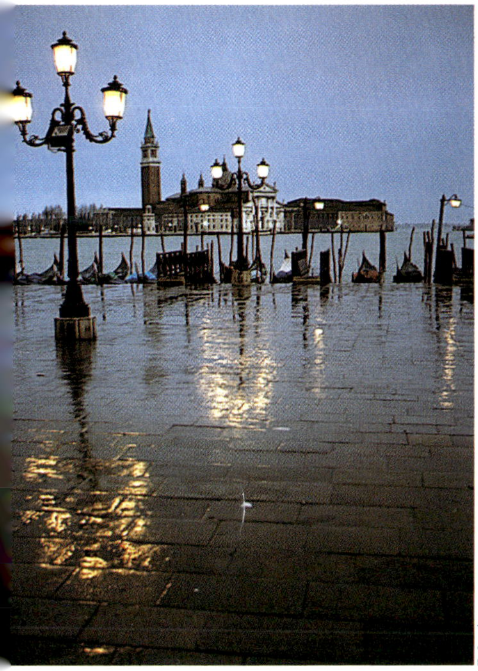

T.S. - b

▲ Votre sujet : Venise sous la pluie.

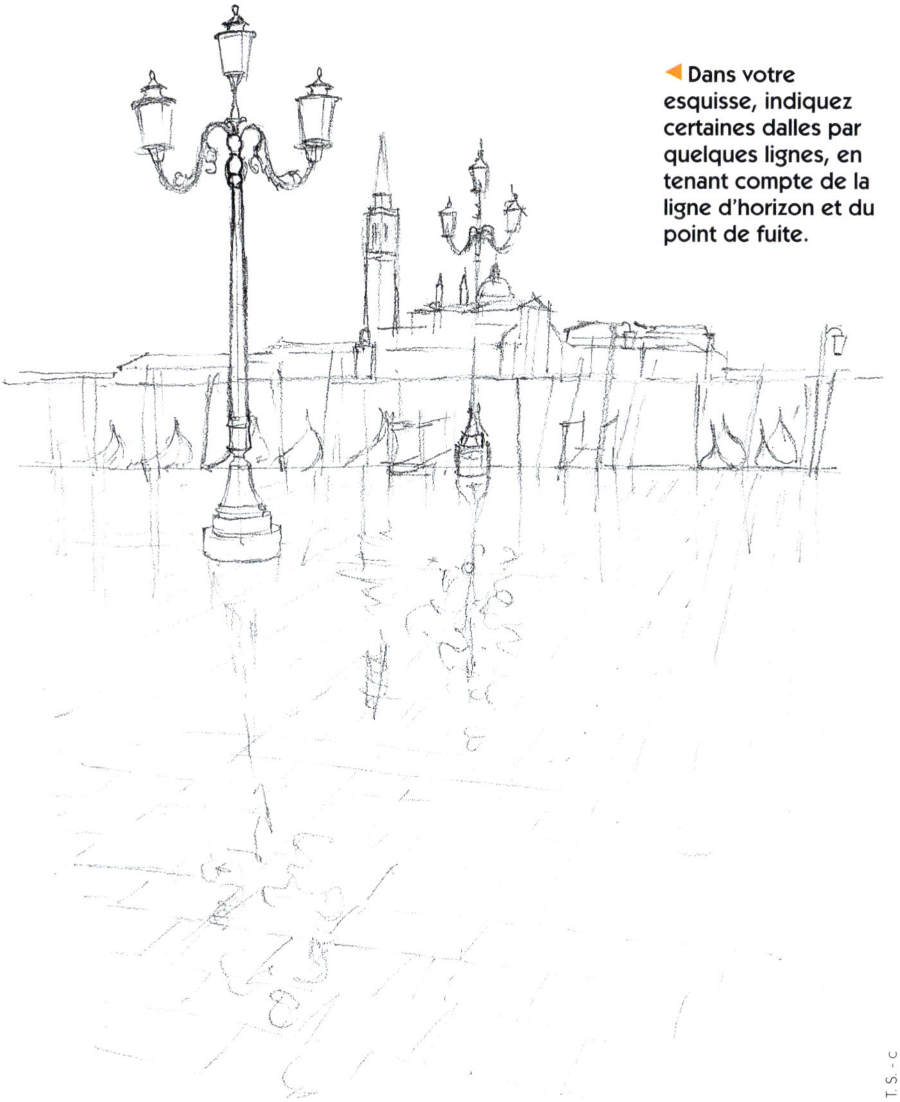

T.S. - c

◀ Dans votre esquisse, indiquez certaines dalles par quelques lignes, en tenant compte de la ligne d'horizon et du point de fuite.

1 : Le croquis

Commencez par faire un croquis en respectant les proportions du sujet. Il est conseillé de laisser beaucoup d'espace au premier plan pour rendre l'aspect mouillé du dallage.

2 : Les réserves

Réservez les lumières avec la gomme liquide. Puis, avec un tire-ligne ou un petit pinceau, marquez les points lumineux au lointain. Réservez également les reflets de la lumière sur la place. Laissez sécher.

Les couleurs de base

Préparez dans des godets séparés les teintes que vous allez utiliser pour le fond :

- le mélange A pour les zones du ciel : bleu de cobalt + bleu outremer + violet ;
- la préparation B pour le premier plan : à base de terre de Sienne brûlée ;
- le mélange C pour les zones les plus sombres : brun Van Dyck + gris de Payne.

3 : Les premiers mélanges

Mouillez assez copieusement votre feuille à l'aide de l'éponge. Déposez le mélange A (bleu de cobalt + bleu outremer + violet) sur toute la surface, en privilégiant la partie haute.
Dans la partie basse, ajoutez le mélange B (à base de terre de Sienne brûlée) et laissez-le se disperser. Puis complétez par des mélanges A dans le ciel et B au tout premier plan.
Si vous désirez d'ores et déjà assombrir le premier plan, utilisez le mélange C (brun Van Dyck + gris de Payne).

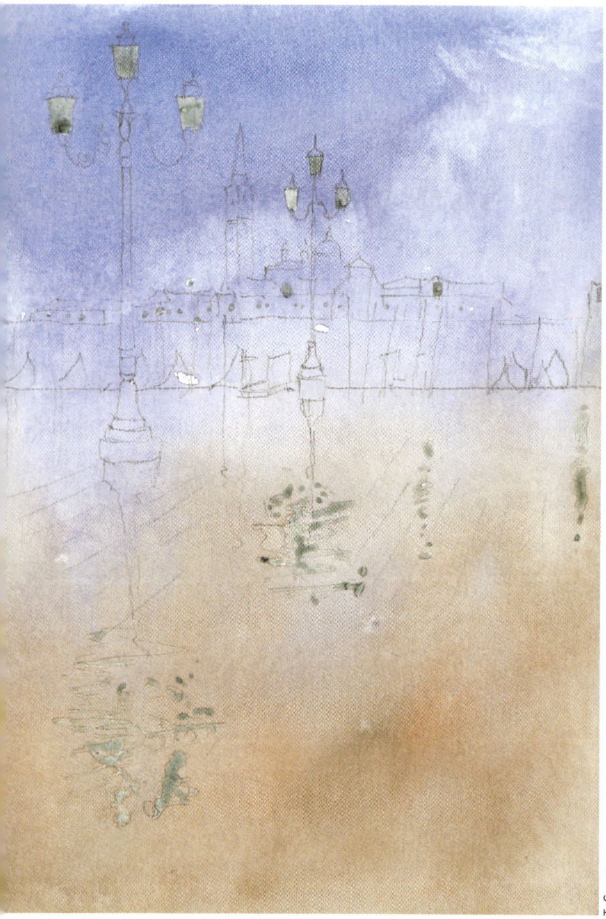

T. S. - c

▲ Pour obtenir une tonalité plus sombre, utilisez la préparation C. Ne laissez pas sécher entièrement et passez à l'étape suivante.

4 : La montée des tons

Préparez une dilution de bleu turquoise pour donner une autre teinte à la mer. Pour poser ce mélange, le fond doit être encore humide. On ne doit pas obtenir une ligne nette et précise, tout doit rester diffus. Utilisez le papier absorbant au cas où le support serait trop humide.
Toujours sur surface mouillée, posez maintenant de petites touches de mélanges B et C sur les bâtiments de l'îlot à l'horizon. Remouillez partiellement le ciel et le premier plan avec une éponge en tamponnant délicatement le support.
Appliquez de nouveau la teinte A vers le haut du ciel, puis inclinez fortement votre planche à dessin afin de laisser la peinture se répandre et d'obtenir des traînées et coulées verticales. Dirigez-les avec un petit pinceau.

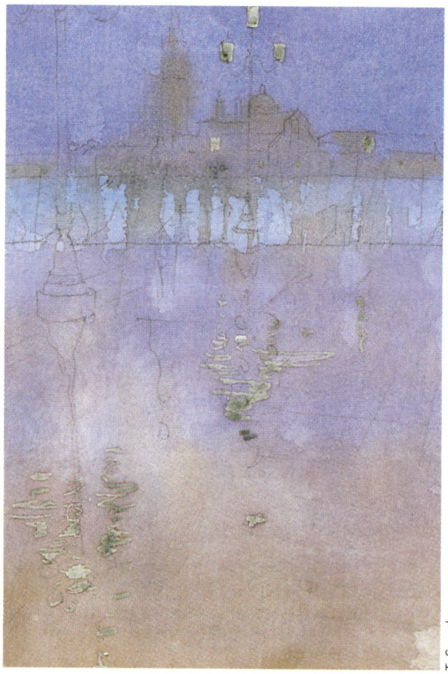

T. S. - d

▲ Vous pouvez maîtriser la dispersion intempestive des teintes avec du papier absorbant.

5 : Les reflets

Humidifiez légèrement toute la zone du premier plan, rapidement, sans frotter.
Ensuite, utilisez les mélanges B et C pour peindre les reflets des poteaux en bois qui servent d'attaches aux gondoles, de l'église du fond et des pieds des lampadaires.

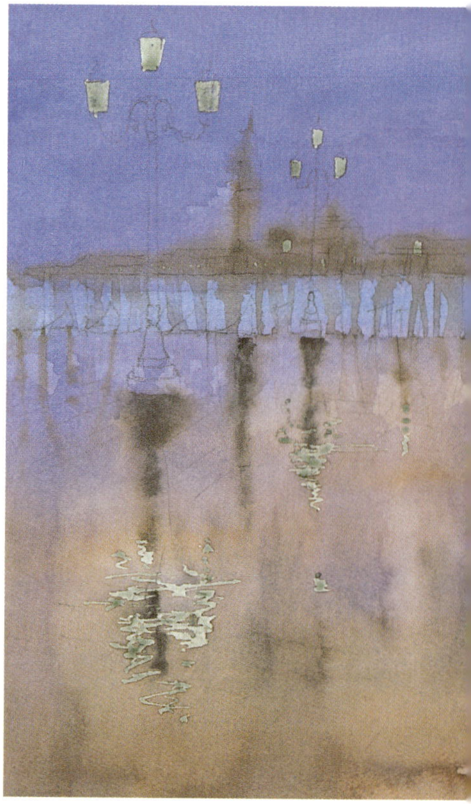

T. S. - e

▲ Vérifiez le degré d'humidité avant de poser les teintes : trop mouillée, la teinte se disperse ; trop sèche, elle laisse une trace nette.

Savoir-faire

Comme toujours dans le lavis, préparez suffisamment de peinture pour ne pas vous trouver en panne en plein travail. De plus, gardez à portée de main du papier absorbant et une éponge mouillée pour réguler l'humidité des surfaces.

6 : Les lumières

Laissez sécher. Enlevez les réserves et commencez par peindre l'extrémité relevée des gondoles, les poteaux et les pieds des lampadaires. Avec un pinceau fin ou, mieux encore, avec une plume en bambou, dessinez les poteaux en bois.

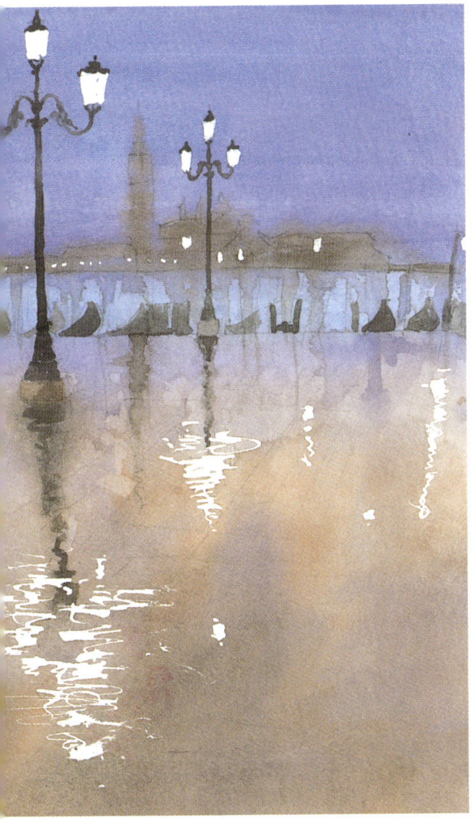

T. S. - f

▲ Pour cette étape, utilisez le mélange C très peu dilué.

7 : Les finitions

Appliquez une teinte jaune ou orangée sur les lumières et leurs reflets au sol.
Soulignez l'effet de dallage par des lignes fuyantes. Imaginez un point de fuite qui se trouverait sur la ligne d'horizon (niveau supérieur de la mer), à l'extrême droite du cadre. Pour obtenir des traits fins, nous avons utilisé la plume en bambou trempée dans la dilution aquarellée. Vous pouvez également vous servir de la tranche d'un morceau de carton (assez long) ou d'une pointe quelconque sur le lavis encore frais. Et voilà votre ambiance pluvieuse réussie !

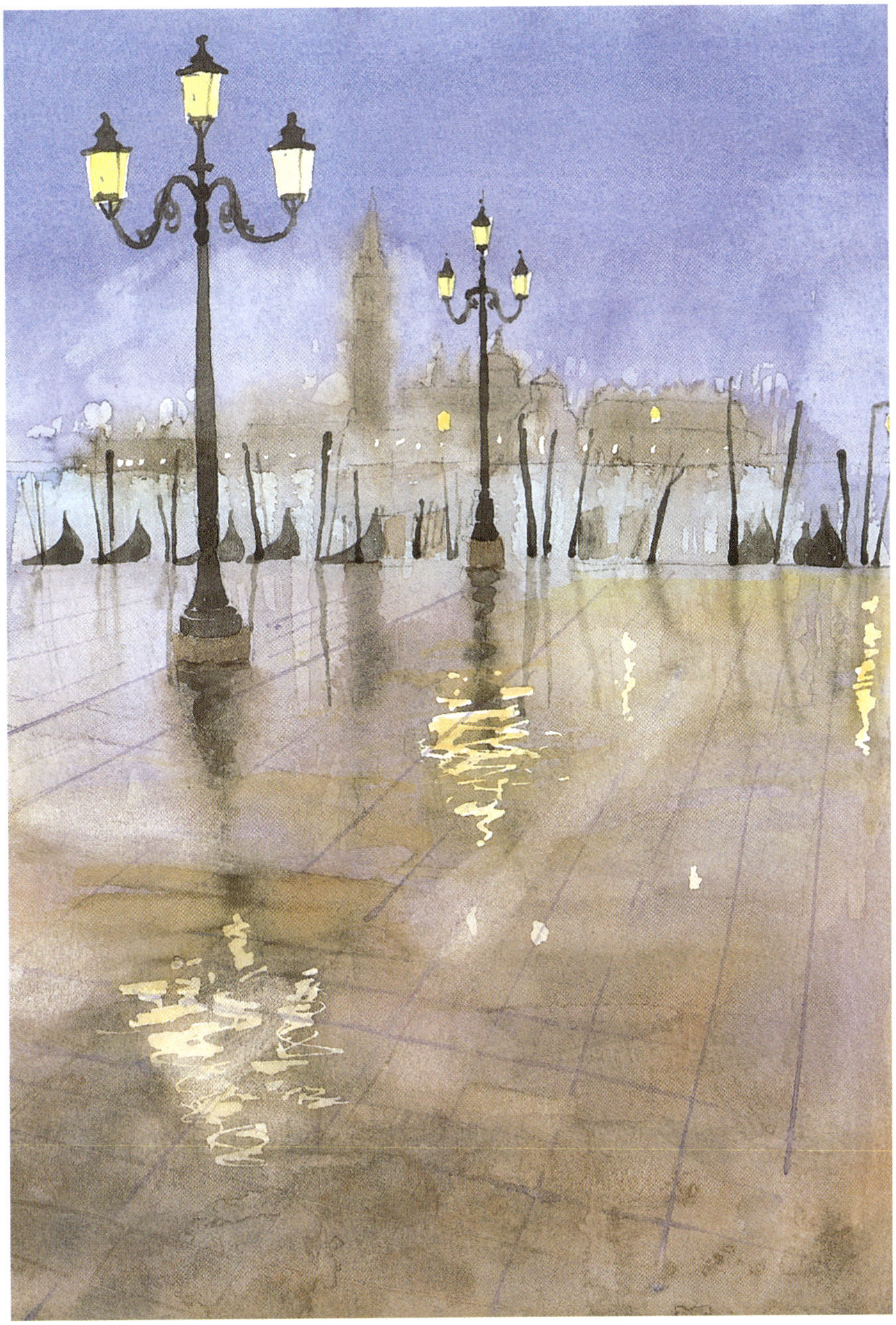

T. S. - g

▲ Pour ajouter des reflets, procédez par absorption de peinture en mouillant puis en séchant la couleur.

En bref

La technique humide, rappelons-le, est idéale pour rendre des paysages dans lesquels l'eau joue un grand rôle. Et pas seulement sous sa forme liquide ! Cette technique est en effet parfaitement adaptée aux décors sous la brume ou sous la neige, lorsque les couleurs, délavées, se fondent les unes dans les autres. Pour tous ces sujets, ne soyez pas avare en eau !

La technique mixte

Elle repose sur l'art d'utiliser, au bon moment et dans leur contexte approprié, les deux techniques fondamentales de l'aquarelle : la technique sèche et la technique humide.

Revenons tout d'abord à nos techniques de base...

La technique sèche

C'est la plus facilement contrôlable. Elle n'est que superpositions de lavis et de touches colorées précises. Par sa netteté, elle sera utilisée pour rendre les premiers plans, tous les sujets à détails, l'architecture, etc.

La technique humide

Elle est plutôt réservée aux éléments aqueux (brouillard, pluie, formes fluides et floues...) et pour traduire le lointain dans l'arrière-plan. Regardons ces deux exemples d'un même sujet. En fait, tous les deux manquent de profondeur à cause de leur uniformité. C'est justement grâce à la technique mixte que l'on pallie ce défaut, et que l'on donne plus de vie à un tableau.

Astuce

Sachez que plus vous mélangez les couleurs entre elles, plus vous perdez de fraîcheur, de spontanéité.

Mode d'emploi

La méthode la plus simple consiste à commencer par la technique humide et à retravailler certains endroits par-dessus en technique sèche.
Il est également possible de réhumidifier certains endroits, puis de nouveau de retravailler la surface avec un pinceau sec, et ainsi de suite. Procédez ainsi jusqu'à ce que vous obteniez un résultat satisfaisant.

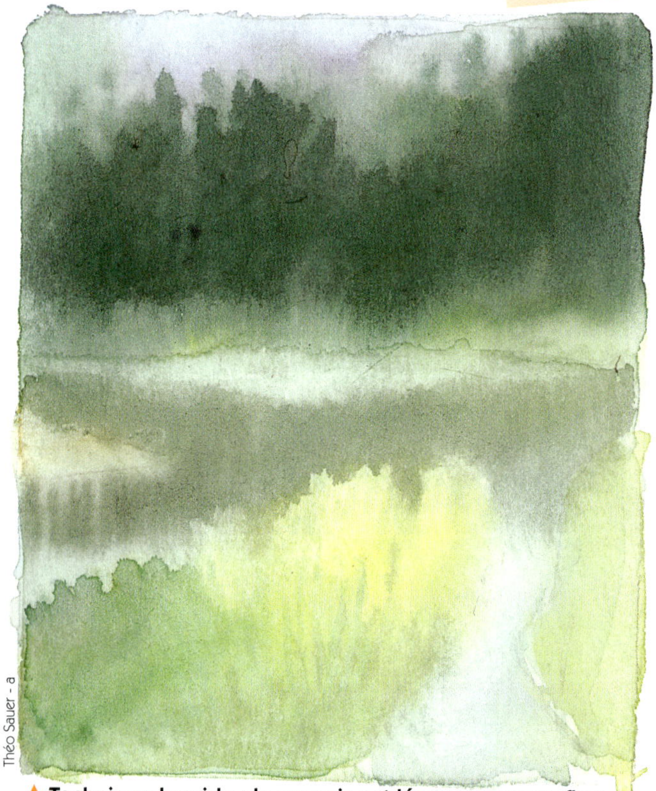

Théo Sauer - a

▲ Technique humide : le croquis est léger, vaporeux, flou. Il fait penser à un temps brumeux.

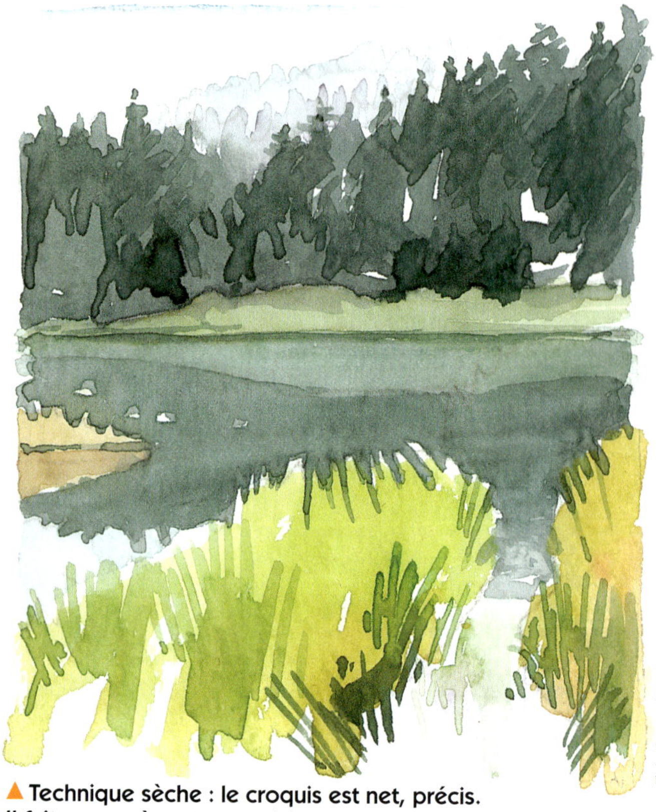

Théo Sauer - b

▲ Technique sèche : le croquis est net, précis. Il fait penser à un temps clair.

Exemple

Voici un exemple d'aquarelle réalisée en technique mixte : suivons-le pas à pas pour bien comprendre la façon dont le travail progresse. Les couleurs utilisées pour cet exemple sont le jaune, le bleu, le rouge, le vert-bleu, la terre d'ombre.

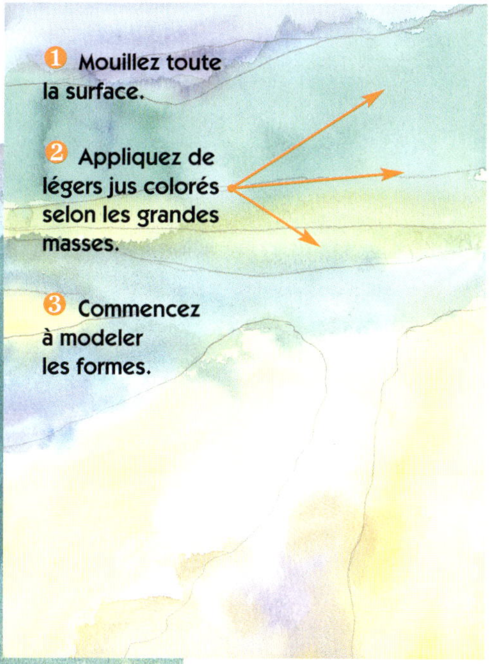

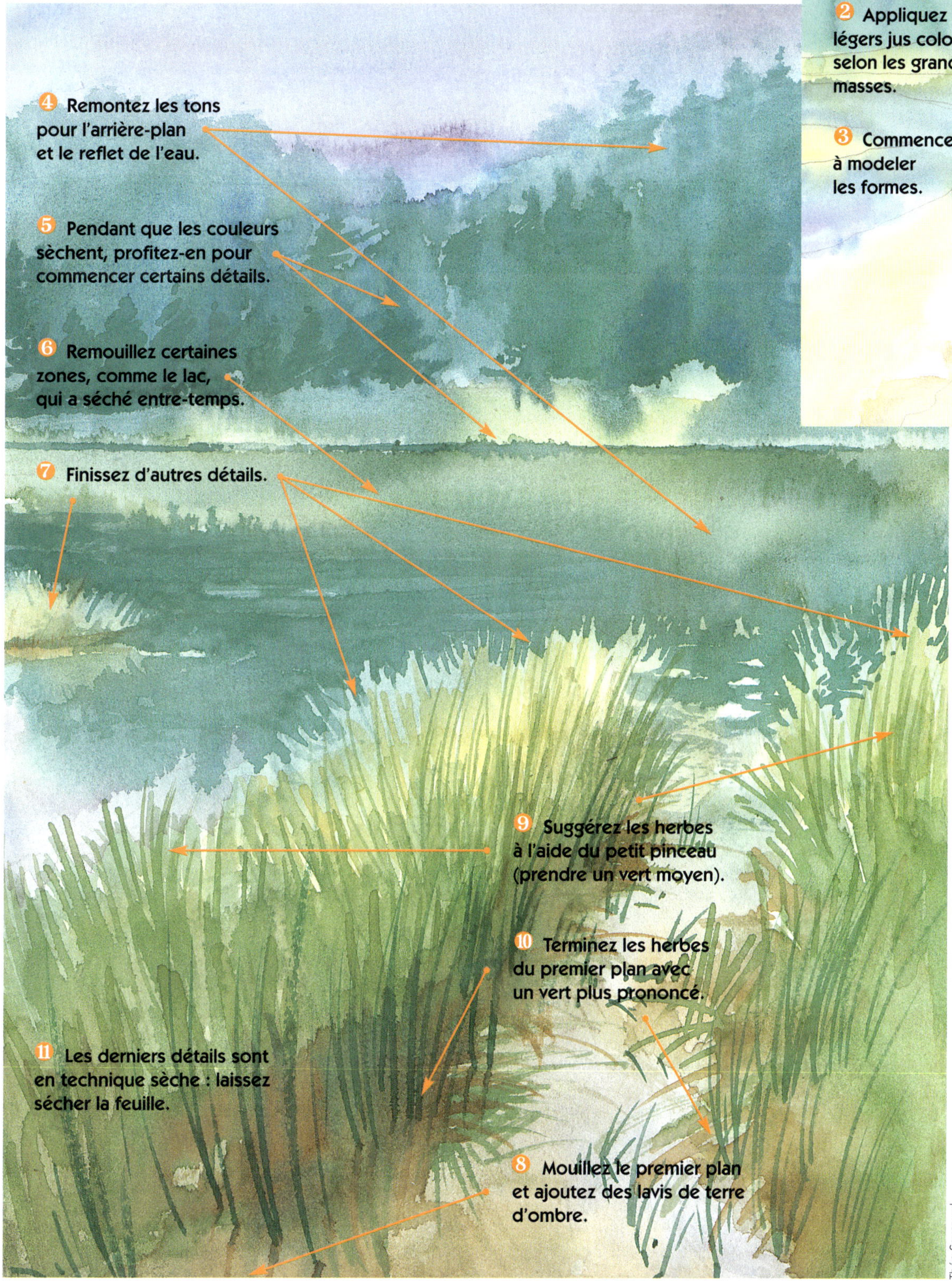

Parfaire la technique mixte

Conjuguant les effets de l'aquarelle travaillée sur un support humide et sur un support sec, la technique mixte permet d'obtenir une peinture riche et nuancée.

La technique mixte renforce la notion d'espace et d'éloignement. Les flous obtenus par la technique humide conviennent aux arrière-plans, alors que les touches précises de la méthode sèche sont tout indiquées pour animer les premiers plans.

Le principe

Il faut toujours commencer par la technique humide. Pour obtenir le meilleur effet, appliquez les premières couleurs sur une surface humide – voire presque détrempée, selon le résultat souhaité. Ensuite, posez de nouvelles teintes sur la feuille (en cours de séchage). Des formes commencent à naître : à vrai dire, la couleur se diffuse encore. Essayez de contrôler la dispersion des teintes en régulant le degré d'humidité du support. À certains endroits où la peinture est trop mouillée, absorbez cette dernière.
Laissez sécher votre feuille. Les dernières étapes sont principalement travaillées en technique sèche. Il est toutefois possible de remouiller certaines zones pour retirer de la matière. Terminez en peaufinant les détails.

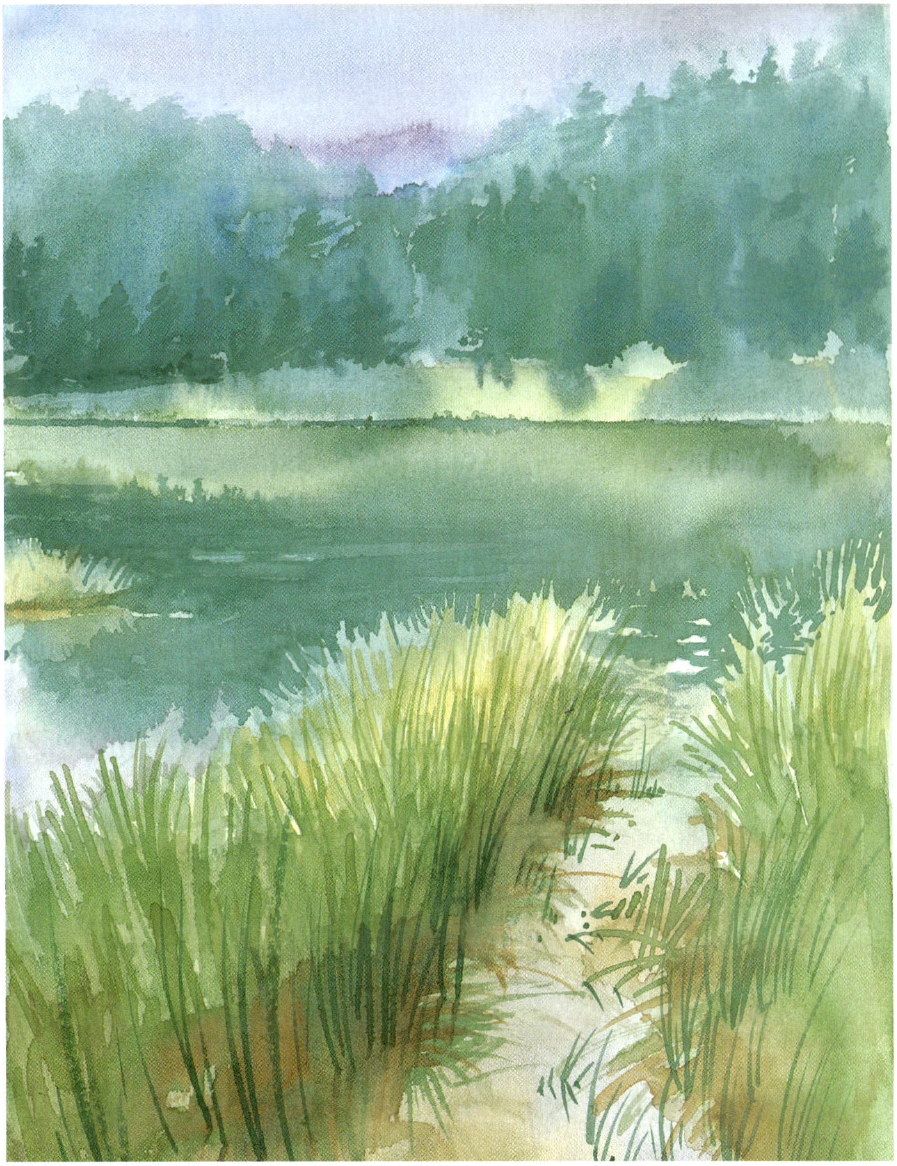
T. S. - a

▲ Ici, l'arrière-plan forestier et le lac ont été essentiellement traités en technique humide. Les herbes du premier plan ont été réalisées en technique sèche.

Exercice

Nous avons choisi un sujet, les rives de la Loire, nous permettant de montrer un exemple où la technique humide n'affecte que certains endroits, en l'occurrence l'arrière-plan et l'eau.

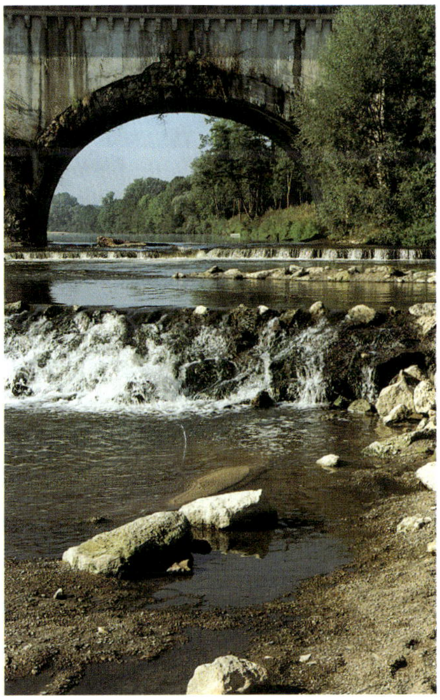

T. S. - b

▲ Notre sujet : le pont-canal sur la Loire

Observation et préparation

Tout d'abord, observons l'image ci-contre, à gauche, et essayons de trouver les petits « trucs » qui permettent de gagner du temps et donnent un bon rendu.
Nous vous recommandons l'utilisation de la cire pour traduire l'écume, les petits reflets sur l'eau ainsi que les rehauts blancs qui matérialisent les cascades. De petites projections sur le sable seraient tout indiquées pour réussir et renforcer le premier plan.

T. S. - c

▲ En haut comme en bas de votre aquarelle, laissez fuser les couleurs.

Les couleurs

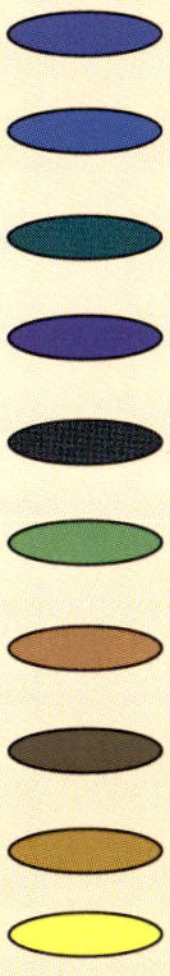

- Bleu de cobalt
- Bleu outremer
- Bleu turquoise
- Violet
- Gris de Payne
- Vert émeraude mat
- Terre de Sienne brûlée
- Brun Van Dyck
- Ocre jaune
- Jaune

1 : Les premiers lavis

Tendez une feuille de papier sur un support selon la méthode habituelle. Laissez sécher.
Esquissez les grandes lignes et les éléments principaux.
Frottez un petit bout de cire blanche pour réserver les rehauts de la rivière.
Mouillez bien la zone sous le pont et, aussitôt, posez les différentes teintes permettant d'obtenir un lavis polychrome (bleu de cobalt + bleu turquoise, jaune, vert émeraude mat et terre de Sienne brûlée).

Du bon usage

En fait, la technique mixte peut être utilisée dans tout type de réalisation : elle convient aussi bien aux paysages qu'aux natures mortes, aux portraits, aux œuvres abstraites, etc.
D'une manière générale, utilisez la technique humide pour l'arrière-plan d'un paysage et la technique sèche, en second lieu, pour le premier plan. Le rendu sera plus réaliste, car le regard se focalise naturellement sur ce qui est proche, alors que les éléments qui se trouvent à la limite de notre champ de vision nous apparaissent flous et leurs couleurs délavées.

Ensuite, mouillez la partie basse, à l'exception des rochers dans l'eau. Déposez quelques gouttes de terre de Sienne et d'ocre jaune dans les zones humides (plus de couleur vers le bas).

2 : Des lavis plus denses

Humidifiez de nouveau la zone du haut si cela est nécessaire (partie végétation).

Procédez à un deuxième passage (plus contrôlable car moins mouillé) avec des teintes légèrement plus soutenues.

Faites de même pour le premier plan. Travaillez la zone « eau » avec des lavis bleutés.

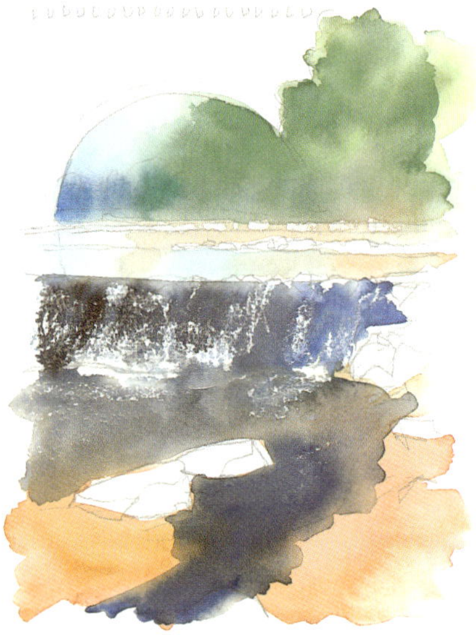

T. S. - a

▲ Deux passages successifs vous permettent d'intensifier vos teintes, tout en contrôlant mieux la diffusion.

3 : La technique sèche

À présent, vous allez travailler sur le papier sec.

Posez un jus ocre (ton de la pierre) sur les rochers au premier plan. Utilisez un petit pinceau pour la bande rocheuse dans le plan intermédiaire. La teinte sera plus saturée.

Préparez un mélange dilué de violet et de bleu de cobalt pour la teinte du pont. Ce même mélange moins dilué servira à figurer les ombres sur le pont et les rochers au premier plan.

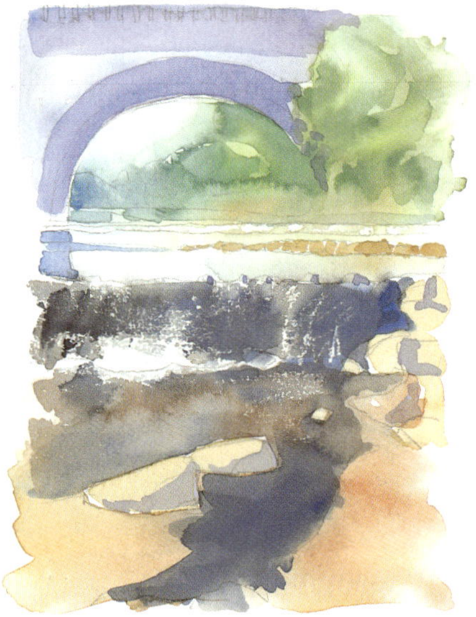

T. S. - b

▲ Avec le recours à la technique sèche, les teintes s'intensifient nettement.

4 : Peaufiner l'arrière-plan

D'ores et déjà, vous pouvez terminer toutes les zones d'arrière-plan (le pont et la partie juste au-dessous). Commencez par la végétation lointaine.

Apposez un léger voile sur les arbres les plus éloignés.

Marquez d'une ligne la berge et suggérez des masses de feuillage par une teinte bleu-vert. Tamponnez cette même zone à l'aide d'une éponge, à la fois pour créer des effets de feuilles et pour donner de la profondeur au feuillage.

Appliquez une teinte neutre sur la face avant du pont à l'aide d'un pinceau très sec, ce qui va contribuer à rendre son caractère pierreux, rugueux.

Ensuite, procédez à un deuxième passage de cette teinte (moins diluée) sous le pont et faites ressortir la crénelure avec un petit pinceau. Un dernier passage de couleur foncée donne l'ombre de l'arc voûté.

N'oubliez pas le reflet du pont. Le dénivelé de l'eau, quant à lui, sera bien rendu si l'on dessine une bande foncée sur les petites réserves à la cire (qui suggèrent les chutes d'eau).

T. S. - c

▲ Cette étape est consacrée au traitement de la végétation lointaine par la technique sèche.

5 : La profondeur de l'eau

À l'aide de deux couleurs (le bleu outremer et le brun Van Dyck), peaufinez toutes les ombres, particulièrement celles des chutes d'eau.

▲ La feuille étant inclinée, la couleur coule dans la zone que vous êtes en train de colorer, le pinceau se décharge donc moins vite.

Le choix des couleurs

Pour ces croquis, nous avons choisi une couleur secondaire : l'orange. Pour vous exercer, vous pouvez essayer d'autres teintes, le résultat sera toujours un lavis uniforme.
Le choix de la couleur dépend de l'atmosphère que vous souhaitez exprimer. Pour traduire une impression de chaleur, de joie, optez pour une teinte chaude (jaune, orange). En revanche, pour dégager un sentiment de sérénité, choisissez une couleur froide (bleu, violet).

Sur une grande surface

Pour appliquer un fond uniforme sur une feuille entière, certaines conditions doivent être respectées :

- utiliser un papier de 300 g ou plus ;
- pour des papiers de moins de 300 g, il est impératif de tendre la feuille ;
- utiliser un très gros pinceau ou une éponge ;
- travailler rapidement, sans s'arrêter, sans revenir en arrière.

Attention ! Il ne faut pas que l'eau ruisselle. Procédez en répétant les opérations précédentes jusqu'au bas de votre surface à remplir. Si vous devez reprendre du mélange pour alimenter votre pinceau, attendez d'être arrivé à l'extrémité, gauche ou droite, de la surface.
Il ne faut jamais revenir en arrière car cela aurait pour conséquence la formation de taches et d'imperfections dans le lavis.
Si, une fois arrivé en bas de votre surface, il vous reste beaucoup de peinture sur votre feuille, absorbez-la avec précaution à l'aide de votre pinceau, que vous aurez préalablement essuyé avec un chiffon. Laissez sécher pour mieux apprécier le résultat final.

Vocabulaire

Pinceau chargé : plus le pinceau est gonflé d'eau pure, de mélange ou de couleur liquide, plus on le dit « chargé ».

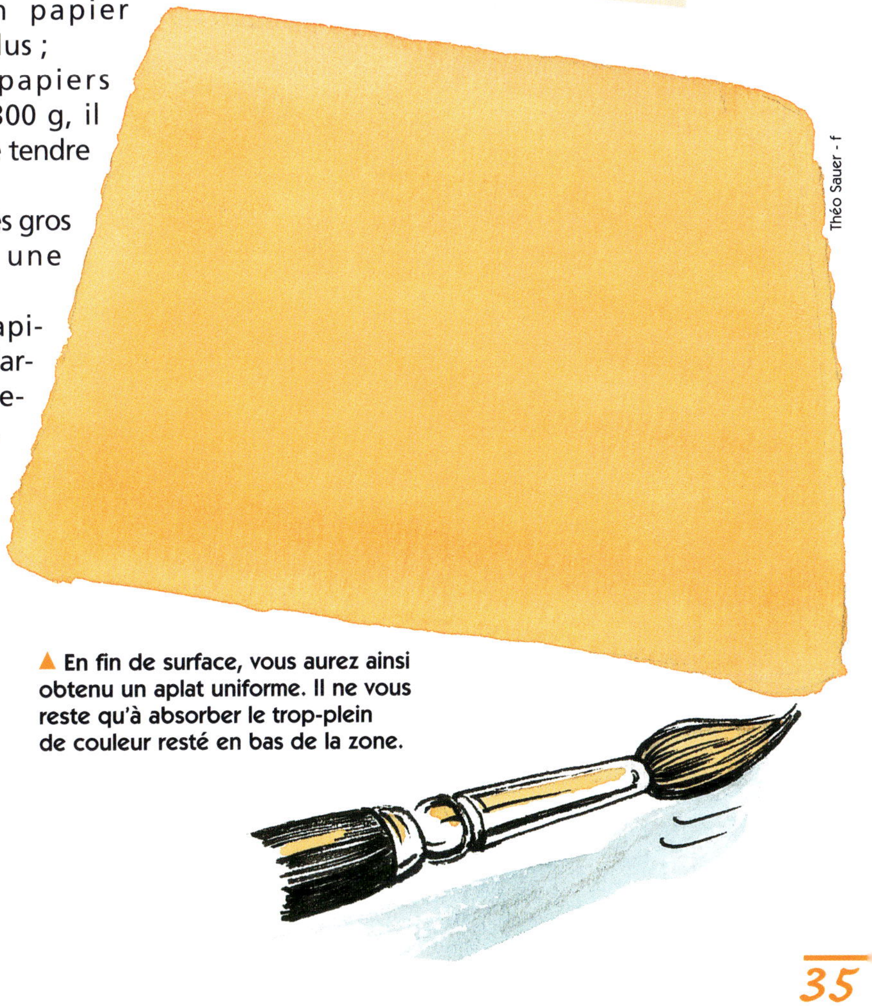

▲ En fin de surface, vous aurez ainsi obtenu un aplat uniforme. Il ne vous reste qu'à absorber le trop-plein de couleur resté en bas de la zone.

Conseil

Pour obtenir un lavis aussi uniforme que possible, travaillez calmement, avec confiance et sans vous arrêter.

Le lavis dégradé

Le lavis dégradé consiste à utiliser une seule couleur en faisant varier son intensité. Il permet de donner de la profondeur à un ciel ou de réaliser certains fonds.

Vous avez appris à maîtriser la technique du lavis uniforme. Il fallait pour cela préparer une dilution de couleur et l'appliquer sur toute la surface.
Dans la technique du dégradé, il s'agit de transformer le lavis de façon très régulière – sans accrocs, ni striures – pour obtenir une variation de la tonalité presque imperceptible.

L'eau, toujours...

Pour faire varier une couleur du sombre au clair, il faut ajouter de l'eau. Diluer celle-ci a pour but de la rendre transparente. Cette transparence n'est autre que le blanc du papier qui se mélange optiquement à la couleur en la transformant. Il va de soi que plus on ajoute d'eau, plus la teinte s'affaiblit, donc s'éclaircit.
Il existe deux méthodes pour réussir un dégradé : sur fond sec ou sur fond humide. Tout dépend de votre sujet.

Sur fond sec

On optera pour cette première solution si l'on souhaite réaliser des dégradés sur de petites surfaces. Sur un papier sec, il faut travailler rapidement, avec méthode, afin d'éviter de légères imperfections.
Cette technique convient parfaitement pour peindre un ciel légèrement nuageux, qui autorise de petites irrégularités.

Sur fond humide

On préférera cette méthode, qui permet plus d'homogénéité dans le rendu, pour représenter un beau ciel bleu. Pour réussir un dégradé très régulier, on humidifie légèrement la surface avec une éponge pour faciliter la répartition de la couleur.
Sur fond très humide, le lavis deviendra quasiment transparent.

Théo Sauer - a

▲ Lavis dégradé sur fond sec.
On peut observer quelques petites irrégularités.

Théo Sauer - c

▲ Lavis dégradé sur fond peu humide.
Plus d'homogénéité, de régularité, dans le rendu.

Théo Sauer - b

▲ Lavis dégradé sur fond très humide.
La couleur se fond dans le blanc de la feuille.

À vous de jouer...

Réalisez un dégradé sur fond humide

Utilisez une cale pour incliner votre feuille de 10° à 20° environ. Prenez votre gros pinceau et dans un des godets de la palette, préparez une petite quantité de mélange coloré qui correspondra à la valeur la plus foncée de votre lavis.
Humidifiez votre surface avec une éponge. Trempez votre pinceau dans le mélange coloré et commencez à appliquer votre couleur en partant en haut à gauche, vers la droite, de manière régulière (**A**).
Chevauchez le trait précédent. À mesure que votre pinceau se décharge, trempez-le dans l'eau pour éclaircir progressivement le ton (**B**).
Il s'agit de remplacer, au fur et à mesure, la couleur du pinceau par de l'eau pure. Le mélange « eau + couleur » se combine simultanément sur le pinceau et sur la feuille en une nouvelle teinte de plus en plus claire (**C**).
Travaillez avec méthode.
Faites un aller-retour de pinceau sur la feuille, ajoutez une goutte d'eau en trempant légèrement la pointe du pinceau dans l'eau pure.
Refaites un aller-retour, reprenez de l'eau, etc.
Si vous désirez fondre votre dégradé dans le blanc de la feuille (**D**), le pinceau sera chargé uniquement avec de l'eau quand vous arriverez en bas de la surface à remplir (**E**).

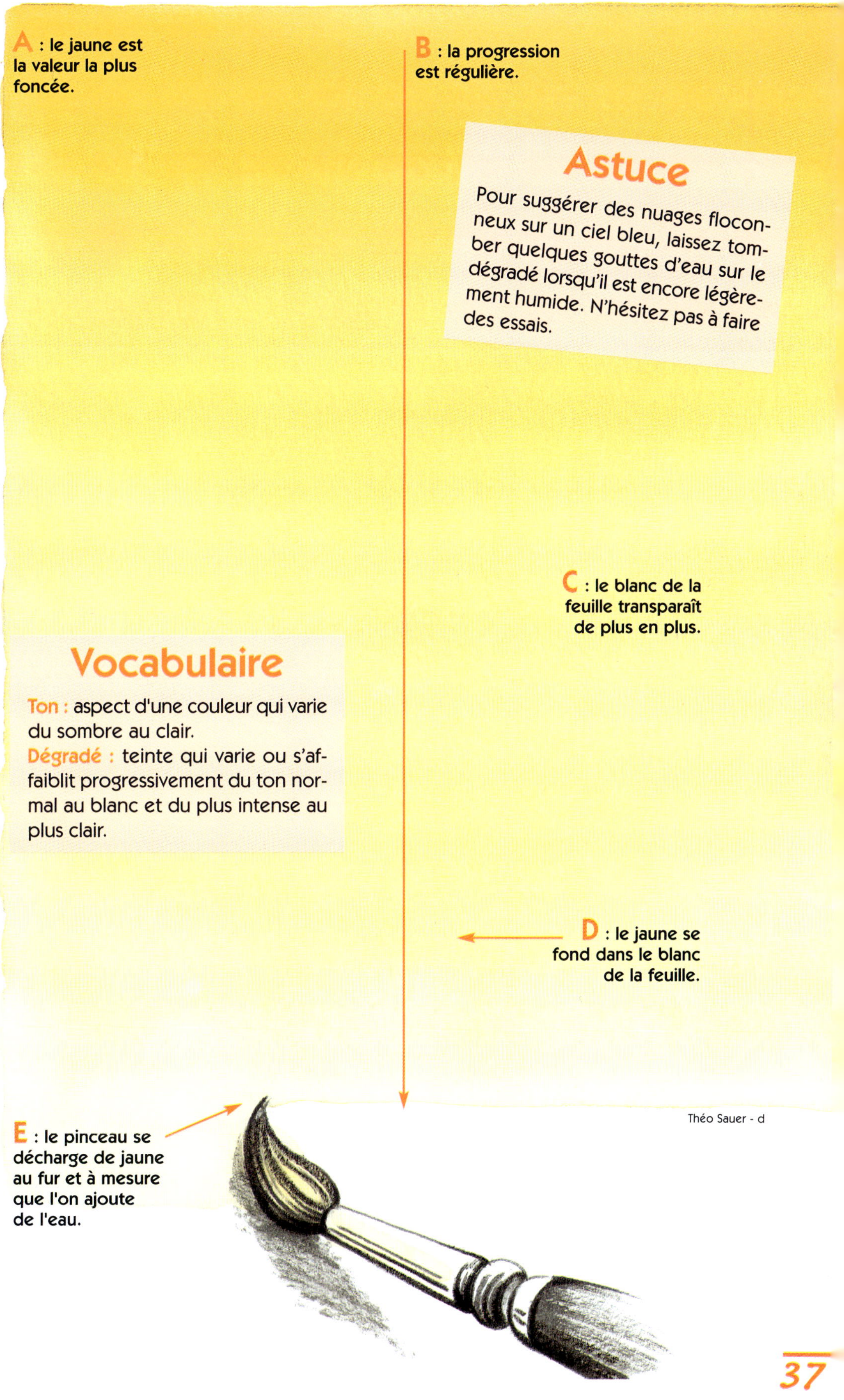

Astuce

Pour suggérer des nuages floconneux sur un ciel bleu, laissez tomber quelques gouttes d'eau sur le dégradé lorsqu'il est encore légèrement humide. N'hésitez pas à faire des essais.

Vocabulaire

Ton : aspect d'une couleur qui varie du sombre au clair.
Dégradé : teinte qui varie ou s'affaiblit progressivement du ton normal au blanc et du plus intense au plus clair.

Exercice

Le lavis dégradé s'avère une technique aussi simple qu'efficace pour réussir un ciel ou un fond de paysage.

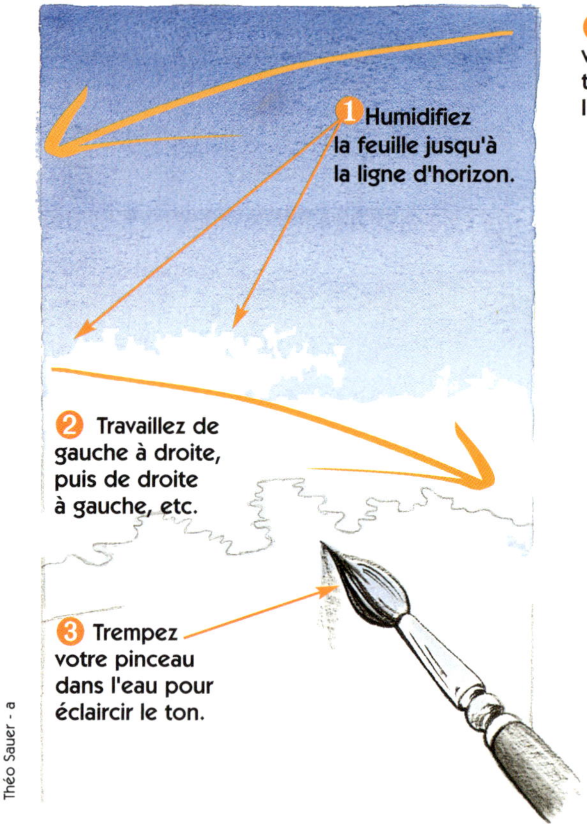

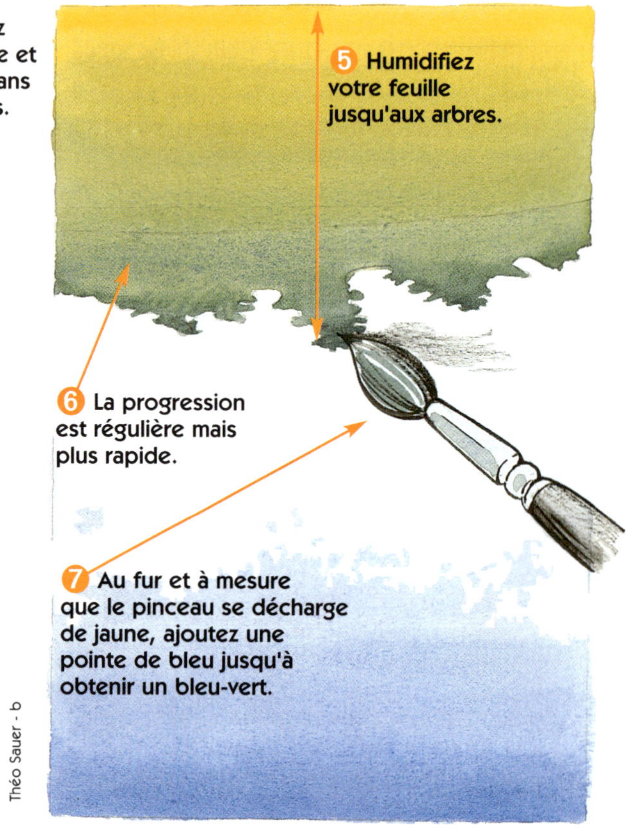

Commencez par le ciel

❶ Reproduisez le crayonné suivant le modèle ci-dessus. Commencez par humidifier le ciel avec une éponge jusqu'au niveau des arbres et de la ligne d'horizon. Le papier sera humide, sans excès.
❷ Étalez, rapidement, un lavis de bleu de cobalt sur le haut du ciel.
❸ Au fur et à mesure que vous ajouterez de l'eau en descendant vers la ligne d'horizon, votre lavis s'éclaircira.
Laissez sécher.

Réalisez le premier plan

Pour le premier plan, préparez une petite quantité de jaune indien, puis préparez une plus grande quantité de bleu de cobalt dans un autre godet.
❹ Commencez par le jaune. Pour cela, tournez votre feuille dans l'autre sens.
❺ Humidifiez votre zone avec une éponge.
❻ Chargez votre pinceau de jaune et faites ensuite un ou deux allers-retours.
❼ Puis trempez très légèrement la pointe de votre pinceau dans le bleu. Chevauchez légèrement le jaune en faisant quelques allers-retours pour bien mélanger la nouvelle teinte.
Renouvelez l'opération.
Peu à peu, le jaune se transforme en vert clair, en vert, puis en bleu-vert. Laissez sécher.
Par ces deux dégradés, nous avons réalisé un fond qui pourrait être agrémenté d'arbres ou encore de maisons…
À vous d'imaginer le reste !

la technique mixte

En essayant de jouer sur le degré d'humidité de la feuille, en retravaillant par-dessus en technique sèche, par superpositions, par mélanges sur certaines zones, vous découvrirez les possibilités infinies de l'aquarelle, comme en témoigne l'exemple de paysage ci-dessous, réalisé en technique mixte.

Technique sèche → Technique mixte ← Technique humide

Technique mixte → La base de la peinture aquarelle

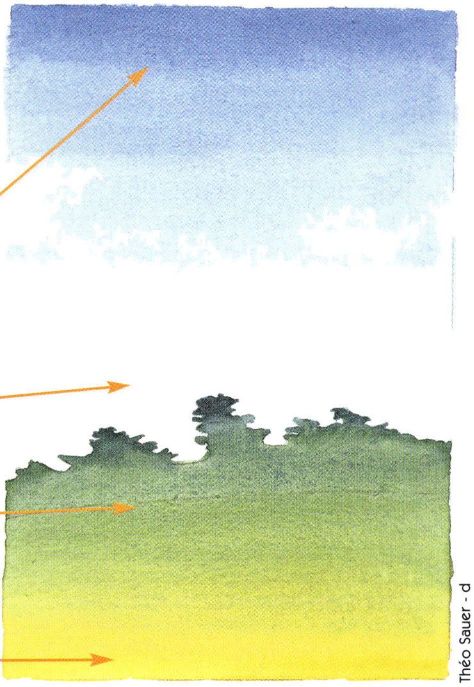

Théo Sauer - d

La profondeur du ciel est parfaitement rendue avec ce simple lavis dégradé.

Le fait d'éclaircir le ciel vers la ligne d'horizon attire le regard dans cette direction.

Plus on ajoute de bleu dans une teinte, plus on obtient une impression de profondeur, d'éloignement.

En revanche, le jaune ramène le regard au premier plan par son intensité lumineuse.

Exemple de paysage réalisé en technique mixte

L'astuce consiste à gratter dans la peinture humide avec le manche du pinceau pour suggérer un effet de pluie dans le ciel.

Avec cette même technique, on peut réaliser les branches des sapins perdus dans le brouillard.

La partie principale (les trois quarts supérieurs du tableau) est travaillée en technique humide. Le ciel est rendu par un dégradé (bleu-violet).

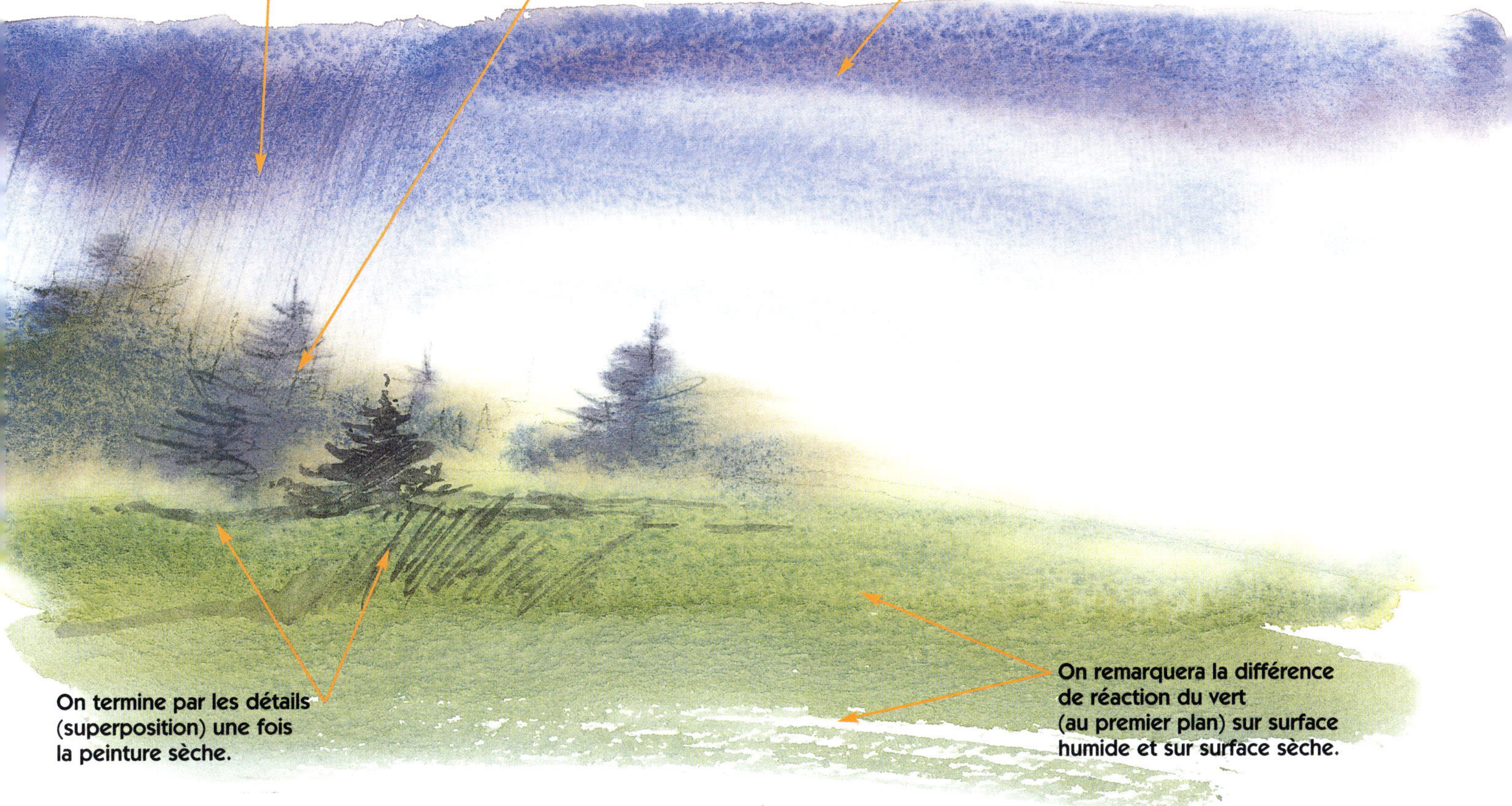

On termine par les détails (superposition) une fois la peinture sèche.

On remarquera la différence de réaction du vert (au premier plan) sur surface humide et sur surface sèche.

Parfaire les lavis dégradés

Les lavis dégradés sont utilisés pour créer une surface colorée qui passe progressivement d'une couleur à une autre, ou d'une teinte sombre à une teinte claire, et inversement.

Les lavis dégradés permettent de rendre des zones fondues dans vos paysages, et particulièrement dans le ciel, où la couleur s'intensifie vers le zénith. Ils sont utiles dans de nombreuses autres applications (surface d'un lac, façade de maison, etc.).

Réussir ses dégradés

Avec la pratique, vous allez vous rendre compte qu'il est essentiel de bien préparer son matériel.
Il est toujours plus facile de commencer par la teinte la plus foncée et d'aller vers un ton clair en ajoutant de l'eau pure. L'inverse est également possible, mais nécessite plus d'expérience.
Inclinez votre feuille, puis commencez en haut de la surface en allant d'un bord latéral à l'autre.
Appliquez toujours suffisamment de peinture sur la feuille pour conserver une « bulle », qui se forme naturellement quand la feuille est inclinée. Tandis que la teinte s'étale et s'unifie, ajoutez un peu d'eau dans votre mélange (dans un godet).
Recommencez une nouvelle bande en empiétant sur la précédente, et ainsi de suite jusqu'à couvrir toute la surface.
Le mélange étant de plus en plus dilué, le pinceau se décharge en eau progressivement.
Absorbez le trop-plein et gardez la surface inclinée jusqu'au séchage définitif.
Pas de retouches possibles. Si le balayage a été constant et le geste spontané, le résultat ne manquera pas de cohésion.

Conseil

Tendez votre feuille sur une planchette pour travailler dans les meilleures conditions. Inclinez votre plan de travail. Utilisez toujours suffisamment de peinture pour ne pas « tomber en rade » en cours de travail. Ne vous interrompez pas et ne laissez pas la couleur sécher. Utilisez un gros pinceau pour les grandes surfaces.

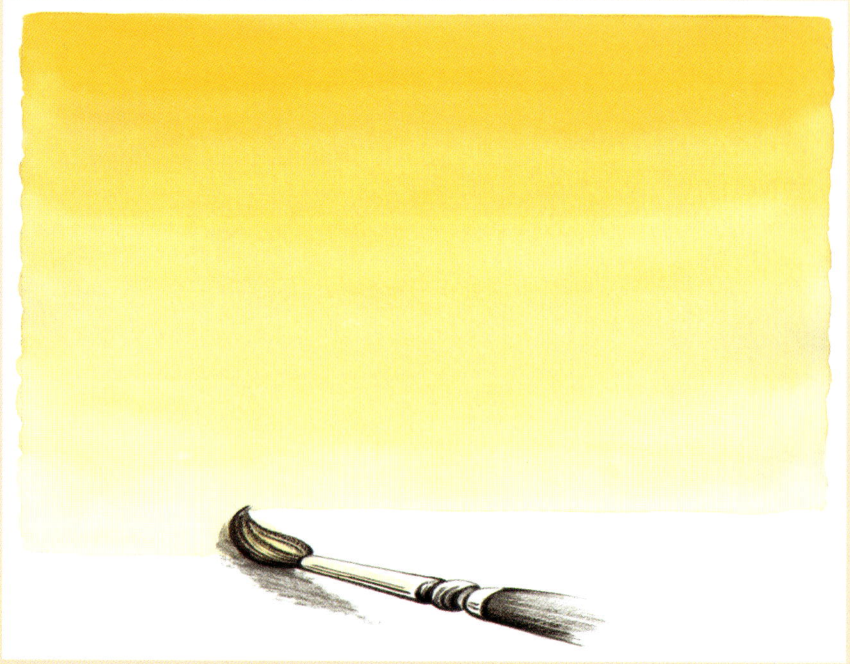

Exercice

Pour réaliser le ciel et l'eau de ce paysage vénitien, vous allez effectuer de grands lavis dégradés. Les façades des bâtiments seront quant à elles réalisées principalement en technique sèche.

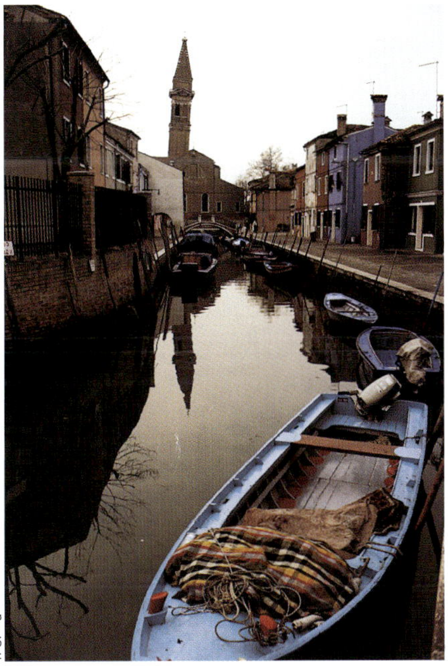

T. S. - a

▲ Le sujet : un canal à Venise.

Les couleurs

Utilisez une gamme de couleurs assez restreinte. Les couleurs toniques sont très actives dans un environnement neutre.

Les principales couleurs utilisées :

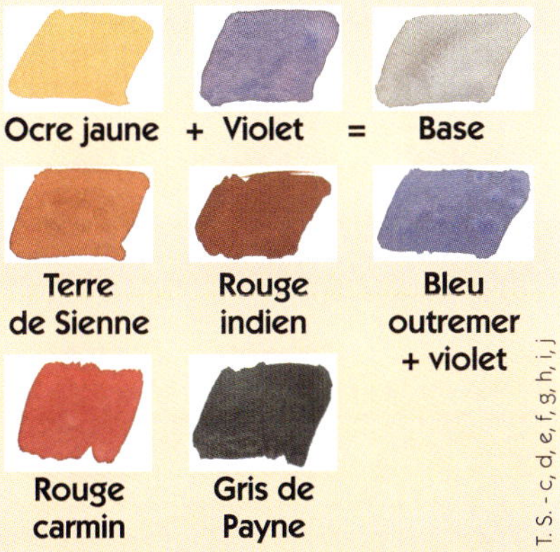

T. S. - c, d, e, f, g, h, i, j

1 : Le ciel

Faites un crayonné détaillé pour simplifier la mise en couleurs. Ensuite, afin de réaliser un dégradé dans le ciel, fabriquez un gris coloré (couleur neutre) avec deux couleurs complémentaires (violet et ocre jaune). Cette teinte est présente dans de nombreuses parties de l'image (plus ou moins diluée). Préparez une bonne quantité de ce mélange, avec une partie diluée et une autre plus concentrée.
Appliquez un premier dégradé dans le ciel. Le départ du lavis n'est pas forcément droit et peut se présenter comme une ligne irrégulière. Travaillez de haut en bas, suivant la méthode, en inclinant votre feuille. Laissez sécher. Si vous estimez que le résultat n'est pas concluant, procédez à un second passage.

T. S. - k

▲ Vous pouvez sans crainte passer le lavis sur l'église, car celle-ci sera finalisée dans la même teinte plus foncée.

2 : L'eau

Représentez l'eau avec un nouveau dégradé. Retournez votre feuille pour travailler du foncé vers le clair. Vous pouvez sans crainte empiéter sur toutes les zones qui vont être travaillées avec une valeur plus foncée.
Progressivement, posez les autres lavis. Commencez toujours par les lavis clairs.
Vous pouvez dès à présent peindre les valeurs toniques sur certaines façades de maison.
Laissez en réserve les espaces correspondant aux fenêtres.

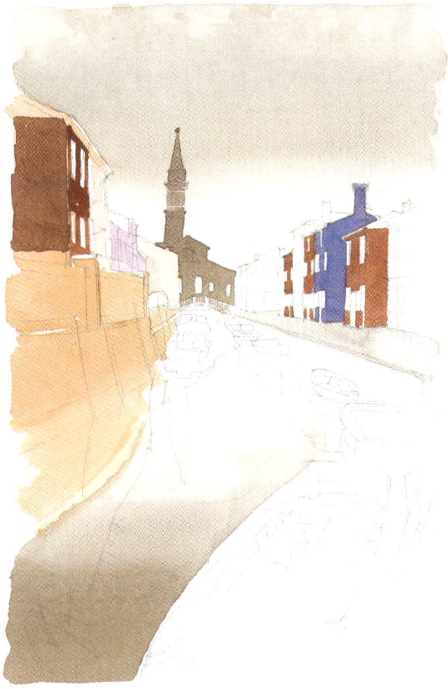

T. S. - l

▲ L'église est colorée à l'aide de la préparation de base, concentrée.

3 : Les reflets

Avec le gris coloré de base, représentez les reflets dans l'eau. La grande surface est réalisée par un dégradé de deux teintes (on commence par la couleur dominante et on ajoute progressivement une autre couleur). À la base de votre lavis, prolongez la « bulle » de peinture qui se forme quand vous travaillez en zone humide.
Utilisez toujours votre base colorée, à laquelle vous mêlerez du gris de Payne.
Dessinez l'arbre, les volets, ainsi que la clôture en bois avec cette nouvelle valeur.

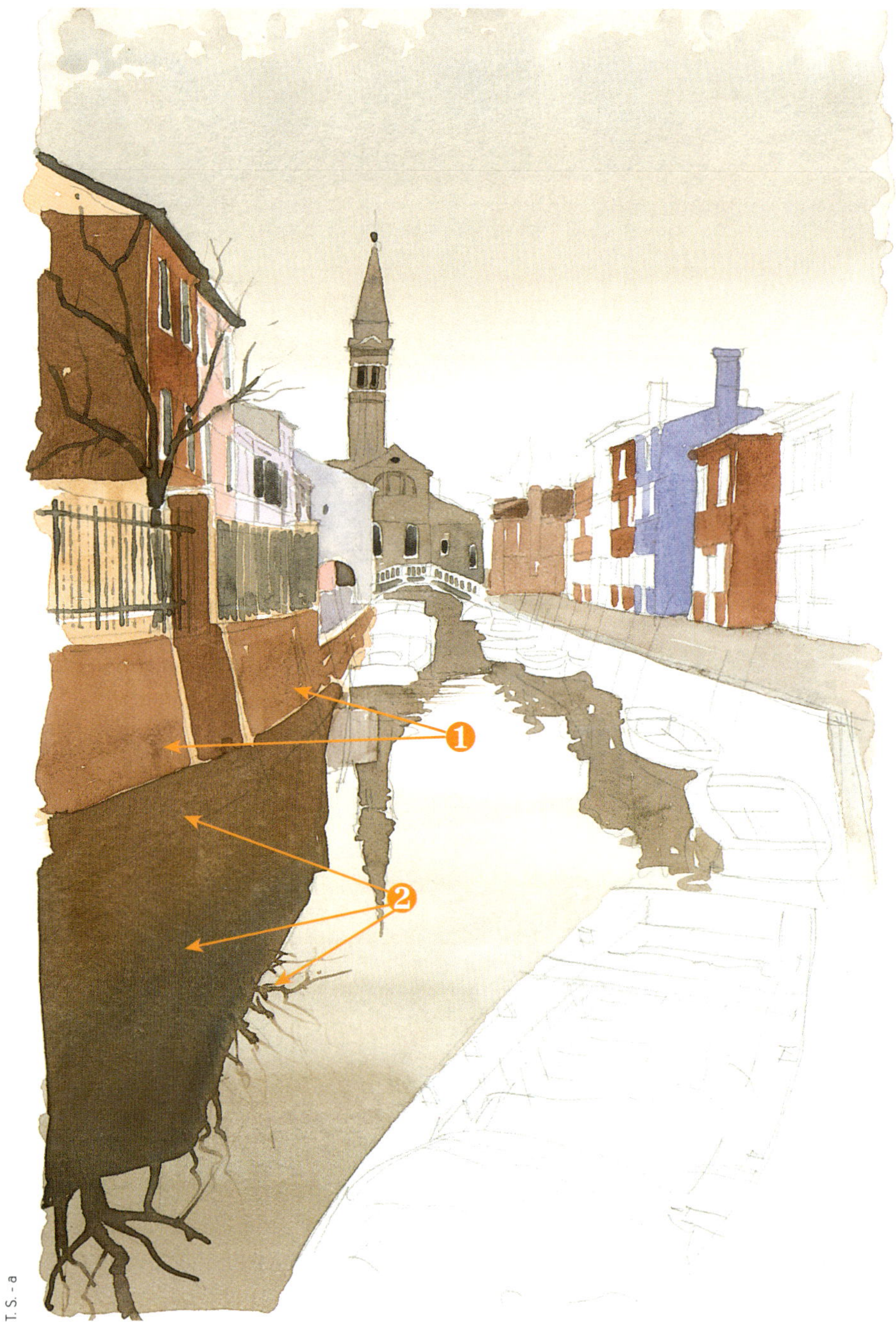

❶ Ajoutez à votre préparation de base du rouge indien pour peindre ces murs.
❷ Avec un petit pinceau ou une plume en bambou, figurez le reflet de quelques branches d'arbre.

Les façades et les fenêtres

Pour rendre le volume des façades, il suffit généralement de poser trois valeurs.

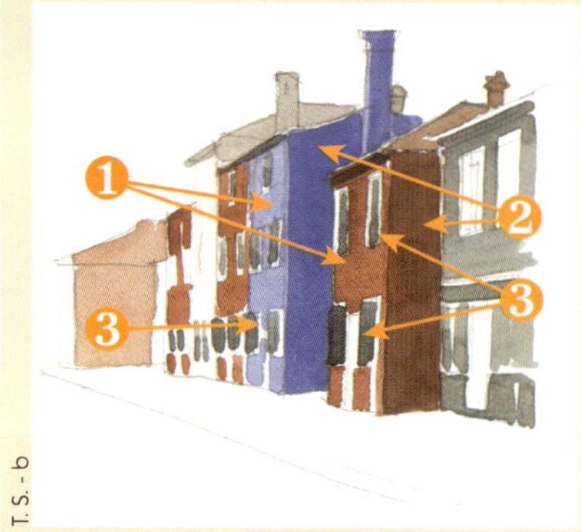

❶ Un lavis pour la façade claire.
❷ Une teinte plus soutenue pour la zone dans l'ombre.
❸ Une troisième touche très foncée pour les volets et les fenêtres.

On fait ressortir les encadrements de fenêtres blancs selon une méthode similaire.

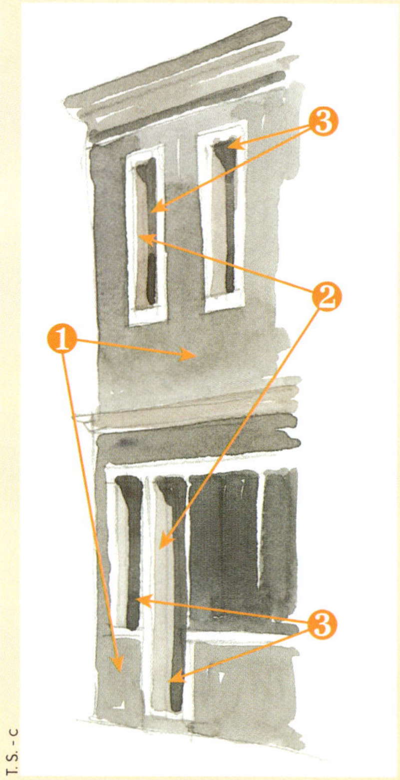

❶ Un lavis de façade.
❷ Un lavis sur l'épaisseur du cadre.
❸ Une ombre qui donne la profondeur.

4 : Les barques

Vous travaillez toujours en technique sèche.
Les barques du plan intermédiaire sont évidemment réalisées avec moins de détails que celle du premier plan.
Utilisez la technique de l'empreinte avec la tranche d'un morceau de carton pour figurer les nombreux piquets en bois présents dans le petit canal.

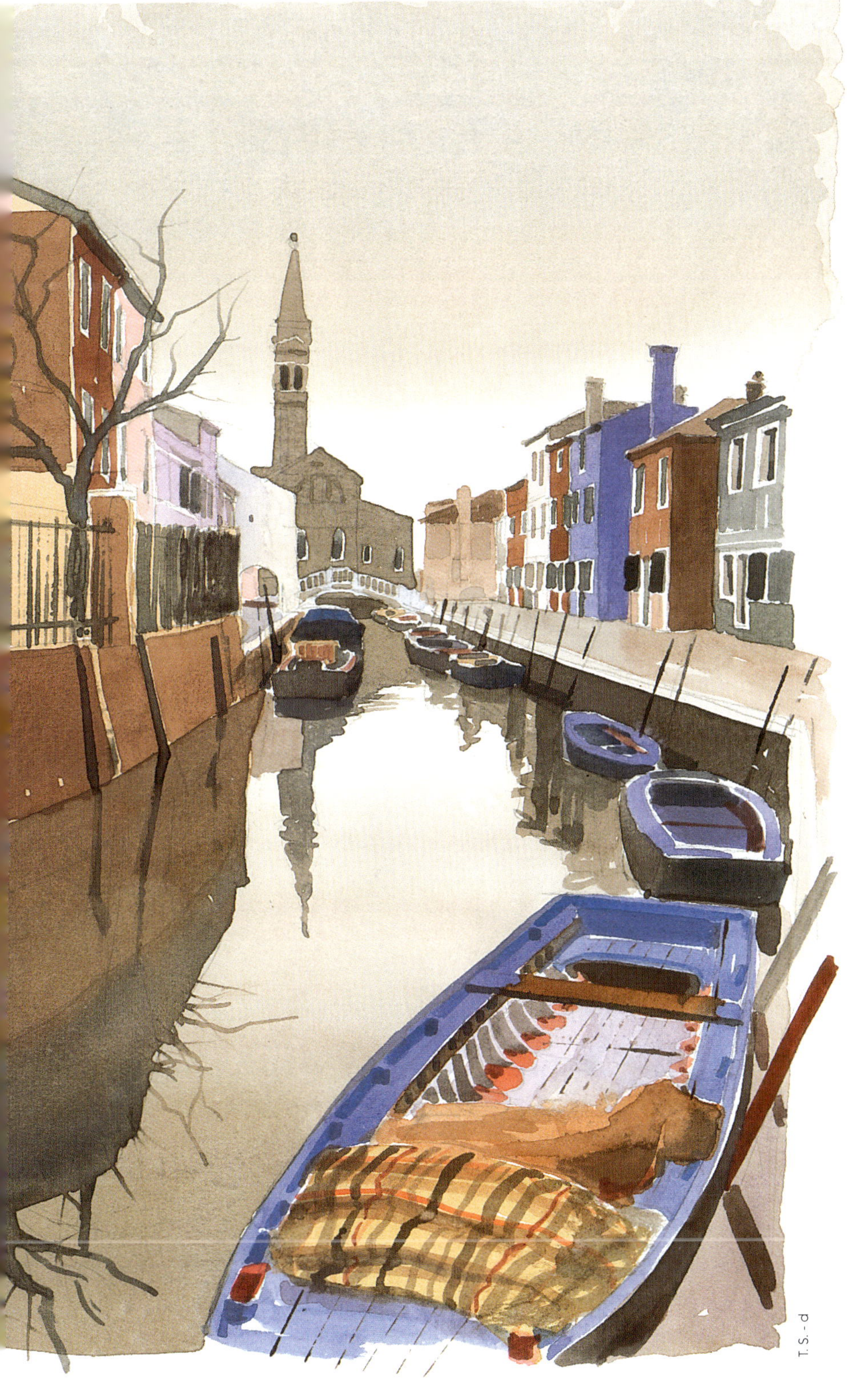

T. S. - d

Gros plan sur la barque

Détaillons maintenant l'exécution de la barque principale.

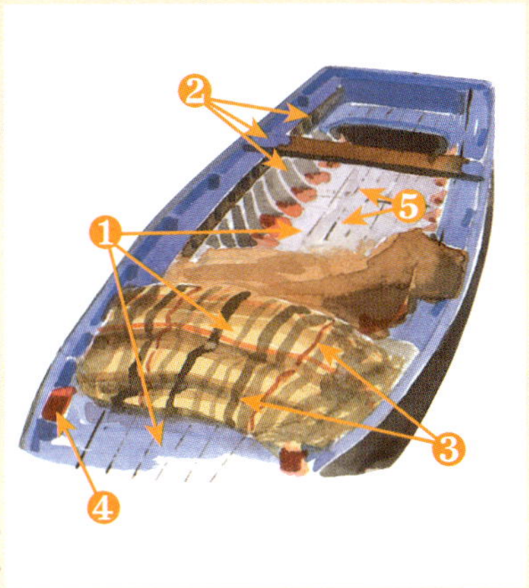

T. S. - e

❶ Posez tous les lavis clairs. Ils correspondent principalement aux plans horizontaux.
❷ La lumière vient de gauche, les ombres sont donc marquées du côté droit des objets. Soulignez toutes ces zones.
❸ Respectez la trame de la toile tissée. Donnez un sens aux traits foncés et variez les épaisseurs.
❹ N'oubliez pas les deux amarres, de couleur rouge tonique.
❺ Pour obtenir des traits nets et fins, utilisez la technique de l'empreinte. Trempez la tranche d'un bout de carton ou de plastique fin et reproduisez des lignes qui marquent les jointures des planches en bois de la barque.

5 : Les finitions

Colorez à présent les murs des maisons qui sont à l'ombre ainsi que les cheminées.
Avec un gris coloré très sombre, fignolez le reflet des quais et des barques. C'est ce qui va donner son opacité au canal – et donc renforcer l'aspect étrange et mélancolique du paysage.

◀ Pour finir, ajoutez des détails et procédez éventuellement à des retouches.

Le lavis polychrome

Un minimum de technique, un peu de doigté et l'aide du « hasard heureux » : voilà les ingrédients nécessaires à la réussite de votre lavis polychrome.

On l'appelle aussi « lavis nuancé ». C'est une combinaison de plusieurs couleurs en technique humide.
Comme nous avons pu le voir, il est pratiquement impossible de « diriger » un lavis en technique humide. Cependant, avec un peu d'expérience, on pourra le maîtriser : soit en inclinant le plan de travail dans un sens ou dans un autre ; soit en absorbant le trop-plein de peinture ; soit en jouant sur le degré d'humidité de la feuille.

La méthode

Elle consiste à humidifier votre feuille et à poser en touches irrégulières une première teinte sur le fond, puis à déposer une autre couleur sur la première en les laissant s'interpénétrer.
Essayez de modeler votre forme avec des couleurs plus concentrées pour remonter les tons dans les zones d'ombre.

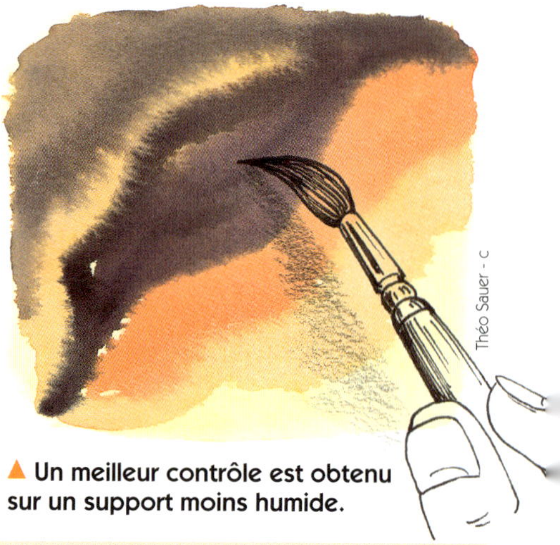

▲ Un meilleur contrôle est obtenu sur un support moins humide.

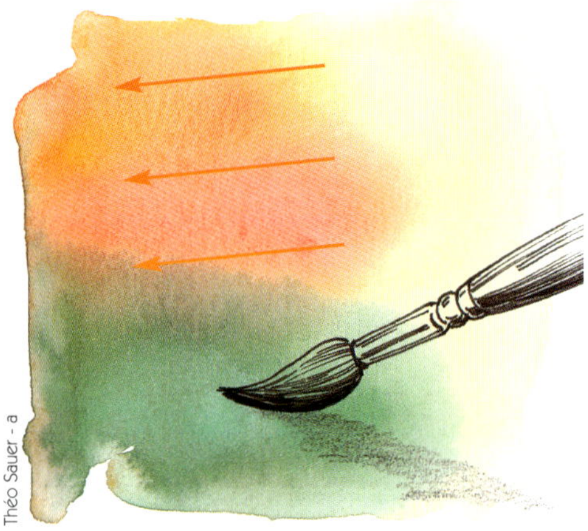

▲ L'inclinaison du plan de travail permet un meilleur contrôle du lavis polychrome. Sur cet exemple, le plan est incliné vers la gauche.

Le nuancier

Le nuancier est un tableau permettant de passer graduellement d'une couleur à une autre et de visualiser ainsi un certain nombre de tons intermédiaires. Dans un premier temps, travaillons avec une gamme de coloris très simple : du jaune au vert bleuâtre.
En vous aidant du modèle, essayez de construire un nuancier entre ces deux couleurs, en le décomposant en tons intermédiaires. Dans la technique humide, les tons intermédiaires sont formés par la fusion de deux couleurs.

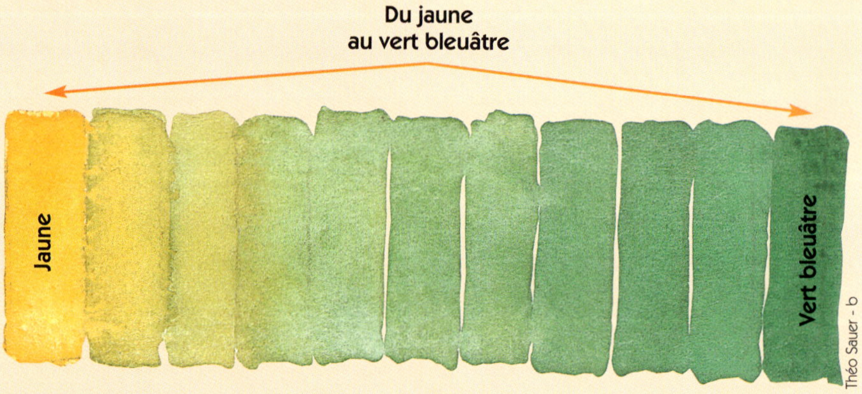

▲ Le nuancier du jaune au vert bleuâtre fait apparaître toute une série de tons intermédiaires.

Absorber la peinture

En cours d'exécution, il est facile d'absorber la peinture encore fraîche. Certaines couleurs sont plus tenaces que d'autres, car elles possèdent de fortes propriétés colorantes. Pour absorber le trop-plein de peinture, on pourra utiliser : du papier absorbant ou buvard, un chiffon, une éponge, un pinceau (rincé à l'eau propre et séché). À vous de choisir la méthode qui vous convient le mieux.

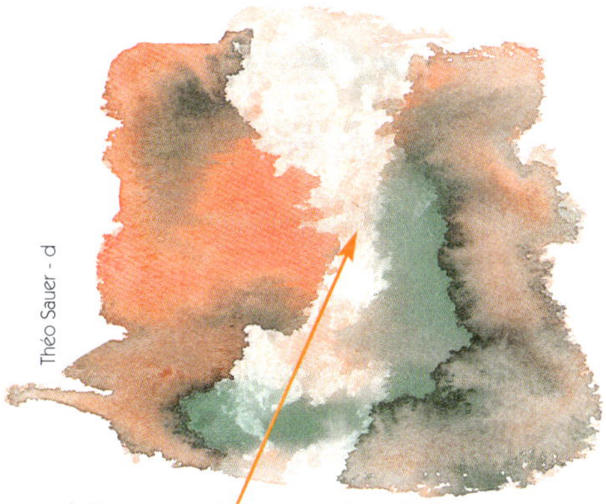

Théo Sauer - d

▲ La zone claire est absorbée à l'aide d'un chiffon humide.

Exerçons-nous !

Voici un exemple de lavis polychrome allant du jaune-vert au rouge violacé.

Pour réaliser cette feuille, prenez les teintes du modèle ou choisissez votre nuancier, en procédant cependant dans le même ordre.

Mouillez la surface intérieure de la feuille à l'aide de votre gros pinceau (essayez plusieurs degrés d'humidité).

Procédez par étapes, puis laissez sécher.

Plus vous ajoutez d'eau, plus les teintes sont transparentes.

N'oubliez pas que vous avez une couleur omniprésente, qui est le blanc : celui de la feuille. Laissez-le transparaître : c'est un des principaux charmes de l'aquarelle.

Voici un exemple de lavis polychrome réalisé avec un nuancier plus important (du jaune-vert au rouge violacé). ▶

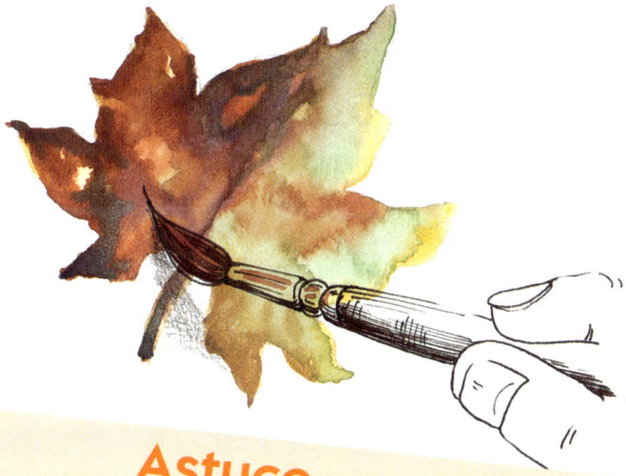

Théo Sauer - e

Astuce

Si vous ressentez le besoin d'assombrir un endroit (par exemple, le côté gauche de la feuille qui est dans l'ombre), remouillez cette zone puis ajoutez des verts plus foncés.

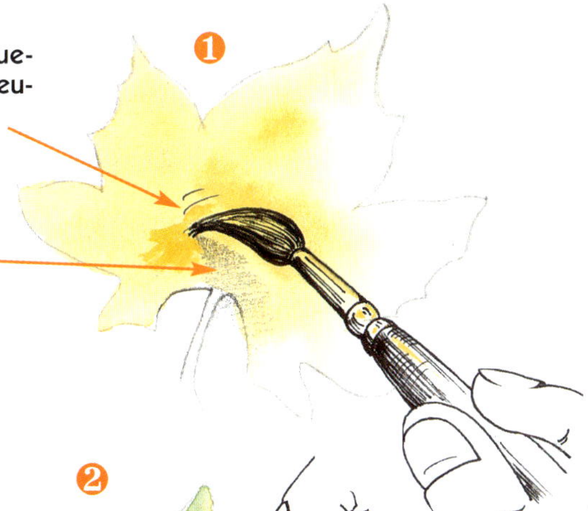

❶ Humidifiez uniquement la surface intérieure de la feuille.

Appliquez les teintes en commençant par les plus claires.

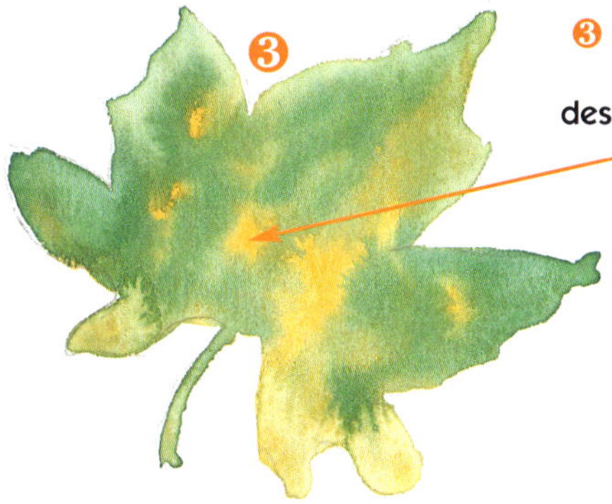

❸ Modulez votre forme avec des verts toujours plus foncés.

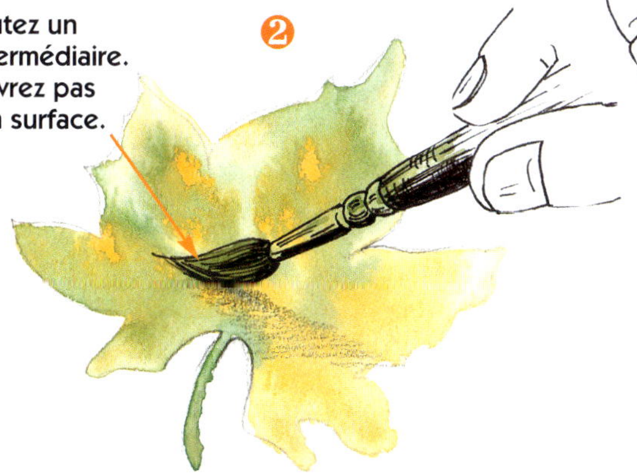

❷ Ajoutez un vert intermédiaire. Ne couvrez pas toute la surface.

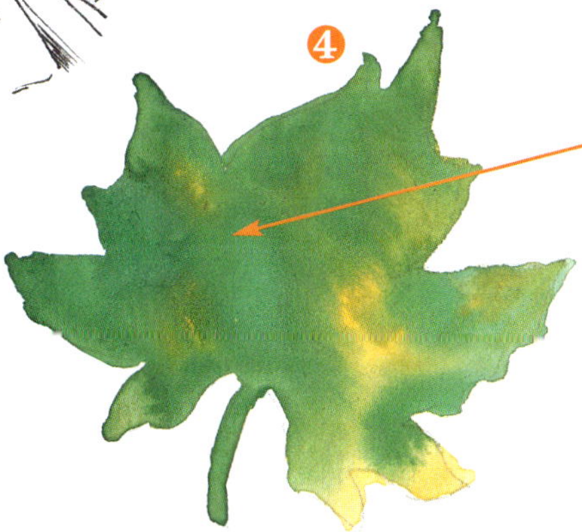

❹ Appliquez des verts plus foncés pour remonter les tons.

Arrêtez-vous à l'étape précédente si vous estimez que les nuances sont assez soutenues.

Théo Sauer - f, g, h, i

La technique des rehauts

La technique des rehauts, c'est l'art et la manière de préserver les zones blanches, qui donnent sa luminosité à une aquarelle.

Contrairement à la peinture à l'huile, où les blancs sont généralement posés en dernier, dans l'aquarelle il vous faut déterminer les zones de lumière en tout premier lieu.

Il y a deux méthodes pour cela :

- La première consiste à peindre votre aquarelle en laissant en réserve les emplacements qui accrochent la lumière – c'est la technique des rehauts, que nous allons développer ici.
- La seconde utilise toute une série d'artifices pour masquer les zones qui doivent rester blanches.

Vocabulaire

Le **rehaut** est une zone de forte lumière qui permet des accents contrastés. Dans l'aquarelle, c'est le blanc de la feuille qui crée cet effet.

Préserver les blancs

Étant donné que l'aquarelle ne permet pas d'ajouter du blanc sur des couleurs plus foncées, prévoyez d'emblée la place des zones de lumière à préserver. On pourra, le cas échéant, avoir recours à d'autres techniques qui rendent possible la soustraction de la couleur : grattage, absorption, ajout de gouache, etc.
Mais en aucun cas on ne parviendra à avoir la qualité de lumière que permet d'obtenir la feuille blanche.
Donc il est capital de tout prévoir, de planifier tous les petits reflets, objets, nuages, etc., soumis à la lumière du soleil ou d'un éclairage artificiel.

Les techniques

Nous vous proposons, avec les trois illustrations ci-dessous, trois rehauts de nature différente.

❶ En balayant rapidement la surface à l'aide d'un pinceau sec, on obtient des blancs imprévisibles d'excellente qualité vibratoire. Ils sont utiles pour des sujets tels que la mer, le ciel, de vieux murs en pierre, et d'autres effets granuleux.

❷ Voici des rehauts beaucoup plus prévisibles, déterminés et construits à l'avance, pour des sujets où les blancs ont tendance à dominer.

❸ On peut aussi créer des blancs grâce à d'autres techniques : le pointillé, les projections et l'éponge.

❶

Théo Sauer - a

▲ Effet obtenu à l'aide d'un pinceau sec. Cette technique est conseillée pour rendre la mer, le ciel, etc.

❷

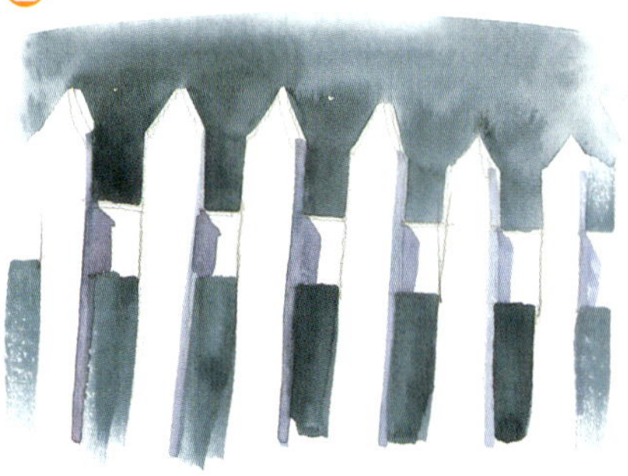

Théo Sauer - b

▲ Le rehaut peut être utilisé pour réaliser des formes plus travaillées.

❸

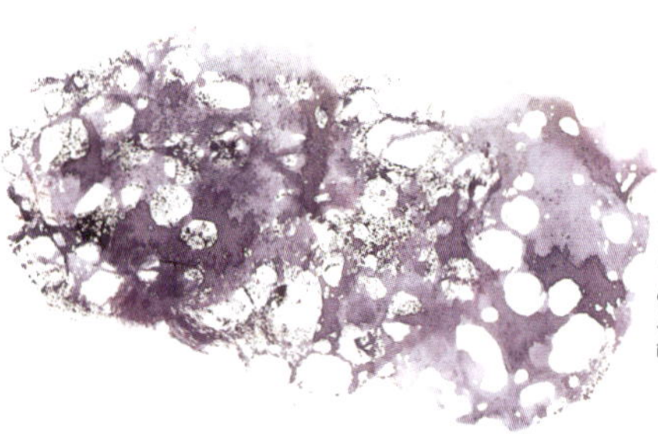

Théo Sauer - c

▲ Effet obtenu à l'aide d'une éponge à grosse texture

Exemples

Voici deux exemples, que vous pouvez tenter de reproduire en suivant les indications. Cet exercice constituera un bon entraînement à la technique des rehauts.

Exemple 1

Ce premier sujet nécessite une grande précision dans le dessin. Pour mettre en valeur les maisons blanches, il faut construire les ombres autour.
Cela demande au préalable une mise en place rigoureuse des formes, des plans et des traits.

Exemple 2

Ce deuxième sujet laisse plus de place à la spontanéité.
L'aquarelle se prête à merveille au rendu de la mer et de l'eau en général. Notre sujet nous montre les techniques utilisées pour traduire tous les petits rehauts blancs que forment l'écume et les vagues. Ainsi vous devez tirer parti de la blancheur du papier et de son grain pour les interpréter.

Par de légers frottis, appliqués à l'aide d'un pinceau sec, vous allez leur donner vie (technique sèche). Le sens de ces frottis est également important, il suggère le mouvement de l'eau.

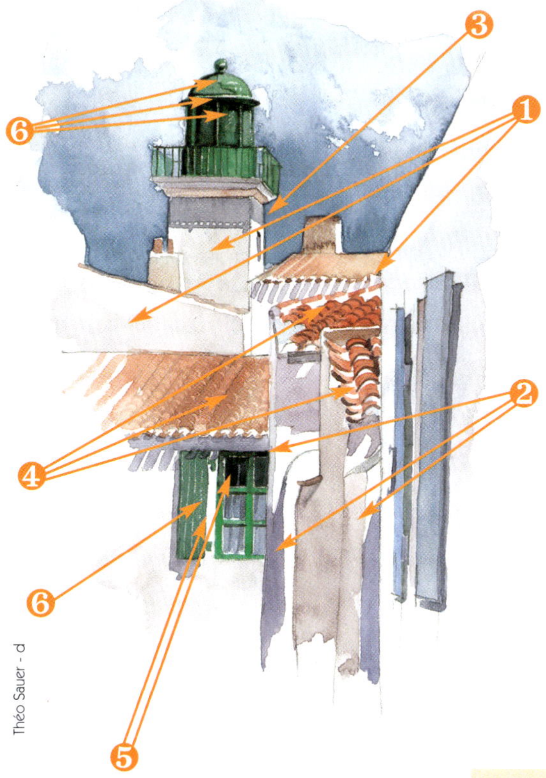

Théo Sauer - d

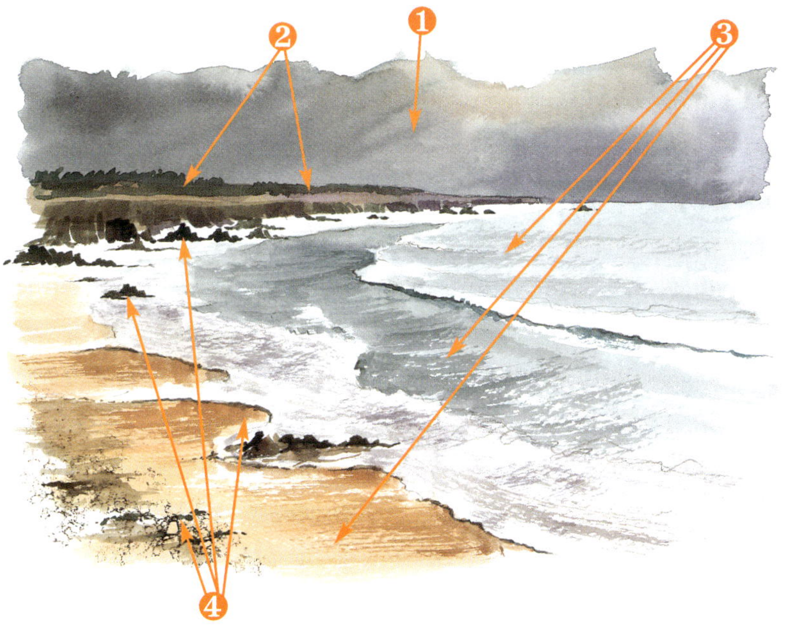

Théo Sauer - e

▲ **Exemple 1**

❶ Commencez par les grandes formes d'ombre avec des lavis très dilués.
❷ Au fur et à mesure, les blancs prennent forme autour.
❸ Un ciel bien soutenu augmente les contrastes.
❹ Continuez avec les toits, les détails des tuiles.
❺ Posez en dernier les couleurs fortes.
❻ Nous avons ajouté de petits effets de grattage au cutter pour vous montrer qu'il existe des solutions de rattrapage pour certains rehauts blancs.

Ne pas oublier

- Une lumière intense nécessite de forts contrastes de tons.
- Quand il y a de la lumière, il y a aussi de l'ombre. C'est une loi naturelle aussi vieille que notre monde !
- L'ombre est complémentaire et permet à la lumière d'exister.
- Travaillez vos ombres, donnez-leur la place qu'elles méritent et les lumières vont naître tout autour.

▲ **Exemple 2**

❶ Le ciel : sur un fond humide, appliquez un mélange de violet, de bleu et de terre d'ombre.
❷ La falaise et l'arrière-plan sont réalisés en deux parties : un premier lavis qui oscille entre l'ocre et le mauve, puis de petites touches pour suggérer les arbres et la falaise.
❸ Idem pour la mer et la plage, qui sont réalisées en deux temps à l'aide d'un pinceau presque sec : posez un premier lavis clair suivi d'un léger frottis plus foncé.
❹ Dernière étape : rochers, petites ombres plus foncées, effets d'éponge donnent la touche finale à votre travail.

Ombres et rehauts

Dans une aquarelle, la feuille blanche vierge permet d'obtenir les rehauts les plus lumineux. Pour apprendre à maîtriser les ombres et lumières, les villages de Grèce constituent un excellent sujet.

Se mettant mutuellement en valeur, ombres et rehauts sont fréquemment associés. Le Grand Robert donne du rehaut la définition suivante : « Touche, hachure claire, destinée à accuser les lumières. » Autrement dit, le rehaut est l'art et la manière de ménager les zones blanches, qui donnent sa luminosité à une aquarelle. Le blanc ne figurant pas sur la palette de l'aquarelliste, on le préserve d'emblée sur la feuille ou on le retrouve par diverses techniques de soustraction. Mais il n'est nullement interdit, pour une touche très lumineuse, d'utiliser en fin de travail un soupçon de gouache blanche !

Les rehauts

Le travail des rehauts est soumis à quelques règles fondamentales... Là où le blanc domine, déterminez d'emblée les rehauts que vous souhaitez conserver. Soyez précis dans vos coups de pinceau. Travaillez les grandes surfaces blanches par des lavis dégradés très dilués. Accentuez les contrastes entre les zones chaudes et les zones froides pour obtenir une impression de lumière éclatante.

Quand la lumière est forte et « rase » les murs (particulièrement vers midi et le soir), vous pouvez observer de subtiles nuances et des effets de relief sur les surfaces blanches des façades. Notez que les surfaces environnantes influencent notablement ces murs blancs.

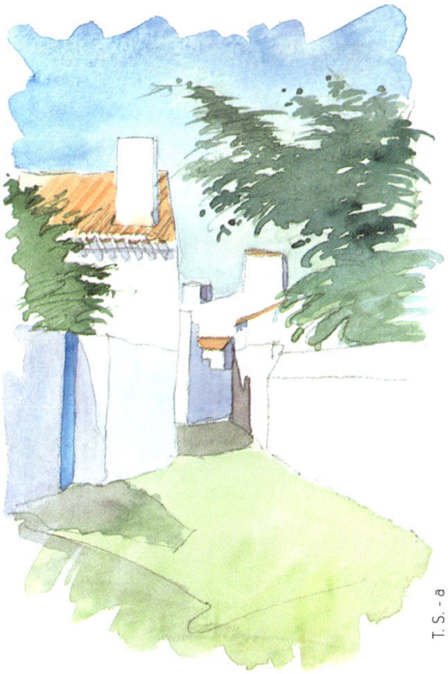

T. S. - a

▲ Les rehauts les plus blancs se forment en technique sèche par leur juxtaposition avec des tons plus soutenus.

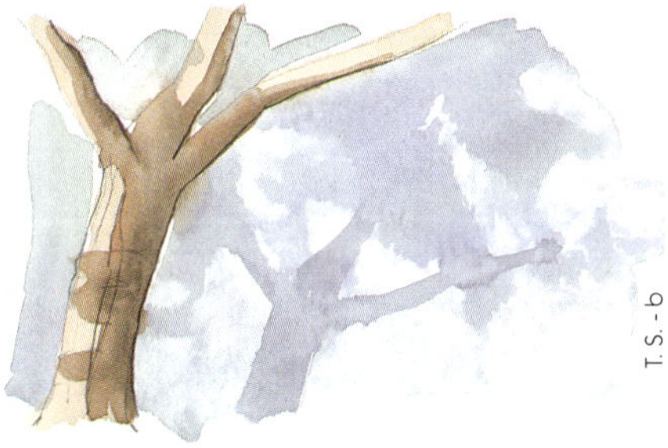

T. S. - b

▲ Vous pouvez créer des blancs dans un lavis humide ; il suffit d'enlever la peinture au moyen d'un mouchoir en papier ou d'un pinceau propre. Mais, dans ce cas, vous n'obtiendrez pas un blanc parfait.

« Vieillir » les murs blancs

Les maisons blanches méditerranéennes patinées par le temps sont un sujet qui inspire de nombreux artistes. Toutefois, il n'est pas vraiment aisé de représenter les nuances subtiles de ces vieux murs. L'utilisation des techniques nouvelles (film alimentaire, éponge, cire...) donne d'excellents résultats.

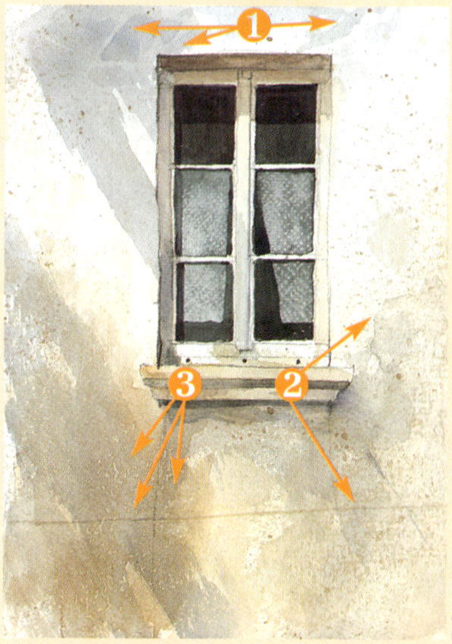

T. S. - c

1 Dans un premier lavis dilué, posez un film alimentaire.
2 La texture granuleuse des enduits à la chaux est rendue par des glacis ou lavis légers, que l'on peut recouvrir partiellement par de très fines projections.
3 Frottez la feuille avec de la cire, puis étalez un lavis. Il se déposera uniquement aux endroits exempts de cire.

Les ombres

Sans ombres, pas de volume, pas de relief, pas de lumière ! Dans des sujets d'architecture, le rendu de l'ombre est essentiel, plus encore que dans le paysage. Contrairement à ce que l'on pense, les ombres projetées sur un mur blanc sont rarement grises (noir + blanc). Comme les lumières, elles sont toujours influencées par les couleurs de l'environnement proche.

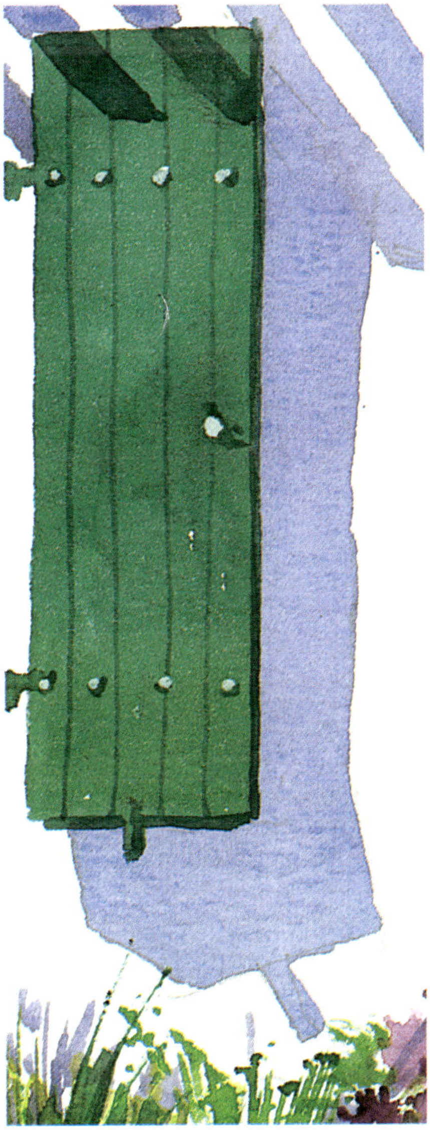

T. S. - d

▲Quand le ciel est bleu, il se reflète sur les façades blanches et influence les ombres qui tendent vers le bleu ou le violet (couleurs froides).

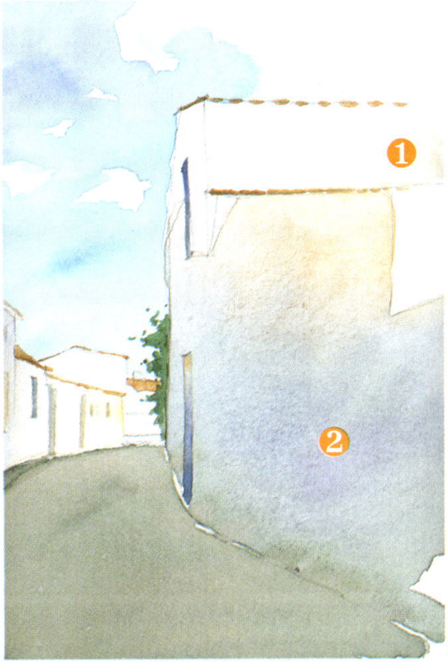

T. S. - e

❶ Les tuiles voisines (non visibles) réfléchissent leur lumière orangée sur l'ombre (en haut).
❷ Les teintes froides et grises du chemin se reflètent dans l'ombre (en bas).

Comment les appliquer ?

Tout dépend de l'importance de la surface à ombrer. Observons les techniques utilisées sur notre interprétation d'une maison méditerranéenne...

Pour une grande surface uniforme, comme un pan de mur ou le sol par exemple, travaillez par dégradés. Ils vont du clair au foncé, on y intègre d'autres teintes et les changements de tons doivent rester très subtils.

Pour les petites surfaces – comme l'ombre d'un arbre, d'un balcon, de petits éléments d'architecture –, utilisez de préférence la technique sèche.

Elle permet de peindre des traits et des formes de façon beaucoup plus nette et précise, car la couleur peu diluée risque moins de se propager.

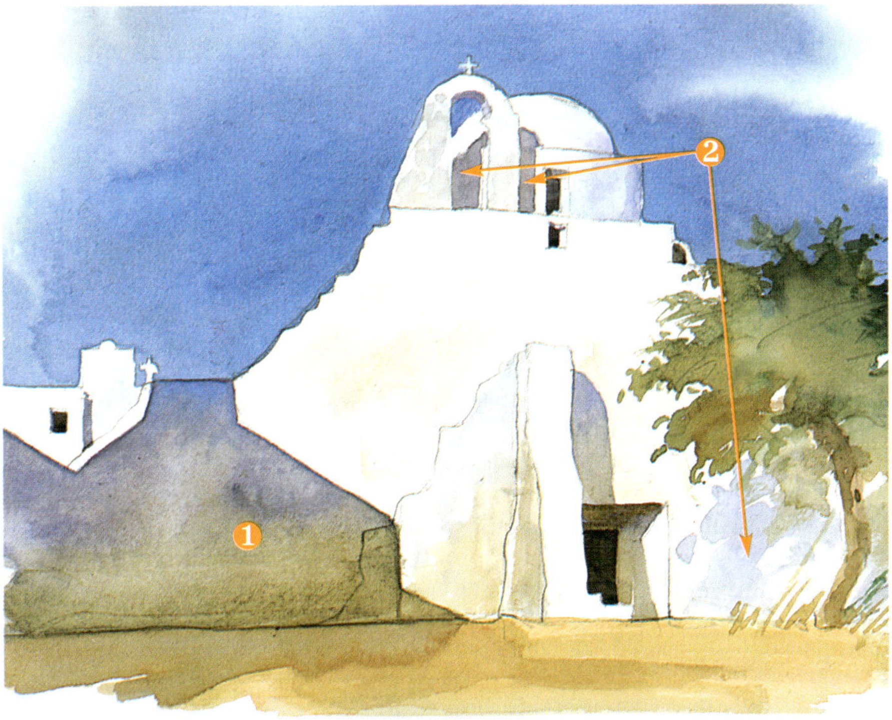

T. S. - f

▲Observons cette aquarelle représentant un paysage typiquement grec, avec le ciel d'azur que pas un nuage ne vient troubler et les maisons blanches. C'est un décor idéal pour étudier les jeux de lumière. Deux techniques ont été utilisées pour représenter les ombres.
❶ Dégradé en technique humide sur une grande surface.
❷ Technique sèche pour de petites surfaces.

Exercice

Profitez de l'architecture particulière des maisons d'un village grec pour vous exercer à maîtriser les ombres et les lumières, en animant un assemblage de cubes blancs par de subtils dégradés.

Reproduisez le croquis ci-contre, en tenant compte de la perspective. Trouvez les bonnes teintes et mettez en couleurs cette rue bordée de maisons blanches. Rappelez-vous pour cela que les couleurs environnantes ont une influence très importante sur les murs blancs.

Croquis de base de l'exercice à réaliser. ▶ Prenez garde de placer les volumes en tenant compte de la perspective.

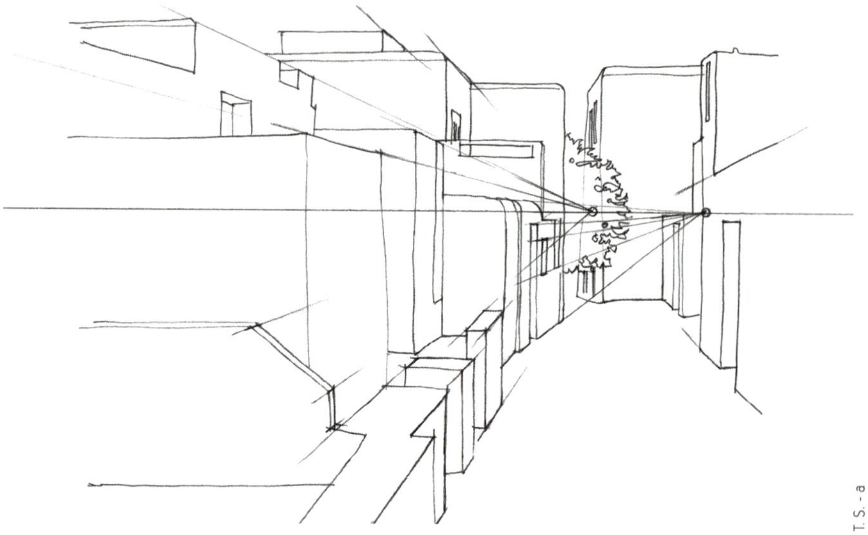

T. S. - a

Comprendre les plans

Sur ce dessin, vous trouverez 5 valeurs préétablies, qui permettent de distinguer les différents plans. Elles vous aideront à placer les ombres et les lumières. Attention ! ce n'est qu'une indication sommaire, qui ne donne pas les valeurs exactes. Il vous reste à placer les ombres projetées. À titre indicatif, la position du soleil est de 45° sur votre gauche.

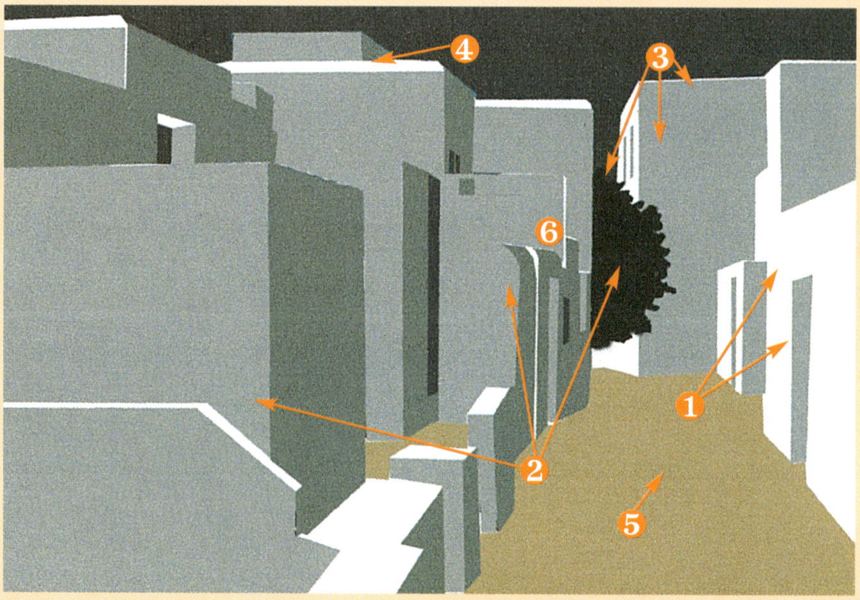

T. S. - b

❶ Le blanc correspond aux surfaces que les rayons du soleil viennent frapper de face.
❷ Le gris clair vous indique les plans qui sont face à vous. Ces surfaces sont partiellement ensoleillées (soleil de côté). Certaines ombres projetées n'ont pas été dessinées. À vous de les déterminer.
❸ Le gris moyen correspond aux plans dans l'ombre. Ces valeurs ne sont pas forcément les plus sombres. Pensez au phénomène de réverbération de la lumière, auquel sont surtout soumis les murs blancs.
❹ Le gris foncé représente le ciel.
❺ L'ocre nous montre les surfaces au sol. N'oubliez pas de placer les ombres projetées des bâtiments.
❻ L'arbre est encore plus foncé.

Solution de l'exercice

Pour cet exercice, vous devez utiliser des lavis dégradés. Suivons les étapes pas à pas.

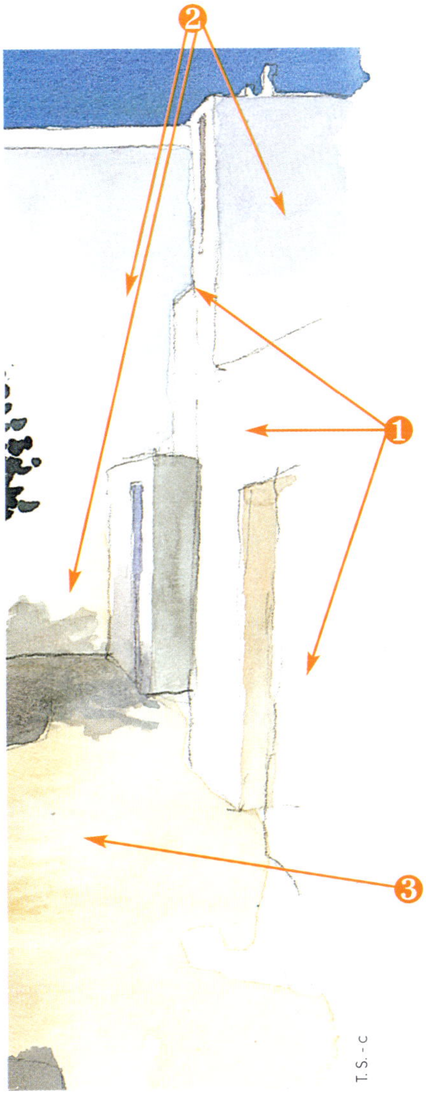

❶ Laissez en blanc les surfaces verticales qui se trouvent en plein soleil.
❷ La lumière rasante laisse toujours des traces sur les murs qui y sont exposés.
Ces surfaces sont subtilement influencées par la réverbération du ciel bleu et du sol chaud (dans notre cas).
Humidifiez et travaillez surface après surface.
❸ Posez un jus de terre d'ombre et de terre de Sienne sur le sol.

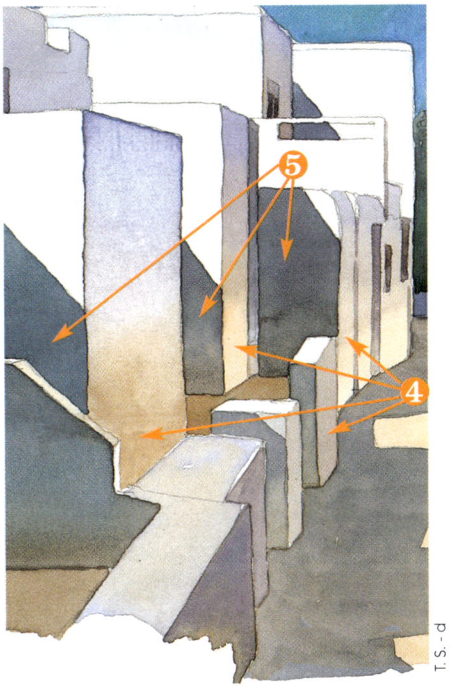

❹ Les plans dans l'ombre sont fortement influencés par les murs blancs qui leur font face, de l'autre côté de la rue. L'art de rendre la lumière réfléchie est un facteur essentiel pour créer la luminosité des murs blancs. La combinaison de couleurs chaudes et froides donne de la vie aux bâtiments. Il est important que vos mélanges de couleurs demeurent propres, que vos dégradés soient bien réalisés, sans bavures ni accrocs.
Comme vous pouvez le constater, ces teintes sont plutôt claires et lumineuses pour des surfaces hors soleil.
❺ L'ombre des bâtiments projetée sur ces murs verticaux n'a pas le même impact. En effet, l'environnement immédiat n'est pas éclairé par le soleil. Ces surfaces auront les valeurs froides les plus fortes et seront faiblement influencées par la couleur du sol.

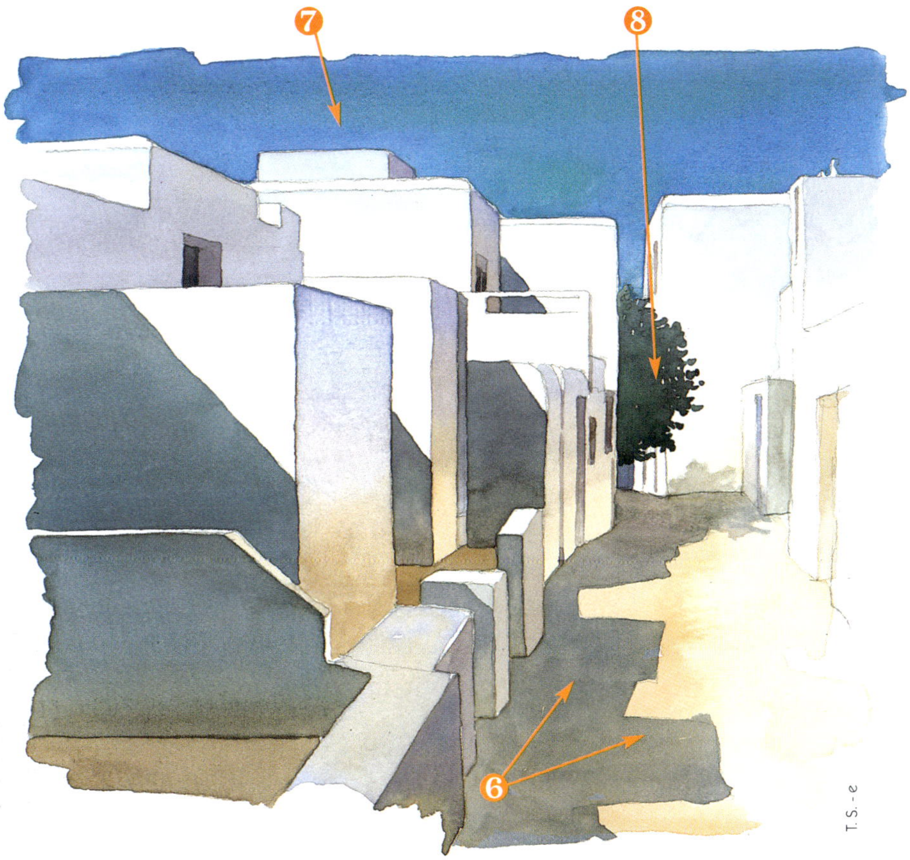

❻ Posez les ombres au sol. Essayez de les placer par rapport à la hauteur des bâtiments de gauche. Leur tracé est souvent approximatif.
❼ Donnez une valeur assez contrastée au ciel, de façon à bien faire ressortir le blanc des maisons.
❽ Terminez par l'arbre, riche en petites touches et formes inégales, qui s'opposent évidemment aux lignes droites et pures des volumes blancs.

Parfaire la technique des rehauts

En aquarelle, la technique des rehauts est l'art de préserver les blancs dans une œuvre. Quand la surface est importante, cela peut paraître difficile. Voyons comment y parvenir.

Les méthodes les plus usuelles pour réserver des blancs sont le cache mobile, le cache fixe au ruban adhésif, la gomme liquide et la cire. Toutes ces méthodes donnent un résultat particulier qui correspond à un besoin précis. Mais nous pouvons aussi travailler « sans filet », par le simple jeu des contrastes.

Le principe de base

Il faut savoir que plus la couleur voisine est foncée, plus le rehaut paraît blanc. C'est ce que l'on appelle l'art du contraste.

Nous avons déjà pu constater que le fait de saturer les couleurs en utilisant moins d'eau permet d'obtenir une teinte plus foncée. Cette dernière, en opposition avec le blanc de la feuille vierge, crée un fort contraste et donne ainsi une image finale très lumineuse.

À l'opposé, une aquarelle qui est très transparente (avec des couleurs excessivement diluées) peut paraître un peu fade à certains en raison du manque de contrastes.

L'art de la simplicité

À l'occasion des vacances et de déplacements, nous ne nous munissons généralement que du strict matériel de base, à savoir : un bloc préencollé, un carnet de croquis, une petite boîte d'aquarelles, un ou deux pinceaux. C'est alors que nous travaillons l'aquarelle dans sa forme la plus simple. Dans ce cas-là, il est primordial de commencer par réaliser un croquis détaillé et de planifier toutes les zones destinées à rester blanches.

C'est de la triche !

Un coup de pinceau malheureux ? Si la teinte malencontreusement appliquée n'est pas trop dense, vous pouvez tenter de rétablir le blanc en passant, avec la plus grande délicatesse, un pinceau d'eau claire. Absorbez ensuite le surplus de pigment avec un chiffon propre ou du papier spécialement prévu à cet effet. Un soupçon de gouache blanche fluide pourra aussi vous aider. Mais il ne faut pas en abuser !

Quelques exemples

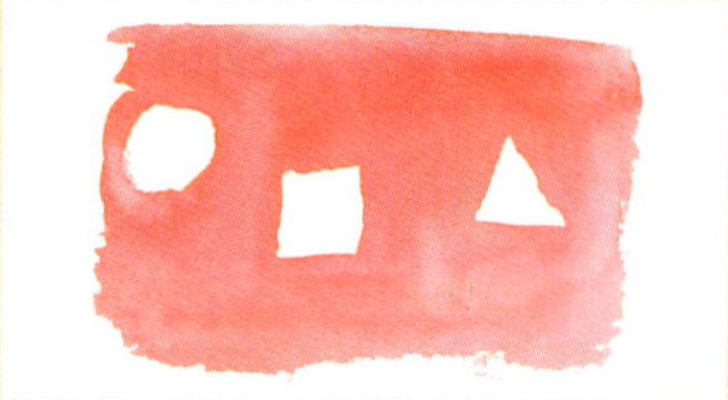

T.S. - c

▲ L'important ici est de conserver une bulle de pigment sur la feuille pour pouvoir contourner en une seule fois les différentes figures géométriques, qui vont ressortir « en négatif ».

T.S. - d

▲ En passant rapidement une couleur non diluée avec une brosse à dents, on obtient également d'intéressants rehauts.

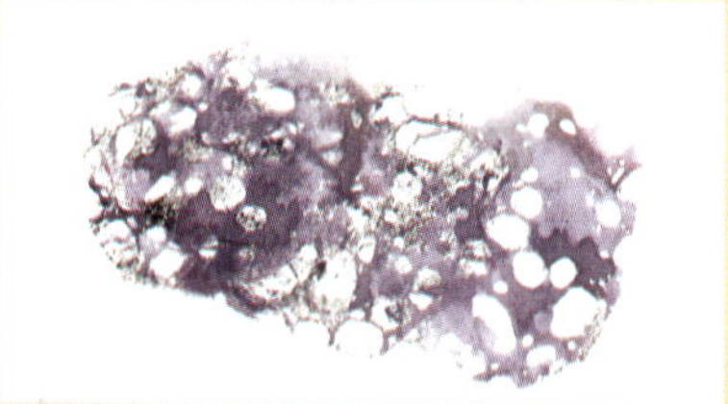

T.S. - e

▲ Voici l'effet obtenu par l'application d'une éponge à grosse texture. Cette technique est appréciable lorsqu'il s'agit de couvrir de grandes surfaces.

Exercice

Pour reproduire une maison réunionnaise, vous allez réaliser des rehauts sans autre outil qu'un pinceau, simplement en contournant des formes et en laissant des zones vierges.

1 : Le croquis

Tout d'abord, il convient de figurer à l'aide d'un crayon, avec précision, les contours des principaux éléments architecturaux. Vous pouvez déplacer le personnage ou dessiner des fenêtres ouvertes, ce qui permet d'apporter davantage de contraste sur la façade blanche.
Ensuite, notez toutes les zones qui devront rester blanches. Cette opération ne présente pas de grande difficulté car on peut facilement dissocier deux surfaces : la première correspond aux murs blancs du bâtiment au fond du jardin ; la seconde, aux murs extérieurs qui donnent sur la rue.

Les couleurs

- Bleu de cobalt
- Terre d'ombre naturelle
- Vert bleuâtre
- Terre de Sienne brûlée
- Violet
- Vert émeraude mat
- Bleu outremer
- Gris de Payne
- Vert jaunâtre
- Brun Van Dyck
- Jaune

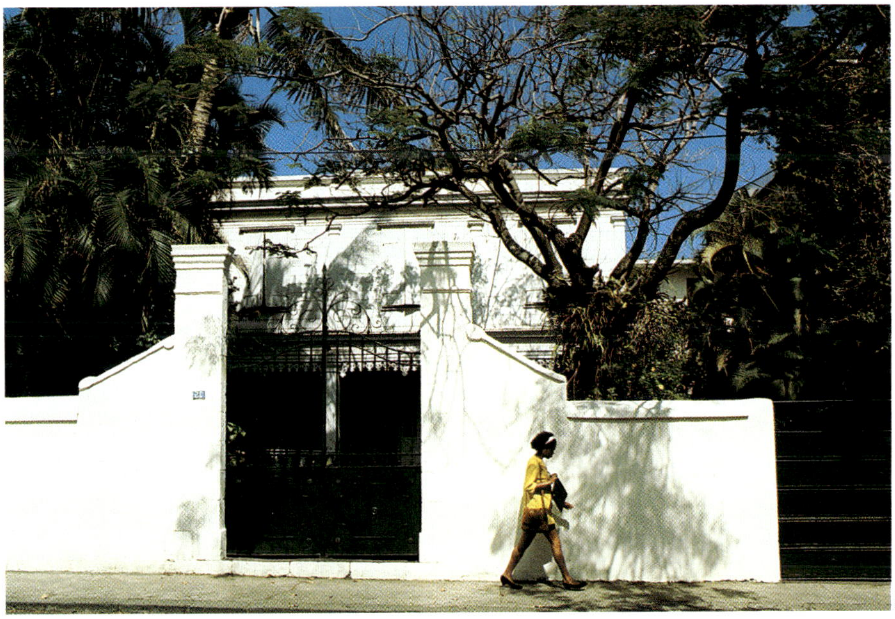

T.S. - a

▲ Le modèle : une maison réunionnaise.

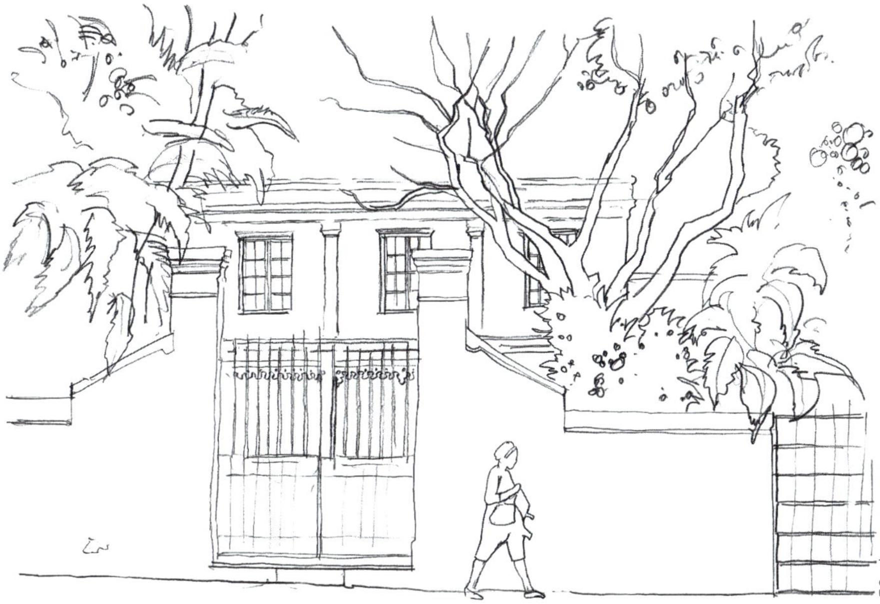

T.S. - b

▲ Sur le croquis au crayon, repérez les zones qui resteront vierges.

2 : Les premiers lavis

Posez les premières teintes sur les surfaces environnantes, en l'occurrence le ciel et le fond de végétation. Pour augmenter la luminosité et le contraste, saturez le bleu du ciel. Vous allez rencontrer une première difficulté : deux surfaces blanches qui se chevauchent, celle de la façade et celle du mur de clôture. Pour différencier ces deux blancs, il va falloir utiliser un léger dégradé sur les deux piliers du portail (dégradé qui devra se fondre dans le blanc).

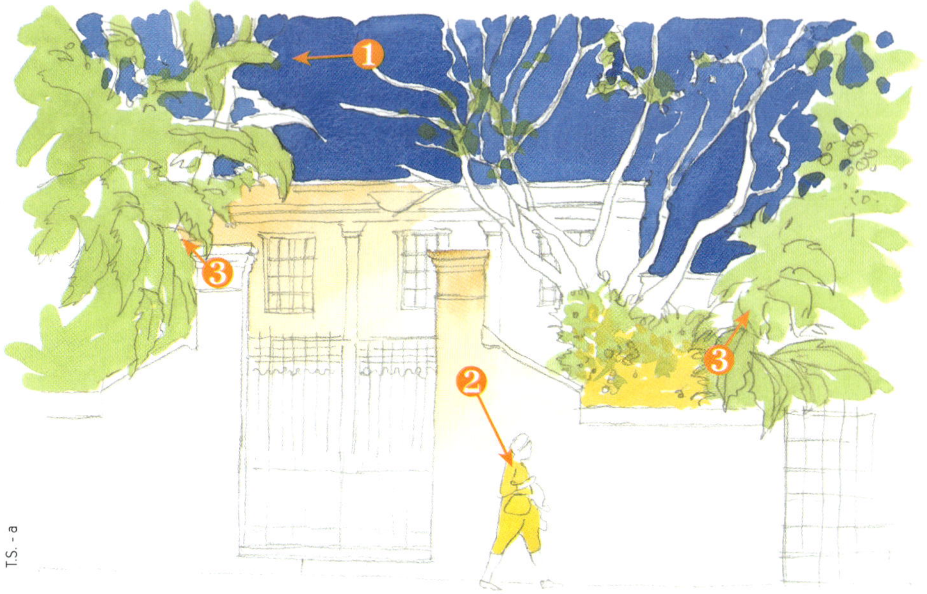

1 Appliquez un mélange de bleu de cobalt et de bleu outremer pour rendre le ciel.
2 Posez du jaune sur les vêtements du personnage. Réservez ce même jaune pour représenter quelques fleurs dans l'arbuste derrière le mur.
3 Préparez un beau vert jaunâtre lumineux pour un premier lavis posé sur toute la végétation.

3 : Les ombres

La mise en place des ombres propres et projetées contribue à la réussite de ce tableau. Il faut au préalable observer attentivement les valeurs et imaginer les teintes qui pourront servir à leur description.
Préparez plusieurs lavis colorés de même dilution dans des godets séparés. Ces teintes seront utiles pour obtenir un lavis nuancé sur les ombres.

1 Commencez par figurer les ombres propres qui proviennent des éléments en saillie ou en retrait, tels que fenêtres et corniches.
2 Avec un pinceau fin, représentez les ombres projetées des arbres sur les murs blancs. Commencez par appliquer une teinte sur quelques détails, puis une autre pour continuer le travail. Les teintes se mélangent et donnent un lavis nuancé.

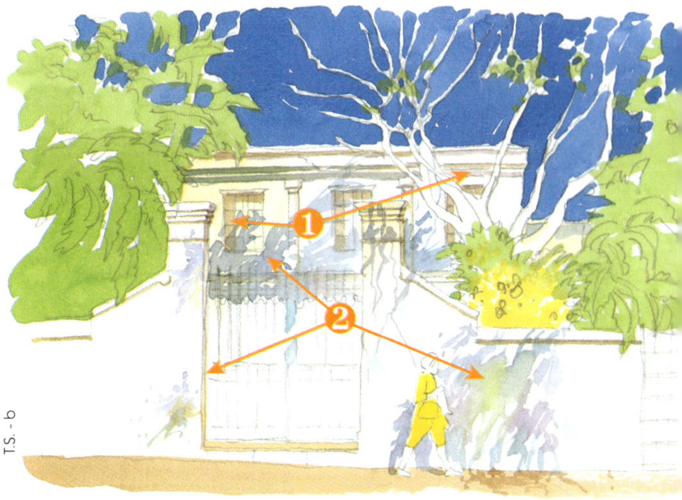

4 : La végétation

Posez un lavis nuancé sur les masses de feuillage. En contournant certaines zones, vous allez faire apparaître de nouvelles formes, de la couleur plus claire sous-jacente. Structurez les différentes feuilles. Par exemple, pour les feuilles de bananier, peignez des successions de traits parallèles ; pour d'autres, respectez les contours.

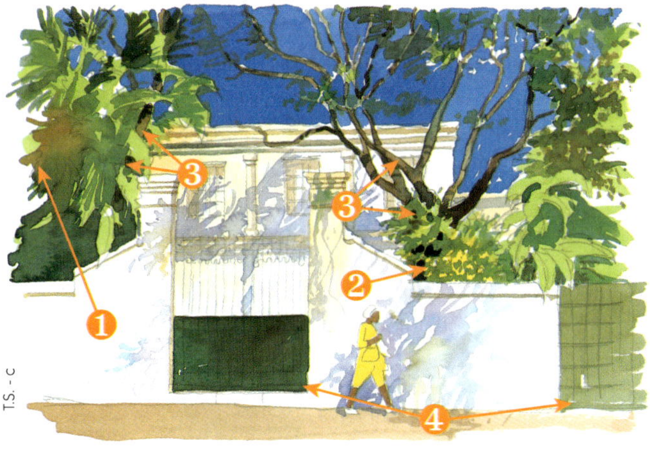

1 Posez des lavis bigarrés sur les fonds vert clair.
2 En suivant leurs contours avec le pinceau imbibé de vert, créez les fleurs jaunes.
3 Les branches des arbres sont réalisées en deux passages. Dessinez des traits entrecoupés par des petites masses de feuillage.
4 Appliquez une couche de fond sur les deux portails.

Le personnage

Travaillez le personnage en remontant les tons.

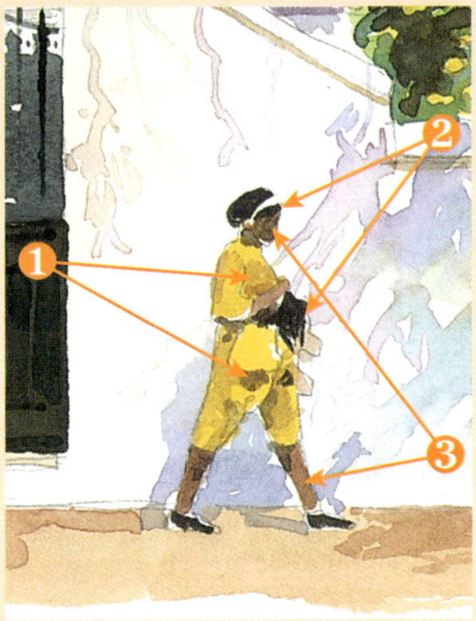

❶ Terre d'ombre naturelle pour l'habit jaune.
❷ Brun Van Dyck + gris de Payne pour les cheveux et le sac à main.
❸ Terre de Sienne brûlée pour la couleur « peau ».

5 : Les finitions

La finition des deux portails pourra se faire simultanément. Commencez par les formes rectangulaires. Utilisez un pinceau fin pour figurer les barreaux de la grille. Pour rehausser les bandes verticales et horizontales de la porte, à droite, foncez les intervalles avec un mélange de gris de Payne et de vert bleuâtre. Peaufinez les fenêtres et le personnage.

❶ Utilisez un mélange de vert bleuâtre et de gris de Payne pour foncer la teinte. Gardez des bandes claires verticales et horizontales, qui matérialisent l'ossature de la porte.
❷ Tracez des traits verticaux fins pour représenter la grille métallique. Choisissez un pinceau fin ou la technique de l'empreinte (en utilisant, par exemple, la tranche d'un petit morceau de papier aquarelle).

La fenêtre

Réalisez des petits rectangles foncés pour faire ressortir le vitrage.

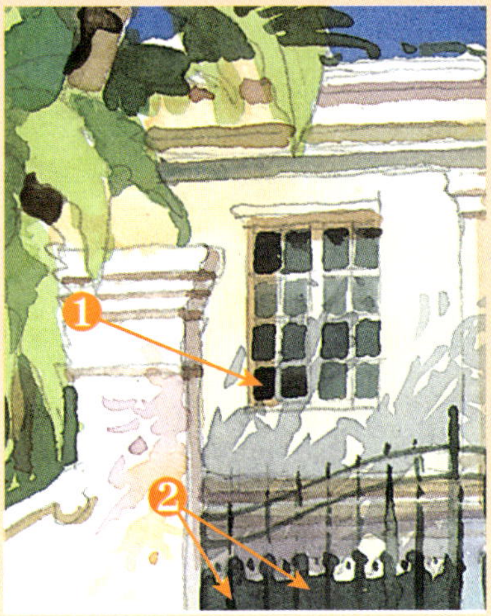

❶ Respectez les trames horizontale et verticale. Modifiez la dilution pour varier les valeurs et donner l'impression de reflet sur le vitrage.
❷ Appliquez ce même lavis sur la zone d'ombre des terrasses du bâtiment.

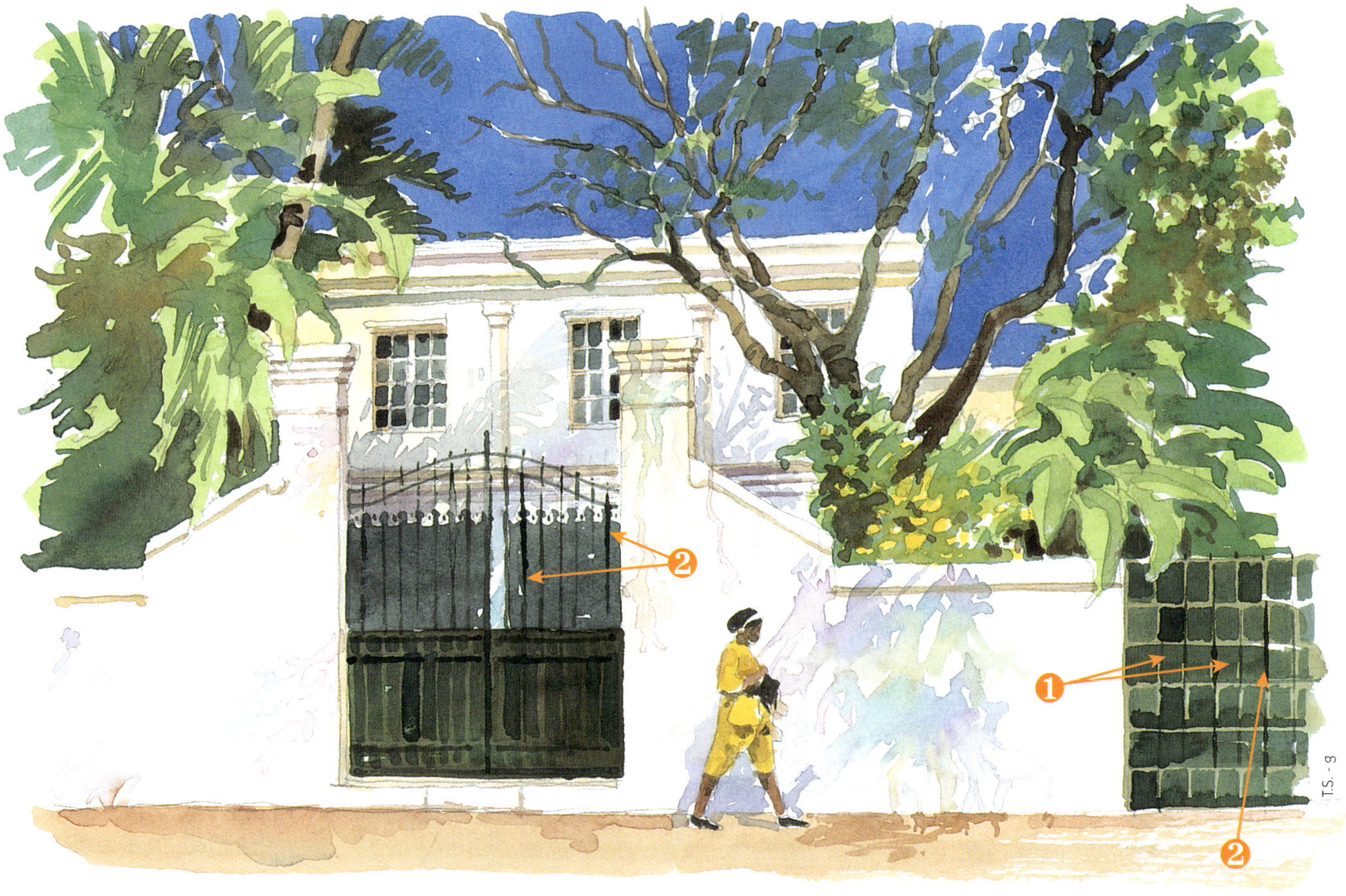

Le grattage

Cette technique très utile consiste à gratter dans la peinture fraîche pour créer des traces dans un lavis et ainsi obtenir des effets intéressants.

Sur un fond sec, le grattage a pour seul but de retrouver la couleur initiale du support, à savoir le blanc de la feuille. Il sert aussi, dans certaines conditions, à créer des rehauts. Mais la technique du grattage sert aussi à laisser une marque dans un lavis humide, ce qui, en aquarelle, est un effet très intéressant.

Les outils

On peut utiliser toutes sortes d'instruments pour érafler une surface. En voici quelques-uns...

Une aiguille

Vous pouvez réaliser de petits traits avec la pointe d'une aiguille. Cela donne un effet de cannelures.

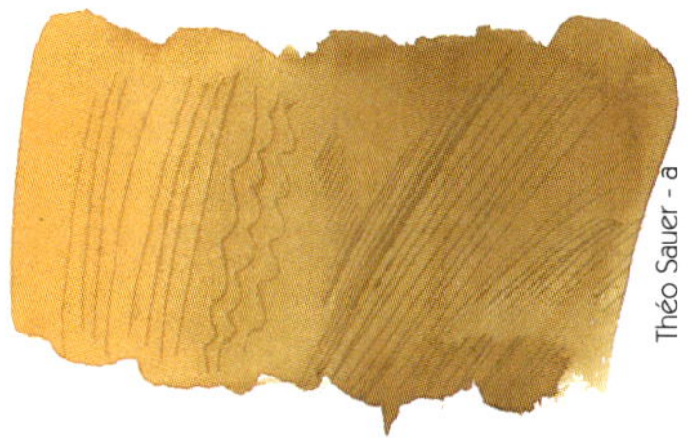

▲ Les traits sont précis et réguliers.

Une brosse métallique

En grattant le lavis humide à l'aide d'une brosse métallique, vous pouvez créer tout un enchevêtrement de petits traits irréguliers qui peuvent être utiles pour suggérer diverses matières (herbes, cheveux, poils...).

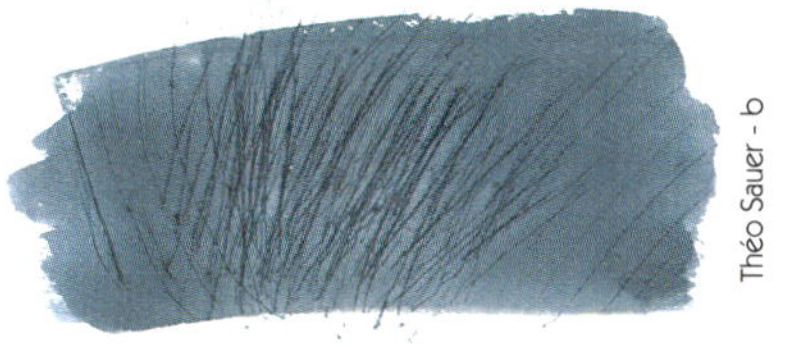

▲ Les traits sont fins et irréguliers.

Un morceau de plastique entaillé

En travaillant avec un morceau de plastique entaillé dans un lavis frais, vous pouvez obtenir des textures intéressantes, comme le montrent les exemples ci-dessous.

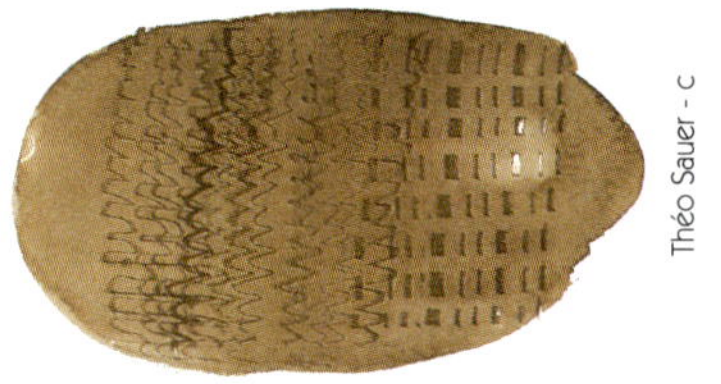

▲ Cet exemple est réalisé à l'aide d'une boîte de diapositive entaillée sur un côté.

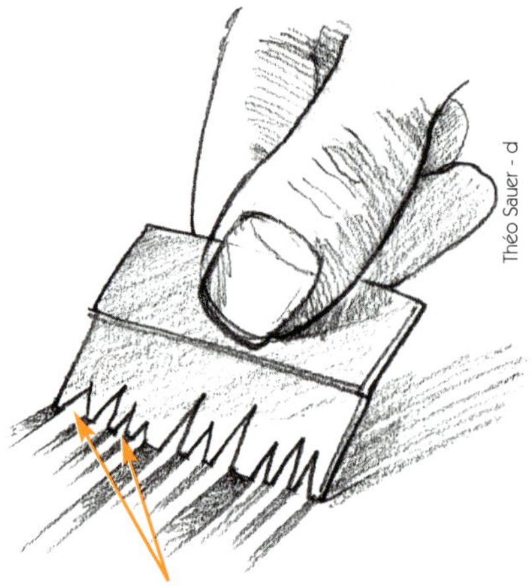

▲ Pour réaliser cet outil, coupez votre bout de plastique de façon à former des entailles de formes inégales.

Important !

Il est essentiel de bien choisir le moment pour gratter dans votre lavis. Si ce dernier est très humide, vous allez créer de nouvelles traces plus foncées. Si celui-ci est sec, aucune marque ne sera visible. En revanche, si vous voulez soustraire de la couleur, il faut intervenir quand la peinture commence à sécher. C'est à ce moment qu'elle est le plus épais et qu'il est possible de repousser la matière colorée.

Un couteau en plastique bisauté

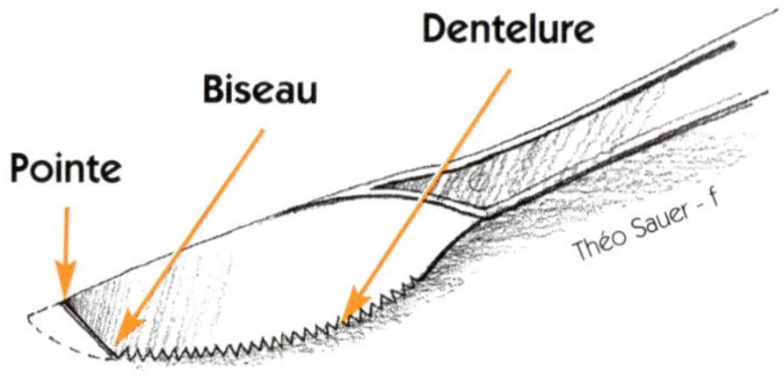

▲ À l'origine, cet ustensile se terminait par un arrondi. Nous l'avons coupé obliquement pour obtenir d'une part une pointe, d'autre part un biseau grâce auquel on peut enlever de la matière.

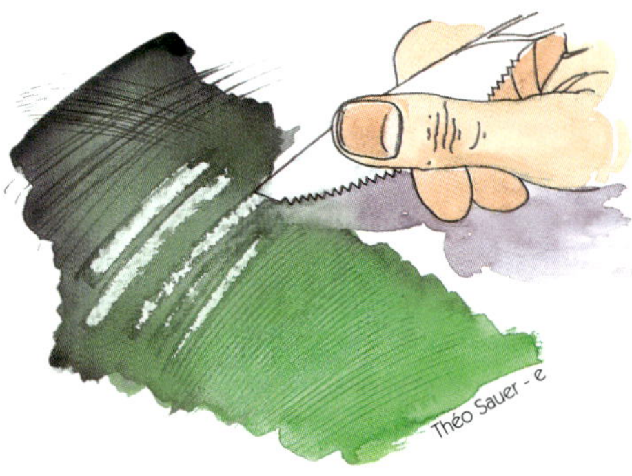

▲ Les dentures du couteau en plastique sont naturellement utilisées pour tracer des lignes parallèles.

Créer des traits foncés

Le simple fait d'érafler un lavis fraîchement posé permet d'y laisser des traces (variables suivant les instruments utilisés).

Par quelle magie est-ce possible ? Un papier imbibé d'eau est beaucoup plus fragile, donc plus réactif à toute altération de sa surface.

Frotter un papier humide consiste à le rendre plus poreux, plus absorbant. C'est justement cela qui permet aux pigments de pénétrer dans le support et de laisser ainsi des traces plus foncées.

Retirer de la matière colorée

Le principe consiste à « racler » la surface avec un outil pointu ou plat pour enlever de la couleur. En effet, si le mélange coloré commence à sécher, il est fort possible de gratter dans les endroits désirés pour obtenir des effets de hachures.

De cette façon, on pourra introduire une certaine dynamique dans les aplats par des éléments graphiques et linéaires. Cela permet de suggérer des petits détails de branches, d'herbes, sans avoir besoin d'utiliser le pinceau.

Avantages sur le pinceau

Le pinceau est plus difficile à contrôler pour réaliser des traits réguliers. Plusieurs conditions sont nécessaires pour la réussite de ce procédé :

- un certain degré d'humidité du lavis ;
- des gestes nets et précis ;
- éventuellement, l'ajout de substances spéciales, qui épaississent la couleur.

Les plus connues sont le sucre, le miel, la gomme arabique.

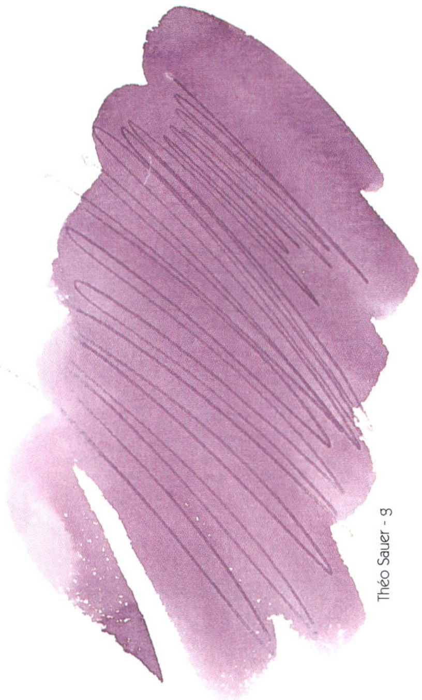

▲ Dans un lavis humide, grattez avec la pointe de votre manche de pinceau ou, tout simplement, avec votre ongle.

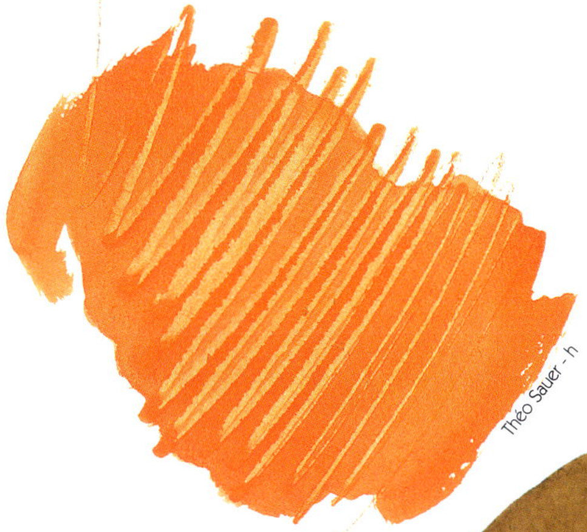

◀ En traçant des traits avec le manche du pinceau, vous pouvez obtenir cet effet : la couleur a davantage disparu sur le pourtour des traits qu'en leur centre.

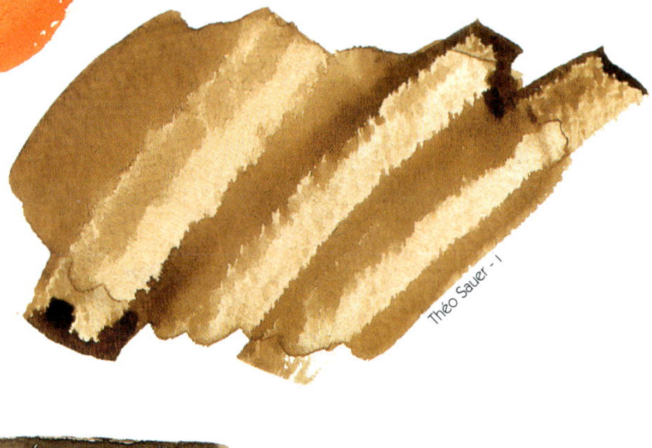

Une spatule sert ▶ à enlever de larges zones de peinture, comme vous pouvez le voir sur cet exemple.

En résumé

Quels que soient les outils utilisés, le grattage permet essentiellement de créer des traits sur de la couleur fraîchement posée et de retirer de la couleur lorsque celle-ci est sèche.

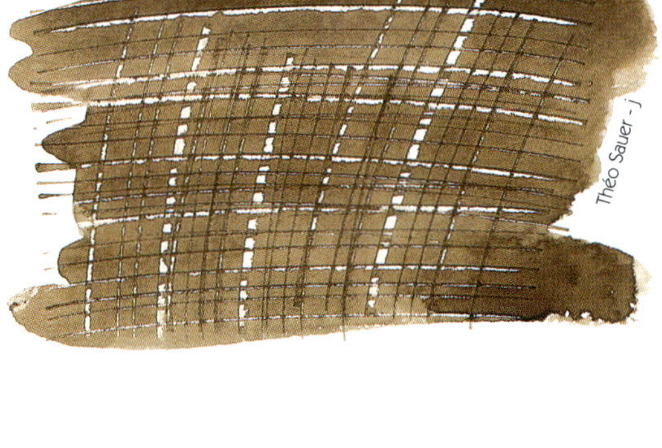

◀ Le petit morceau de plastique entaillé utilisé précédemment nous a permis de réaliser cet exemple de tramage.

Exercices

Parmi les nombreuses et diverses textures que permet de rendre le grattage, il en est deux auxquelles cette technique est particulièrement adaptée : la pluie et les matières ligneuses.

Exercice 1

Le grattage est le moyen idéal pour suggérer la pluie dans le ciel. L'aquarelle, en technique humide, est très évocatrice pour les sujets où l'eau est omniprésente. Pour représenter un ciel menaçant, vous disposez de trois couleurs intéressantes, le bleu de Prusse, le violet et la terre d'ombre naturelle. Rien ne vous empêche d'utiliser d'autres couleurs si vous possédez une palette plus importante.

Comment procéder

- Préparez une petite quantité des teintes suggérées précédemment.
- Commencez par mouiller votre feuille avec une éponge ou un gros pinceau, puis appliquez les couleurs en vous inspirant du modèle ci-dessous. Les mélanges s'opèrent sur la feuille.
- Essayez de contrôler la fusion des couleurs en ajoutant plutôt une teinte que vous aimeriez faire ressortir.

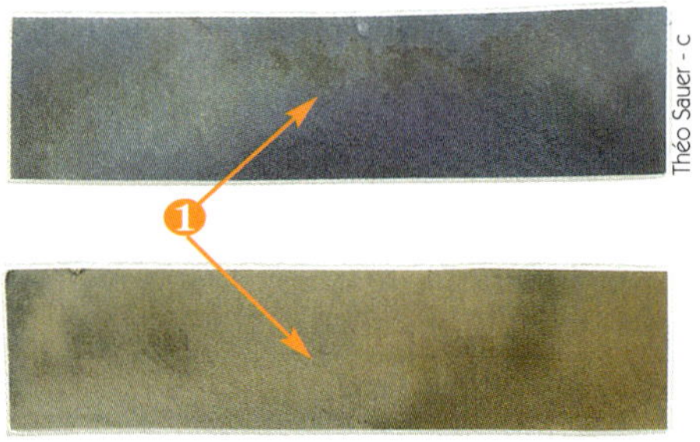

- Travaillez les nuages en les éclaircissant vers le haut à l'aide d'un essuie-tout.

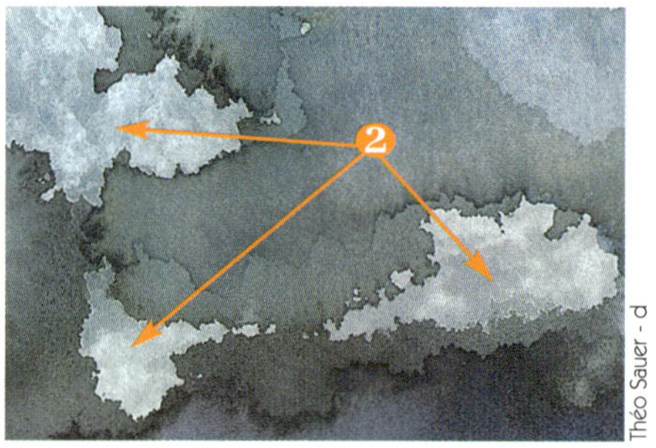

- Foncez vers le bas pour accentuer le caractère menaçant du ciel.

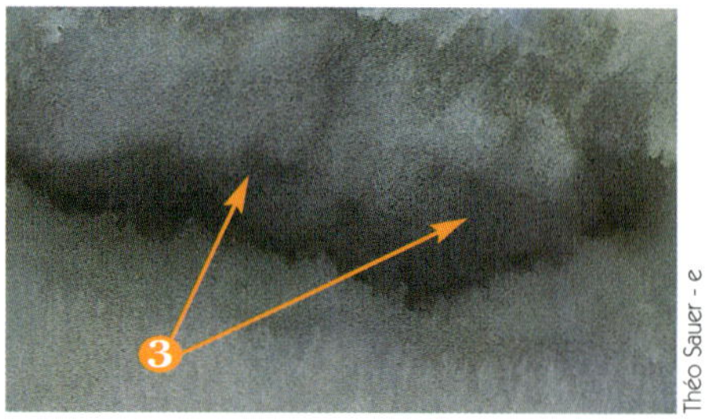

- Si vous êtes satisfait du résultat, procédez à un ou deux grattages sous les masses de nuages qui risquent de « lâcher de l'eau ».
- Si la pluie tombe au loin, les traces doivent être légères et indiquer surtout la direction du vent et des nuages.
- S'il pleut plus près de vous, les égratignures peuvent être plus visibles (donc plus accentuées sur le papier).

❷ Les zones claires naissent grâce à l'application d'un essuie-tout pour absorber la peinture.

❸ Ajoutez du mélange bleu de Prusse-violet-terre d'ombre naturelle vers le bas des nuages.

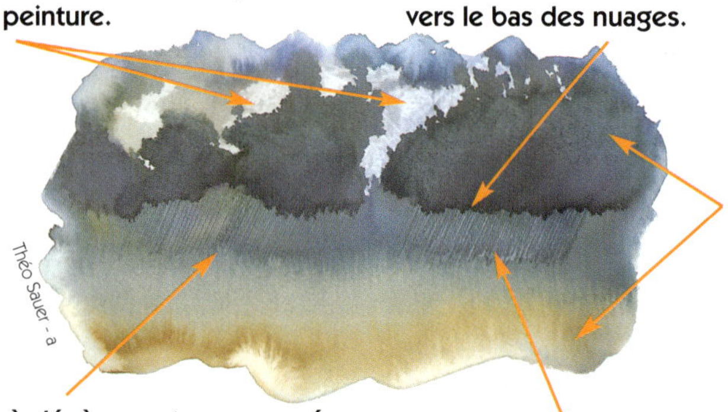

❶ Dans le ciel, le bleu et le violet dominent. Au sol, faites ressortir les tons ocre.

❹ Grattez très légèrement pour suggérer une pluie lointaine. À cet effet, utilisez le manche de votre pinceau.

❺ Insistez pour obtenir un effet plus dense.

Les humeurs du ciel

Le grattage, par des traits fins et réguliers sur une aquarelle humide, rend à merveille la pluie. Il pourrait tout aussi bien servir à évoquer les rayons du soleil qui perceraient les nuages.

Exercice 2

Ce second exercice vise à vous montrer l'utilité du grattage pour retirer de la peinture. Le sujet : une vieille porte en bois avec une amorce de grillage.
Les couleurs nécessaires pour réaliser le brun de la porte sont la terre de Sienne brûlée, le bleu de Prusse et le rouge vermillon. Les outils indispensables : un gros pinceau et un couteau en plastique.

Comment procéder

- Préparez la teinte de la porte avec le mélange des trois couleurs. Allez-y progressivement, car ce sont des couleurs à fort pouvoir colorant.
- Quand vous avez trouvé la bonne teinte, appliquez-la généreusement sur toutes les parties (porte et poteaux).

❶ Tracez aussitôt les lignes qui doivent être foncées (les traits qui délimitent les planches de la porte).

❷ Attendez que la peinture soit un peu moins humide. Alors, avec le bout du couteau, qui fait office de spatule, retirez de la peinture sur les deux épaisseurs des poteaux.

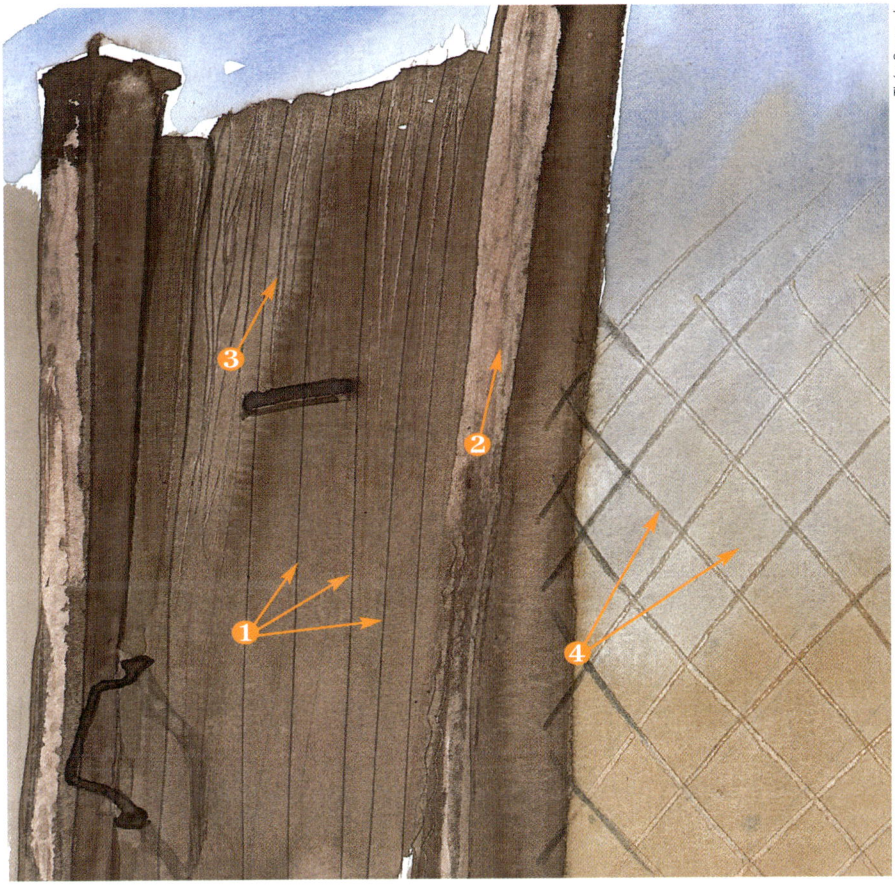

❶ Tracez les lignes qui suggèrent les planches de la porte.
❷ En deux ou trois passages, enlevez la peinture.
❸ Le fil du bois est tantôt clair, tantôt foncé.
❹ Grattez le fil du grillage quand la couleur commence à sécher.

❸ Puis, avec la pointe du couteau, suggérez les veines du bois sur quelques planches.
Quand la peinture est très humide, les traces sont naturellement foncées. Si elle commence à sécher, les traces sont nettement plus claires.

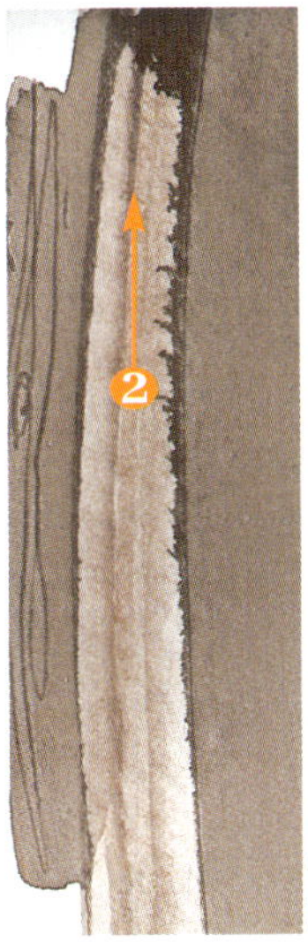

Le bout arrondi ▶ du couteau en plastique vous sert à enlever plus ou moins de matière sur les poteaux.

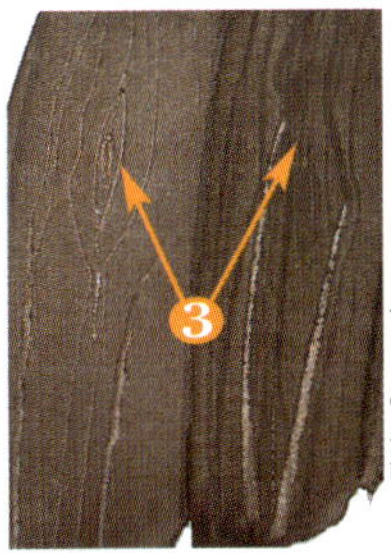

Quelques veines ▶ tracées avec la pointe du couteau.

Savoir-faire

Faites des essais avant de commencer. N'abusez pas de la technique du grattage ; cependant, utilisée avec parcimonie, celle-ci vous donnera entière satisfaction.

❹ La technique du grattage est aussi très utile pour représenter un grillage. On évite ainsi de peindre trait après trait avec un pinceau fin. Par cette méthode, on obtient un tracé remarquablement précis et nuancé. Réalisez un dégradé du bleu outremer au brun (mélange précédent). Attendez le moment opportun pour gratter avec la pointe du couteau.

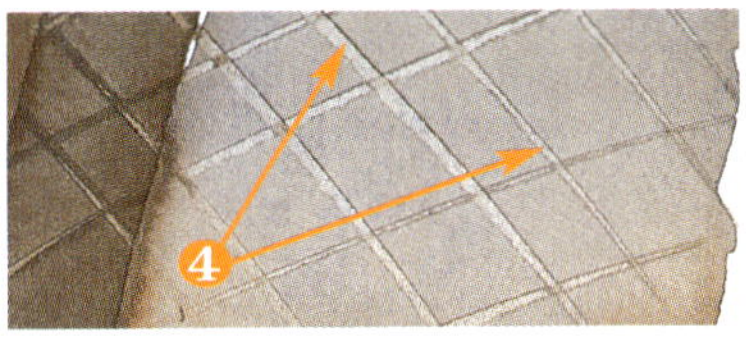

Parfaire la technique du grattage

Le grattage apporte une touche graphique aux œuvres et aide à suggérer la matière, l'aquarelle ne permettant pas les empâtements.

Les avantages

La technique du grattage présente plusieurs intérêts, qu'il convient de prendre en considération. D'une part, les traits résultant du grattage s'intègrent parfaitement dans la peinture, contrairement à ceux qui sont réalisés à l'encre de Chine et aux crayons de couleurs, dont la superposition reste très apparente.
D'autre part, le grattage permet d'obtenir des lignes fines et régulières sous forme de traits foncés ou clairs, selon la consistance de la peinture et le degré d'humidité du lavis. Cette technique s'avère très intéressante notamment pour rendre le bois et ses dérivés.

Les outils

Selon le résultat escompté, choisissez un ustensile capable de graver la feuille ou de racler la peinture.
Vous pouvez fabriquer vous-même ces outils avec des morceaux de bois taillés, un vieux peigne, un trombone déplié, etc., en essayant de varier la forme de leur extrémité et, par conséquent, la marque qu'ils laisseront sur la feuille. Choisissez le cutter si vous cherchez un résultat net et précis ou la lame de rasoir pour gratter de plus larges surfaces. N'hésitez pas non plus à essayer d'autres objets de votre environnement. Vous pourriez avoir d'agréables surprises.

Différents procédés

Il existe, pour simplifier, trois façons d'effectuer des grattages :
- si vous grattez dans la peinture quand cette dernière est fraîchement déposée, les lignes deviennent foncées car le pigment pénètre dans la zone altérée ;
- en grattant dans la peinture en phase de séchage, vous allez ôter de la matière et créer des traits plus clairs (l'adjonction de gomme arabique facilite ce travail) ;
- vous pouvez enfin gratter quand la peinture est sèche pour l'enlever et laisser apparaître le blanc de la feuille.

▼ Grattages faits sur un lavis en phase de séchage (avec ajout d'une pointe de miel)

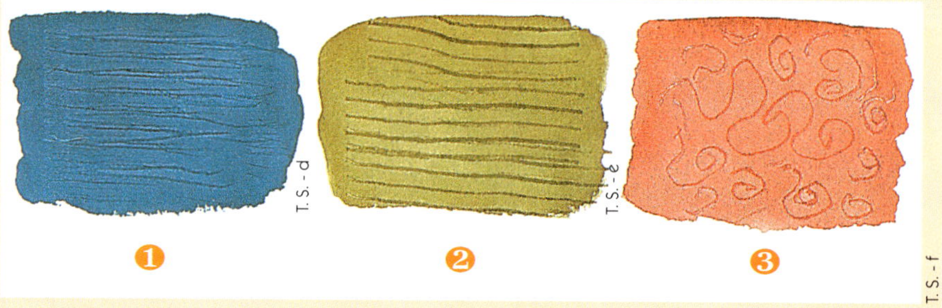

▼ Grattages réalisés sur un lavis presque sec

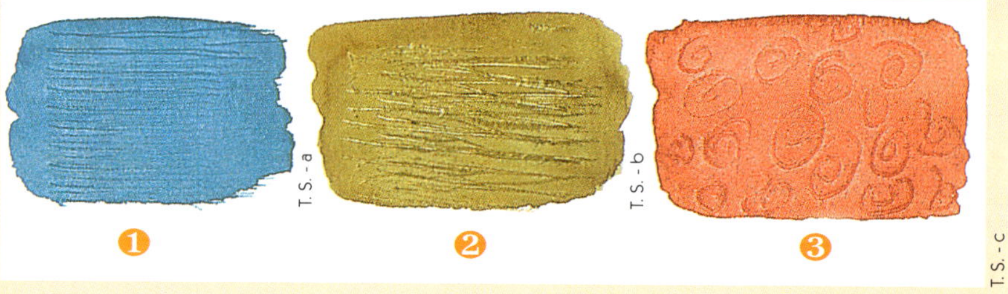

❶ À l'aide d'un peigne fin ❷ À l'aide d'un couteau à dents ❸ À l'aide d'un trombone

Exercice

Pour s'entraîner au grattage, il n'y a rien de mieux que de peindre un ouvrage en bois creusé de sillons naturels, comme la porte que nous vous proposons.

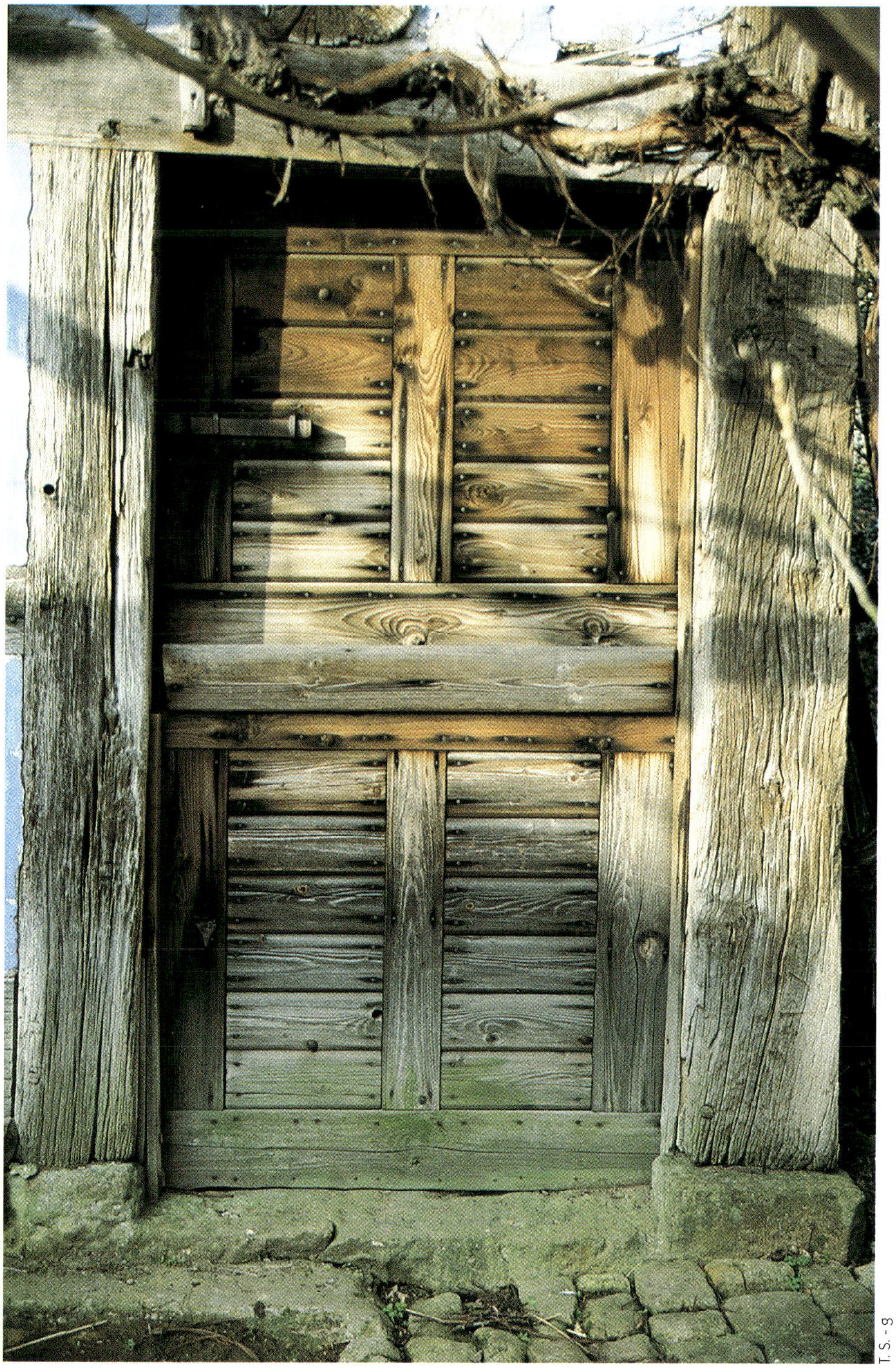

T.S. - g

▲ Le modèle : une petite porte en bois.

La patine du bois met en valeur les fibres. Cependant, il serait impensable de dessiner toutes les veines. Pour contourner ce problème, vous allez utiliser le grattage pour marquer les pièces les plus usées, en suivant toujours le sens du fil du bois.

Étape 1

Commencez par une esquisse au crayon. Vous allez tracer les lignes principales et vous pourrez souligner les nervures du bois les plus évocatrices.
Observez attentivement le cheminement de l'ombre sur la porte. Il permet de situer les éléments de voisinage qui projettent cette ombre.

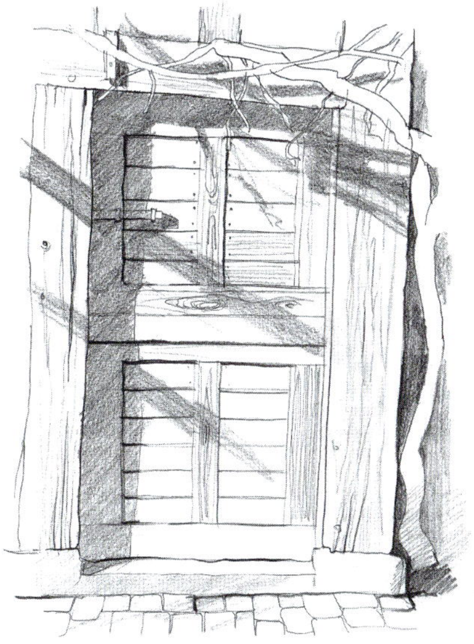

T.S. - h

▲ Soignez les ombres : elles donnent tout son relief à la porte.

Étape 2

Sur une feuille d'aquarelle tendue et parfaitement sèche, dessinez les principales lignes de la porte. Ne vous attardez pas sur les détails que vous rendrez directement à l'aquarelle. Le croquis au crayon que vous avez préalablement réalisé vous servira de guide pour poser vos valeurs.

Donnez une tonalité générale chaude à toute la feuille en passant un lavis de terre de Sienne brûlée avec un gros pinceau.

Pour marquer les traces claires des clous, nous vous conseillons de les réserver avec une pointe de gomme liquide déposée à l'aide d'un vieux pinceau destiné exclusivement à cet usage.

Pour donner du relief, masquez également les zones que la lumière du jour frappe directement, à savoir l'angle intérieur de l'encadrement à droite.

Posez ensuite vos premiers lavis dans les zones les plus sombres. Laissez sécher.

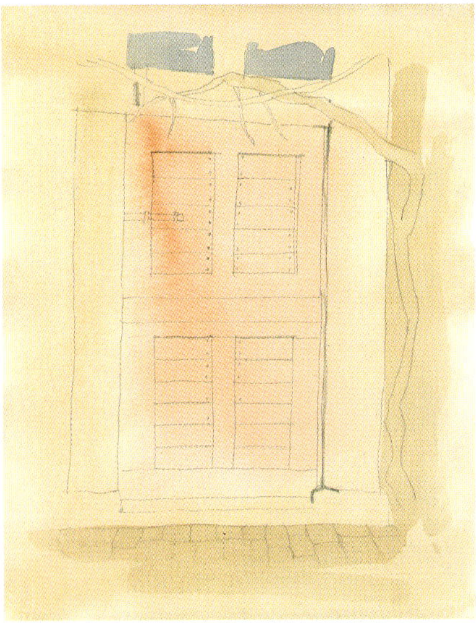

T. S. - a

▲ Appliquez les premiers lavis après avoir masqué certaines zones.

Astuce

Afin de donner plus de souplesse à votre travail et d'accentuer les effets du grattage, ajoutez une petite dose de gomme arabique à tous vos mélanges.

Étape 3

Posez des teintes chaudes (brun Van Dyck, terre de Sienne brûlée, rouge indien) sur les parties en bois de votre porte. À vous de choisir la tonalité que vous voulez donner au bois. Procédez maintenant au grattage afin de faire ressortir les veines du bois, selon l'orientation des planches.

Si vous grattez quand la surface est très humide, vous allez obtenir un trait foncé. *A contrario*, si vous grattez sur une surface presque sèche en vue de racler la peinture, vous allez obtenir des traits clairs. Faites des essais au préalable sur une feuille pour trouver le juste équilibre et rendre l'effet souhaité.

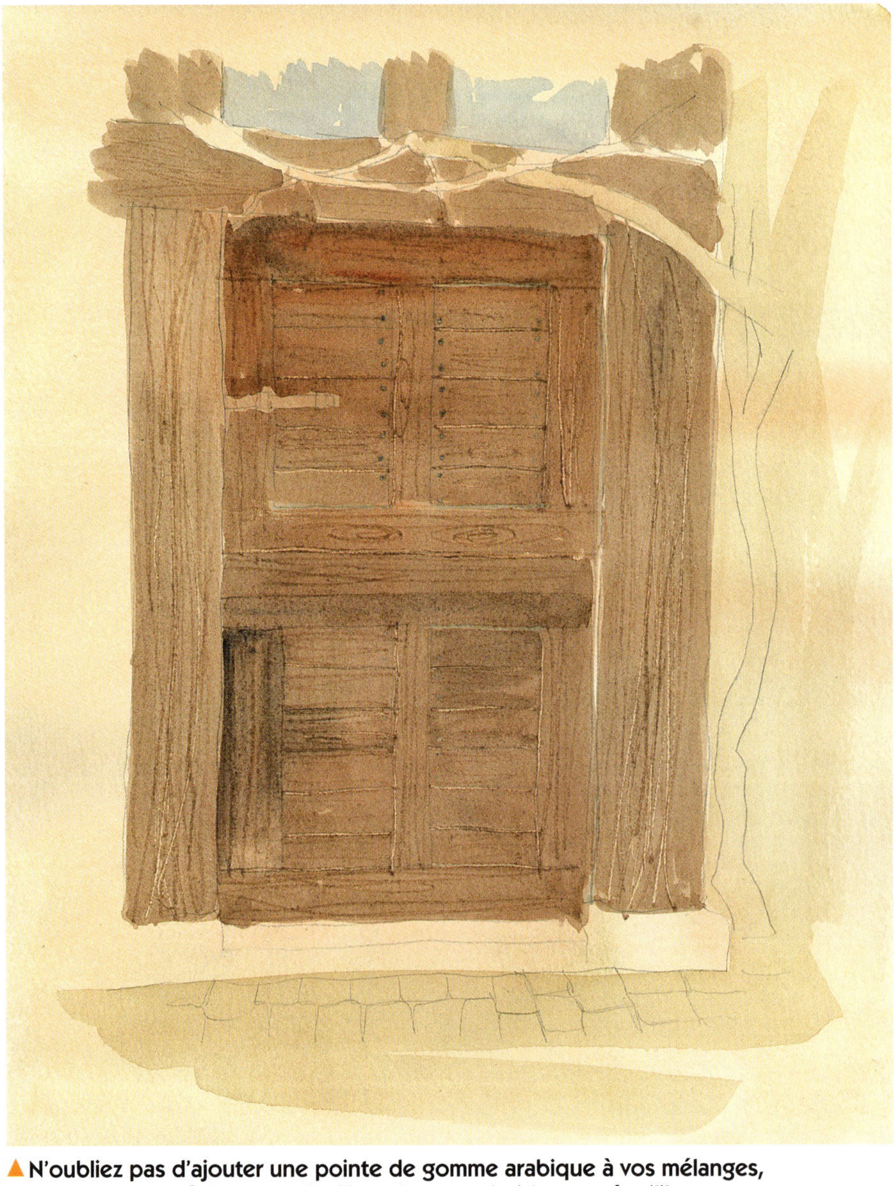

T. S. - b

▲ N'oubliez pas d'ajouter une pointe de gomme arabique à vos mélanges, pour retarder le séchage, et d'utiliser des tons froids pour équilibrer l'harmonie des couleurs.

Étape 4

Vous allez aborder à présent le travail des ombres. Préparez une bonne quantité de lavis et posez-le sur toutes les surfaces à l'ombre. Appliquez la teinte en une seule fois, sans insister ni revenir en arrière pour ne pas altérer votre précédent travail. Il est important de toujours conserver une « bulle » de couleur sur le papier et de travailler rapidement pour éviter que le lavis ne sèche par endroits et ne devienne hétérogène.
Soulignez par des traits fins certaines ombres dans les interstices des planches, pour donner du relief à ces dernières. Posez un lavis sur le sol et un autre à dominante froide sur la partie à droite qui est dans l'ombre.

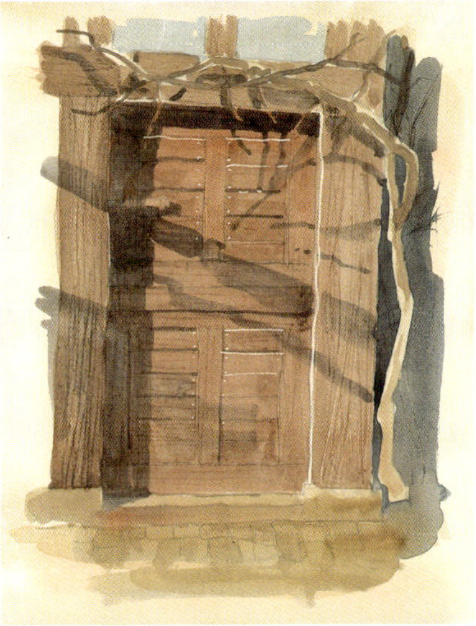

T.S. - c

▲ Pour le premier lavis, utilisez un gros pinceau afin d'avoir suffisamment de réserve de peinture.

Étape 5

Dessinez les ceps et les sarments de vigne au-dessus de la porte. Si vous le désirez, ajoutez quelques feuilles de vigne pour compléter votre dessin et donner davantage d'ombres projetées sur la porte.
Ensuite, dessinez le loquet.
Avec une couleur foncée, soulignez les fissures les plus importantes dans le bois. Marquez également les jointures des pavés au sol au pied de la porte.
Dessinez enfin l'amorce d'un colombage.

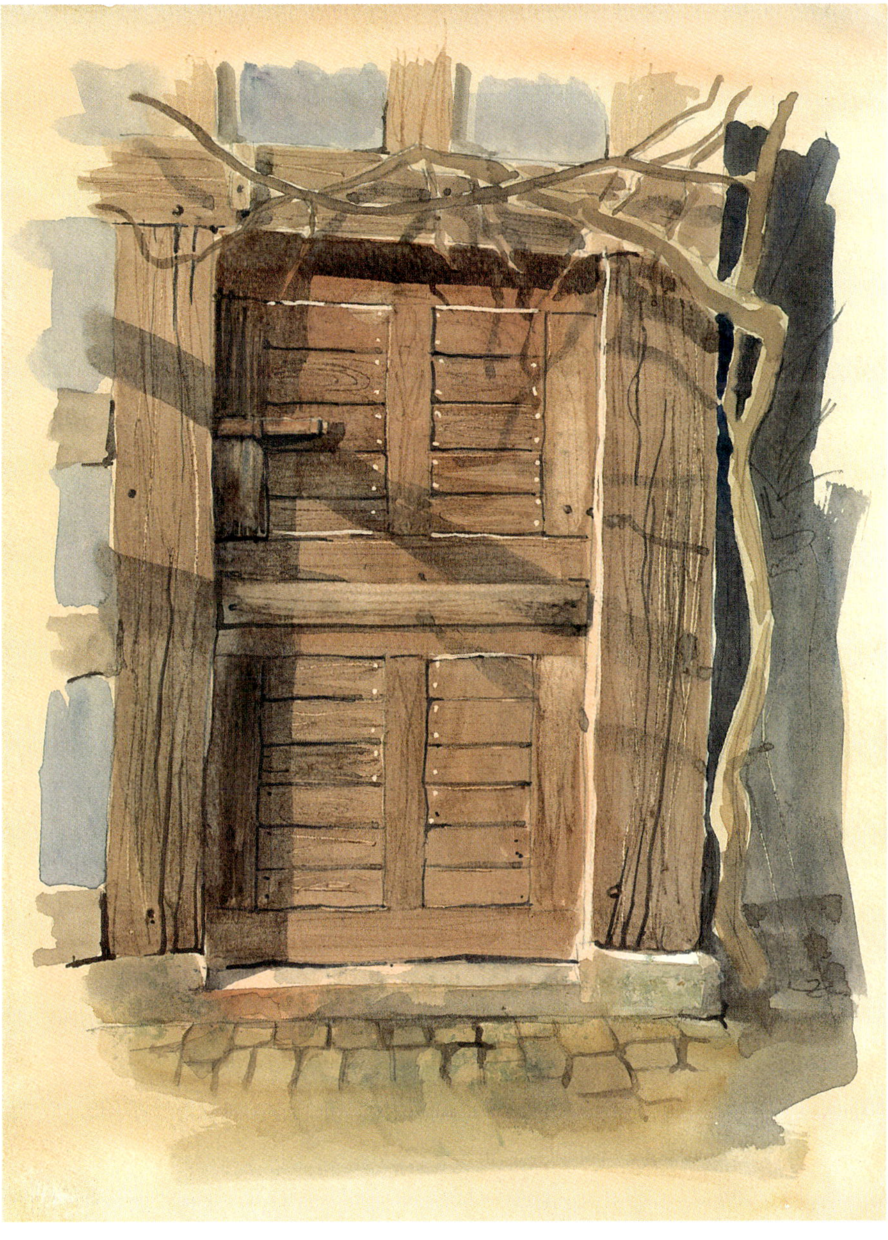

T.S. - d

▲ Pour le sol, quelques tampons à l'éponge permettent de vieillir la pierre.

Bon à savoir

Le grattage destiné à marquer les fibres du bois est proportionnel à la taille de l'image. Plus votre détail est grand, mieux vous pouvez fignoler le grattage, marquer les aspérités, les irrégularités de la matière. En revanche, si votre détail est petit, n'insistez pas trop, vous ne feriez que rendre l'image confuse. Contentez-vous de quelques traits.

Projections et diffusions

La nature fluide et délicate de l'aquarelle permet l'utilisation de nouvelles techniques picturales comme moyen d'expression. Les projections vous aideront à animer un premier plan qui vous semble trop vide.

La technique de la projection consiste à créer des textures par un assemblage de minuscules taches de couleurs. Ne vous en servez que sur de petites zones pour ne pas donner un aspect artificiel à votre travail.

Les outils

Cette technique, assez simple, demande un investissement en matériel quasi nul : une vieille brosse à dents, une brosse plate usagée ou une passoire, et vous voilà paré pour vous initier à cette méthode.
D'autres ustensiles peuvent également se révéler intéressants : un petit vaporisateur, un soufflographe, etc.

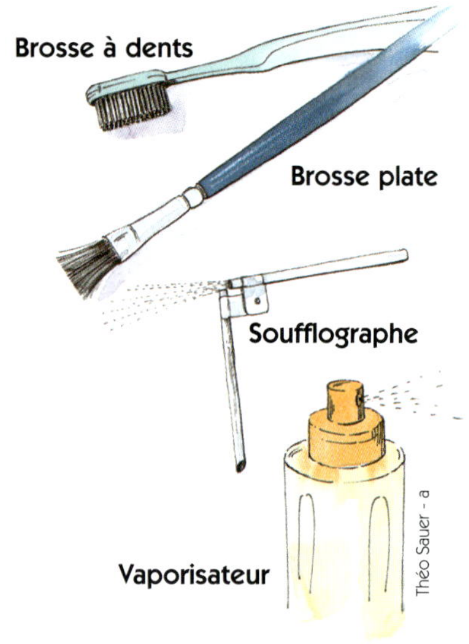

La technique

Chargez votre brosse à dents à l'aide de votre gros pinceau. Frottez-la avec votre pouce de manière à propulser de fines gouttelettes de peinture sur votre feuille (frottez les poils vers l'arrière). Plus vous êtes prêt de votre surface, plus petite est la zone éclaboussée. La taille des gouttelettes est proportionnelle à la charge en peinture de votre outil. Généralement, on utilise peu de peinture pour éviter la projection de taches indésirables.

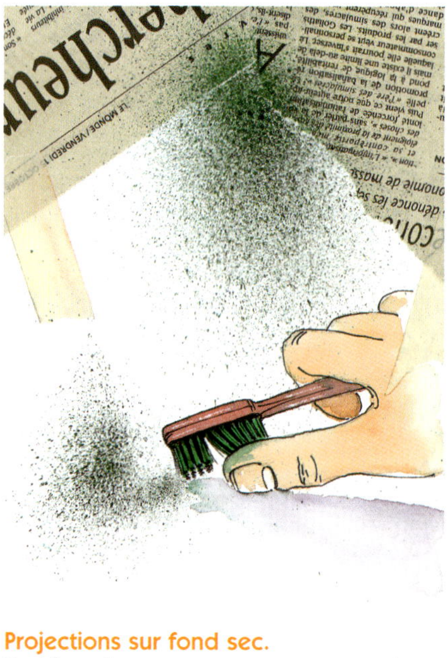

Projections sur fond sec.
Protégez les zones que vous ne voulez pas couvrir de couleur à l'aide de papier journal.

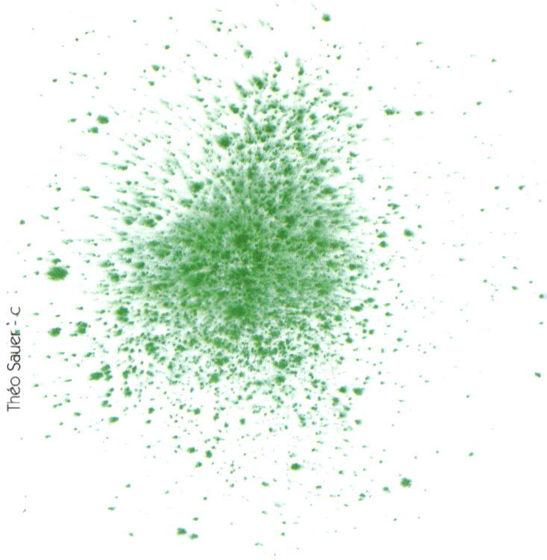

Projections sur fond humide.
Les gouttelettes s'étalent davantage et le résultat est plus estompé.

Vocabulaire

Diffusion : dispersion de la peinture dans toutes les directions.
Projection : technique par laquelle on éparpille la couleur.

Bon à savoir

- Protégez votre environnement immédiat et vos vêtements.
- Masquez les zones qui doivent rester intactes à l'aide de vieux journaux et d'adhésif.
- Avant de commencer, faites des essais sur des feuilles de papier brouillon.
- Variez la pression de votre pouce sur la brosse.

Exercices

Exercice 1

Appliquez un lavis vert sur une surface donnée. Chargez modérément votre brosse à dents d'un vert plus foncé, projetez celui-ci sur votre première couleur encore humide.

Exercice 2

Projetez un vert émeraude ou foncé sur une nouvelle surface sèche. Puis, avec un pinceau chargé d'eau pure, effacez-en une partie.

Exercice 3

Avec un système de caches (morceaux de papier journal), créez une forme quelconque. Remplissez-la avec vos projections et, aussitôt, humidifiez-en une partie avec un petit vaporisateur ou un soufflographe.

Exercice 4

Cette méthode est très intéressante pour représenter des pierres ou galets au premier plan. Les formes sont dessinées avec un pinceau chargé d'eau pure ; elles se rempliront spontanément lors de votre projection.

Exercice 5

Voici un exemple réalisé à partir des techniques mises en œuvre dans les essais précédents. Essayez à votre tour de reproduire ce paysage, ou un autre, combinant plusieurs méthodes de projections et diffusions. À noter, l'effet intéressant du ciel réalisé par une projection d'eau pure (vaporisateur) avant celle de la couleur.

Astuce

Conservez vos essais qui vous semblent réussis pour les utiliser plus tard dans des situations concrètes.

❶

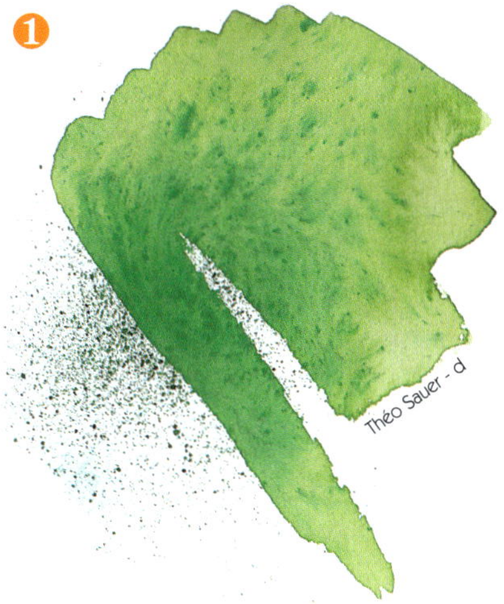

Théo Sauer - d

❷

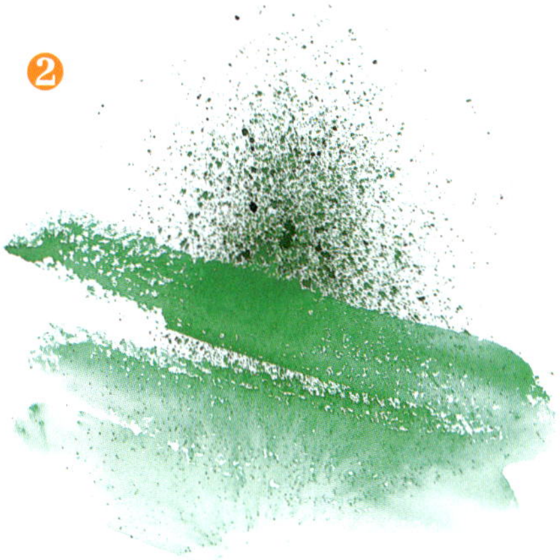

Théo Sauer - e

❸

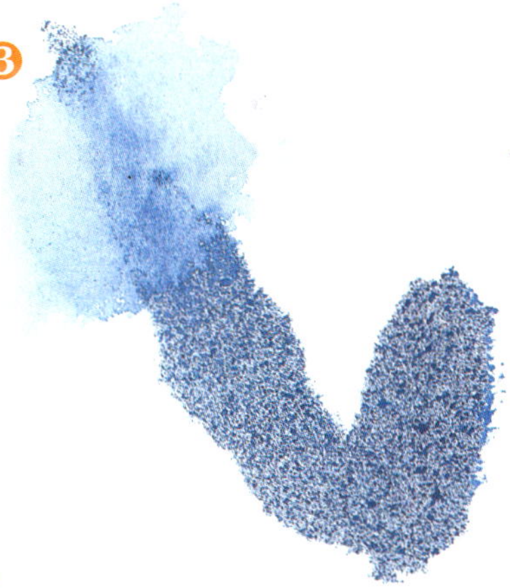

Théo Sauer - f

❹

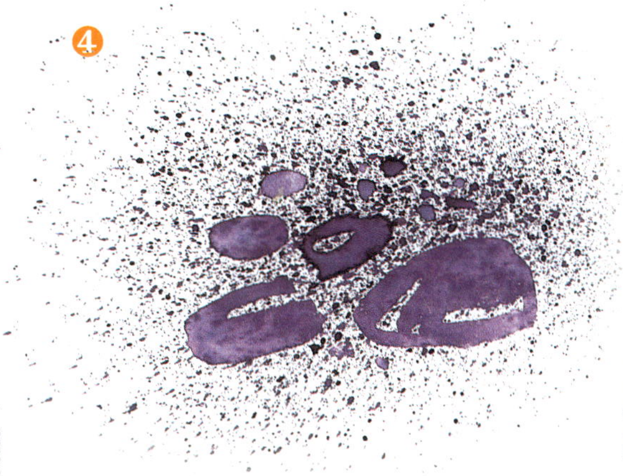

Théo Sauer - g

❺

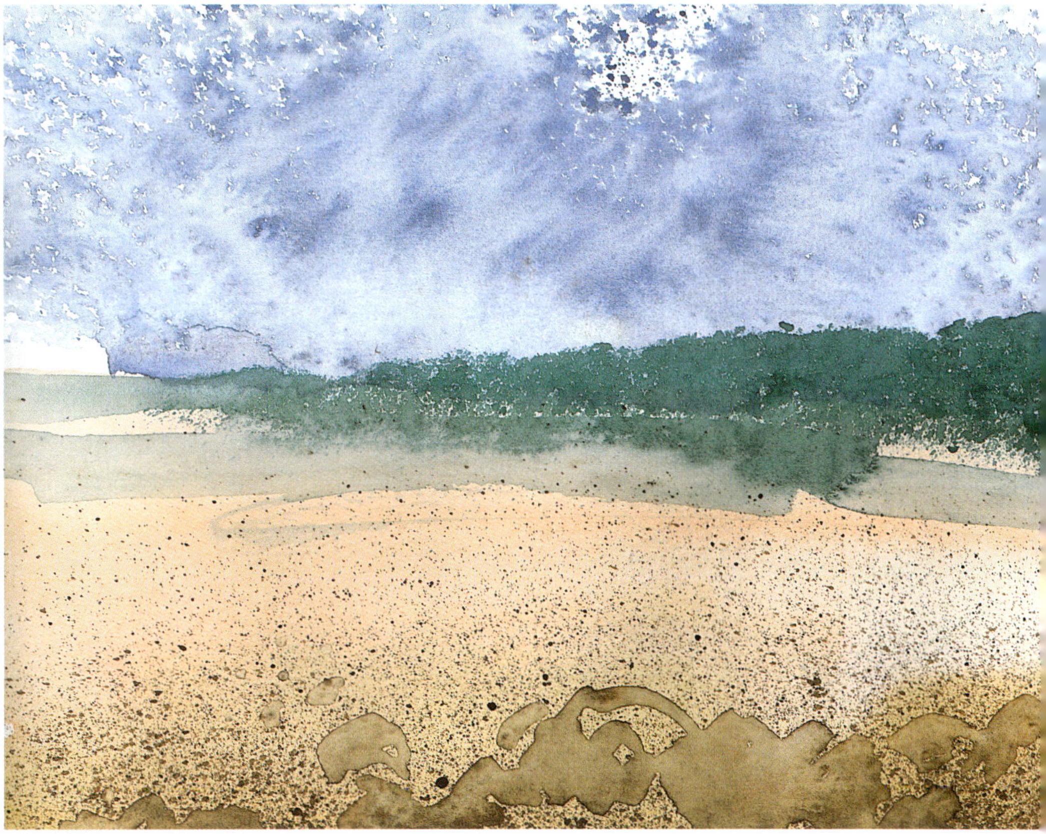

Théo Sauer - h

Les additifs

On les ajoute aux pigments pour moduler le temps de séchage et réaliser plus aisément les effets que nous avons précédemment étudiés.

Il existe différents types d'additifs, tous d'origine végétale. Les plus utilisés sont la gomme arabique et la glycérine. D'autres produits courants, comme le savon de Marseille, le miel et le sucre, sont aussi intéressants.

La gomme arabique

Les effets

La gomme arabique est le liant qui est à la base de la composition de l'aquarelle et l'additif le plus employé. Ce retardateur naturel prolonge le temps de séchage. Plus une peinture est riche en gomme, plus elle va mettre de temps à sécher. En modifiant le caractère de la peinture, elle ravive les couleurs par son aspect vernissé. L'avantage est de pouvoir travailler la surface, de la modifier, d'y ajouter des effets de texture par grattage avec toutes sortes d'instruments.

Mode d'emploi

On la trouve prête à l'emploi et sous forme de paillettes ou de petits cristaux. Ces derniers se dissolvent à l'eau dans les proportions de 10 à 35 % suivant la consistance souhaitée. Il faut y ajouter un agent conservateur.

❶ Couleur sans additif
❷ Couleur avec addition de gomme arabique

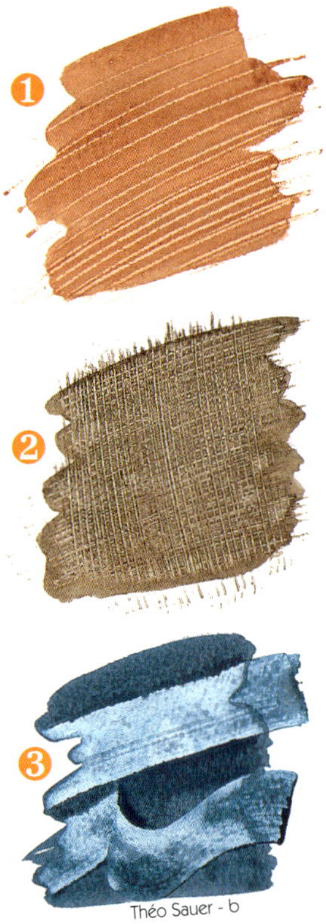

▲ Voici divers effets de grattage dans un lavis riche en gomme arabique :
❶ Avec le manche d'un pinceau
❷ Avec un peigne
❸ Avec une spatule

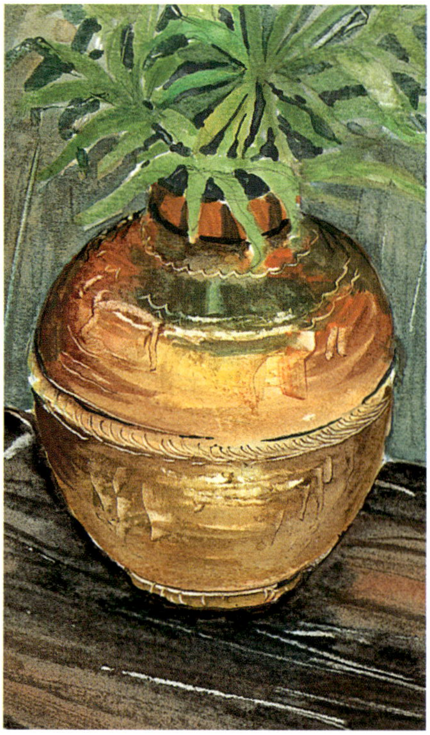

Théo Sauer - c

▲ L'addition de gomme arabique a permis de travailler les motifs de ce vase.

La glycérine

Les effets

C'est aussi un retardateur de séchage. De nature moins visqueuse que la gomme arabique, elle est néanmoins préconisée pour rendre les mêmes effets. Elle confère une certaine brillance à la couleur (comme si la peinture était plus grasse) et, de ce fait, ravive l'éclat de chaque teinte.

Mode d'emploi

Ajoutez 1 ou 2 gouttes de glycérine dans les mélanges colorés qui servent à la réalisation de votre travail.

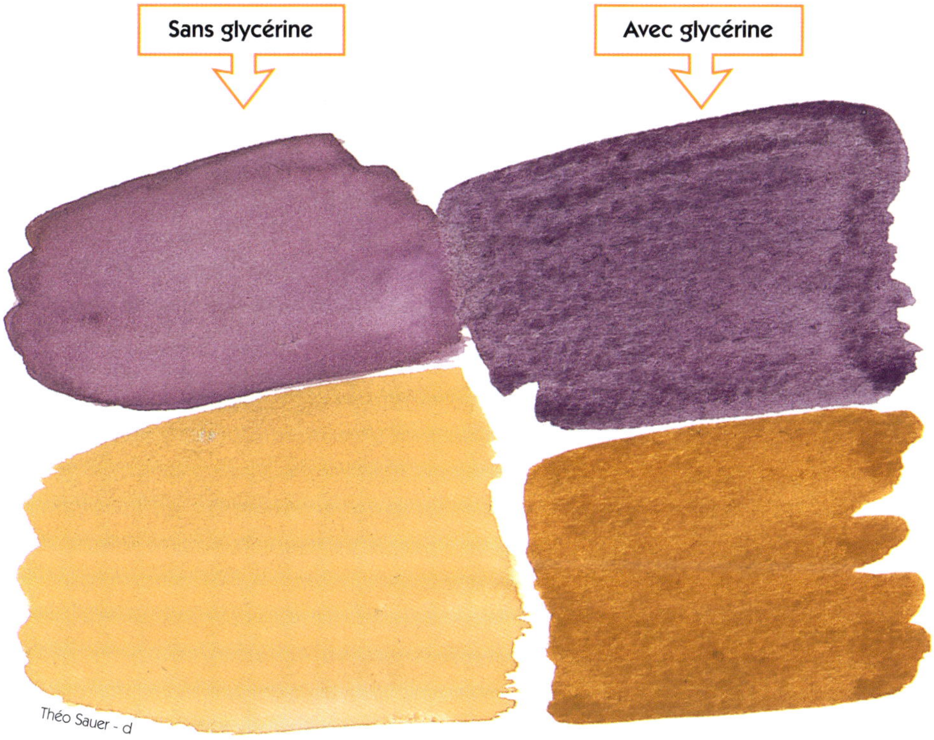

▲ À droite, travail à la glycérine. Comme le séchage est ralenti, vous aurez plus de temps pour la création de vos dégradés et autres mélanges.

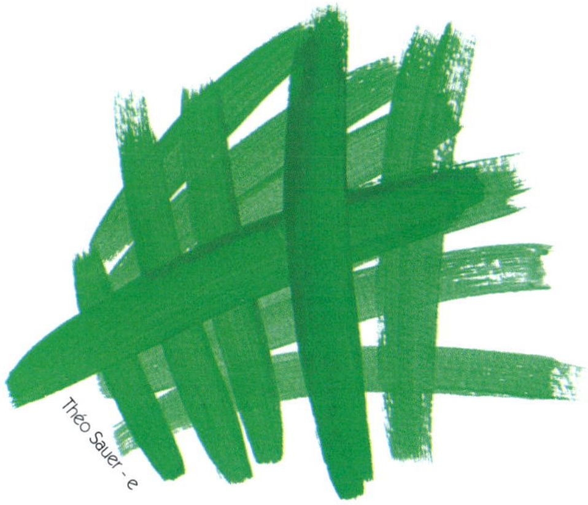

▲ Travail au savon. Les différents plans créés se chevauchent parfaitement et donnent une belle impression de profondeur.

▲ Travail au sucre. En fonction du dosage, on arrive à obtenir plus ou moins de brillance.

Le savon

Les effets

Le savon de Marseille est un autre adjuvant de la peinture à l'eau, à laquelle il donne plus de consistance. C'est un complément idéal dans la « technique sèche ». En effet, vous n'êtes pas obligé d'attendre que la peinture soit sèche pour superposer les couches.

Mode d'emploi

Émiettez de petits morceaux de savon de Marseille avec un couteau dentelé, puis déposez-les dans un petit récipient. Couvrez-les d'eau (2 à 3 fois le volume) et laissez agir. Mélangez le tout délicatement pour ne pas faire de bulles et laissez reposer.
Utilisez ce mélange pour préparer votre couleur. Au besoin, ajoutez de l'eau.

Le miel ou le sucre

Les effets

Le miel et le sucre sont des compléments naturels de l'aquarelle. Ils en retardent le séchage et donnent plus de transparence à la peinture.

Mode d'emploi

Comme pour le savon, faites dissoudre du miel ou du sucre dans l'eau qui vous servira à préparer vos couleurs.
Pour obtenir un effet plus ou moins brillant, il suffit de faire varier le dosage.
Mais attention ! À forte dose, le séchage est difficile pour le miel, qui a du mal à cristalliser.
Faites des essais. Vous apprendrez petit à petit à faire les bons mélanges.

Vocabulaire

Gomme arabique : substance visqueuse et transparente qui suinte du tronc de certaines espèces d'acacias.
Glycérine : liquide incolore, sirupeux, de saveur sucrée, soluble dans l'alcool. Elle entre souvent dans la composition des savons et des bougies.
Liant : matière ajoutée à une autre pour agglomérer les parties qui la composent. Ici, il s'agit d'une colle qui agglutine les pigments de couleur.

Exercice

Vous allez à présent vous exercer à utiliser la gomme arabique et le savon dans un environnement riche en contrastes.

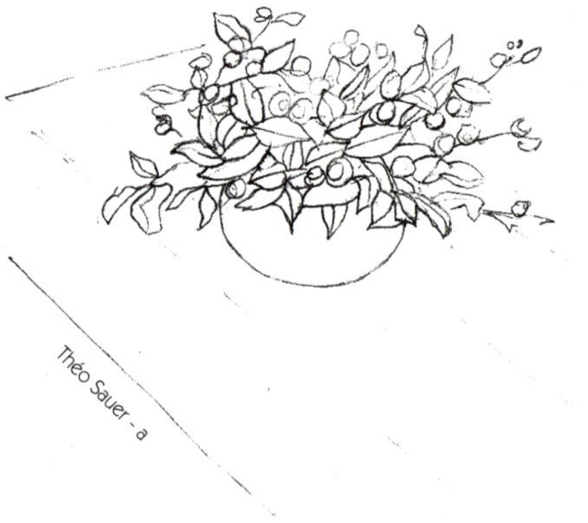

▲ **Reproduisez le crayonné sur une feuille de papier aquarelle. Notre sujet : une coupe de fleurs posée sur une vieille table en bois.**

De même que le « noir et blanc » exprime avec le plus de force le contraste du clair-obscur, le rouge et le vert sont deux couleurs qui s'opposent et expriment fortement le contraste de la couleur en soi.
Pour réaliser l'exercice suivant, nous allons utiliser ces deux couleurs complémentaires.
Comme vous venez de l'apprendre, le fait d'ajouter du savon dans une couleur amplifie l'effet de profondeur que l'on veut donner en superposant plusieurs fois une couleur.
Parallèlement, la gomme arabique additionnée à la couleur ralentit le séchage et ravive les teintes (comme si on y avait ajouté un vernis). Ce sont les deux effets dont nous allons tirer parti.

1 : Le croquis

Reproduisez le crayonné sur une feuille de papier aquarelle. Vous pouvez garder le même modèle ou, mieux encore, créer votre propre décor en vous inspirant du sujet.

2 : Le fond

Humidifiez votre feuille avec une éponge propre.
Déposez quelques gouttes de rouge vermillon sur les endroits correspondants à l'aide d'un petit pinceau. Diversifiez vos touches de couleur (certaines plus intenses que d'autres).
Puis, avec un gros pinceau, appliquez un vert bleuâtre assez dilué sur toute la surface. Comme la feuille est humide, les couleurs se mélangent. En cas de besoin, renouvelez l'opération.

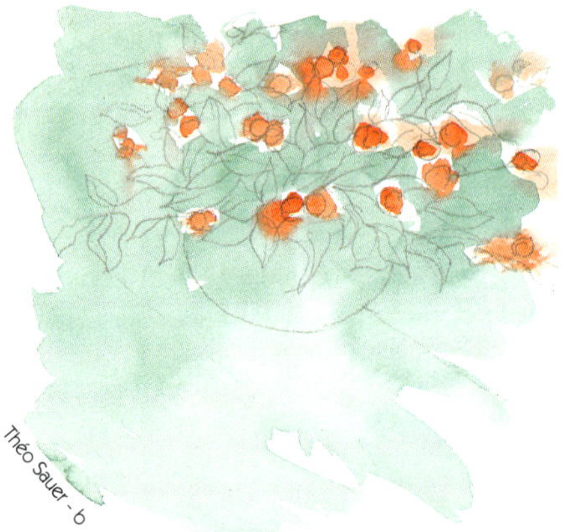

▲ **Le rouge vermillon et le vert bleuâtre se diffusent sur le fond humide. Les deux couleurs vont donc se mélanger.**

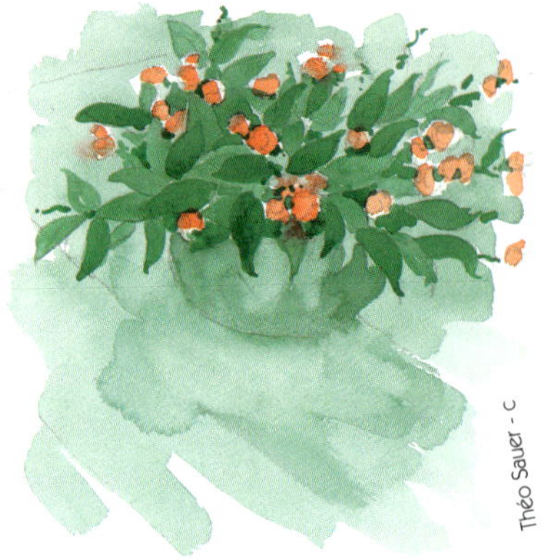

▲ **Le savon mélangé à la couleur (vert bleuâtre) permet de donner du volume au feuillage.**

3 : L'élément végétal

Pour donner plus de volume à cette masse végétale, l'emploi du savon est intéressant.
Préparez votre mélange de vert bleuâtre (assez concentré), puis, dans un godet vide, additionnez de savon (à parts égales).
Utilisez cette mixture pour peindre. Pour éclaircir la teinte, diluez-la avec de l'eau.
En même temps, commencez à ombrer le pot en céramique.

Rappel

Avant de l'associer à votre couleur, il vous faut rendre votre savon liquide en l'émiettant et en le mélangeant doucement avec beaucoup d'eau.

4 : La table en bois

Pour représenter la table en bois où repose le vase, utilisez un mélange de terre de Sienne et de terre d'ombre.
Ajoutez quelques gouttes de gomme arabique et étalez ce lavis sur la surface requise.
Observez bien l'état de votre surface. Sur un fond mouillé, le grattage que vous allez effectuer donnera des lignes foncées.

5 : Les fleurs rouges

Retouchez vos fleurs en y apposant un mélange de rouge vermillon et d'une grande quantité de gomme arabique.
Attendez le moment propice pour réaliser votre grattage. Pour affiner les détails, vous pouvez donner quelques coups de grattage à sec avec la pointe de votre cutter et faire ressortir la nervure centrale des feuilles.

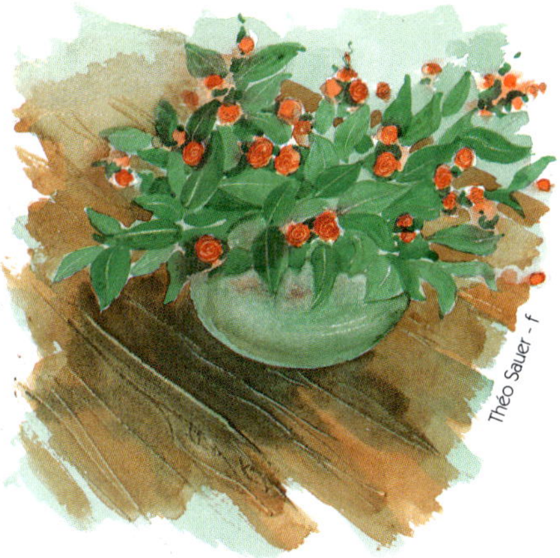

▲ Un peu de gomme arabique mélangée à du rouge vermillon va permettre de rehausser l'éclat des fleurs.

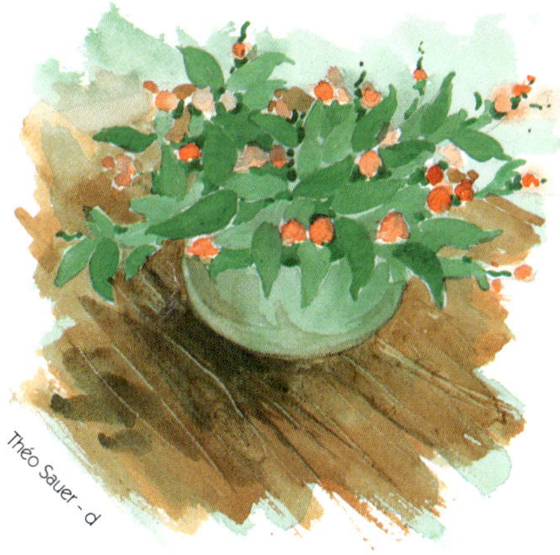

▲ De la gomme arabique a été mélangée au lavis de terre de Sienne et de terre d'ombre avec lequel on va représenter la table en bois.

▲ Une simple spirale suffit pour attirer le regard sur la fleur.

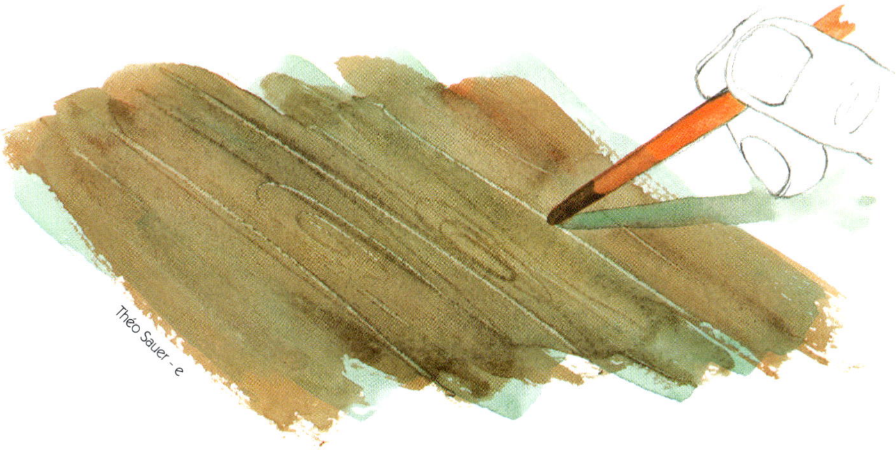

▲ Quand la surface deviendra plus « collante », ce sera le moment propice pour créer des lignes claires. Toutes ces lignes suggèrent à merveille les veines du bois.

Astuce

Faites une photocopie du crayonné, que vous pouvez agrandir au besoin.
Fixez cette photocopie sur une vitre (en contre-jour) et, par-dessus, suspendez votre feuille d'aquarelle à l'aide d'un adhésif repositionnable.
Par effet de transparence, vous pouvez voir le crayonné et, ainsi, le reproduire facilement.

Parfaire la technique des additifs

On appelle additif tout produit qui est ajouté à la peinture aquarelle, soit directement dans le mélange, soit dans la peinture en cours d'application, mais toujours en phase aqueuse.

Les produits

Les additifs les plus utilisés sont la gomme arabique (composant de l'aquarelle) et la glycérine. Tous deux sont à ajouter au mélange coloré avant son application. D'autres produits courants donnent des effets intéressants. Certains doivent être préalablement mélangés à la peinture. C'est le cas du miel, du sucre, du savon, etc. D'autres donnent de meilleurs résultats si on les ajoute pendant ou immédiatement après l'application de la couleur, comme l'alcool à 70 degrés ou à 90 degrés, la térébenthine...

Bon à savoir

Vous avez appris à utiliser de nombreux effets susceptibles de vous aider à restituer un sujet plus facilement et plus fidèlement. Vous devez toujours garder à l'esprit que toute technique picturale peut s'employer de différentes façons et s'adapter à de nombreux sujets. Lorsque vous avez bien assimilé une technique, essayez de l'utiliser « hors contexte », afin de découvrir de nouvelles possibilités.

▲ Couleur sans additif

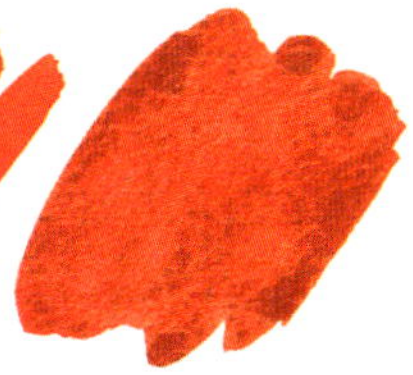

▲ Couleur avec addition de gomme arabique

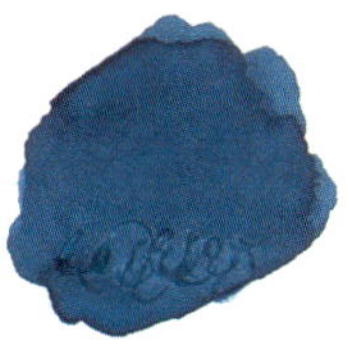

▲ Couleur sans additif

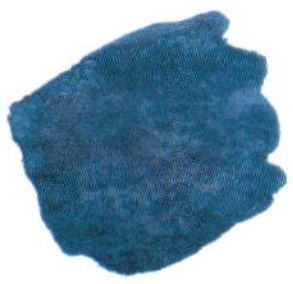

▲ Couleur avec addition de miel

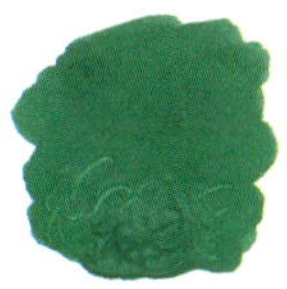

▲ Couleur sans additif

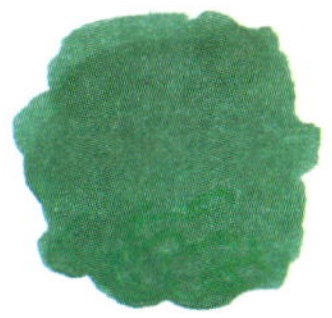

▲ Couleur avec addition d'alcool à 70 degrés

T. S. - a, b, c, d, e

Leur rôle

Les additifs ont tous un rôle particulier. Certains modifient la consistance de la peinture et la rendent soit plus épaisse et opaque (savon, glycérine...), soit plus claire (sucre, miel...).

Ils accentuent ou retardent le séchage de la couleur et permettent de créer des effets intéressants propres à chaque produit.

Astuce

Si vous avez l'impression que les propriétés de vos pigments sont médiocres, ajoutez quelques gouttes de gomme arabique (prête à l'emploi) à votre mélange. Vous y gagnerez en transparence et en qualité. Mais sachez que plus la peinture est riche en gomme, plus elle mettra de temps à sécher.

Les points forts

Grâce à leurs propriétés particulières et à leurs effets nuancés selon leur proportion, les additifs peuvent aider l'artiste à trouver un style personnel.
Ceux qui retardent le séchage, c'est-à-dire tous les produits gras (savon, glycérine, gomme arabique...), permettent à l'artiste de disposer d'un délai de réflexion et éventuellement de corriger certaines maladresses. Enfin, ils donnent de beaux effets aléatoires (térébenthine, alcool...).

Exercice

Nous vous proposons d'utiliser et d'expérimenter l'adjonction de gomme arabique dans la peinture aquarelle, afin d'obtenir un aspect et un fini plus chauds et plus veloutés.

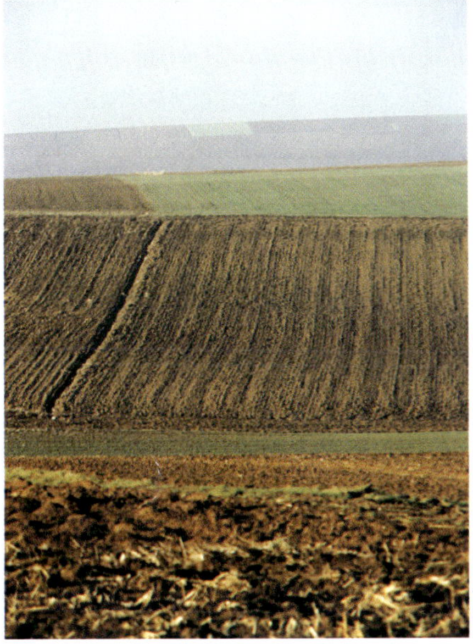

T.S. - f

▲ **Le sujet : une suite de champs cultivés. Il s'agit de rendre la diversité des terrains.**

Traiter le sujet

Cette vue d'un ensemble de parcelles et de champs qui se succèdent jusqu'à l'horizon forme une composition décorative intéressante. Réfléchissez à une réalisation personnelle. Laissez voguer votre imagination et considérez le sujet selon une trame abstraite.
Animez les formes géométriques que représentent les parcelles par des effets de matières. Rendez par des effets de grattage certaines lignes, comme les sillons des champs labourés.

1 : Les bandes colorées

Dans un premier temps, réalisez un fond coloré par la méthode habituelle (mélange eau + pigment dans vos godets).
Faites des bandes colorées en appliquant une première couche.

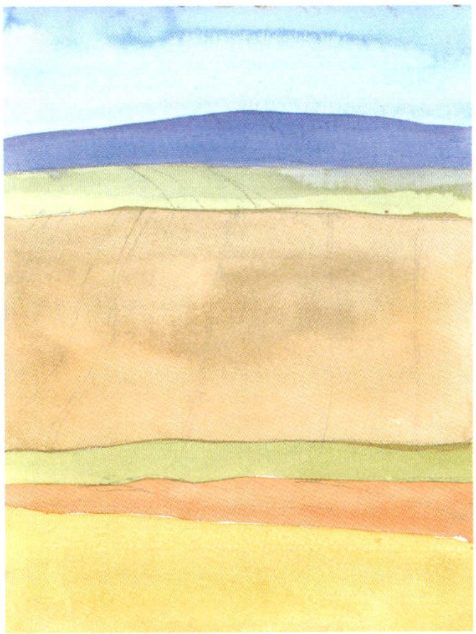

T.S. - g

▲ **Ces teintes pourront réapparaître par grattage au cours des étapes suivantes.**

2 : La gomme arabique

Vous allez maintenant ajouter à la couleur de la gomme arabique, en variant les proportions selon l'effet souhaité. Sachez que plus vous en ajouterez, plus la mixture sera collante et se répandra comme un glacis transparent de plus en plus maniable (elle sèche moins vite et s'ôte plus facilement). Commencez par le premier plan et par un effet de texture, cherchez à suggérer la terre retournée.
Dans cette zone très proche du regard, aucun sillon régulier n'est visible.

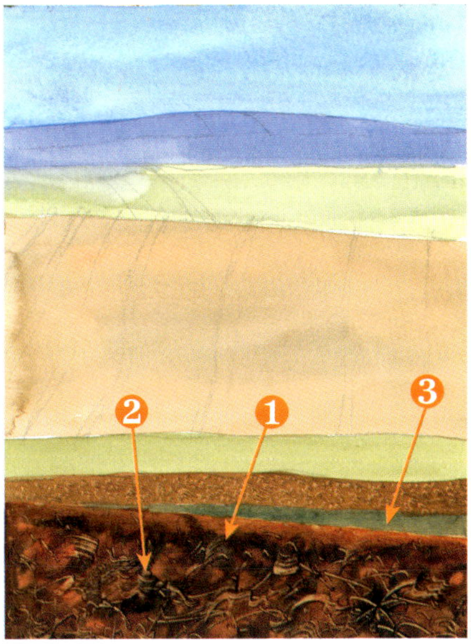

T.S. - h

❶ Appliquez des couleurs terre, chaudes et nuancées, sur toute la bande au premier plan.
❷ Grattez, griffez la surface à l'aide des ustensiles dont vous pouvez disposer (couteau, racloir, pointe, etc.).
❸ Toujours dans le premier plan, mais dans la deuxième parcelle, appliquez une autre couleur. Cherchez une autre forme de texture, plus régulière, plus ordonnée, plus fine aussi.

3 : Les teintes froides

Étant donné que chaque plan est bien délimité et que la durée de séchage des surfaces est prolongée, vous êtes libre de choisir l'ordre de progression de votre travail. Pour notre part, nous avons décidé d'aborder dès à présent les teintes froides en haut de l'aquarelle. Il serait toutefois plus logique et recommandable de s'occuper d'abord des plans intermédiaires.

Quoi qu'il en soit, choisissez votre teinte pour le ciel. Il doit s'agir d'une couleur froide, qui équilibre le rapport chaud / froid. Faites un second passage avec un bleu un peu plus dense pour couvrir la colline à l'arrière-plan. Puis appliquez un mélange vert sur la parcelle du dessous, sur laquelle vous reviendrez lors de l'ultime étape, alors que la couleur n'aura pas encore tout à fait séché.

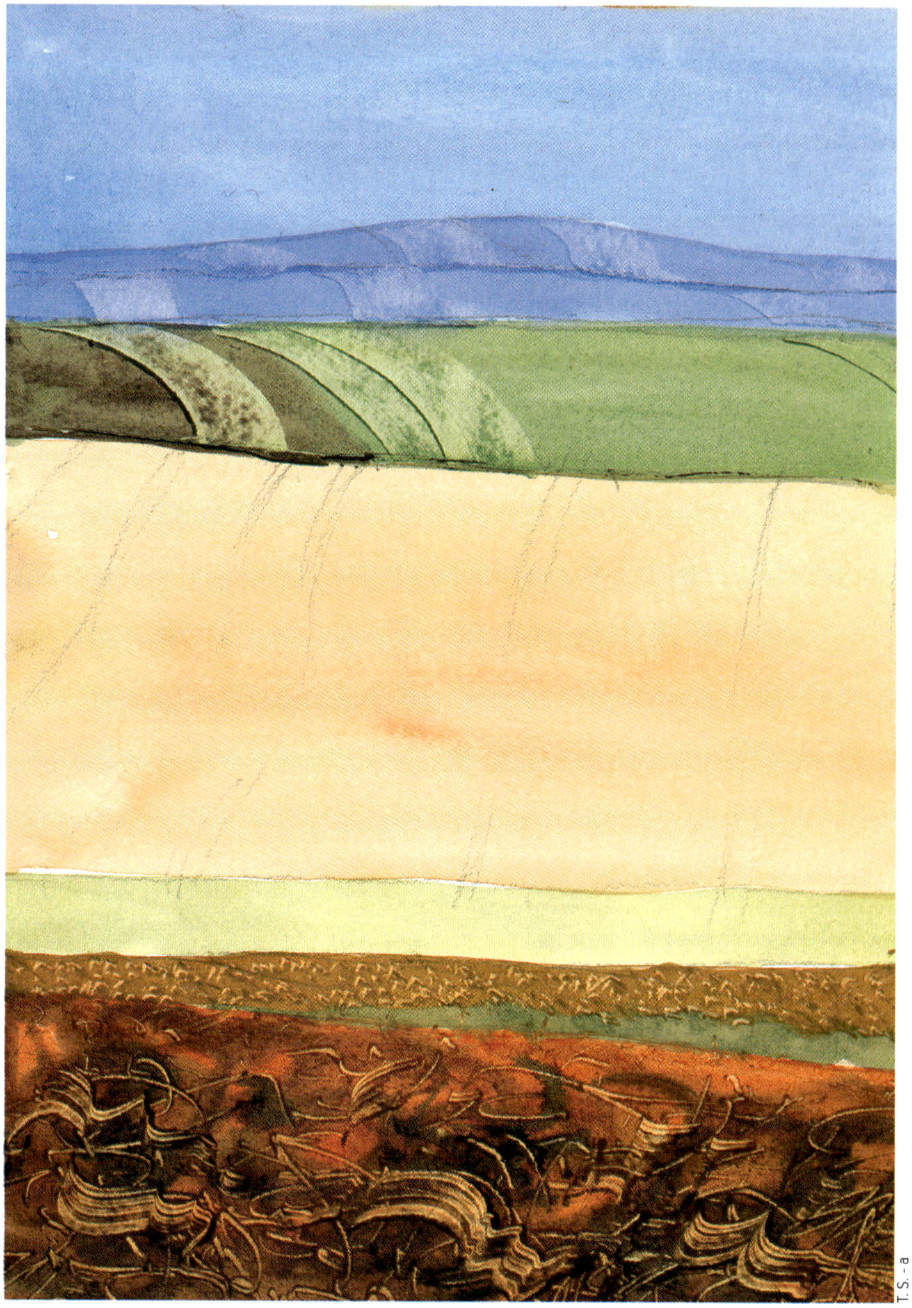

▲ Posez vos lavis de couleurs froides en un ou deux passages. Ces zones pas ou peu « travaillées » formeront un contraste avec les parties texturées.

Astuce

Un mélange normal (eau + aquarelle) s'incruste profondément dans le papier aquarelle, encore plus s'il est utilisé en technique humide.

Si vous ajoutez à cette préparation un adjuvant comme la gomme arabique, vous allez constater que le papier boit moins la peinture, car le liant, qui est le principal composant de cette gomme, l'en empêche.

Exploitez cette qualité en vue de travailler plus longuement la peinture et de retirer de la matière sans trop de problèmes quand vous procéderez à divers grattages et absorptions.

La réussite par l'expérience

Les effets que permettent les additifs sont variés et, pour certains, relativement aléatoires. Avant de les appliquer à une œuvre complexe, vous devez savoir, au moins approximativement, quel résultat vous allez obtenir. D'où l'importance d'expérimenter le maximum d'additifs et de garder en mémoire leurs effets. Si, pour vos essais, vous ne voulez pas utiliser de feuille vierge, servez-vous du verso de peintures que vous estimez « ratées », ou encore de chutes de papier.

4 : Le grattage

Cette partie centrale est peut-être la plus importante. Il s'agit de bien respecter les directions des lignes fuyantes lors du grattage. Comme d'habitude, appliquez votre teinte sur la surface et attendez le moment propice pour gratter la couleur.

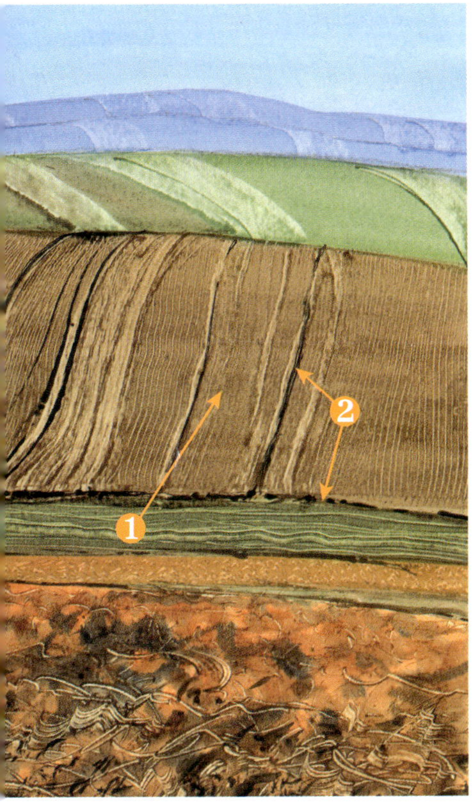

T.S. - b

❶ Ne grattez pas trop fort, pour ne pas abîmer la feuille et pour pouvoir procéder à d'éventuelles rectifications.
❷ Apportez toutes les retouches utiles à votre œuvre.

5 : Les finitions

Il vous reste à traiter les dernières surfaces, et à procéder à d'éventuels ajustements de teintes si nécessaire.
Recherchez les cassures de direction qui sont présentes dans le modèle et qui dirigent le regard vers l'horizon.

Bon à savoir

Utilisez un vieux peigne (à grosses dents) pour varier votre grattage. Cet ustensile singulier permet d'obtenir de belles lignes parallèles. Pour un travail plus aisé, cassez-en un bout de 3 à 4 cm environ.

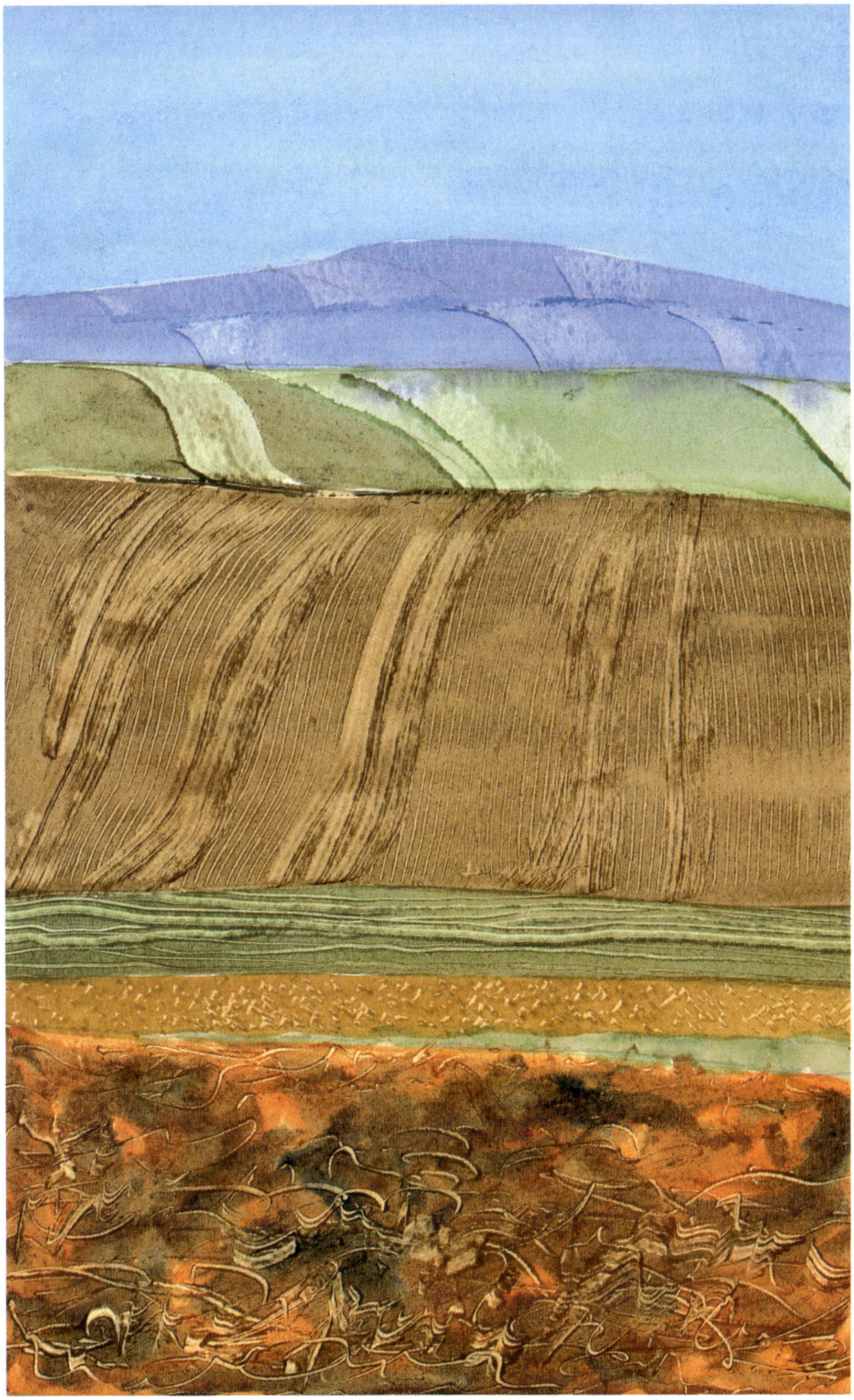

T.S. - c

▲ Pour rendre les champs verts de l'arrière-plan, vous pouvez étaler la couleur au moyen d'une spatule plate dans la direction définie. Attendez le moment propice, avant que la peinture ne soit tout à fait sèche (faites des essais).

La peinture à l'éponge

C'est un moyen amusant pour créer une variété de textures et d'effets. Les éponges permettent de s'exprimer plus librement en apportant une touche d'originalité à votre œuvre.

Leur utilité

Les éponges font partie du matériel indispensable à l'aquarelliste. Elles servent en tout premier lieu à humidifier les surfaces vierges et à tendre les feuilles sur une planchette en bois. L'éponge est aussi un excellent absorbant qui sert à enlever le trop-plein de peinture ou d'eau qui se trouve sur votre pinceau. Pour effacer des taches de couleur fraîche sur votre feuille, il suffit de les absorber avec une éponge préalablement rincée et imbibée d'eau. Utilisez une serviette en papier pour achever le séchage.

Les éponges naturelles

Elles ont une structure alvéolaire irrégulière qui permet d'obtenir des effets riches et variés. Choisissez les plus rugueuses, que vous pouvez découper en diverses formes de tailles différentes. Ensuite, faites des essais sur un papier brouillon pour tester vos échantillons. Voici quelques exemples d'effets que vous pouvez obtenir.

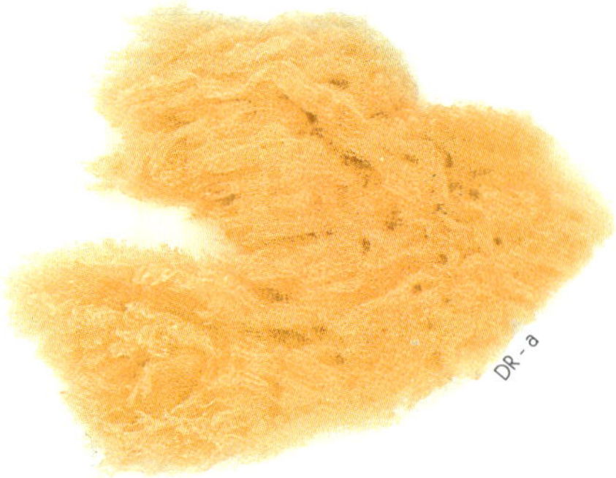
DR - a

▲ La structure alvéolaire irrégulière des éponges naturelles permet une grande richesse d'effets.

Théo Sauer - h

▲ Sur un fond humide

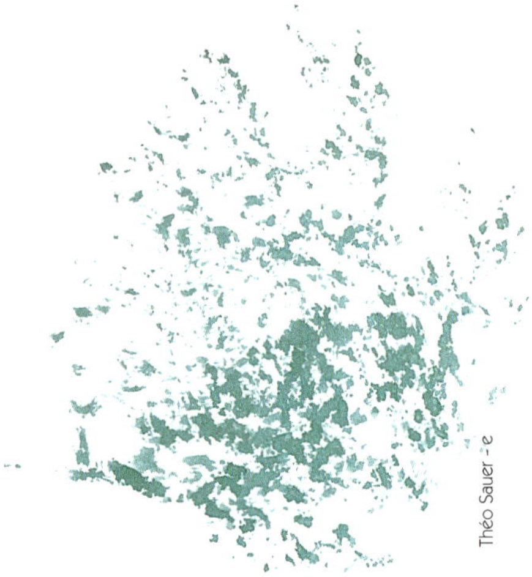
Théo Sauer - e

▲ Sur un fond sec, en exerçant une faible pression sur la feuille

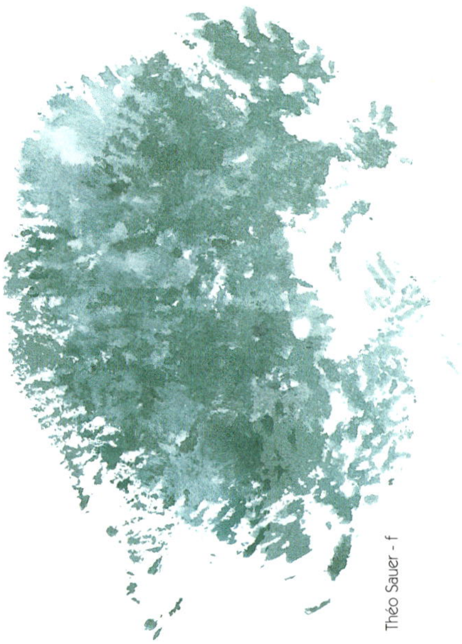
Théo Sauer - f

▲ Sur un fond sec, en appuyant plus fort sur le support

Théo Sauer - g

▲ Sur un fond sec, par des frottis assez légers

Les éponges synthétiques

Aucun problème pour les trouver, tellement il existe de choix dans le commerce ! Essayez de vous procurer plusieurs modèles de structures différentes (à structure fine, à structure moyenne, à grosse structure). D'autres modèles sont utilisés (éponge de démaquillage à structure très fine, etc.). Personnalisez les éponges selon vos besoins, donnez-leur des formes douces en découpant les coins, les angles saillants et vifs. Comme les éponges « pompent » beaucoup, fabriquez-en des petites pour éviter de gaspiller vos mélanges de couleurs. Le choix étant vaste, il est impossible de vous montrer tout ce qu'on peut réaliser avec ce type d'éponge. Nous avons donc sélectionné trois modèles représentatifs.

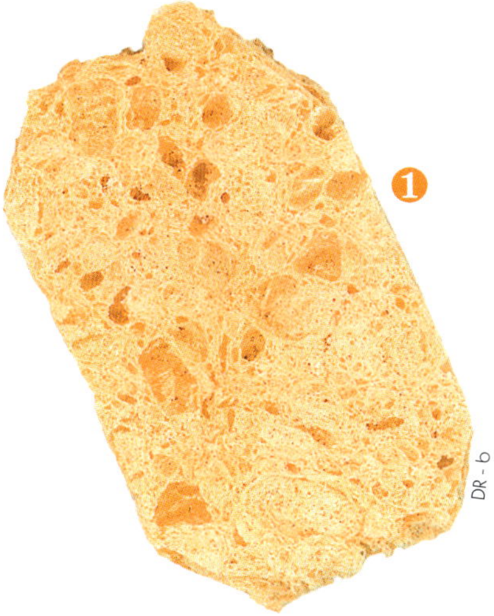

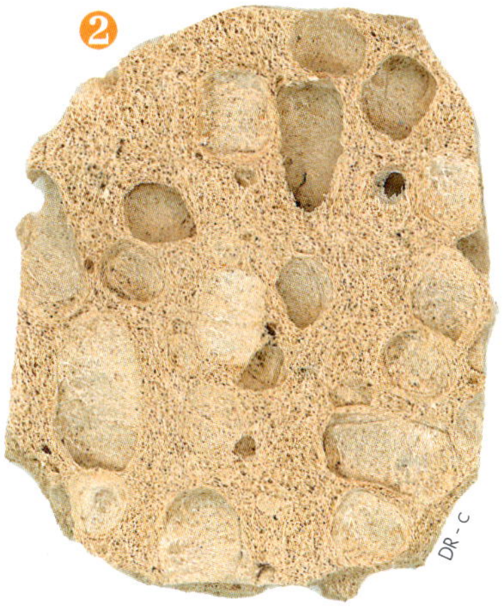

▲ Quelques exemples du vaste choix d'éponges synthétiques disponibles dans le commerce

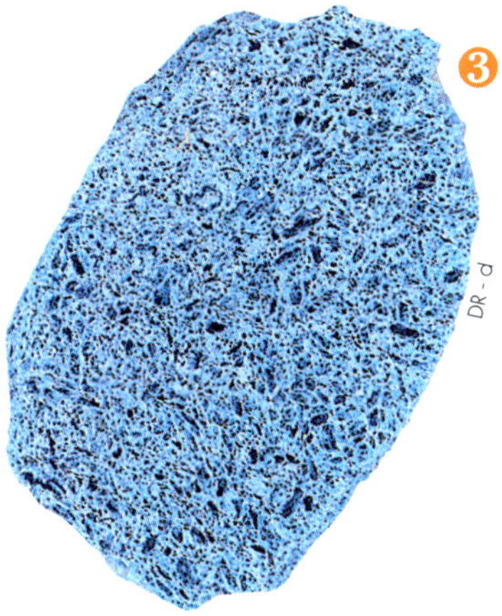

❶ Éponge à structure moyenne
❷ Éponge à grosse structure
❸ Éponge à structure fine

Astuce

En aquarelle, les éponges peuvent remplacer le traditionnel pinceau dans de nombreuses applications. Évitez les effets répétitifs qui peuvent alourdir vos sujets. Pour cela, pensez à faire des essais au préalable.

Conseil

Les éponges absorbent une grosse quantité de couleur. Pour éviter de gaspiller vos mélanges, fabriquez-vous des petites éponges, en fonction de vos besoins.

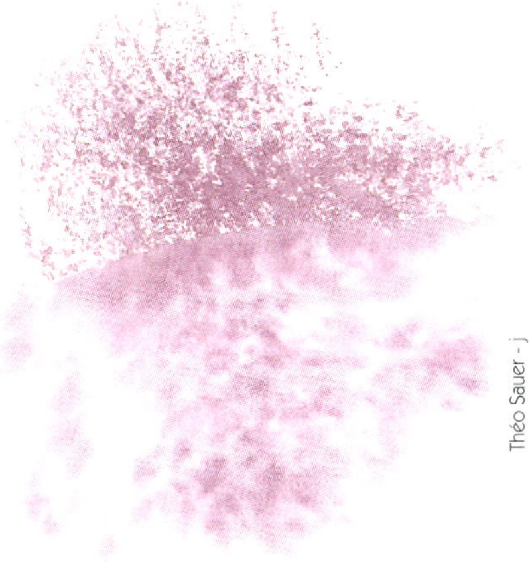

▲ Tamponnement réalisé à l'aide d'une éponge à structure fine (en haut, sur fond sec ; en bas, sur fond humide)

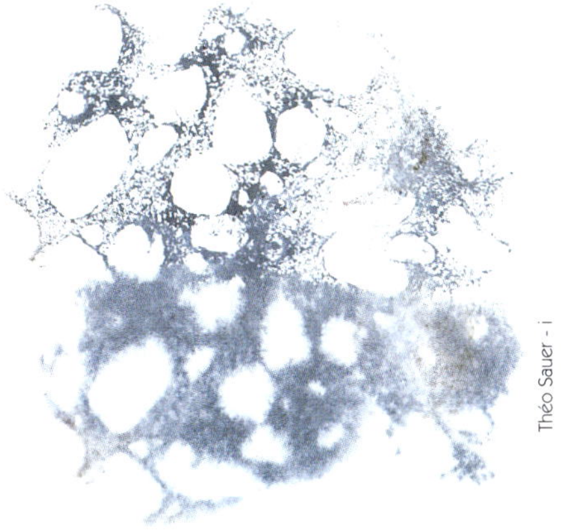

▲ Tamponnement réalisé à l'aide d'une éponge à grosse texture (en haut, sur fond sec ; en bas, sur fond humide)

▲ Tamponnement réalisé sur un fond sec à l'aide d'une éponge de démaquillage à texture très fine

Exercice

Les oranges et les citrons ont une peau rugueuse qui se prête à merveille à la technique de l'éponge.

Étape 1

Dessinez les formes des fruits au crayon sur du papier aquarelle, puis appliquez un léger jus de jaune et d'orange sur celles-ci. Laissez sécher.
Vous avez deux possibilités pour rendre le fond :

En technique humide

Humidifiez les surfaces avec un pinceau chargé d'eau pure. Déposez quelques gouttes de mélange coloré. Laissez diffuser.

En technique sèche

Travaillez avec un pinceau légèrement chargé de mélange coloré.
Appliquez les teintes en une seule couche, si possible. Les petits blancs qui peuvent se former spontanément sont les bienvenus. Placés vers le haut de vos formes, ils peuvent suggérer des reflets lumineux.

Étape 2

Indiquez les demi-tons par un deuxième lavis. Comme pour l'étape précédente, optez pour l'une des méthodes suivantes :

En technique humide

Humidifiez légèrement les surfaces à peindre avec un pinceau propre. Posez quelques touches colorées vers le bas de vos formes pour donner une impression de volume.

En technique sèche

Appliquez sans hésitation un deuxième jus vers le bas des fruits.

❶

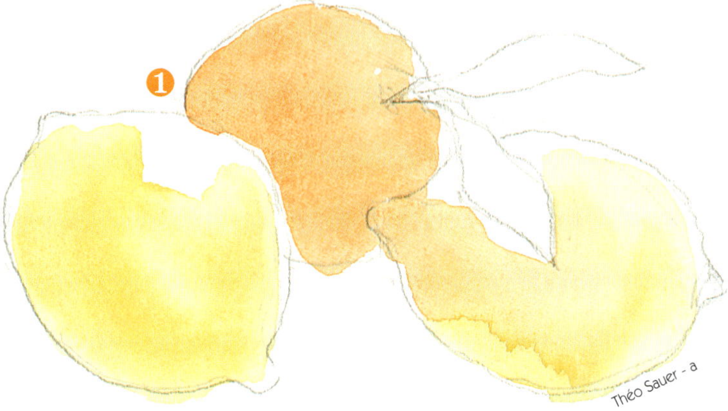

❷

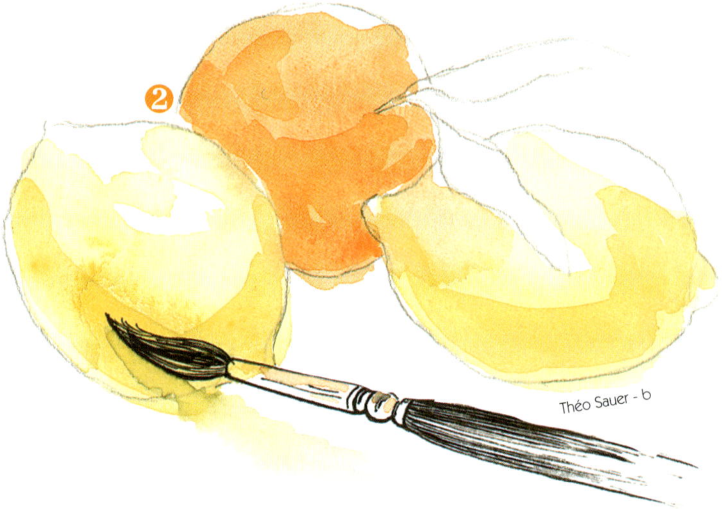

▲ En technique humide, utilisez des teintes plus fortes. Elles perdent de leur éclat en fusionnant avec le support humide. En technique sèche, les teintes sont plus fidèles. N'oubliez pas que, dans les deux cas, les teintes s'éclaircissent en séchant.

Bien utiliser l'éponge

Trempez votre éponge dans l'eau et essorez-la soigneusement. Versez une petite quantité de mélange coloré (couleur concentrée) sur une surface plane. Trempez l'éponge dans cette dilution, puis tamponnez la surface à peindre. Soulevez verticalement votre éponge pour éviter les bavures. Celles-ci se forment si vous donnez un mouvement de rotation à l'éponge. Souvent, un ou deux passages suffisent pour obtenir l'effet recherché.

Conseil

Pour éviter l'emploi de trop grandes quantités de peinture, découpez de petites éponges et chargez l'éponge uniquement en surface. Après utilisation, rincez votre éponge à l'eau savonneuse.

4

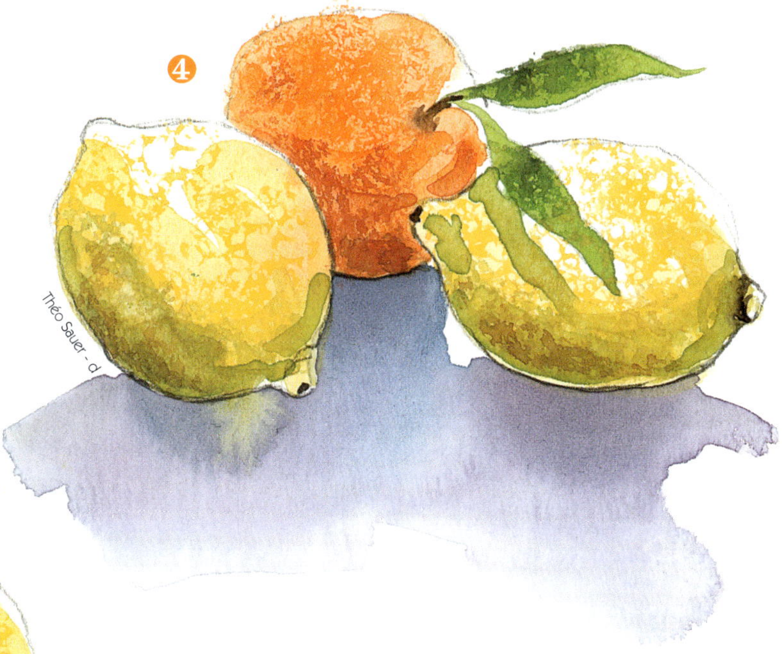

3

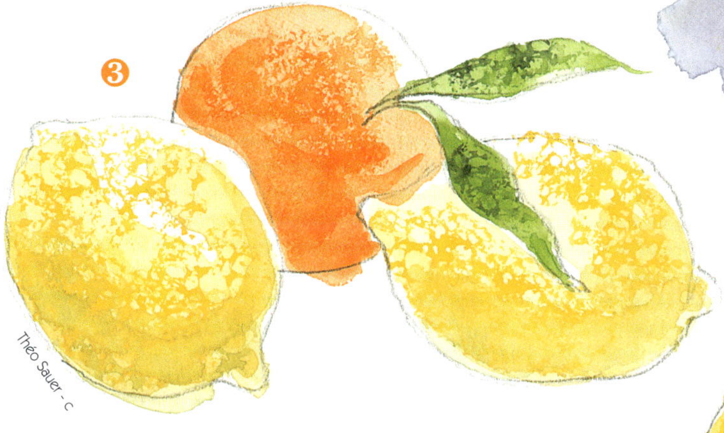

5

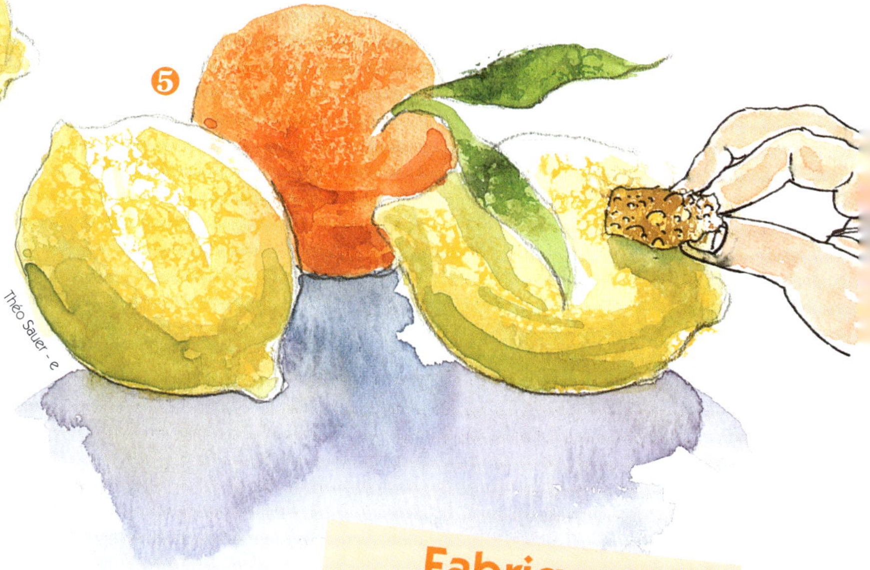

Étape 3

À ce stade, nous allons créer l'effet de matière grâce à l'éponge. Pour cela, nous allons fabriquer des caches qui nous permettront de ne tamponner que le fruit désiré et de protéger tous les autres.

Avec une éponge à structure moyenne, tamponnez délicatement les fruits avec des tonalités plus foncées. Commencez par les couleurs les plus claires (les citrons).

Laissez sécher. Puis posez le cache dévoilant la forme de l'orange et, à l'aide de l'éponge, tamponnez l'orange en insistant vers le bas. Comme les feuilles ont les valeurs les plus fortes, elles seront travaillées en dernier lieu.

Étape 4

Appliquez les ombres avec des lavis virant vers le vert pour les citrons, et vers le rouge orangé pour l'orange. Posez également les ombres portées avec des lavis de couleur froide pour équilibrer votre harmonie.

Étape 5

C'est l'étape des finitions : reprenez certaines zones pour renforcer les textures et petits détails qui donnent profondeur et volume.

Fabriquer des caches

Pour la réalisation de cet exercice, il est nécessaire de fabriquer trois caches. Le premier sert à tamponner les deux citrons, le deuxième dévoile la partie apparente de l'orange et le troisième sert à la réalisation de la surface des feuilles. Utilisez une chute de papier aquarelle épais.

Reproduisez les formes des fruits. Vous pouvez utiliser du papier-calque si vous ne vous sentez pas sûr de vous. Puis découpez les contours à l'aide d'un cutter, qui permet une découpe plus précise qu'avec des ciseaux.

Les couleurs

Aqua... l'élément eau

Légère, lumineuse, imprévisible... Ces qualités, qui font tout le charme de l'aquarelle, sont liées à sa composante essentielle : l'eau (*aqua*, en latin).

La transparence

L'utilisation de l'eau est omniprésente dans l'aquarelle. Elle est synonyme de transparence et de limpidité. Pour bien appréhender la notion de transparence, il est nécessaire de comprendre cette technique. La feuille blanche, généralement utilisée comme support, a une importance capitale car elle remplace la couleur blanche utilisée dans d'autres techniques, telles que la gouache, la peinture à l'huile, l'acrylique.

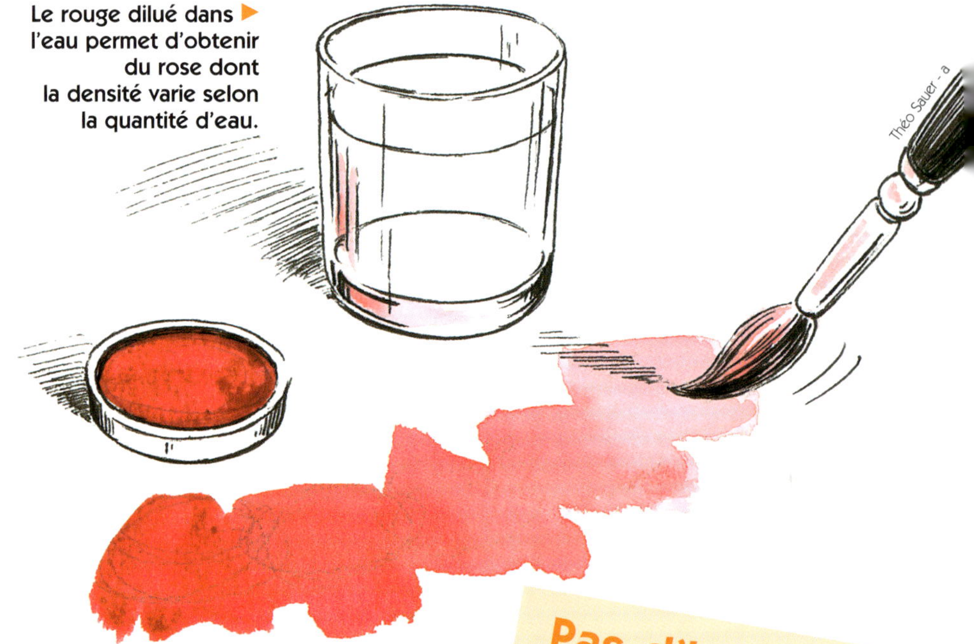

Le rouge dilué dans l'eau permet d'obtenir du rose dont la densité varie selon la quantité d'eau. ▶

Théo Sauer - a

Maîtriser le blanc

Plus la couleur est diluée avec de l'eau, plus elle laisse transparaître le blanc de la feuille : ce « mélange », que l'on peut qualifier d'optique, n'est en fait qu'illusion. Mais c'est lui qui nous procure cette impression de légèreté inégalée, cette qualité vibratoire. C'est là que réside le défi de l'aquarelle : c'est-à-dire maîtriser le blanc.

Cette transparence va donc modifier la couleur. Prenons l'exemple du rouge : si l'on ajoute de l'eau, il se transforme en rose. La densité de ce rose va alors varier avec la quantité d'eau ajoutée, ce qui permet de réaliser des dégradés subtils.

Papiers

Il existe une grande variété de papiers aquarelle (pur chiffon, satiné, grain torchon, grain fin...) et de grammages (de 180 à 850 g/m²) dans le commerce. Vous apprendrez rapidement à choisir le papier le plus adapté à votre projet. Sachez néanmoins que plus le grammage est élevé, plus le papier est épais et cher ; en outre, les papiers chiffons sont plus résistants que les autres mais aussi plus onéreux et plus difficiles à travailler lorsqu'on débute, car leur grain est très prononcé.

Pas d'hésitation

En aquarelle, votre main doit diriger votre pinceau de la manière la plus sûre possible pour donner un effet très naturel.

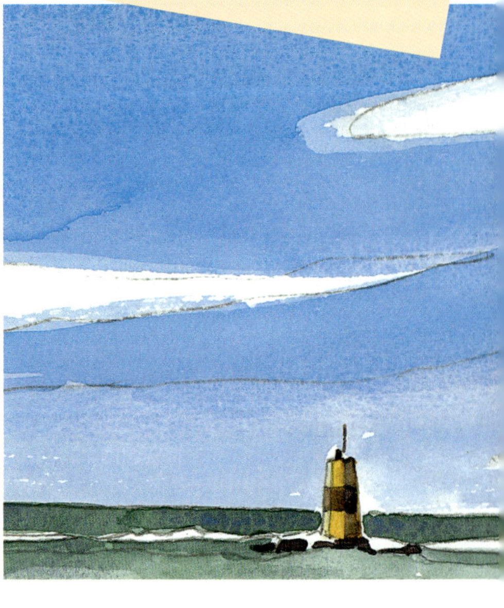

Dans ce ciel, les nuages sont suggérés par le blanc du papier. Remarquez aussi que vous obtenez un ciel plus ou moins dense grâce à un bleu plus ou moins dilué. C'est le mélange optique de la couleur et du blanc du papier. ▶

Théo Sauer - b

Bien utiliser ses couleurs

À présent, vous allez tester les effets de la dilution d'une couleur avec l'eau et découvrir la richesse des tonalités d'une gamme.

Le matériel de base

- des couleurs : godets ou tubes ;
- 1 palette à godets ;
- 1 pinceau moyen : n° 6 à n° 10 ;
- 1 gros pinceau : n° 16 à n° 20 ;
- 2 récipients d'eau ;
- du papier pour aquarelle ;
- du papier absorbant ;
- des feuilles blanches pour procéder à des essais

Préparer la couleur

Mouillez votre pinceau dans un récipient d'eau pure et déposez-le sur une pastille de couleur. Mélangez. Plus vous insisterez, plus il se chargera de couleur.
Déposez le mélange ainsi obtenu dans un des godets de la palette. Répétez l'opération si vous en désirez une plus grande quantité.

Éclaircir…

Pour éclaircir une couleur, il suffit d'ajouter de l'eau.
Testez toujours vos couleurs sur une feuille blanche. Rincez bien votre pinceau dans l'autre récipient prévu à cet effet.
Recommencez l'opération avec une autre couleur.
Avec deux couleurs, vous pouvez créer toute une série de tons intermédiaires. Procédez par tâtonnements et toujours avec de petites quantités de couleur.

L'eau

Ayez toujours de l'eau propre à portée de pinceau. Cela vous permettra d'éviter les mélanges malencontreux dans les godets ou d'altérer votre mélange avec un résidu de couleur dont votre pinceau était chargé. Deux récipients pour l'eau sont donc tout indiqués.

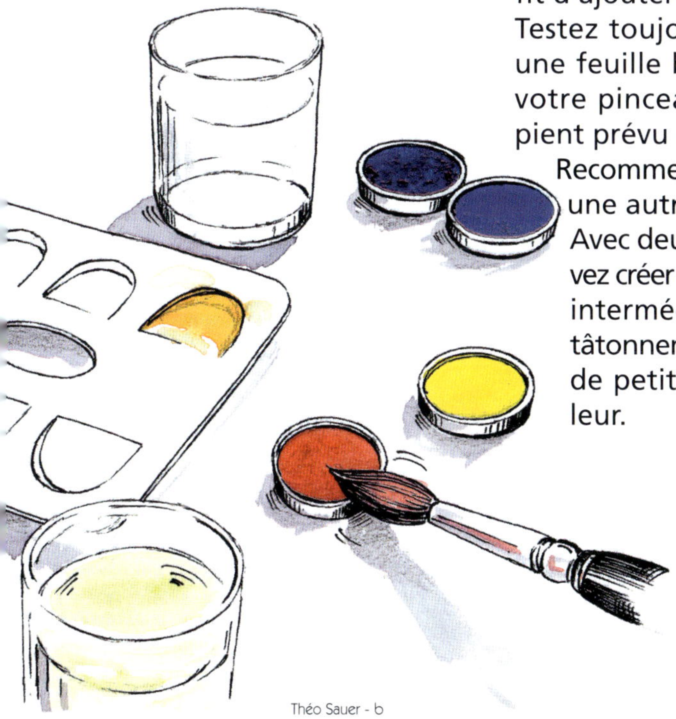

Théo Sauer - b

◀ Voici les éléments de base pour réussir votre aquarelle : une palette, deux récipients d'eau, des couleurs et un pinceau…

Théo Sauer - d

▲ Les tons intermédiaires entre le rouge et le jaune passent par l'orange, du plus soutenu au plus clair.

Les couleurs complémentaires

Les couleurs complémentaires fonctionnent par paires. Il est facile de les repérer sur le cercle chromatique, car elles sont diamétralement opposées.

Le principe

Chaque couleur primaire a une couleur complémentaire sur le cercle chromatique, qui se trouve située à l'opposé.

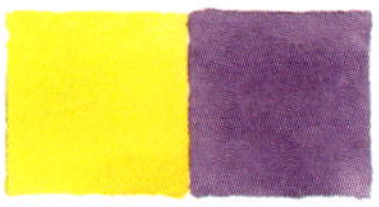

▲ **Le jaune est opposé au violet.**

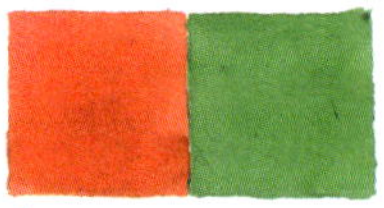

▲ **La couleur complémentaire du rouge est le vert.**

La complémentaire du bleu est l'orange. ▶

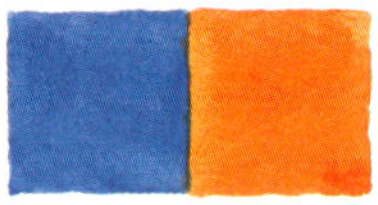

T. Sauer - a, b, c

Le principe est le même pour toutes les couleurs intermédiaires, dans la mesure où l'on arrive à les situer dans la roue.
Pour comprendre le principe, il est important de connaître le fonctionnement de l'œil humain. Quand vous fixez une couleur, votre œil, par une illusion d'optique, voit aussi sa complémentaire. Nous allons le démontrer par des exemples.
Fixez attentivement la couleur pendant 30 secondes.
Aussitôt, regardez votre feuille blanche juste à côté et vous verrez apparaître une sorte d'ombre de la couleur de sa complémentaire.

Théo Sauer - d

▲ **Après quelques secondes d'observation, vous verrez une ombre violette, couleur complémentaire du jaune, apparaître sur le blanc de la feuille.**

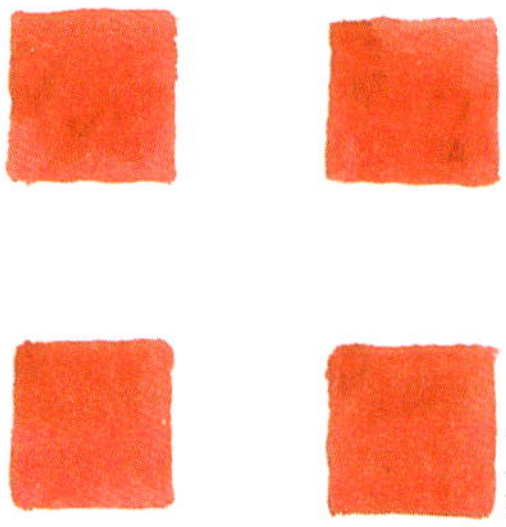

Théo Sauer - e

▲ **L'ombre reportée sera verte, le vert étant la complémentaire du rouge.**

Notez la fidélité de la forme ou des formes ainsi projetées.

La pratique

En pratique, cela veut dire que si deux ou plusieurs couleurs complémentaires se trouvent « côte à côte », elles vont attirer le regard et « vibrer » davantage. L'œil percevra les couleurs de façon parfaite. Revenons à notre premier exemple : fixez attentivement pendant 30 secondes le croquis associant le carré rouge au carré vert. Regardez bien au milieu, de façon que l'œil gauche se pose sur la couleur rouge et l'œil droit sur le vert. Après ce laps de temps, observez la feuille blanche d'à côté. Vous verrez les deux couleurs inversées. En revanche, si votre œil gauche (celui qui a fixé le rouge) se pose sur le vert, celui-ci paraîtra beaucoup plus lumineux (idem pour l'œil droit sur le rouge).
Tentons une autre expérience en observant les deux carrés ci-dessous. Au premier coup d'œil, nous remarquons que le premier jaune paraît plus lumineux. Pourtant, ce sont exactement les mêmes. Le premier carré jaune est entouré par du violet (complémentaire), le second par une teinte voisine.

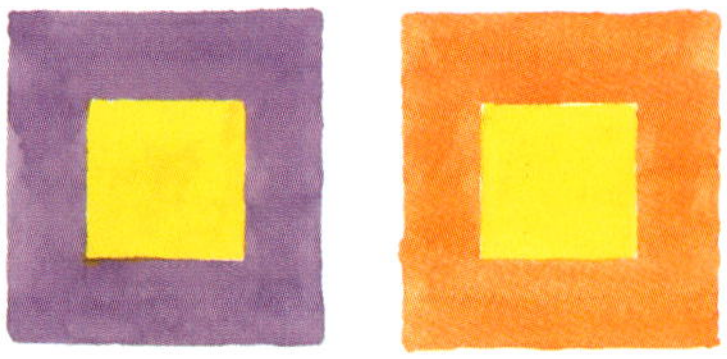

Théo Sauer - f

▲ **Dans un environnement violet, sa couleur complémentaire, le jaune paraîtra plus lumineux que s'il est entouré par une autre couleur.**

Bon à savoir

Lorsqu'une couleur est placée à côté de sa complémentaire, elle devient plus intense, plus lumineuse. L'utilisation de cette règle permet littéralement de vitaliser vos couleurs et d'harmoniser votre peinture.

Mise en application

L'exemple suivant nous permettra de mettre en pratique les concepts abordés précédemment.

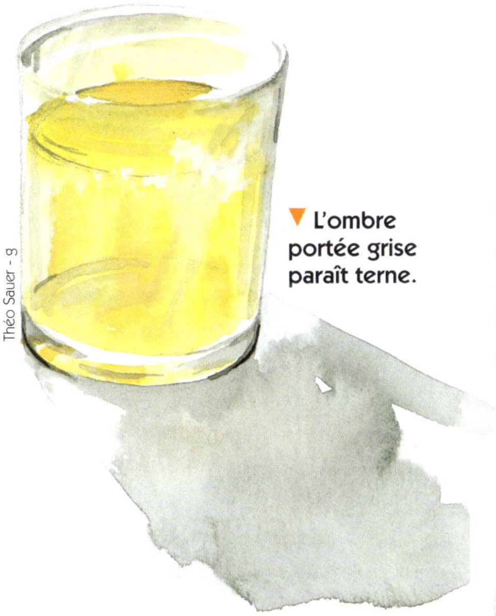

▼ **L'ombre portée grise paraît terne.**

Observons le sujet : un verre rempli d'un mélange coloré jaune. Fixons le jaune avec attention : l'ombre proche, qui est un gris (noir et blanc), prendra un aspect violacé.
Cependant, cette ombre, qui est un élément très important de la composition, nous paraît terne. C'est là que nos couleurs complémentaires vont entrer en action. Utilisons-les et nous serons surpris par « l'impression de vie » que dégagera notre image.

En résumé

- Les couleurs complémentaires utilisées en opposition donnent force et vigueur à votre tableau.
- Mélangées, elles se neutralisent et deviennent des gris beaucoup plus subtils que ceux obtenus avec le noir.

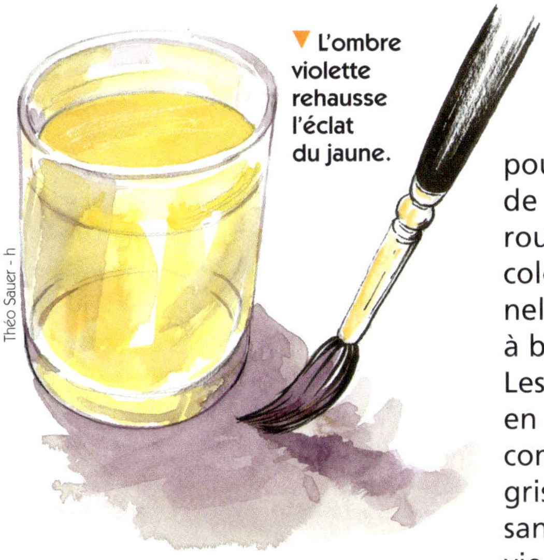

▼ **L'ombre violette rehausse l'éclat du jaune.**

Ici, du violet, complémentaire du jaune, a été utilisé pour figurer l'ombre, à la place du gris. Le jaune paraît plus éclatant, la composition a pris du relief.

Les gris colorés

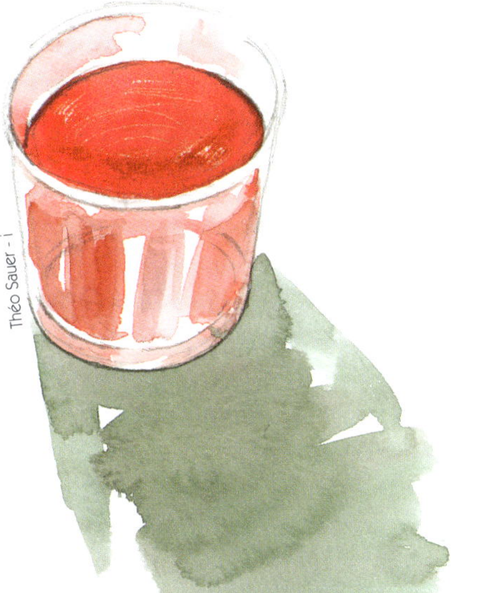

▲ **Le gris coloré de l'ombre portée, obtenu à partir d'un mélange de vert et de rouge, est beaucoup plus chaleureux qu'un gris obtenu à partir d'un mélange de blanc et de noir.**

Dans l'exemple, le verre rempli de liquide rouge et son ombre projetée obéissent au même principe de complémentarité. Mais, dans ce cas précis, il est déconseillé d'utiliser un vert pur pour l'ombre. Il est préférable de mélanger du vert et du rouge. Nous obtenons un gris coloré, beaucoup plus personnel et chaud qu'un gris obtenu à base de noir.
Les gris colorés sont fabriqués en mélangeant deux couleurs complémentaires. Ce sont des gris très « sympas », à utiliser sans modération pour donner vie et caractère à votre œuvre.

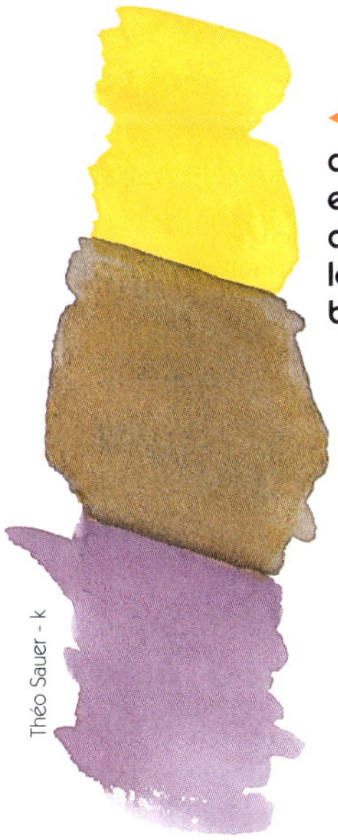

◀ **Le mélange du jaune et du violet donne un gris légèrement brun.**

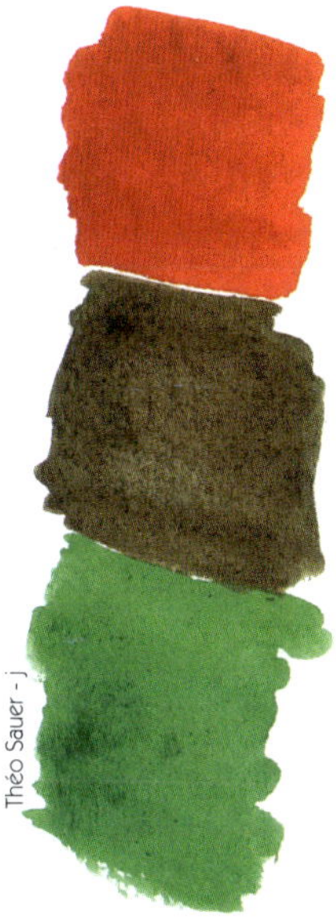

▲ **Ce gris est obtenu par mélange de rouge et de vert.**

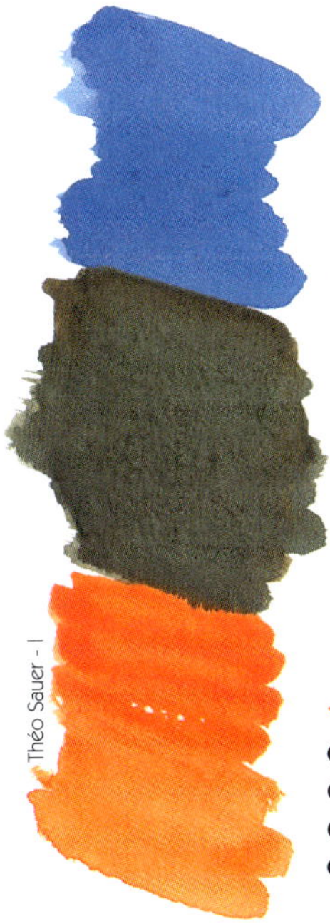

◀ **Ce gris est issu du mélange de bleu et d'orange.**

Le cercle chromatique complet

Poursuivons notre tour d'horizon des couleurs en complétant le cercle chromatique par des sous-groupes très utiles au fonctionnement de vos mélanges.

Observez tout d'abord des exemples qui opposent couleurs primaires et couleurs secondaires. Chaque teinte (primaire à gauche, secondaire à droite) est dégradée avec de l'eau, puis neutralisée avec une pointe de couleur complémentaire.

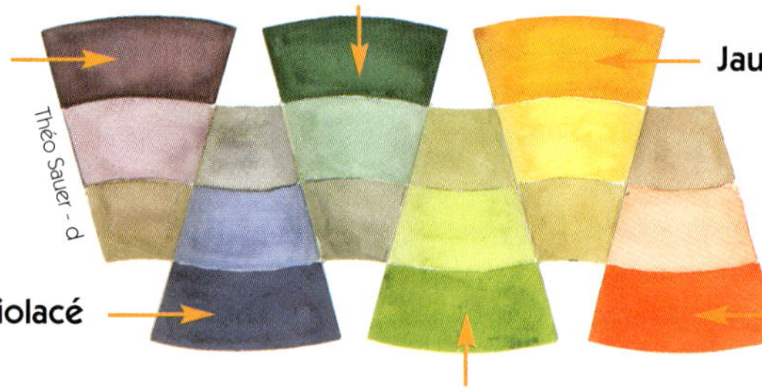

◄ Les couleurs tertiaires forment une belle famille.

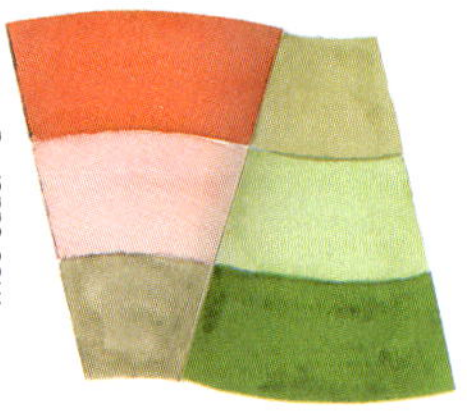

◄ Le rouge est opposé au vert.

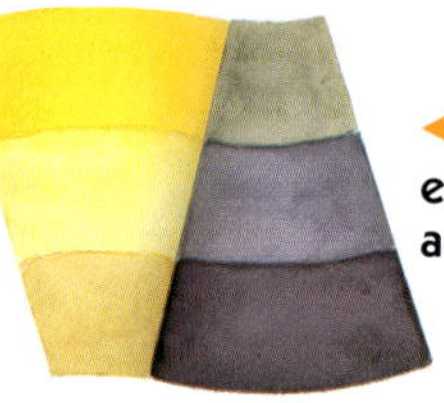

◄ Le jaune est opposé au violet.

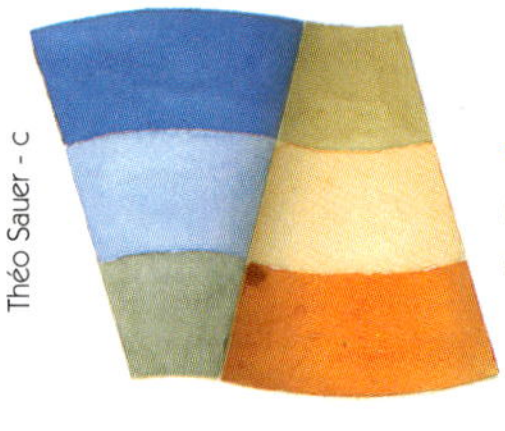

◄ Le bleu est opposé à l'orange.

Le même traitement a été appliqué aux couleurs tertiaires (en haut à droite), à la fois subtiles et colorées. Elles sont d'autant plus appréciées par les artistes qu'elles se rapprochent des teintes naturelles.

Préparez la « roue »

Voici comment vous devez procéder pour réaliser votre « roue », ou cercle chromatique. Choisissez une couleur (l'orange par exemple) ainsi que sa complémentaire (le bleu). Préparez vos deux teintes dans des godets séparés. Utilisez un pinceau pour chaque couleur.

Appliquez les deux couleurs pures opposées, puis dégradez une à une les teintes avec de l'eau. Neutralisez chacun des deux dégradés avec une pointe de la couleur complémentaire (qui se trouve alors sur l'autre pinceau). Pour chaque paire de couleurs complémentaires, procédez de la même manière. Petit à petit, vous construirez votre cercle chromatique complet.

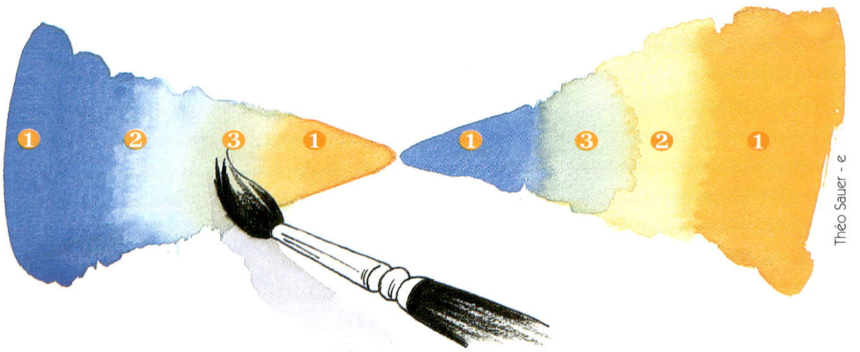

❶ Travaillez avec deux pinceaux simultanément. Posez les deux bleus et les deux oranges.
❷ En ajoutant de l'eau pure à chacune des teintes, vous obtenez un dégradé.
❸ Dans ce même dégradé, une petite touche de la couleur complémentaire fait naître un gris coloré.

Construisez le cercle chromatique

Construisez une roue en partageant un cercle en douze parties égales. Plusieurs cercles concentriques vont servir à votre réalisation.

Les couleurs que vous allez utiliser sont celles qui, dans votre palette, se rapprochent le plus des couleurs primaires : le rouge carmin (proche de la primaire, le magenta), le bleu de cobalt (proche du cyan) et le jaune citron (plus proche de la primaire que le jaune indien).

- **Le cercle extérieur** se compose des couleurs les plus pures (saturées).
- **Le deuxième cercle** comporte les mêmes teintes éclaircies avec du blanc (couleurs dégradées). Dans l'aquarelle, on n'utilise pas de blanc. Celui-ci est remplacé par l'eau, qui, ajoutée à la couleur, laisse transparaître le blanc de la feuille.
- **Le troisième cercle** est obtenu à partir du mélange des couleurs complémentaires, dégradées, comme expliqué précédemment.
On obtient les gris colorés, des couleurs neutres, encore appelées « couleurs rompues », utilisées pour peindre les fonds, les ombres et, de manière générale, mettre en valeur les tons purs qui leur sont juxtaposés.
- **Le quatrième cercle** est opposé au premier et permet de visualiser les couleurs primaires (jaune citron, bleu de cobalt et rouge carmin), les couleurs secondaires (violet, orange et vert) et les couleurs tertiaires.

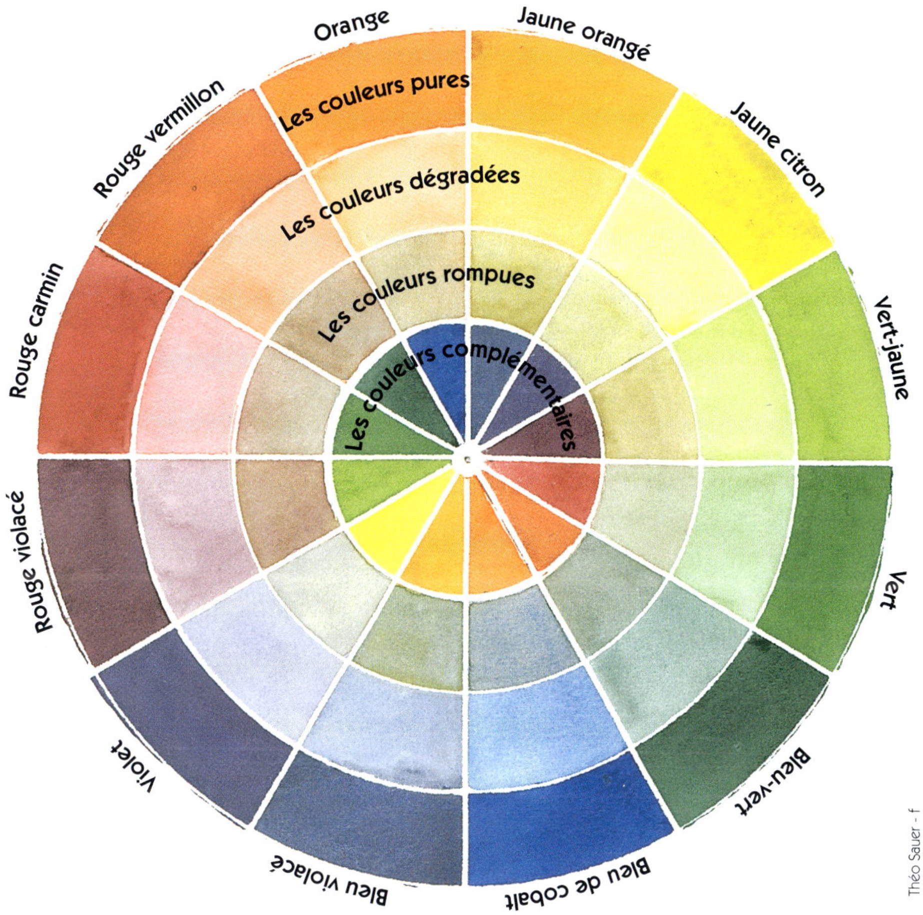

Théo Sauer - f

▲ Voici la roue complète. Chaque quartier de cercle vous donne une excellente vision de la couleur, du dégradé, de la complémentaire et du gris coloré issu du mélange des deux couleurs opposées (couleur + complémentaire).

Petit glossaire illustré

Couleur dégradée : une couleur est dégradée lorsqu'elle est éclaircie avec du blanc. On dit aussi qu'elle est désaturée.

Une couleur dégradée

Théo Sauer - g

Couleur rabattue : à l'inverse, si on ajoute du noir à une couleur, on la fonce considérablement. On dit alors que cette dernière est rabattue.

Une couleur rabattue

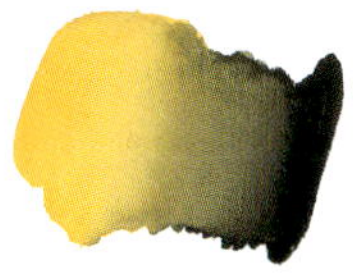

Théo Sauer - h

Couleur rompue : quand on mélange une couleur avec sa complémentaire, on dit qu'elle est rompue. Une couleur rompue est un **gris coloré** (dans la mesure où l'on utilise le mélange à proportions égales de la couleur pure et de sa complémentaire).

Une couleur rompue

Théo Sauer - i

Les gris colorés

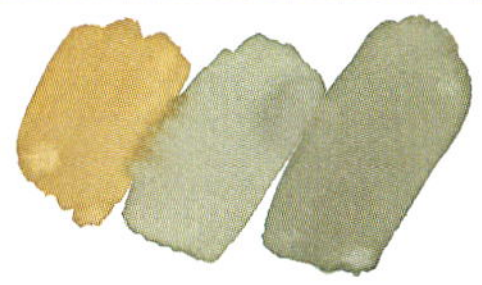

Théo Sauer - j

Transparence et opacité des couleurs

La principale caractéristique de l'aquarelle, c'est sa transparence. Diluée avec un peu d'eau, elle devient semi-transparente, voire opaque.

Certains pigments, contrairement à d'autres, possèdent un fort pouvoir couvrant. Lorsque vous appliquez une couleur opaque, cette dernière a tendance à dominer et à cacher celle du dessous. En revanche, si vous ajoutez une teinte transparente, le mélange optique est plus intéressant.

Tester l'opacité des couleurs

Cette notion est importante, dans la mesure où l'on travaille par superpositions (en technique sèche). Il vous sera utile de connaître le pouvoir couvrant de vos couleurs, afin de les utiliser dans les meilleures conditions. Pour évaluer la transparence et l'opacité de vos couleurs, il suffit de les superposer au noir. Les teintes qui sont transparentes, car le noir prédomine sont : le bleu outremer, le bleu de Prusse, le violet et le bleuâtre. Viennent ensuite les teintes plus opaques, classées par ordre décroissant : la terre d'ombre naturelle, le bleu de cobalt, le rouge vermillon, le jaune indien, le jaune citron, la terre de Sienne brûlée, le rouge carmin et le vert émeraude mat.

▲ Le bleu de Prusse, en haut, et le bleu outremer, au milieu, sont plus transparents que le bleu de cobalt, en bas, qui recouvre le noir.

▲ Le vert émeraude mat, en haut, est moins opaque que les jaunes indien et citron, au milieu et en bas.

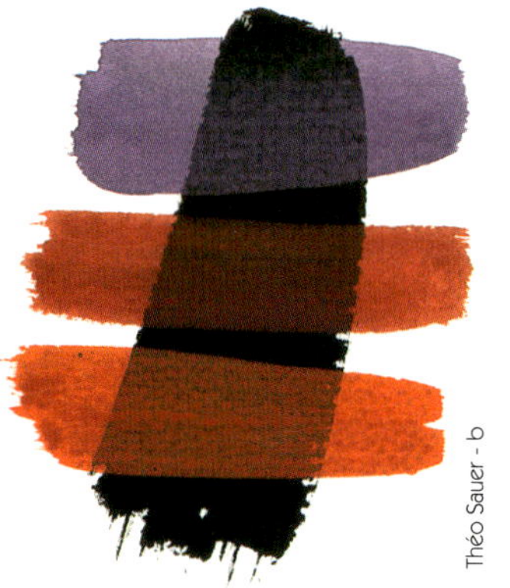

▲ Le violet, en haut, est plus transparent que les rouges carmin et vermillon, qui couvrent davantage le noir.

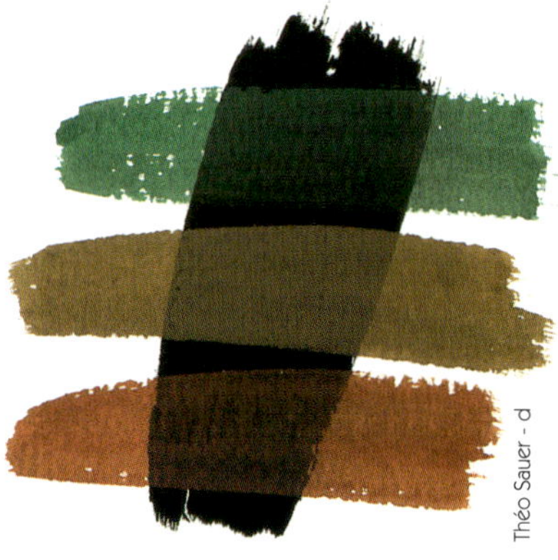

▲ La terre d'ombre naturelle, au milieu, est plus opaque que le vert bleuâtre, en haut, et que la terre de Sienne brûlée, en bas.

Bon à savoir

Chaque marque possède sa propre recette de fabrication, ce qui modifie les propriétés de chaque couleur. Certains adjuvants contribuent à augmenter l'effet de transparence (glycérine, gomme arabique, miel).

Dans quel ordre les superposer ?

Voici une question que l'on peut se poser : si on utilise deux couleurs, laquelle des deux faut-il appliquer en premier ?

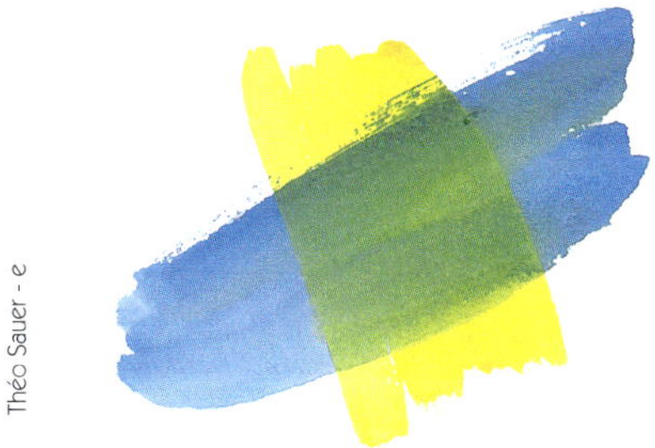

▲ Bleu sur jaune : le bleu domine.

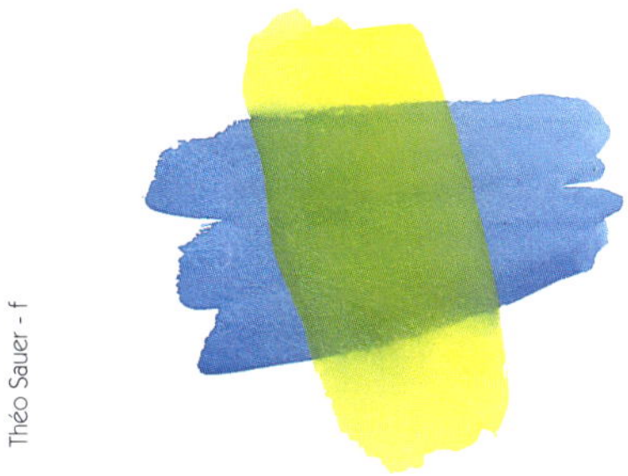

▲ Jaune sur bleu : le jaune couvre le bleu.

▲ Terre d'ombre naturelle sur violet : la terre d'ombre couvre et empêche le violet de transparaître.

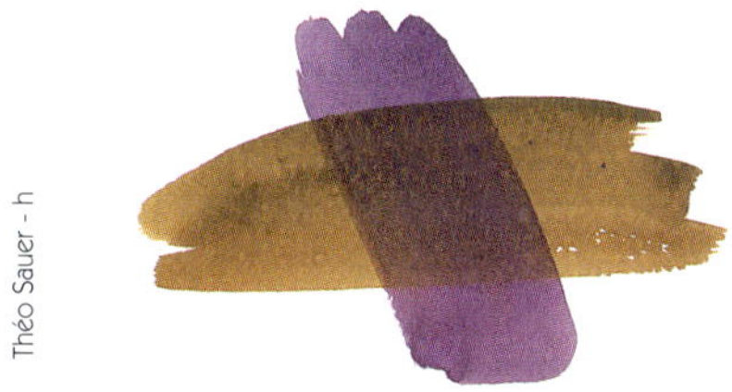

▲ Violet sur terre d'ombre naturelle : le mélange optique fonctionne parfaitement.

- Dans le cas où deux couleurs possèdent le même pouvoir couvrant, la teinte posée en dernier ressort davantage.
- Dans le cas où une couleur est transparente et l'autre opaque, la plus couvrante « mange » l'autre si elle est posée en second.

D'ores et déjà, vous pouvez constater que les couleurs claires ne sont pas les plus transparentes. C'est particulièrement vrai pour les jaunes et pour la terre d'ombre, qui est un ocre. Cette dernière est la teinte la plus couvrante de votre gamme.

Quatre règles essentielles

Dans un mélange de deux couleurs, il faut tenir compte de plusieurs facteurs.

- Les couleurs foncées sont plus fortes que les couleurs claires.

En effet, si vous ajoutez une pointe de jaune dans un bleu de Prusse, celui-ci ne sera que faiblement influencé. Inversement, une petite touche de bleu dans le jaune transformera considérablement la teinte.

- Une couleur fortement saturée possède un grand pouvoir colorant.
- La qualité du pigment peut également jouer un rôle non négligeable. Généralement, pour mettre en œuvre une couleur extrafine, il suffit de peu d'eau pour obtenir une bonne densité de coloris. Avec un matériau de mauvaise qualité, il faut diluer beaucoup de couleur pour obtenir la même teinte.
- L'opacité est le quatrième point important. Comme vous avez pu le constater dans les précédents exemples, une couleur claire mais opaque peut en « étouffer » une autre de plus forte densité.

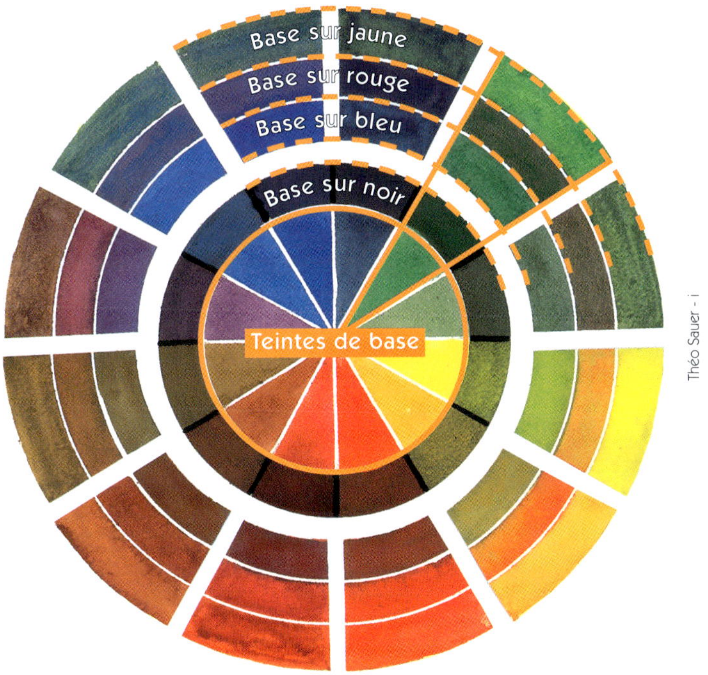

▲ Voici une roue réalisée avec les douze couleurs. Les teintes d'origine se trouvent au centre de la roue. Elles couvrent successivement une bande noire, bleu de cobalt, rouge carmin et jaune citron. La dilution sera faible pour permettre le maximum d'efficacité.

Mélanges et superpositions

Pour mélanger les couleurs, vous pouvez préparer les mélanges à l'avance, dans les godets de la palette, ou superposer les teintes directement sur le papier.

Mélanges en godets

Préparez des mélanges colorés avec les trois couleurs primaires : le rouge, le bleu, le jaune.
Prenez un peu de peinture jaune, déposez-la dans un godet vide. Prenez la même proportion de rouge, ajoutez-le au jaune. Mélangez. N'oubliez pas de rincer votre pinceau entre deux opérations.

Recommencez avec le jaune et le bleu, et enfin avec le rouge et le bleu.
Vous avez créé trois nouvelles teintes : orange, vert et violet. Ce sont les couleurs secondaires.

Vocabulaire

Couleur primaire : couleur ne pouvant être obtenue par le mélange d'autres couleurs. Il y en a trois : ce sont le rouge, le bleu et le jaune.
Couleur secondaire : couleur obtenue à partir du mélange de deux couleursprimaires : ce sont l'orange, le vert et le violet.

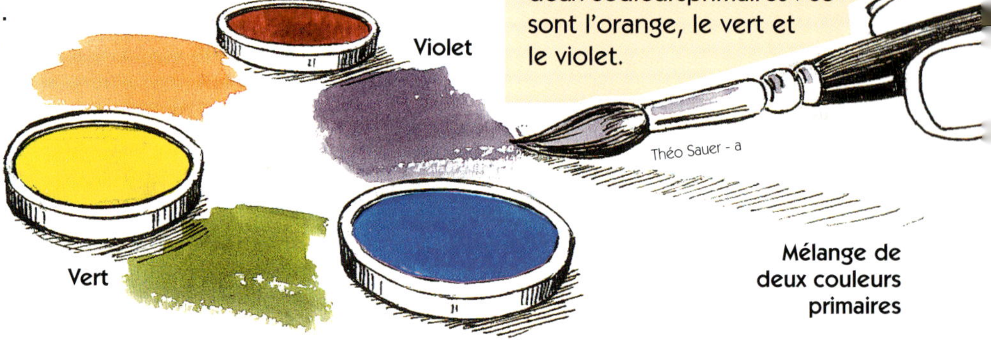

Mélange de deux couleurs primaires

Pourquoi incliner la feuille ?

Il est conseillé, lorsque vous travaillez, d'incliner légérement la feuille. Cette manipulation permet à votre teinte de se répartir régulièrement, évite que certaines zones ne soient plus mouillées que d'autres, et empêche la formation de taches dues à une accumulation de mélange coloré sur certains endroits non contrôlables (creux formés par le papier qui gondole, par exemple).

Remarque

Les réactions sont variables en fonction des couleurs et des pigments utilisés.

Les cernes indésirables

Essayons de comprendre comment se forment les cernes ou autres taches indésirables. À cette fin, nous allons utiliser un mélange bleu-vert obtenu à partir de bleu et d'une pointe de jaune bien dilué (ou un mélange approchant). La feuille est posée bien à l'horizontale. Procédons à des essais avec le pinceau plus ou moins chargé de mélange coloré.

Dans les parties qui sèchent lentement, le bleu a l'air de prendre le dessus en chassant le jaune.

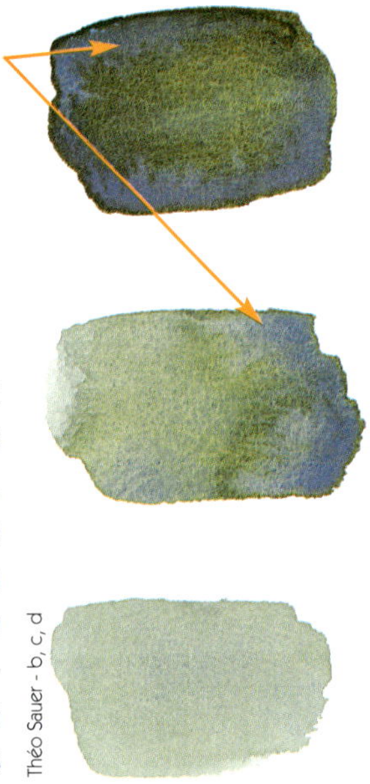

◄ Pinceau gorgé de mélange : les pigments ont tendance à se concentrer sur les bords et forment un contour (cerne).

◄ Pinceau moyennement chargé : le résultat n'est pas uniforme car le séchage n'est pas régulier.

◄ Pinceau peu chargé : l'effet est parfaitement maîtrisé, le séchage est rapide et régulier.

Les couleurs superposées

À cause de la transparence des couleurs, il est impossible de recouvrir une couleur par une autre. En revanche, la superposition de deux couleurs va créer un mé-lange optique qui donnera naissance à une nouvelle couleur.
Le fait de superposer une troisième couleur sur le premier mélange obtenu ne fera qu'assombrir celui-ci, même si la dernière couleur est plus claire.

▼ Du bleu sur du jaune donne du vert.

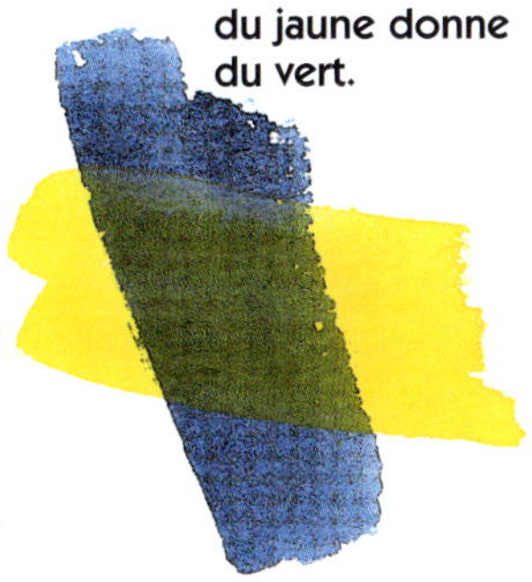

▼ Du bleu sur du rouge donne du violet.

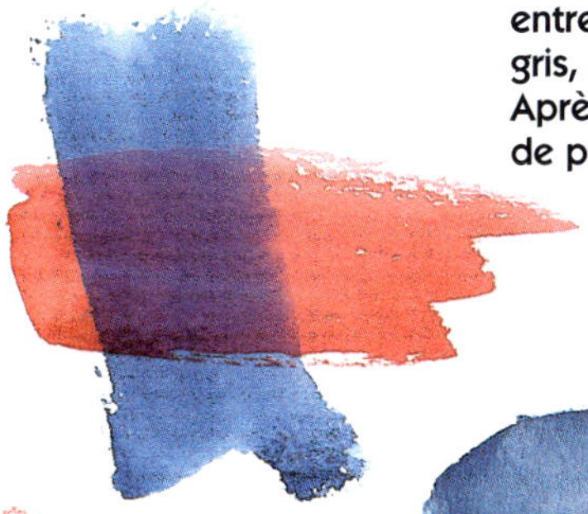

▼ Avec une troisième couleur, vous n'obtenez plus une couleur pure, mais vous entrez dans la gamme des gris, bruns, ocres, etc. Après, tout est question de proportions.

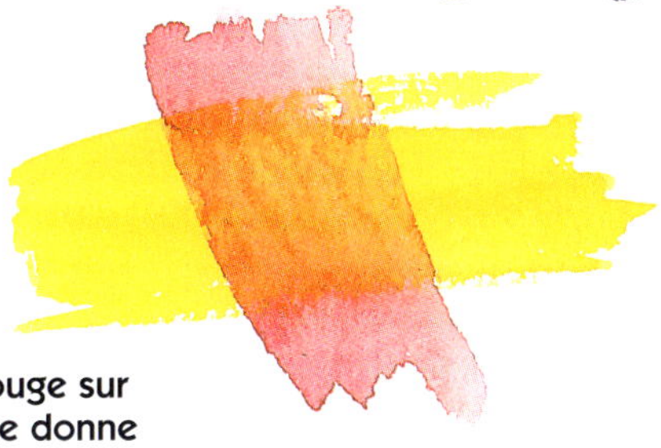

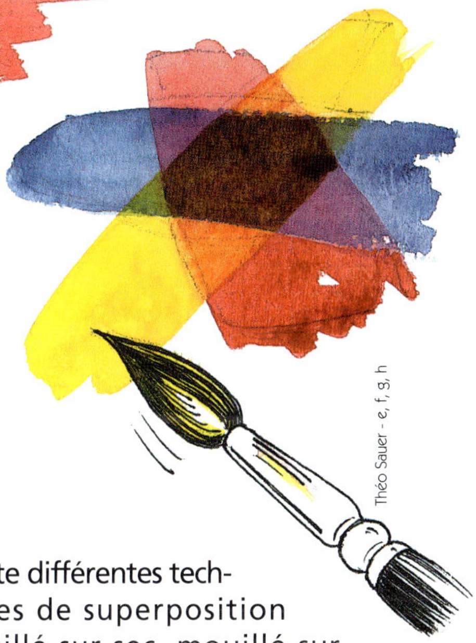

▲ Du rouge sur du jaune donne de l'orange.

Théo Sauer - e, f, g, h

Conseil

Pour superposer une couleur à une autre, il faut essayer de l'appliquer rapidement, sans insister, de façon à éviter le mélange des deux teintes. Attention ! Ne repassez jamais le pinceau deux fois sur la même surface.

Pour bien comprendre le principe, entraînez-vous sur une feuille blanche et laissez sécher entre deux étapes.

Il existe différentes techniques de superposition (mouillé sur sec, mouillé sur mouillé...)

Comment tenir votre pinceau

Pour réaliser des petites surfaces et des détails

Tenez votre petit pinceau près de la virole. ▶

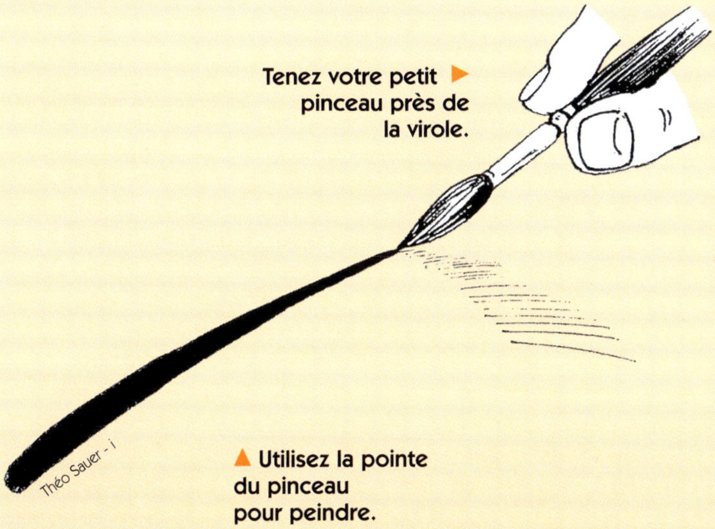

▲ Utilisez la pointe du pinceau pour peindre.

Pour réaliser des grandes surfaces

▼ Inclinez-le bien pour utiliser tout le faisceau de poils.

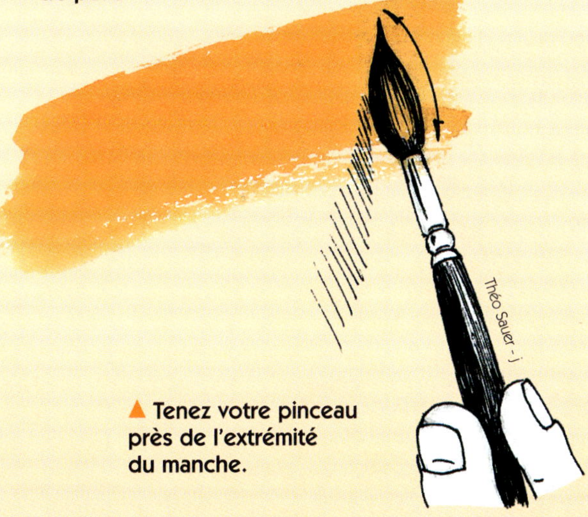

▲ Tenez votre pinceau près de l'extrémité du manche.

Soustraire la couleur

Contrairement à ce qu'on croit généralement, il est tout à fait possible d'enlever de la couleur sur une aquarelle, *a fortiori* si celle-ci est encore fraîche.

Pour ôter de la couleur, il existe trois méthodes :

- **la première** est dite « douce », elle utilise l'eau comme moyen de soustraction ;
- **la deuxième** utilise le sel comme absorbant ;
- **la troisième** permet d'enlever la couleur à l'aide d'un cutter ou de papier de verre.

La méthode douce

Sur une surface humide

La méthode consiste ici à absorber le lavis encore mouillé à l'aide d'un papier essuie-tout, en le tamponnant. Évitez de frotter, sinon vous risquez d'abîmer le papier.

Sur une surface sèche

Cette seconde technique permet de soutirer le pigment en ajoutant de l'eau pure sur votre surface colorée. On peut utiliser pour cela un pinceau, une éponge ou des projections d'eau.

Le principe consiste à laisser agir l'eau pour permettre la refonte du pigment.

Puis, à l'aide d'un papier absorbant, « pompez » ces zones pour enlever de la couleur.

À l'aide d'une éponge, vous pouvez créer divers effets. Tout d'abord, le simple fait d'essuyer votre couleur permettra d'en ôter une grande partie.

Rincez votre éponge entre deux étapes.

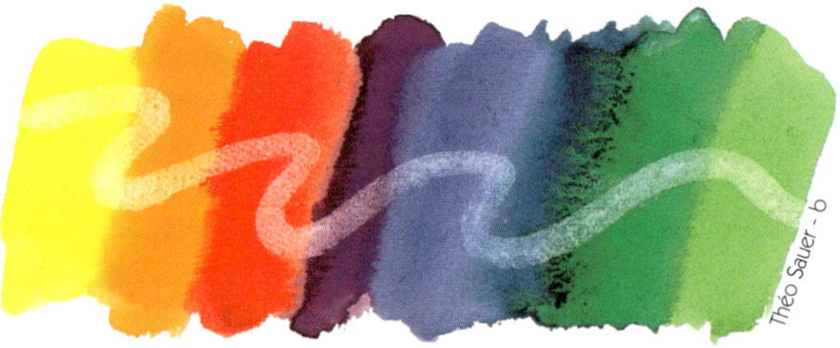

◄ Avec un pinceau chargé d'eau pure, dessinez une forme quelconque, puis absorbez-la avec un essuie-tout.

◄ Réalisez ces lettres avec un pinceau plat chargé d'eau pure. Absorbez.

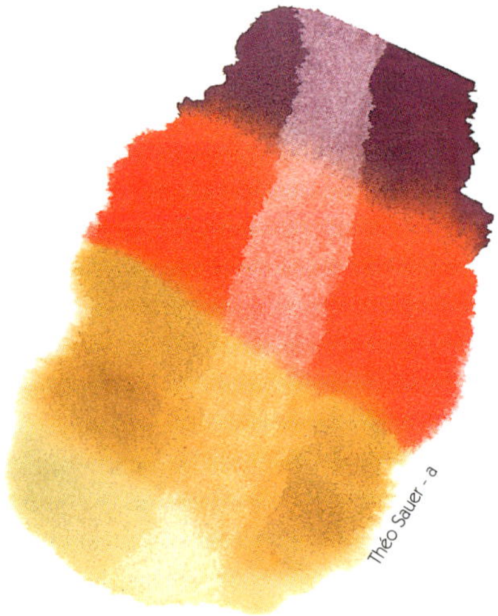

▲ Tamponnez vos lavis colorés avec un essuie-tout façonné en forme de tube allongé. Posez ce dernier sur la peinture humide, appuyez fortement et retirez-le.

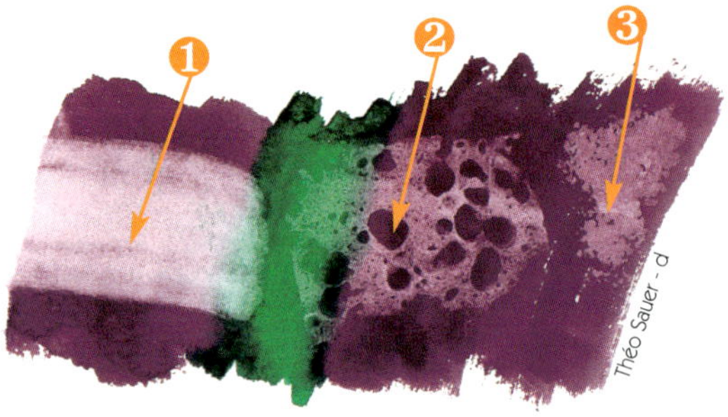

❶ Essuyez votre couleur avec une éponge.
❷ Posez une éponge mouillée à grosse texture pendant 1 minute. Enlevez-la délicatement, puis absorbez la zone humide.
❸ Cet exemple est obtenu avec une éponge à texture fine.

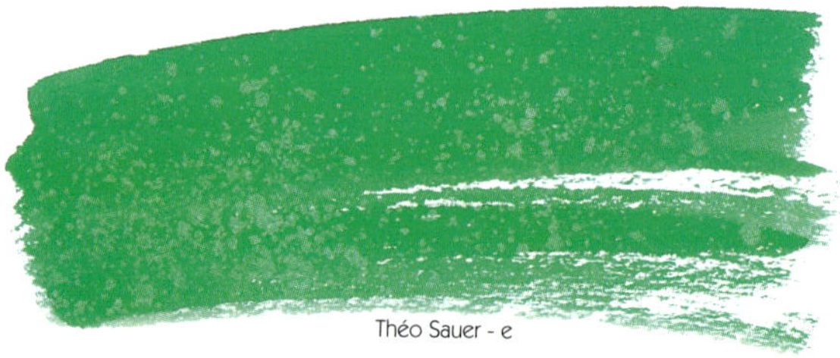

◄ On peut aussi agir par projections. Avec une brosse à dents et de l'eau pure, éclaboussez votre surface colorée. Laissez agir, puis absorbez les gouttelettes d'eau avec un essuie-tout.

Bon à savoir

Soustraire la couleur permet toutes sortes de retouches : estomper des formes, les rendre floues, alléger des couleurs, rattraper des effets imprévisibles non désirés en cours d'exécution (surtout en technique humide).

La méthode du sel

Le sel est un absorbant naturel capable de soutirer l'eau d'un milieu humide quelconque. On pourra donc l'utiliser si le fond est mouillé (il faut trouver le bon dosage en humidité pour obtenir un effet optimal).

Optez pour un sel de mer fin, qui est le mieux adapté. Néanmoins, vous pouvez essayer d'autres types de sel pour étudier leurs effets respectifs.

Il faut noter que le sel ralentit considérablement le temps de séchage, car il absorbe parallèlement l'humidité de l'air ambiant. Essayez cette technique sur toutes vos couleurs pour voir lesquelles engendrent les plus beaux effets.

Astuce

Quand la peinture est fraîchement déposée, il est possible de la soustraire totalement en l'essuyant rapidement avec une éponge propre. Rincez-la entre deux tamponnements pour éviter de remettre de la couleur, puis séchez votre feuille à l'aide de papier absorbant.

Quand la peinture a séché, il est pratiquement impossible de l'enlever totalement sans frotter, gratter et abîmer la feuille.

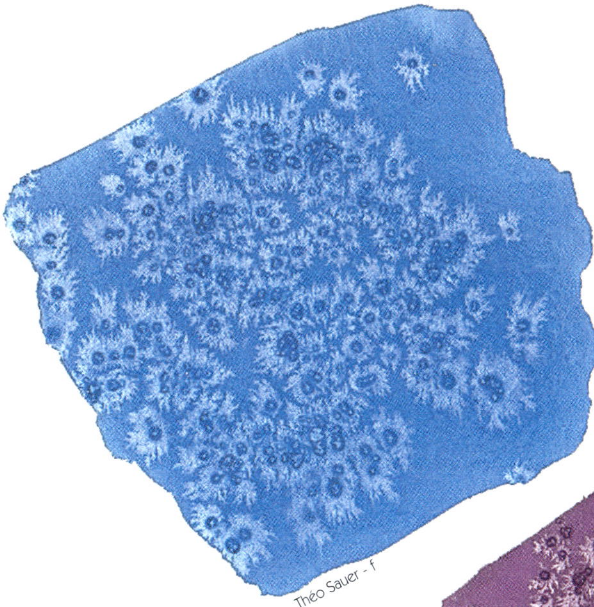

◄ Projection de sel sur un bleu de cobalt. Observez les réactions pendant le séchage.

Saupoudrez du sel sur un lavis violet. Les efflorescences sont plus fines. ▼

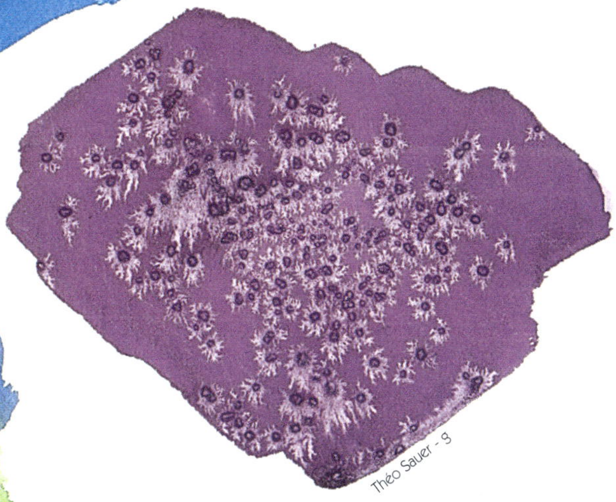

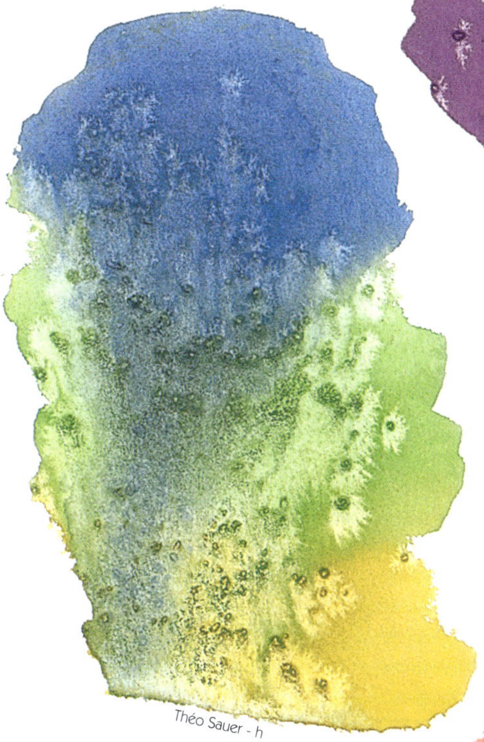

◄ Ce lavis est posé sur un plan incliné pour permettre le mélange des trois couleurs. On peut noter que les pigments ont tendance à se dissocier sous l'action du sel dans les zones mélangées.

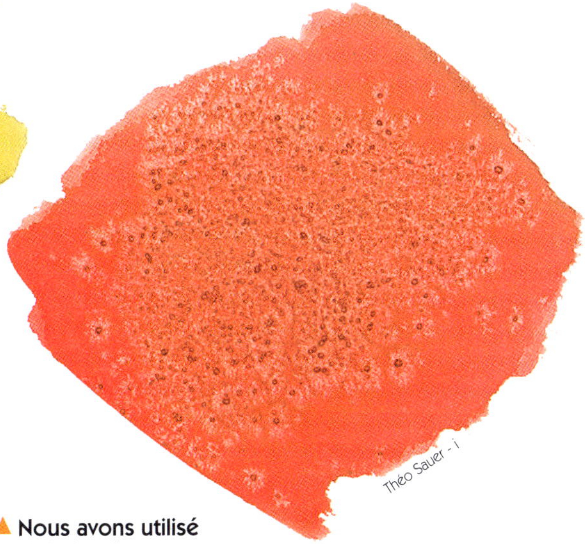

▲ Nous avons utilisé un sel plus fin sur un rouge orangé : la réaction est moins importante.

Savoir-faire

N'abusez pas de ces effets. Faites-en bon usage, aux endroits appropriés. Plus votre bagage technique sera important, plus vous aurez de facilités à trouver les petits trucs nécessaires pour enrichir votre travail.

La méthode du grattage

Pour gratter une surface peinte, il est impératif que celle-ci soit bien sèche, sinon vous allez vite endommager votre feuille. L'outil le plus utilisé est la lame d'un cutter, dont la pointe permet de gratter des traits fins (pour suggérer des herbes, par exemple). En égratignant la feuille avec le fil de la lame, on pourra créer de petits reflets blancs sur l'eau. Lors du grattage, l'effet sera différent suivant la qualité et le grain du papier. Un grattage excessif abîmera le papier ; il va de soi que plus le papier est épais, moins il sera fragile.

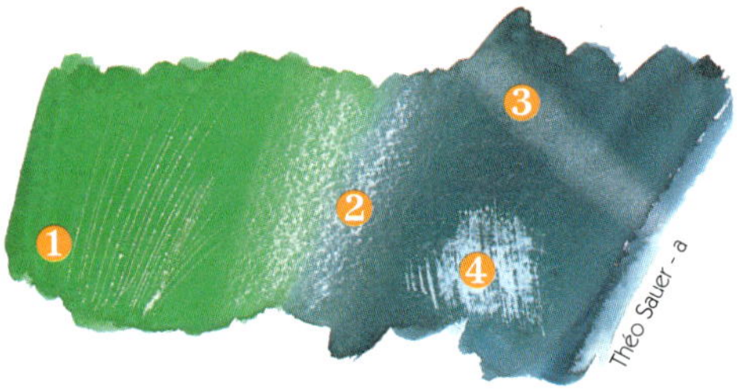

❶ Grattez avec la pointe d'un cutter.
❷ Utilisez le « fil » d'une lame de rasoir pour réaliser cet exemple.
❸ Avec une gomme plastique, on arrive également à retirer du pigment.
❹ Un grattage plus énergique « fatigue » la feuille de papier.

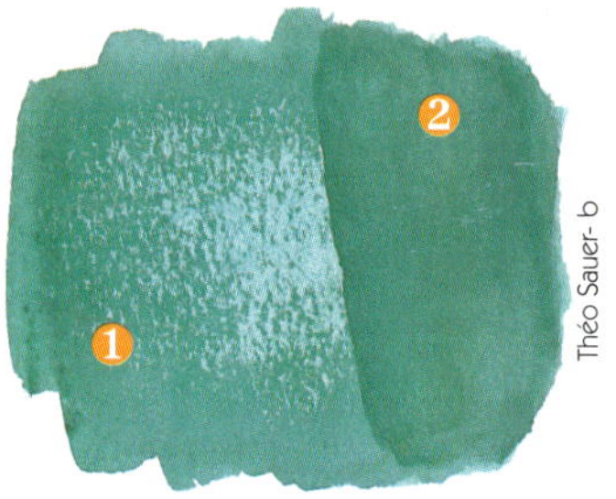

❶ Poncez votre teinte avec du papier de verre.
❷ Sur une surface préalablement poncée, le support deviendra plus absorbant, ce qui aura pour effet de foncer les teintes (un deuxième lavis est appliqué sur la zone poncée).

Tester les pigments

Certains pigments sont plus tenaces que d'autres. Pour le démontrer, nous allons tester la gamme des douze teintes figurant ci-dessous. Il est utile de connaître pour ces pigments leur pouvoir colorant et leur capacité de « s'incruster » sur le support. Nous allons déposer une grosse goutte d'eau sur chacune des douze couleurs. Laissons agir un petit instant, puis absorbons chaque couleur.

Nous pouvons immédiatement remarquer quelles sont les teintes les plus tenaces : ce sont le vermillon, le bleu de cobalt, la terre de Sienne brûlée et la terre d'ombre. Les pigments des autres couleurs sont donc plus faciles à soustraire.

▼ **Déposez une goutte d'eau, laissez agir 1 minute environ, puis absorbez.**

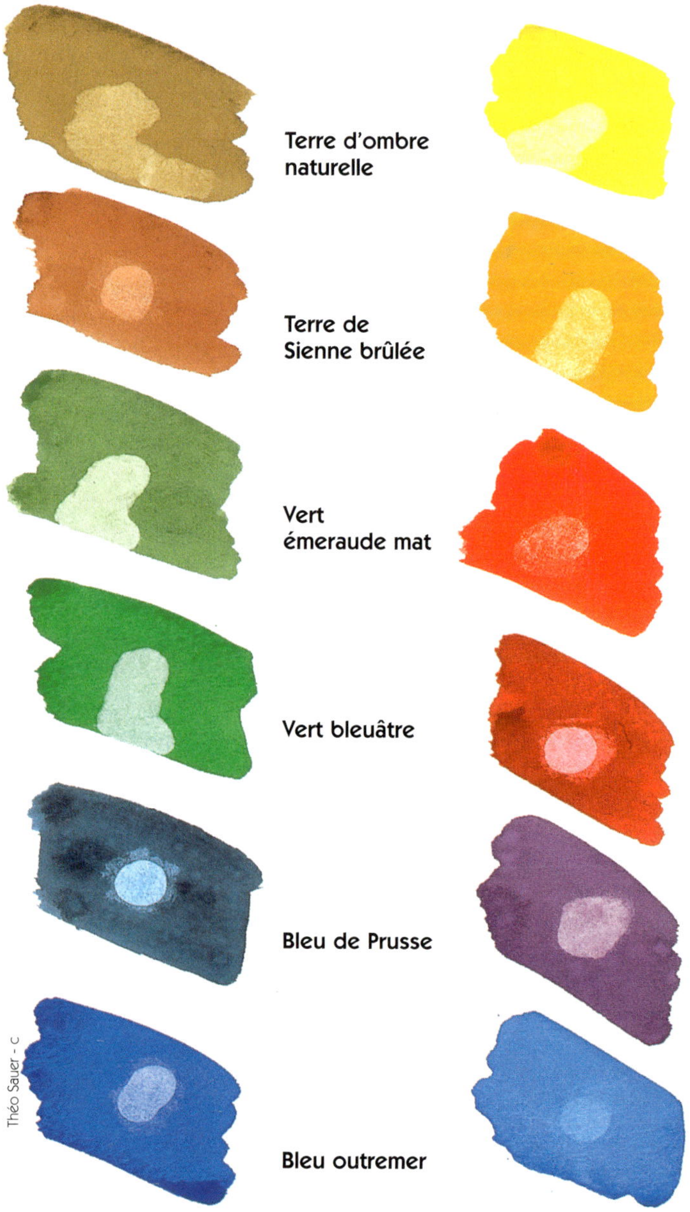

Exemples dans un paysage

Le paysage que nous vous proposons ci-dessous mêle certaines des différentes techniques de soustraction que nous venons de voir (méthode douce, grattage). Il montre que chacune d'elles a ses usages particuliers et, en quelque sorte, ses terrains et domaines d'application : le ciel, la mer, la terre, un paysage.

❶ Le ciel

Il se compose d'un lavis de bleu outremer uniforme. Pour ajouter des nuages, utilisez un papier absorbant (pliez, torsadez le papier pour obtenir des effets intéressants).

Vers la ligne d'horizon, les nuages s'effilochent et contribuent à renforcer l'effet de perspective.

Comment réaliser les nuages ?

L'aquarelle est une merveilleuse technique pour saisir les formes floues et mouvantes des nuages.

On obtient très facilement un beau rendu de nuages en estompant un fond humide avec une éponge ou un papier absorbant.

Essayez... Sur un fond humide, réalisez un lavis dégradé (bleu outremer et violet).

Puis, avec une éponge, naturelle de préférence, commencez à enlever la couleur par petites touches. Ensuite, pour donner du volume aux nuages, il faut les éclaircir vers le haut.

Avec un mouchoir en papier, les blancs se forment différemment. Quand il est utilisé sec, il permet de retirer les pigments de façon sporadique. Humide, il est beaucoup plus efficace.

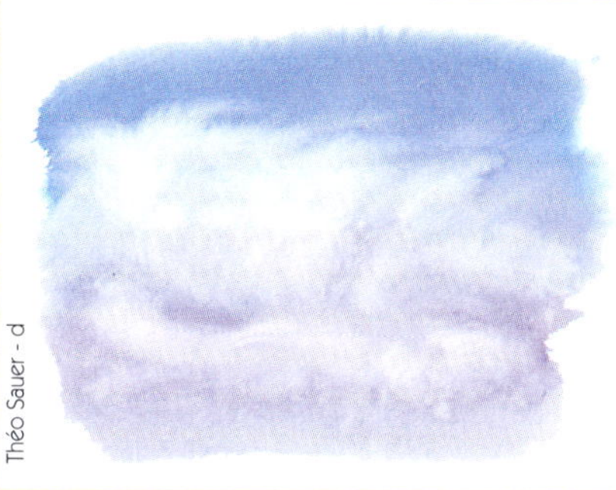

▲ **L'éponge humide est idéale pour traduire des formes impalpables, comme les nuages.**

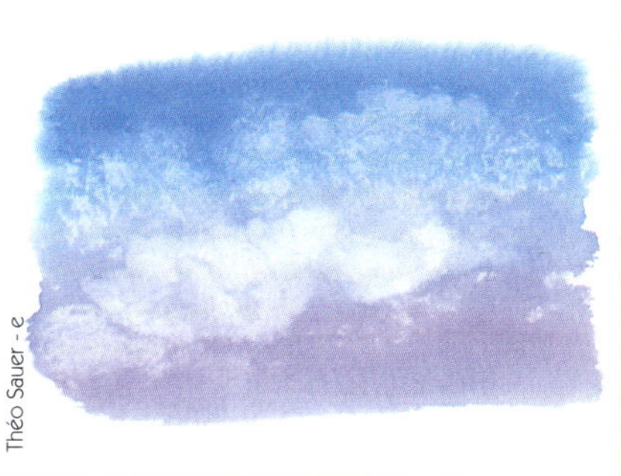

▲ **Un mouchoir en papier sec permet d'obtenir des blancs très allégés. Humide, il enlève plus de matière et « ouvre » de grandes zones claires.**

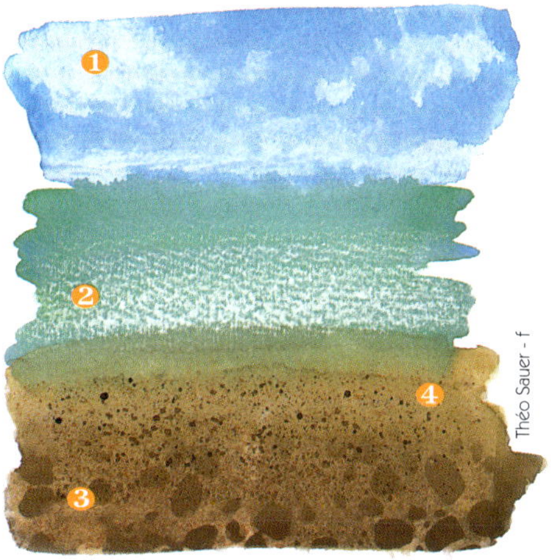

❶ Pour créer des nuages, il suffit d'appliquer un papier absorbant sur le bleu du ciel.
❷ Pour créer de petits reflets sur l'eau, on peut gratter la surface avec le fil d'une lame de cutter ou d'une lame de rasoir.
❸ Les trous de l'éponge correspondent aux parties sèches. Ils suggèrent des galets sur une plage.
❹ Pour parfaire ce paysage, on pourra le compléter par des projections.

❷ La mer

Elle se compose d'un lavis de vert bleuâtre et bleu de cobalt. Laissez bien sécher votre teinte. Pour créer de petits reflets, il suffit de gratter la surface avec le fil d'une lame de cutter ou d'une lame de rasoir. Remarquez que les reflets se dégradent vers l'horizon.

❸ La terre

Appliquez un premier lavis de terre d'ombre puis laissez sécher. Ensuite, posez un deuxième jus coloré composé d'un mélange de bleu de Prusse, de carmin et de terre de Sienne brûlée (on obtient un brun foncé). Laissez sécher. Sur le brun obtenu, posez une éponge à grosse texture, propre et imbibée d'eau. Appuyez un peu et laissez agir 1 minute. Retirez l'éponge, puis absorbez toutes les zones mouillées : les trous de l'éponge correspondent aux parties sèches. Ces dernières suggèrent des galets sur une plage.

Pour parfaire ce paysage, on pourra également le compléter par des projections qui, par leurs détails, vont attirer l'œil au premier plan.

Rappel

Lorsque vous soustrayez de la couleur avec une éponge, veillez à ce que celle-ci soit parfaitement propre afin d'éviter de déposer une autre couleur et de faire des taches.

Exercice

En utilisant la technique de la soustraction des couleurs, on obtient de remarquables effets. L'utilisation du pinceau ne permet pas un tel rendu, alors observez et retenez bien les conseils qui vont suivre !

Voici une aquarelle qui utilise diverses techniques de soustraction. Elle est développée étape par étape pour vous permettre de comprendre son élaboration.

Le matériel

- 2 éponges (fine et moyenne) ;
- 1 brosse plate ;
- des pinceaux ;
- de l'essuie-tout ;
- 1 lame de rasoir ;
- de la gomme liquide ou de l'adhésif repositionnable.

Les couleurs

Les couleurs utilisés sont : jaune indien, vert émeraude, vert bleuâtre, terre d'ombre, bleu outremer et bleu de Prusse.
Essayez de retrouver les teintes et les mélanges par vous-même en faisant des essais. C'est le meilleur moyen de les connaître. Les couleurs foncées sont réalisées par un mélange de vert bleuâtre et de violet (cela donne des gris colorés). Pour obtenir une couleur encore plus foncée, essayez de mélanger : bleu de Prusse + rouge carmin + vert bleuâtre.

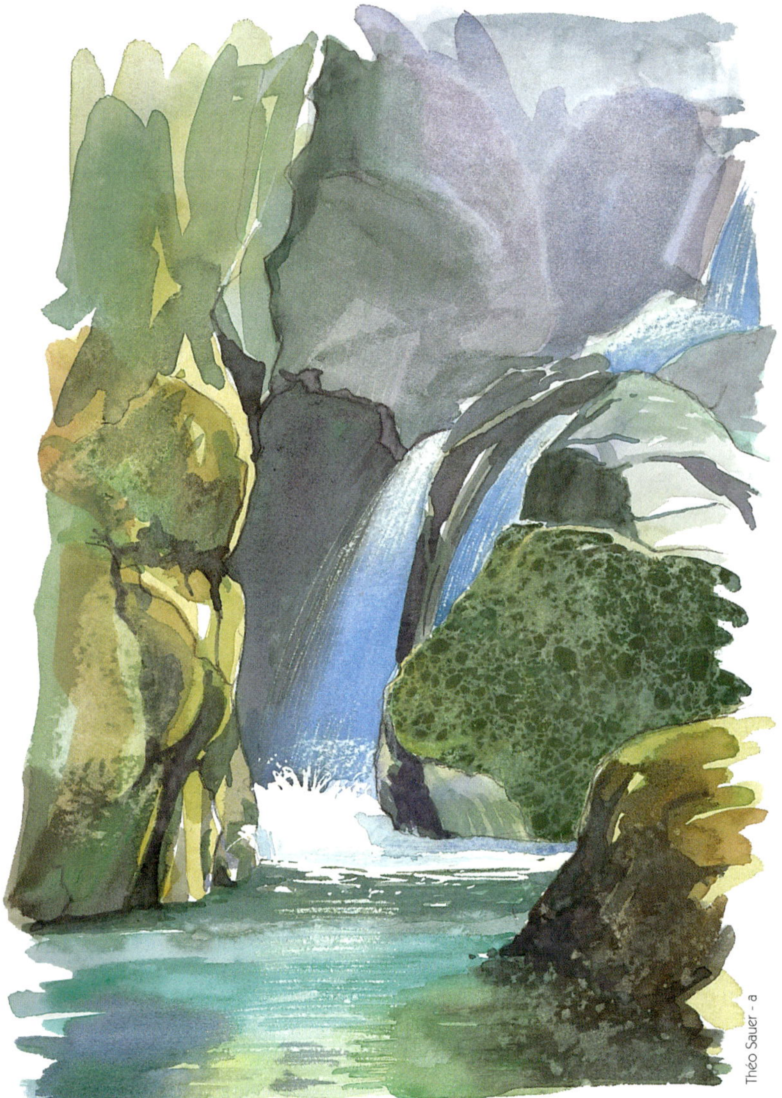

▲ **La soustraction des couleurs est très utile lorsqu'il s'agit de reproduire un paysage aux multiples reflets et nuances tel que cette cascade.**

La méthode

Réservez la zone qui devra impérativement rester vierge (bas de la chute d'eau). Le plus simple est d'utiliser la gomme liquide. À défaut, utilisez de l'adhésif. Les petites projections d'écume peuvent être obtenues en grattant avec un cutter.
À l'exception de l'eau, tous les lavis de fond sont réalisés en technique sèche. Ce sont des couches superposées qui commencent par des verts-jaunes très clairs pour finir avec des couleurs plus foncées.

Toute la falaise à gauche est couverte de végétation. Appliquez trois ou quatre lavis superposés ❶, ❷,❸.
Posez une éponge mouillée à fine texture sur certaines zones à éclaircir. Laissez agir, retirez-la délicatement, sans glisser, puis séchez aussitôt ❹.

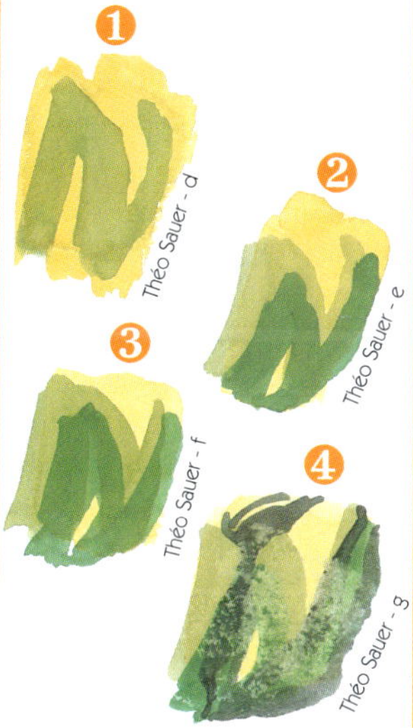

Le fond est composé de deux ou trois gros blocs de rochers. Modelez les volumes par des lavis mauves et des verts bleuâtres ❶ puis, avec une éponge propre, essuyez toute la zone concernée ❷.

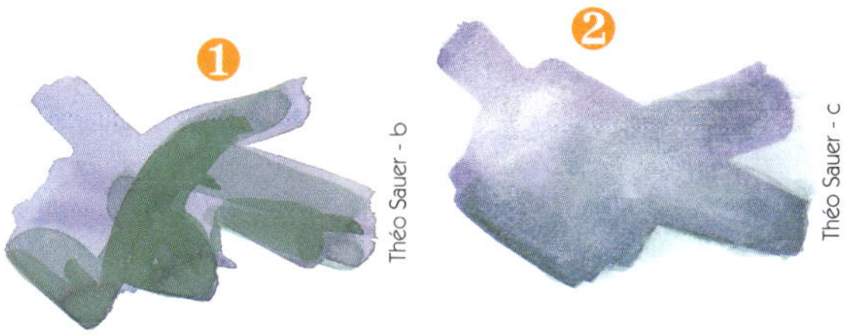

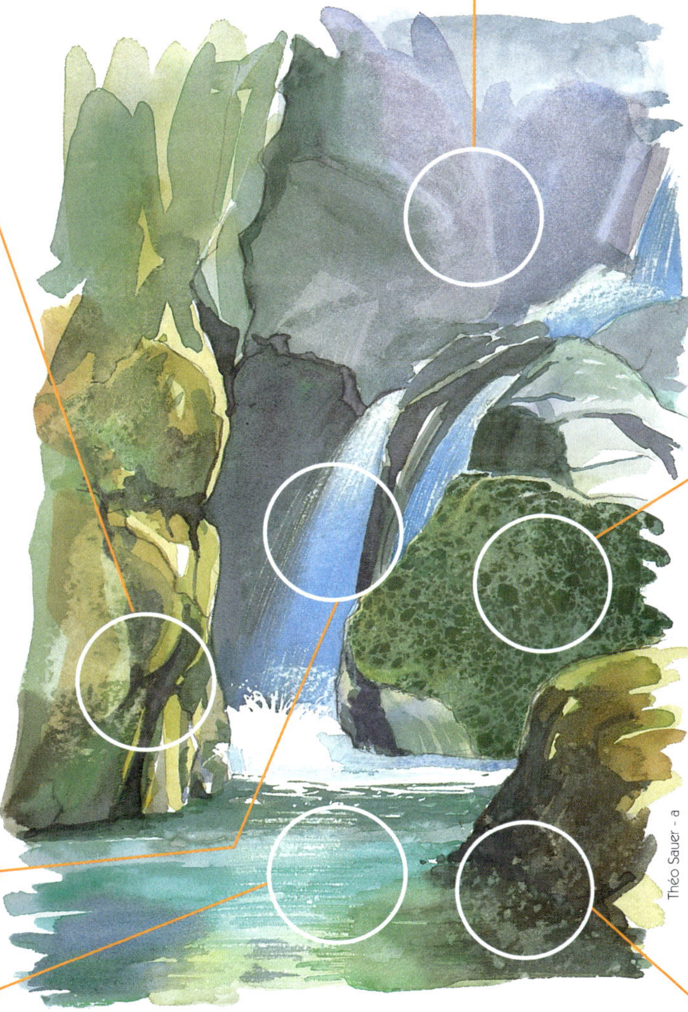

C'est un lavis en deux couches ❶, ❷, délimité par de l'adhésif repositionnable ❸.
En utilisant une éponge à moyenne texture, procédez comme suggéré pour la végétation de la falaise de gauche ❹.

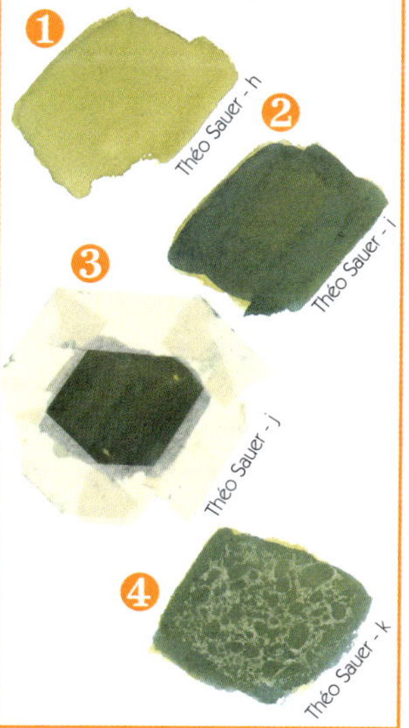

Humidifiez la zone (chute d'eau) et travaillez dans le mouillé (lavis polychrome). Dégradez un bleu outremer en l'éclaircissant vers le haut et en l'assombrissant vers la gauche ❶ avec un mélange de vert bleuâtre et de violet. Laissez sécher.
Grattez, en effectuant des gestes amples ❷, plusieurs lignes avec la pointe d'un cutter. Puis, avec le fil de la lame, frottez légèrement vers le haut pour faire apparaître le blanc de la feuille.
Pour l'eau au premier plan, laissez fusionner plusieurs couleurs entre elles ❸.
Quelques éraflures ❹ suffisent pour évoquer les reflets de l'eau.

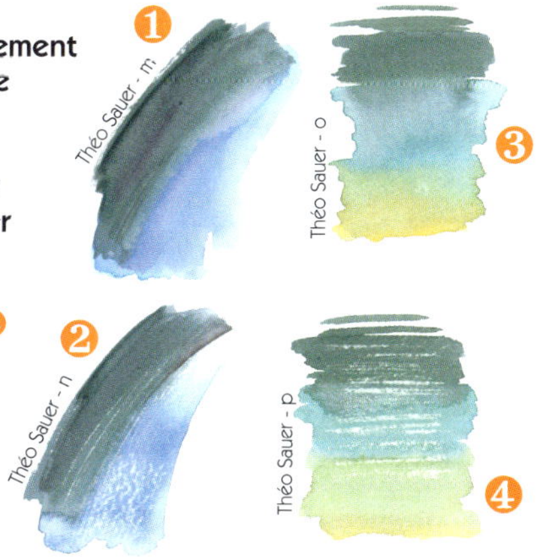

L'eau qui bouge, qui bouillonne, peut être rendue par un effet de projection. Projetez des gouttes d'eau pure sur vos lavis ❶ et ❷ puis séchez-les ❸.

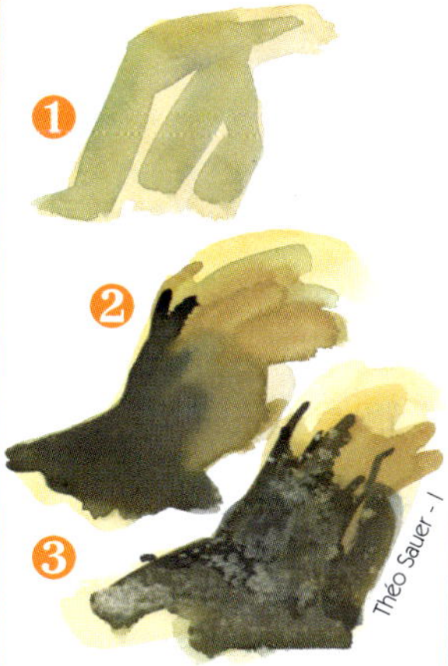

Astuce

Pour soustraire de la couleur et obtenir un effet optimal (en utilisant l'éponge et les projections d'eau), saturez le dernier lavis posé. Ne laissez pas sécher votre surface à fond ; le pigment se détachera plus facilement. Faites des essais au préalable.

Peindre la nature et les éléments

Les couleurs de la nature

Peindre la nature, c'est composer un paysage, choisir les teintes et les motifs, saisir le mouvement… C'est aussi traduire des émotions et des sentiments… Il faut alors apprendre à « voir » la nature !

Les couleurs plan par plan

Chacun des plans d'un paysage demande un traitement particulier. Ce sont les contrastes entre ces différents plans qui rendent l'impression de profondeur et de perspective.

❶ On situe les éléments les plus importants au premier plan. On remarque beaucoup de précision dans les détails et les textures : des contours plus nets, des plans bien définis. Les ombres et les lumières présentent souvent des couleurs plus chaudes et plus denses.

❷ À mi-distance, les couleurs semblent déjà plus sourdes et plus froides. Les textures et les détails sont moins marqués et moins contrastés. Les contours commencent à manquer de netteté.

❸ L'arrière-plan et le fond présentent des couleurs affaiblies, de plus en plus proches de la monochromie, qui semblent s'effacer en s'éloignant.
Les détails sont de plus en plus difficiles à saisir.

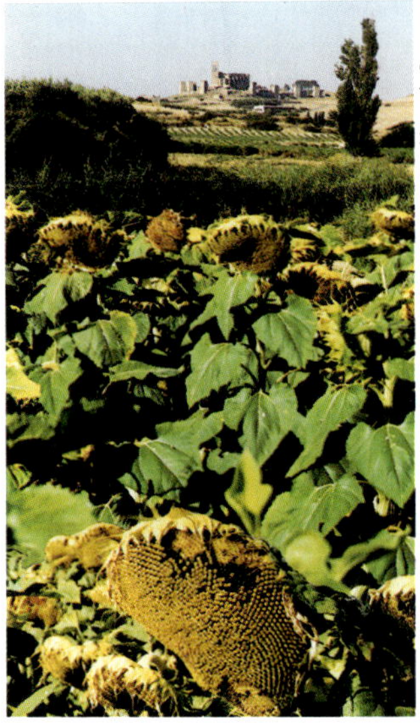

Yann de Renty - a

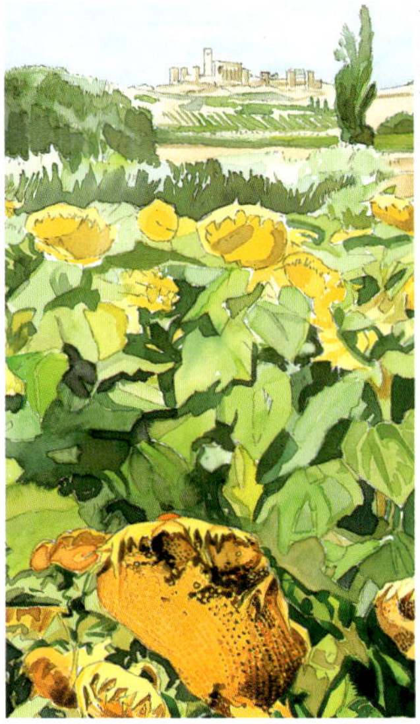

Yann de Renty - b

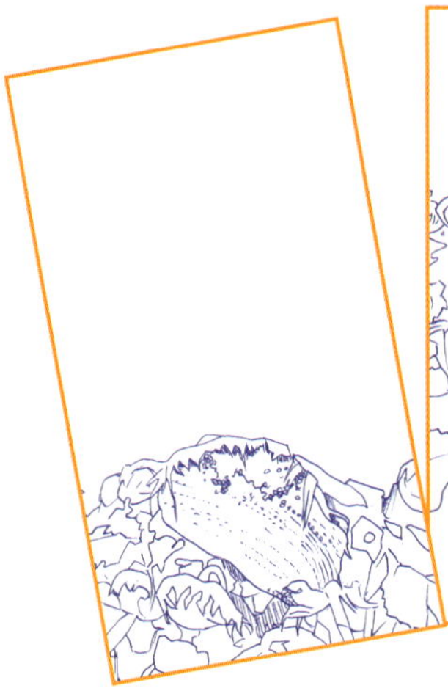

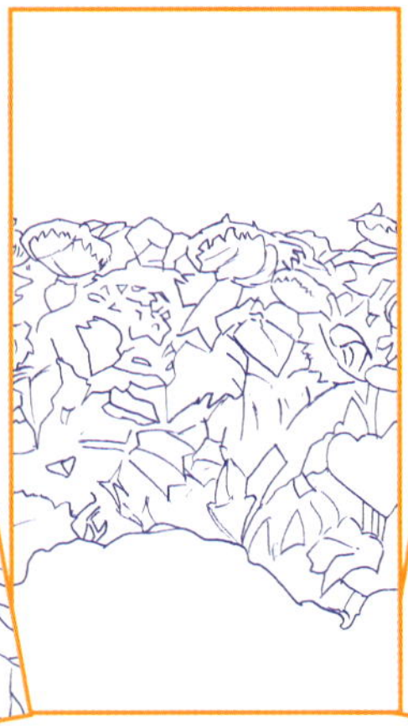

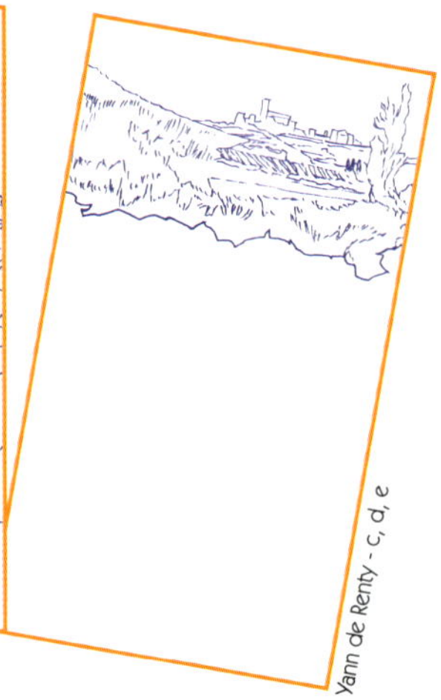

Yann de Renty - c, d, e

❶ Le premier plan
Les contours sont nets, les détails et les textures rendus avec précision. Les couleurs sont intenses et souvent chaudes.

❷ Le second plan
Les contours sont moins nets, les détails et les textures moins précis, les couleurs paraissent plus froides.

❸ L'arrière-plan
Tout est plus flou, les couleurs sont affaiblies et disparaissent dans une légère brume bleutée, formée par un voile atmosphérique dû aux particules d'eau en suspension dans l'air.

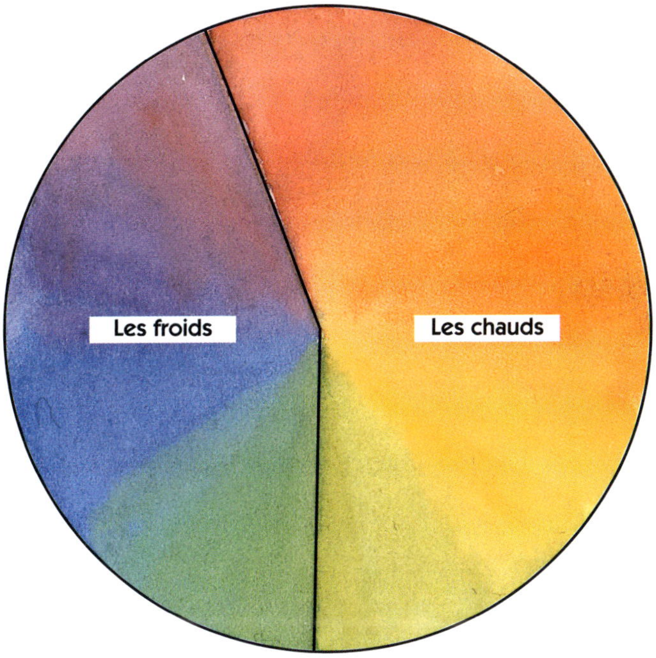

▲ La frontière entre couleurs chaudes et couleurs froides apparaît nettement sur le cercle chromatique. Elle correspond à peu près à la moitié dans le sens vertical du cercle.

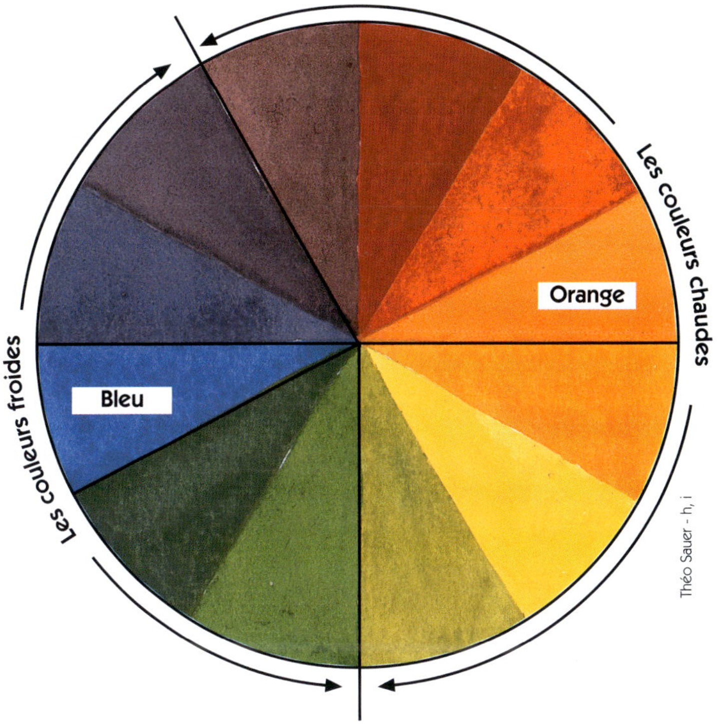

▲ Le bleu est la couleur la plus froide, l'orange, la plus chaude. Ces deux couleurs sont opposées sur le cercle car elles sont complémentaires.

Couleurs chaudes et froides

On distingue de façon générale les couleurs dites « chaudes » et les couleurs dites « froides ». Retrouvons notre cercle chromatique ! C'est le meilleur moyen de nous familiariser avec les « chauds » et les « froids ». Pour s'y retrouver facilement, il suffit de partager le cercle en deux parties. D'un côté, les couleurs chaudes, de l'autre, les froides. Les couleurs chaudes se situent entre le violet-rouge et le jaune-vert. Les couleurs froides se trouvent entre le vert et le rouge violacé. La couleur la plus froide est le bleu, la plus chaude est l'orange. Ce sont aussi des couleurs complémentaires (opposées sur le cercle chromatique).

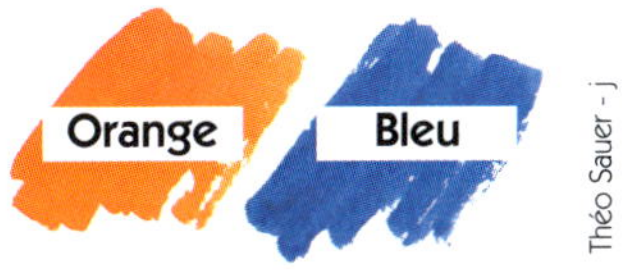

▲ Voici les deux couleurs extrêmes : l'orange est la couleur la plus chaude, et le bleu la couleur la plus froide.

Le principe de voisinage

En théorie, c'est un peu plus complexe ! Chaque couleur possède un voisin « chaud » et un voisin « froid ». Prenons l'exemple d'une couleur froide : le violet. Son voisin direct le bleu violacé est plus froid ; en revanche, son autre voisin le rouge violacé est plus chaud. Ce principe est valable pour toutes les couleurs, sauf les deux couleurs extrêmes qui sont le bleu et l'orange.
Pour le bleu, les deux couleurs adjacentes sont plus chaudes et, pour l'orange, les deux couleurs voisines paraissent froides (bien qu'il s'agisse de couleurs très chaudes).

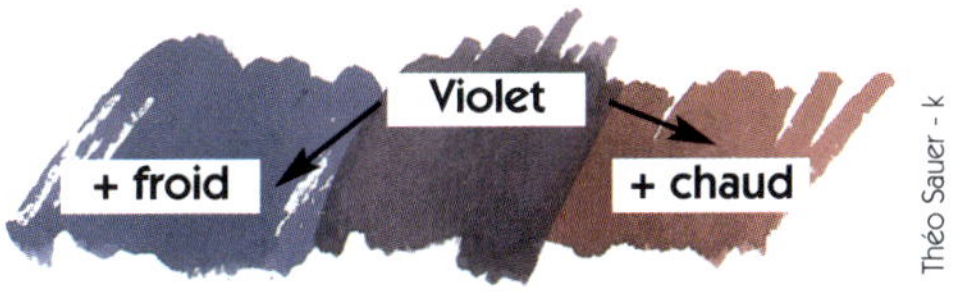

▲ Chaque couleur possède un voisin plus chaud et un voisin plus froid. Ainsi, le bleu est plus froid que le violet, et le rouge plus chaud.

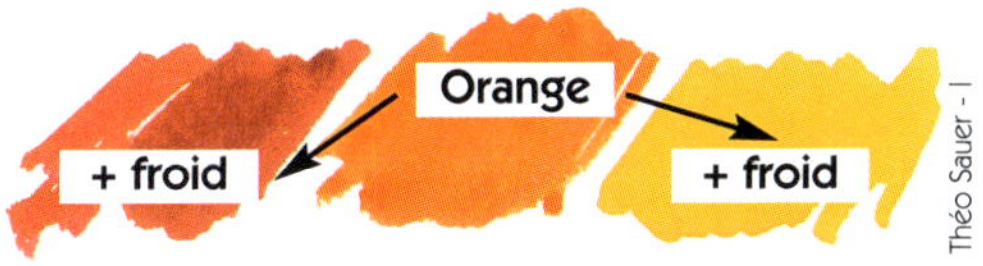

▲ L'orange étant la couleur la plus chaude, ses deux voisins directs sur le cercle chromatique paraissent plus froids.

Définition

Toutes les couleurs se définissent par leur température : c'est la chaleur ou la fraîcheur qui se dégage « visuellement » d'une couleur.

Le nuancier de la nature

C'est bien sûr parmi les couleurs du cercle chromatique que nous allons choisir les différents tons de la nature.

Couleurs chaudes

Elles évoquent le feu, le soleil, l'énergie et la joie. Jaune, orange, rouge, carmin, pourpre, violet (paysages d'été, champs de blé, moissons, jardins fleuris...).

Claude Steenhoute - a

Observer la mobilité des tons

Vous devez vous obliger à traduire les couleurs telles que vous les voyez et non telles que vous les imaginez. Observez avec beaucoup d'attention les changements de « votre » paysage en fonction de la lumière et de l'atmosphère ambiantes. Plusieurs éléments ont une influence évidente sur le chromatisme et se traduisent par des changements de tons et de contrastes : les conditions climatiques et atmosphériques, l'emplacement du spectateur par rapport à la source de lumière, la distance par rapport à l'horizon et la profondeur des différents plans du sujet, la quantité et la qualité de la lumière.

Couleurs froides

Les froides se trouvent dans le ciel, la mer, la neige.
Elles symbolisent la rêverie, le calme, la tristesse. Violet, bleu outremer, bleu de cobalt, bleu cyan, vert émeraude, vert, vert-jaune (paysages d'hiver, neige, eau, végétation...).

Claude Steenhoute - b

Couleurs rabattues

Les tons les plus subtils seront, quant à eux, obtenus par mélange de deux couleurs complémentaires auxquelles on ajoute du blanc ou du noir en petites touches ; ce sont des couleurs rabattues. Elles évoquent les couleurs de l'automne.

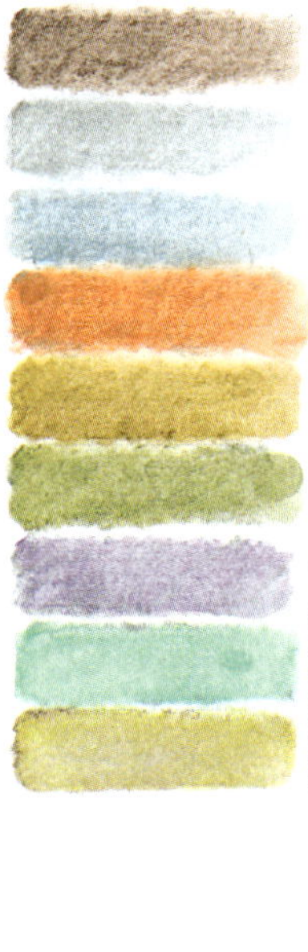

Claude Steenhoute - c

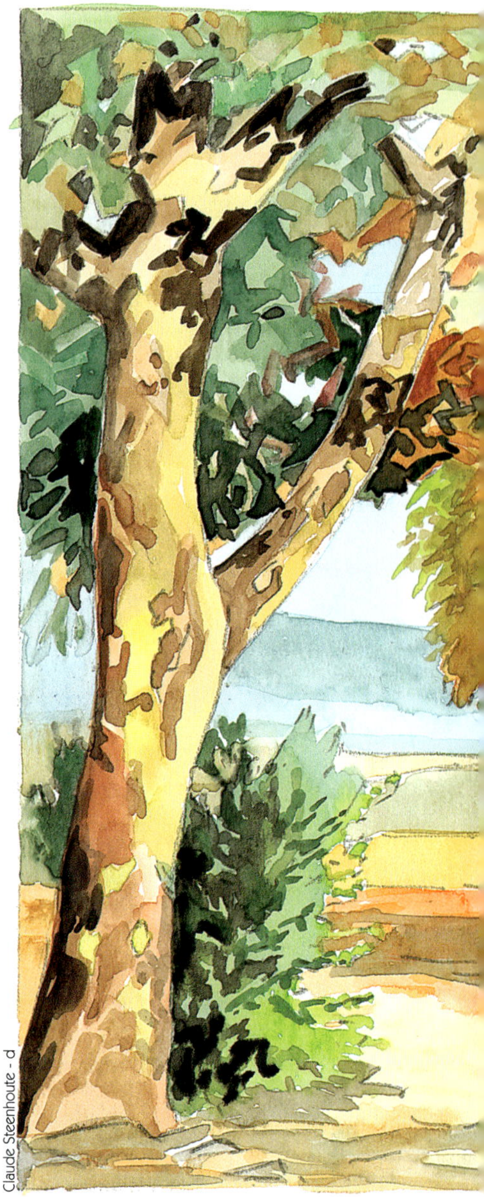

Claude Steenhoute - d

▲ **Paysage d'automne... Les couleurs dominantes sont les couleurs rabattues.**

Composer sa palette

Afin de traduire la complexité des tons perceptibles dans la nature, nous pouvons composer une palette suffisamment riche et bien adaptée au sujet qui nous préoccupe.

Pour la végétation (prés, arbres, forêts...)

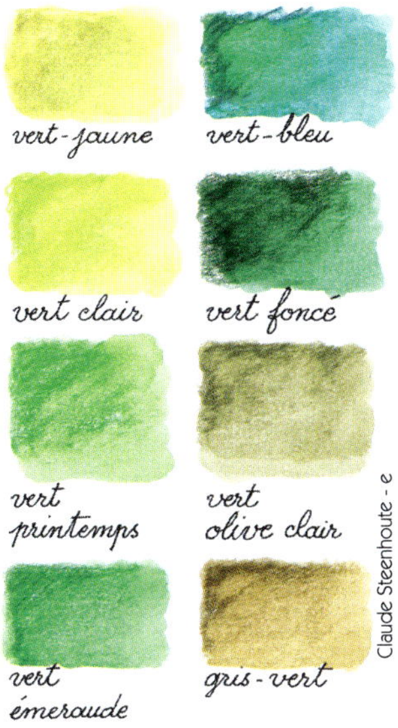

Pour la terre, les champs, les rochers et le relief

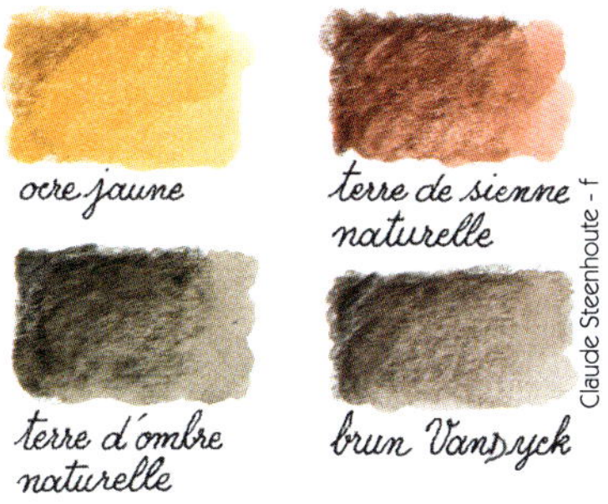

Pour le ciel, les nuages

- Ciel de base : bleu clair et blanc.
- Ciel d'orage : bleu, pourpre, rose, gris-bleu.
- Ciel au soleil levant : bleu, jaune clair, orange.
- Ciel au couchant : bleu, rose orangé, jaune d'or.

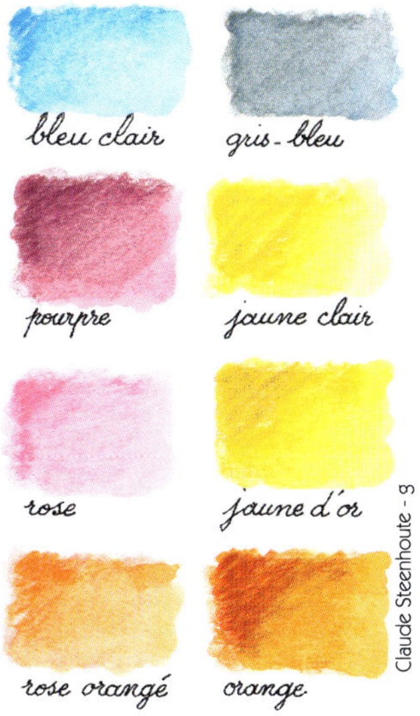

Pour l'eau

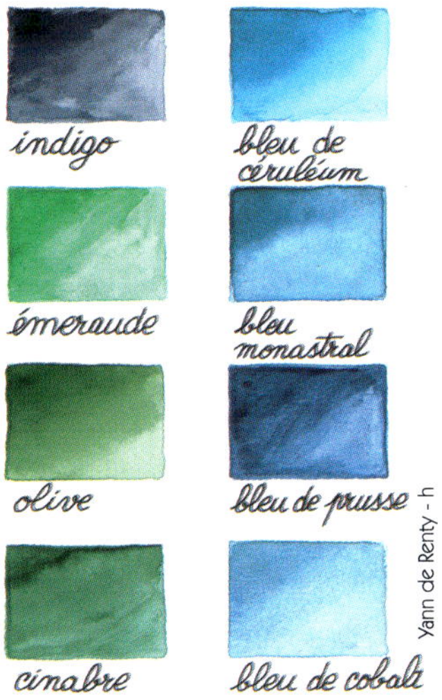

Pour jouer sur l'ombre et la lumière

Un rouge écarlate, un bordeaux, un violet permettent de créer des tons subtils dans les zones d'ombre, tout en équilibrant les verts.

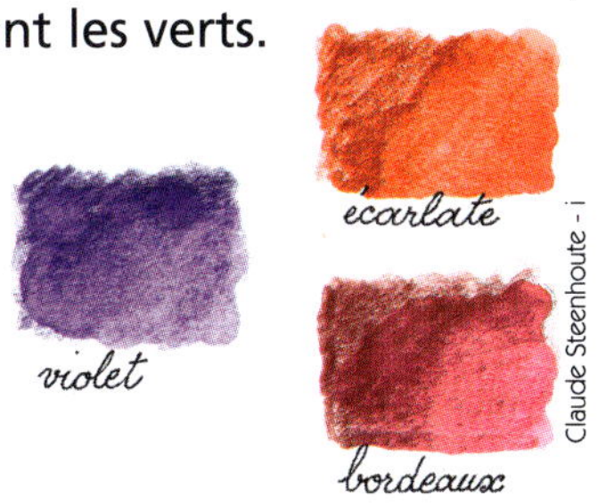

- Un noir appliqué par petites touches, avec discrétion, donne de la densité dans les ombres.

- Un blanc permet des rehauts sur des détails vivement exposés à la lumière (feuillages, reflets sur l'eau...). Cette « teinte » ainsi que le noir sont également indispensables pour casser et rabattre les couleurs franches de base. Il s'agit bien entendu d'une simple proposition : cette palette évoluera très certainement selon votre sensibilité.

Les couleurs de la mer

La mer offre une palette de couleurs d'une très grande richesse, du bleu-gris très sombre de la mer du Nord au bleu azur de la Méditerranée, en passant par le bleu turquoise de la mer des Caraïbes et mille autres teintes d'une infinie subtilité. La mer n'a pas fini d'éveiller votre sensibilité de coloriste... En voici quelques exemples.

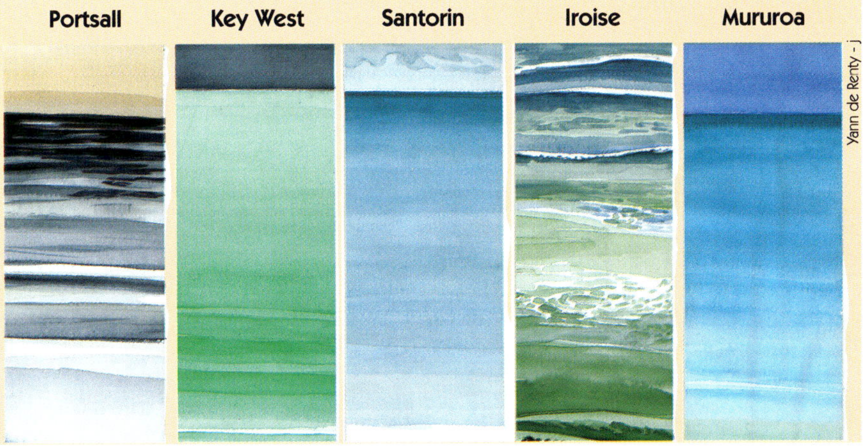

Arbres en hiver et au printemps

Intimement liés aux saisons, les arbres constituent un sujet passionnant pour le paysagiste. Une observation consciencieuse est de rigueur, et une bonne connaissance des espèces est un atout supplémentaire.

Comme tout individu, chaque arbre est unique ! Il se développe harmonieusement, ses branches poussent à la recherche de la lumière, et il se forme des volumes équilibrés propres à chaque espèce.
Nous allons donc étudier les arbres par rapport aux saisons.

Arbres en hiver

L'hiver est la saison propice à l'étude de l'ossature des arbres. On peut alors observer les différences entre les branches du chêne, celles du peuplier et celles d'autres essences. À la fois génial et complexe, le système de ramification des branches peut vous laisser présager un travail long et fastidieux.
Voyons comment contourner ces quelques difficultés.
La base du travail consiste à dessiner le squelette. En hiver, vous aurez l'occasion d'étudier les divers réseaux de branches et vous pourrez établir une première classification selon les formes des arbres et les essences.
Évitez les troncs verticaux et rigides. L'artiste cherche aussi la touche originale et aime les

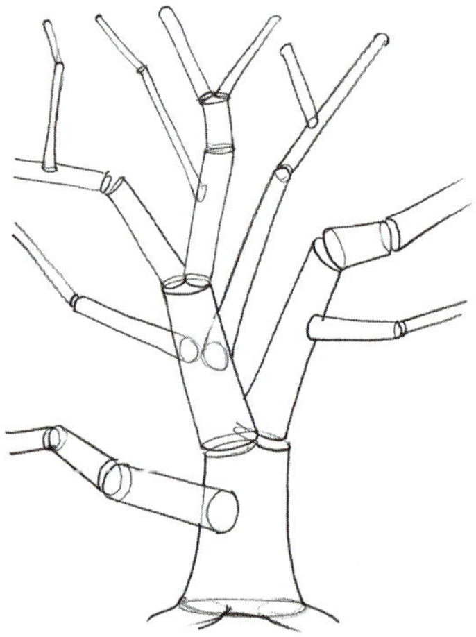

T.S. - c

▲ Voyons comment un arbre peut être représenté si on le décompose en formes de base : le tronc et les branches sont des tubes qui s'assemblent et deviennent de plus en plus petits.

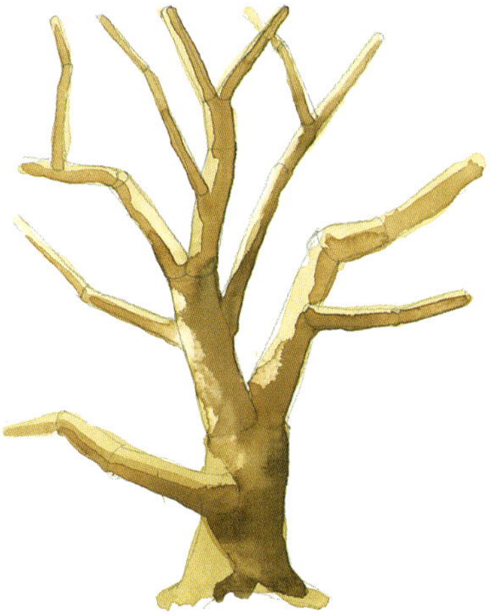

T.S. - d

▲ Le placement des ombres, si l'on ne tient pas compte des aspérités naturelles de l'écorce qui peuvent légèrement le modifier, s'effectue comme pour les volumes cylindriques.

Conseil

Ne faites pas...

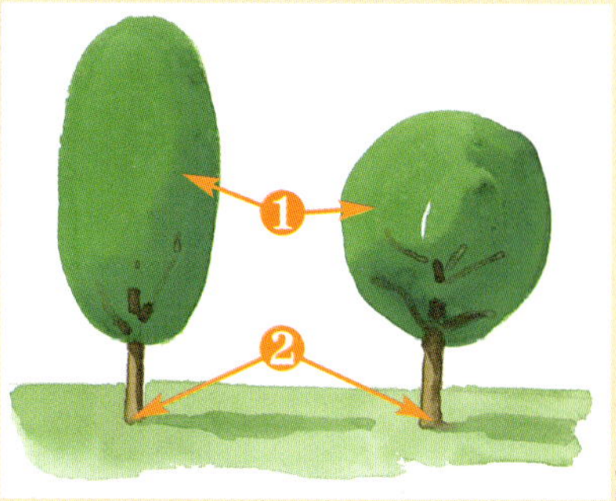

T.S. - a

❶ Ne représentez pas le feuillage par une grande masse compacte, ronde ou ovale.
❷ Ne plantez pas votre tronc droit dans le sol.

Faites plutôt...

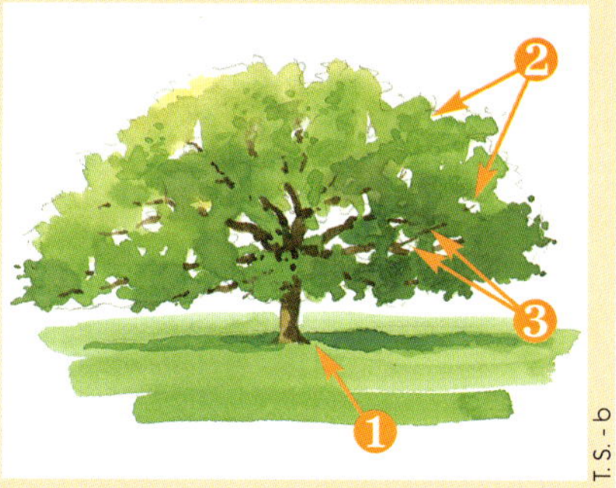

T.S. - b

❶ Dessinez une amorce des racines à la base du tronc. La stabilité de l'arbre n'en sera que meilleure.
❷ Posez des petits aplats de peinture pour représenter le feuillage. Aérez les touches colorées pour laisser apparaître le ciel.
❸ Soulignez les branches à travers les trouées du feuillage.

formes non conventionnelles. Souvent, un arbre couché, un tronc oblique ou une souche sont des sujets qui l'inspirent et deviennent le centre de la composition. Il est en effet très intéressant de reproduire des lignes tortueuses, noueuses ou brisées, une écorce aux cannelures profondes, investie par les champignons, par exemple.
Dans de tels cas, on pourra travailler l'écorce à la brosse sèche et par grattage.

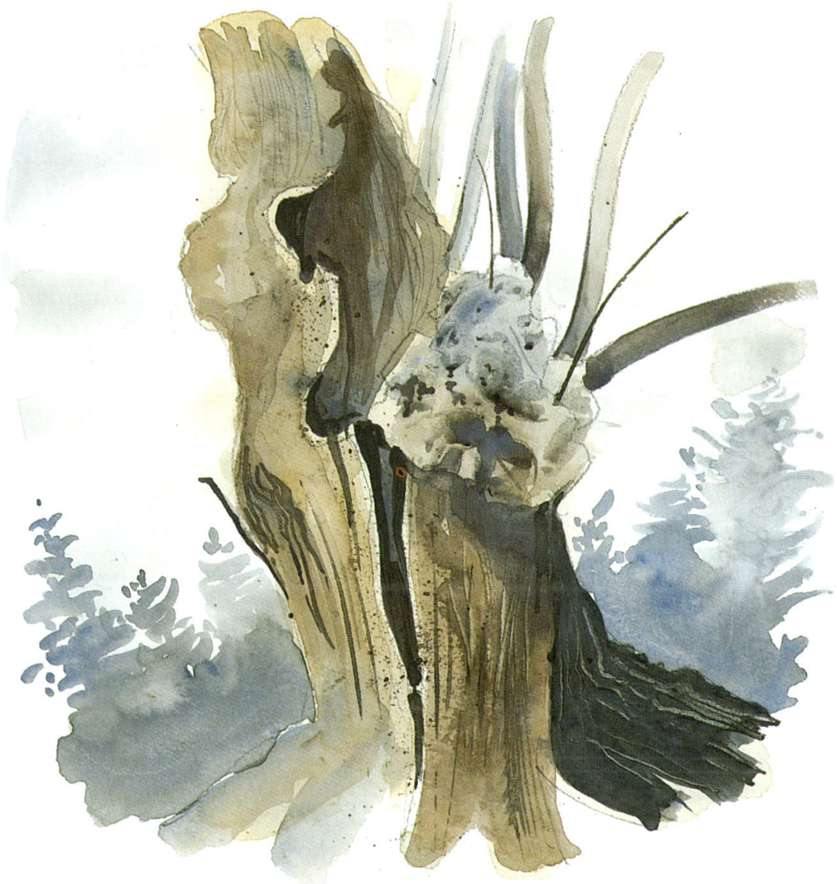

Avec ses lignes tortueuses et rompues, une souche d'arbre mort peut constituer un sujet très intéressant.

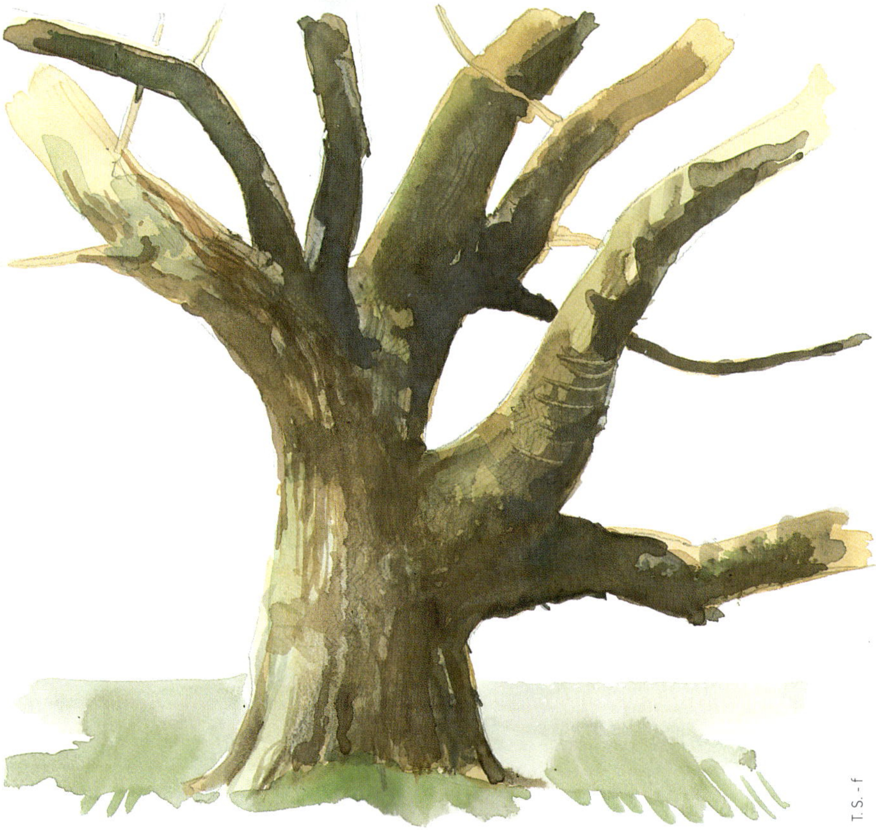

Promenons-nous dans les bois

Une balade en forêt permet non seulement d'assimiler la structure des arbres, mais aussi de se rendre compte de la grande diversité des formes. Le châtaignier, par exemple, avec son tronc massif et noueux et son feuillage dense et bas, se distingue nettement du frêne, dont le feuillage orne essentiellement les plus hautes branches d'un tronc longiligne. Et le saule pleureur, aux branches tombantes, est bien loin du peuplier d'Italie, dont les branches remontent vers le ciel.

On voit que l'implantation des branches, si elle n'a rien de symétrique, suit une logique interne rigoureuse, fondée sur la recherche de l'indispensable lumière solaire.

Arbres au printemps

Les arbres au printemps sont intéressants à peindre pour la qualité de leurs verts. La transparence des feuilles à cette période peut être facilement restituée par de petites touches de lavis très dilués appliquées avec un pinceau. Le bleu du ciel doit transparaître. Sachez que la technique de l'éponge permet de gagner du temps pour réaliser un effet de pointillé.

Comment procéder ?

❶ Tracez les grandes lignes au crayon. Choisissez les grosses branches les plus représentatives. Les petites branches peuvent être tracées ultérieurement, quand le feuillage sera en place.

❷ Travaillez le tronc et les branches comme si l'arbre n'avait pas encore de feuilles.

Posez des lavis légers par petites touches ou petits aplats, à l'aide d'un pinceau. Utilisez des verts transparents.

❸ Progressez dans votre travail en ajoutant de petites touches à l'éponge. Ne les posez pas systématiquement sur tout le feuillage. Quelques touches par-ci par-là suffisent.

Supposez que la lumière vienne de droite : les ombres se reportent sur la face opposée du tronc. Ne les représentez pas par un seul trait vertical, mais posez de petites touches qui traversent le feuillage et accentuent la transparence des feuilles. Enfin, ajoutez des ombres au sol avec un vert un peu plus foncé.

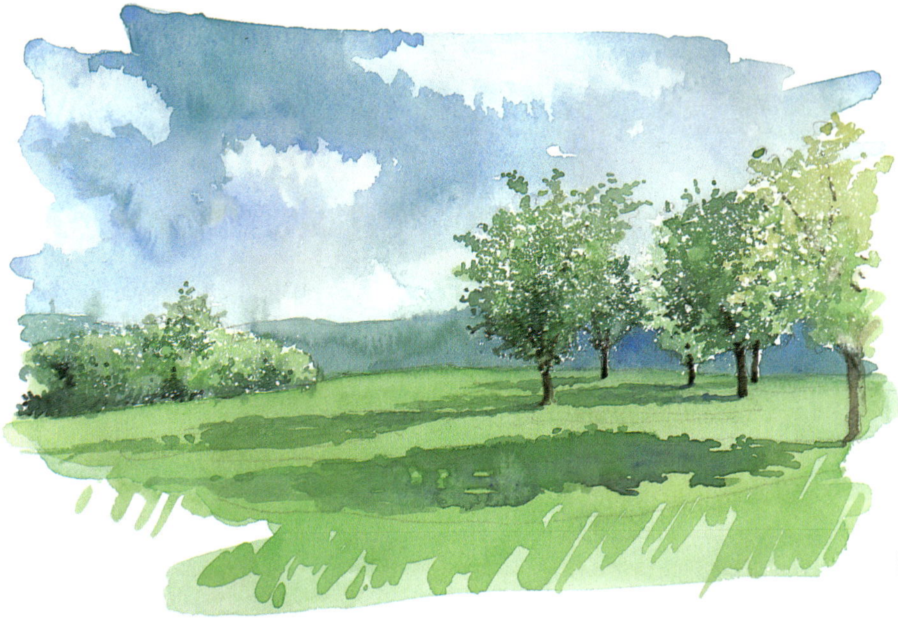

T.S. - a

▲ Au printemps, le feuillage est dense et fourni. Les nuances de vert sont très nombreuses.

❶

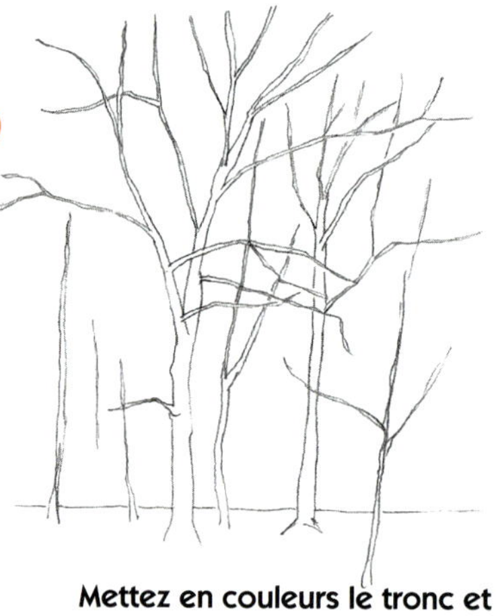

T.S. - b

◀ Tracez le tronc et les branches les plus importantes. Les plus petites pourront être ajoutées par la suite.

Mettez en couleurs le tronc et ▶ les branches au pinceau, par des lavis, puis posez des verts transparents sur les zones de feuillage.

❷

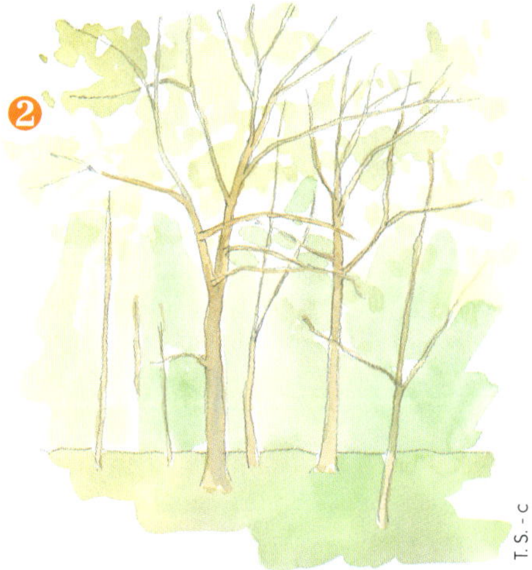

T.S. - c

❸

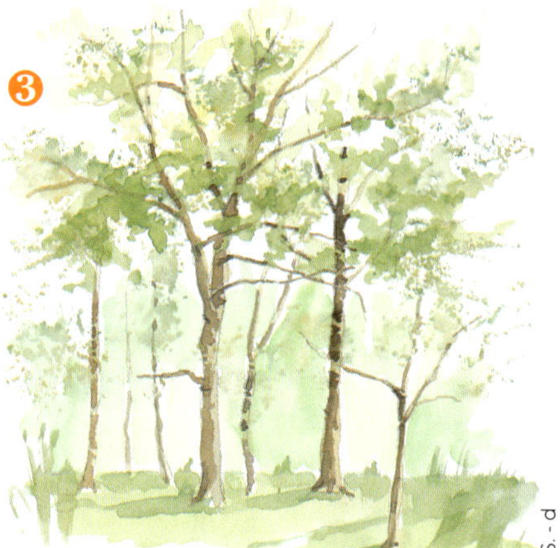

T.S. - d

◀ Dans les zones de feuillage, ajoutez quelques points épars de couleur claire à l'aide d'une éponge. Travaillez l'ombre propre des troncs d'arbres et leur ombre portée sur le sol.

Exemple : la floraison

Pour rendre les arbres en fleurs, nous vous invitons à suivre les étapes suivantes. Ébauchez d'abord les contours des arbres au crayon. Projetez ensuite de fines gouttelettes de gomme liquide à l'aide d'une vieille brosse plate savonnée. Laissez sécher. Vous pouvez à présent retirer les gouttelettes qui ne vous conviennent pas. Appliquez un premier jus ocre brun sur le tronc, les branches et la souche au premier plan. En vous laissant guider par votre inspiration, déposez le bleu du ciel, les verts de l'herbe et des feuilles. Le premier lavis peut se faire en technique humide. Posez les autres par petites touches, en veillant à placer les ombres à l'opposé de la source lumineuse. Reprenez maintenant le tronc et la souche avec une valeur plus foncée. Ajoutez quelques détails au premier plan et le tour est joué. Pour finir, enlevez la gomme liquide. Les blancs apparaissent et suggèrent de nombreuses fleurs. La gomme liquide est d'une grande utilité pour rendre la floraison des arbres. Utilisez-la toutefois avec parcimonie.

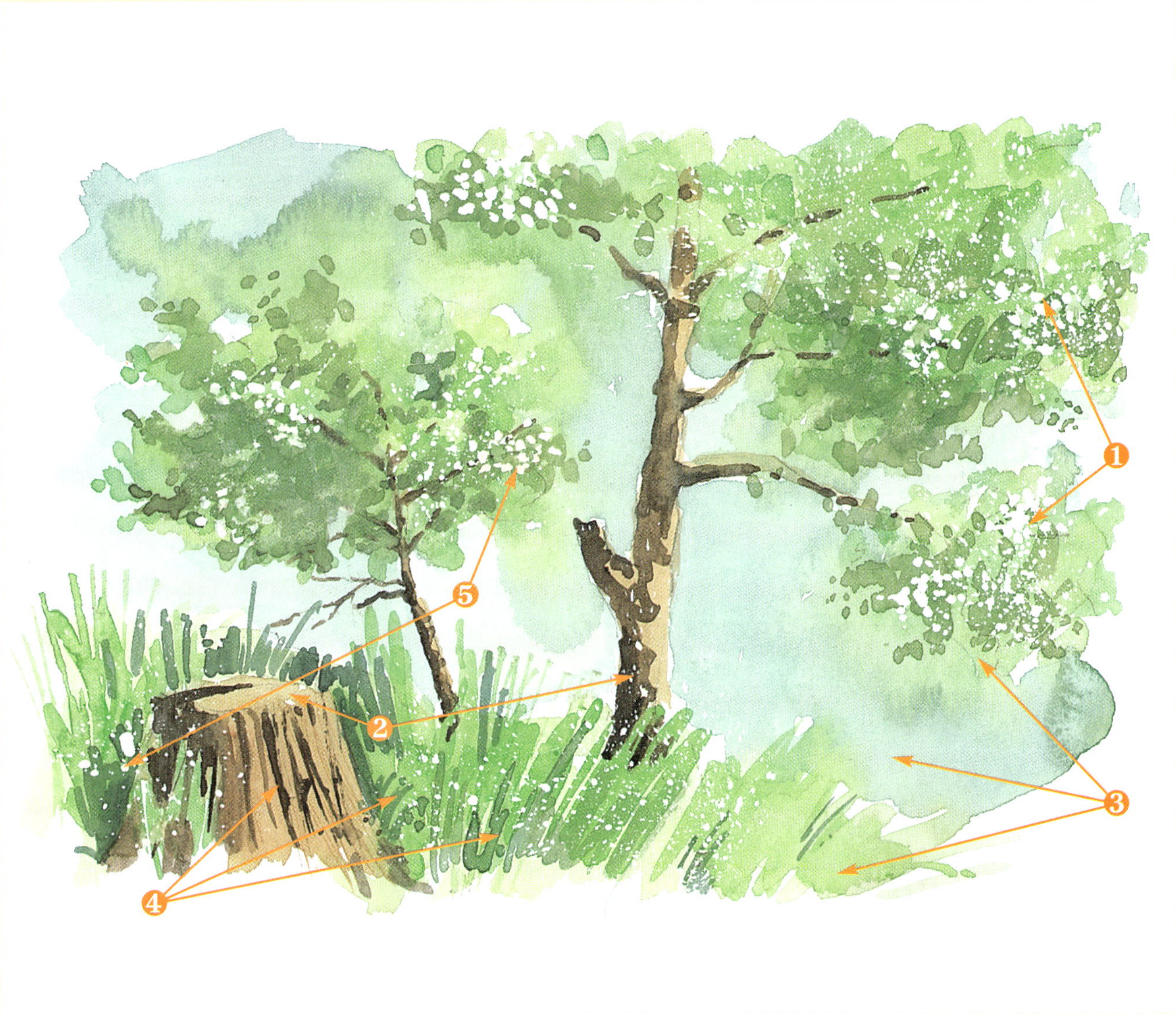

❶ Utilisez les projections avec parcimonie, en privilégiant certaines zones stratégiques.
❷ Appliquez un premier jus ocre brun sur la souche du premier plan, ainsi que sur le tronc et les branches des arbres du plan intermédiaire.
❸ Déposez le bleu du ciel, puis les verts de l'herbe et des feuilles.
❹ Reprenez des valeurs plus foncées pour l'ombre des troncs d'arbres et de la souche, ainsi que pour quelques brins d'herbes au premier plan.
❺ Ôtez la gomme liquide.
Les nombreuses petites taches en réserve évoquent autant de petites fleurs blanches, au milieu de l'herbe ou dans les arbres.

Arbres en été et en automne

À la large palette de verts qu'offrent les arbres en été répondent les tons chauds de la végétation automnale. Découvrez l'expression de ces différentes variations.

Arbres en été

Les teintes vertes que l'on trouve dans le commerce ne suffisent pas pour rendre toutes les nuances de la nature. Vous serez amené à créer une palette intermédiaire en mélangeant vos verts avec d'autres couleurs. Les verts tendres, couleurs du printemps, deviennent, en été, opaques et profonds.

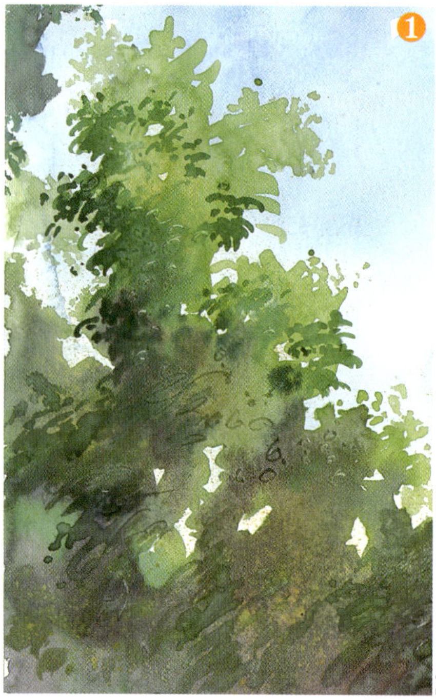

T. S. - a

▲ L'arbre du premier plan est riche en nuances. Il faut travailler le feuillage par touches claires et par touches plus foncées.

❶ Premier plan

Lorsque les feuilles d'un arbre ou d'un arbuste sont réellement proches de vous, détaillez-les aux endroits les plus représentatifs. Sinon, de simples touches claires ou foncées peuvent suggérer le feuillage.

❷ Deuxième plan

Allégez le feuillage en laissant pénétrer des petits coins de ciel. À cette distance, les détails s'amenuisent et les tons, en général, paraissent plus foncés.

Conseil

N'utilisez jamais de verts vifs pour représenter les arbres, même en plein été. Les teintes les plus lumineuses ne se reflètent que sur les sommets des masses de feuillage. En comparaison, les verts des prés et des champs aux alentours sont nettement plus lumineux. Choisissez d'autres teintes que des verts pour représenter les ombres.

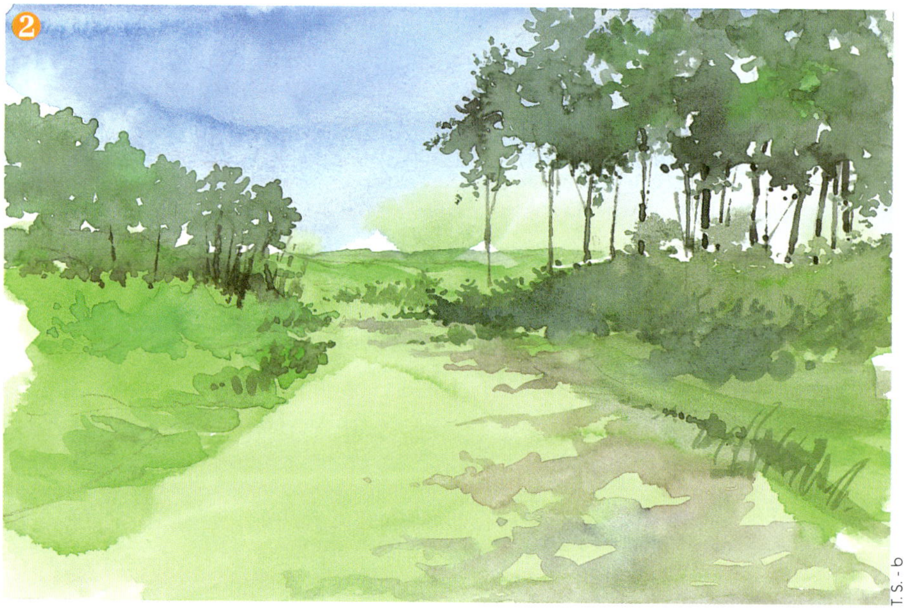

T. S. - b

▲ Le ciel apparaît nettement entre les branches des arbres du deuxième plan.

❸ Arrière-plan
Lorsque les arbres se trouvent au loin, les verts perdent de leur intensité et les tons deviennent bleutés.

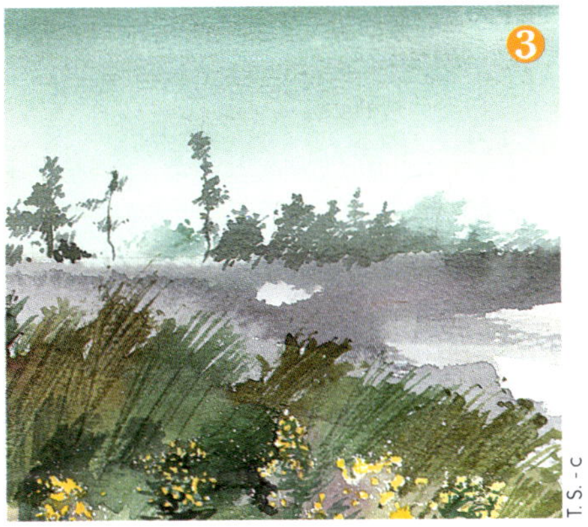

▲ Les arbres sont représentés par de petites touches de pinceau.

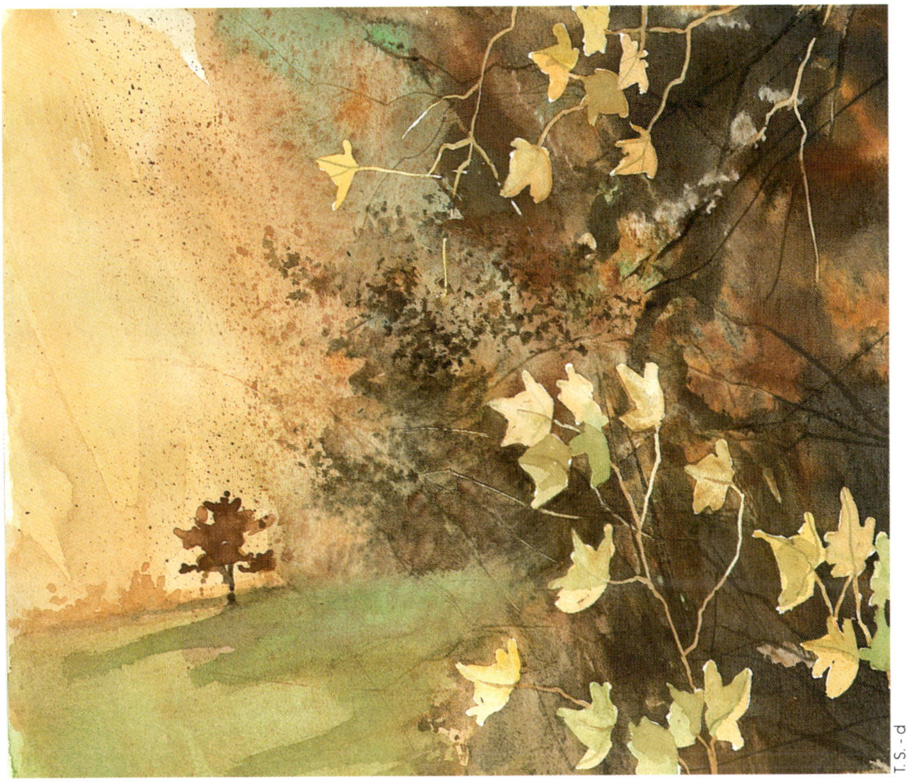

▲ Paysage d'automne avec un arbre et quelques feuilles qui se détachent au premier plan.

Arbres en automne

Pour peindre le feuillage en automne, il faut impérativement commencer par les couleurs claires et chaudes (jaunes, orangés, rouges), puis construire petit à petit les masses autour.
Pour mettre le sujet en valeur, cherchez les contrastes qui font ressortir les couleurs de l'automne.
Vous pouvez réaliser, par exemple, une composition comprenant des arbres aux teintes chaudes qui se découpent sur un fond vert sombre (forêt de sapins).

Premier plan
Vous pouvez réserver les feuilles et les branches du premier plan à la gomme liquide, ce qui permet de travailler tranquillement le fond.
Grattage, projections et éponge sont les principales techniques employées.

Plans intermédiaires et arrière-plan
Commencez par poser des lavis clairs (à choisir selon la teinte des arbres). Travaillez en technique sèche sans entrer dans le détail, puis posez les tons plus foncés autour.

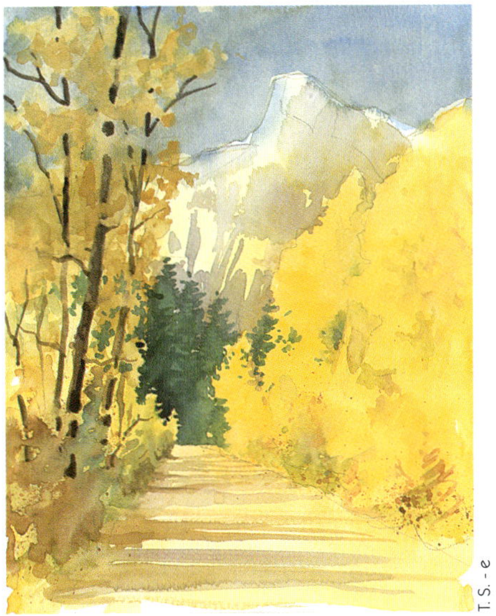

▲ Un petit chemin bordé d'arbres où le feuillage n'est que suggéré. Les teintes chaudes à dominante jaune orangé du premier plan contrastent avec le vert sombre de l'arrière-plan.

Respecter les étapes

Pour réussir un paysage automnal, il faut avancer dans votre travail selon un ordre établi à l'avance, dont voici un modèle :
- Commencez par poser les réserves pour faire ressortir le premier plan (si le cas se présente).
- Appliquez les lavis sur l'ensemble des surfaces.
- Travaillez l'arrière-plan en technique humide.
- Continuez par les plans intermédiaires.
- Terminez le tableau sans vous soucier des formes réservées. Quand les couleurs seront bien sèches, enlevez les réserves.
- Travaillez les derniers détails.

Exercice

C'est à vous, maintenant, de réaliser votre composition automnale !

Commencez par tracer une esquisse. Dessinez diverses formes de feuilles en les représentant soit de face, soit de profil, soit de trois quarts.

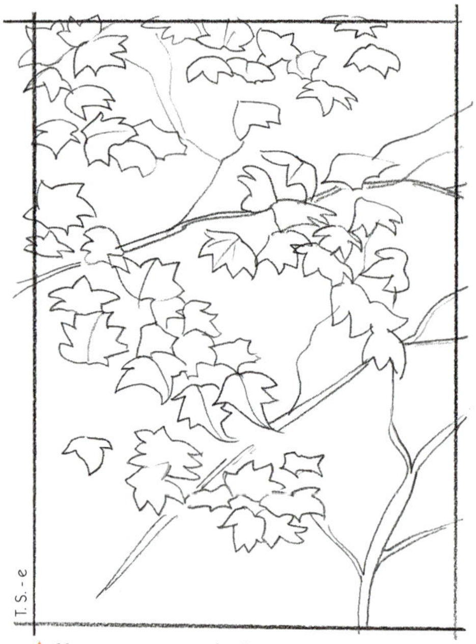

▲ Une erreur serait de ne montrer que des feuilles vues de face.

Entraînez-vous !

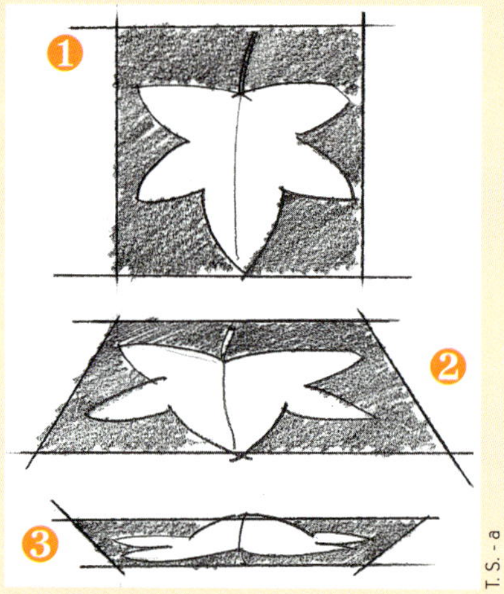

❶ Feuille vue de face
❷ Feuille vue de trois quarts
❸ Feuille vue de profil

Première étape

La première étape se divise en cinq temps.

- Réservez à la gomme liquide les feuilles ainsi que, éventuellement, quelques branches exposées à la lumière.
- Préparez des couleurs chaudes qui vous semblent convenir au

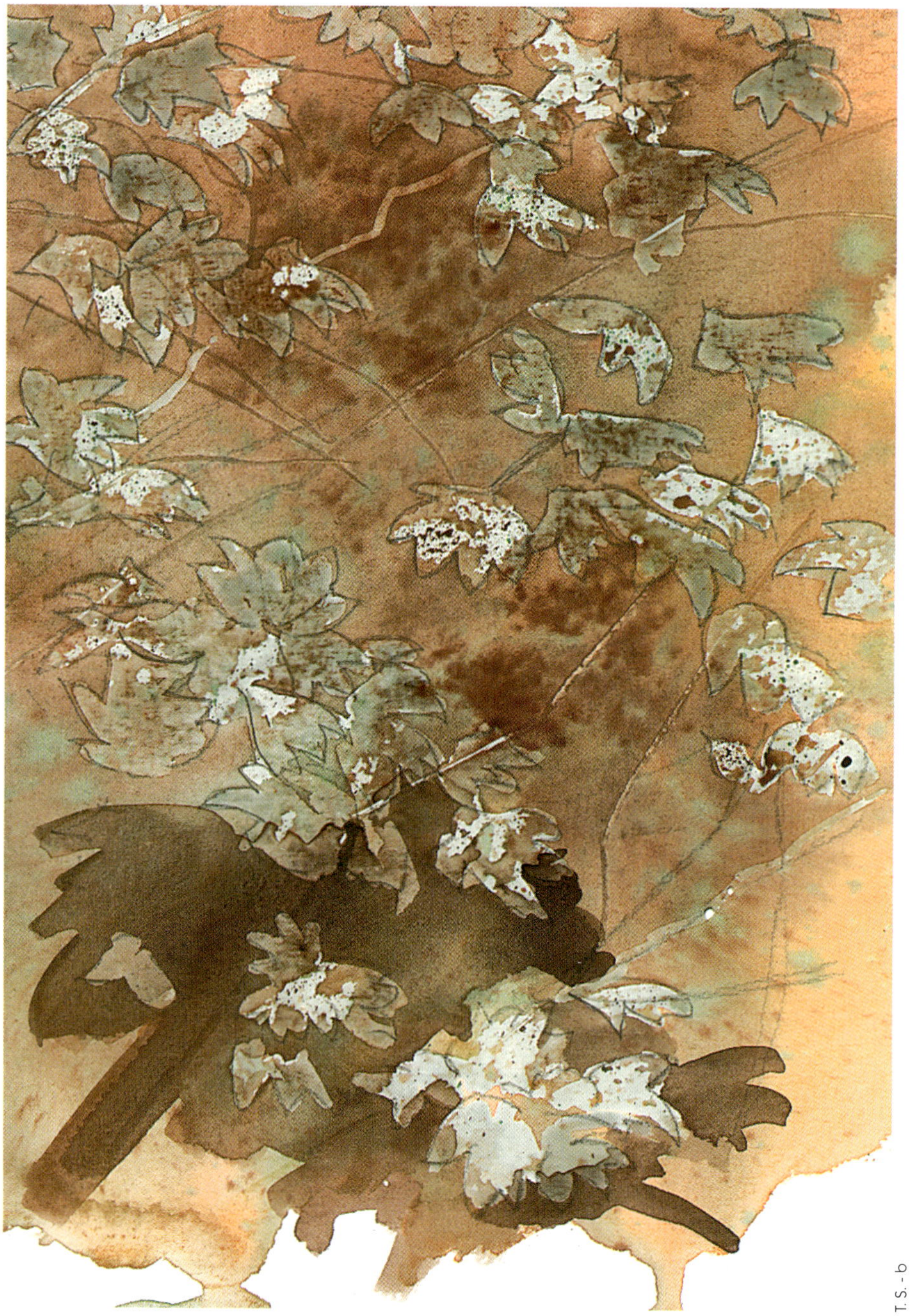

▲ Après avoir réservé les feuilles, appliquez des couleurs chaudes de manière aléatoire.

sujet (jaunes, oranges, rouges, bruns).

- Appliquez toutes ces teintes de manière très aléatoire. Commencez par les tons rouge orangé.
- Ajoutez des projections de vert, puis des projections de rouge indien et de brun Van Dyck. Laissez fuser les couleurs entre elles.
- Suggérez quelques fines branches par grattage.

Deuxième étape

Continuez de poser quelques masses plus foncées pour donner de la profondeur à votre image. Dessinez quelques branches avec un petit pinceau. Laissez sécher et ôtez la gomme liquide.

Troisième étape

Terminez par les feuilles.
Variez les teintes claires et foncées et les couleurs chaudes et froides pour donner du volume, selon les règles de la perspective aérienne.
Dessinez quelques nervures (pas toutes, pour éviter un effet répétitif). Vous pouvez très bien utiliser un crayon de couleur aquarellable pour cet usage.

Astuce

Pour agrémenter cet exercice, vous pouvez très bien imaginer d'autres éléments qui entrent en scène :

- un tronc ou une grosse branche qui coupe l'image ;
- une souche d'arbre ;
- quelques rochers qui permettraient d'obtenir une autre texture.

À vous de compléter votre peinture par vos éléments favoris.

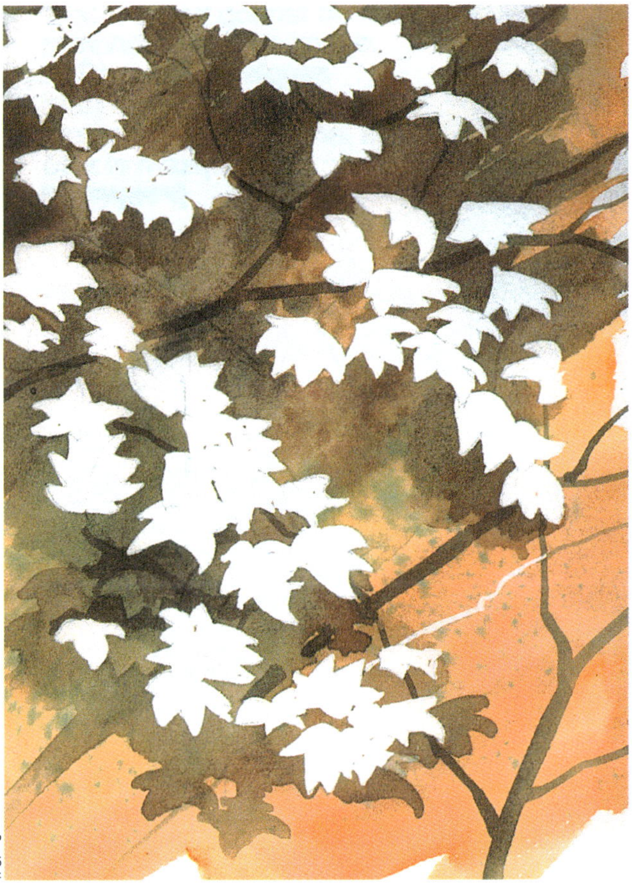

T. S. - c

◀ Après avoir posé vos couleurs de manière aléatoire à l'étape 1, vous allez vous attacher lors de cette étape intermédiaire à donner du volume à l'ensemble. Pour cela, créez des masses plus sombres et dessinez quelques branches.

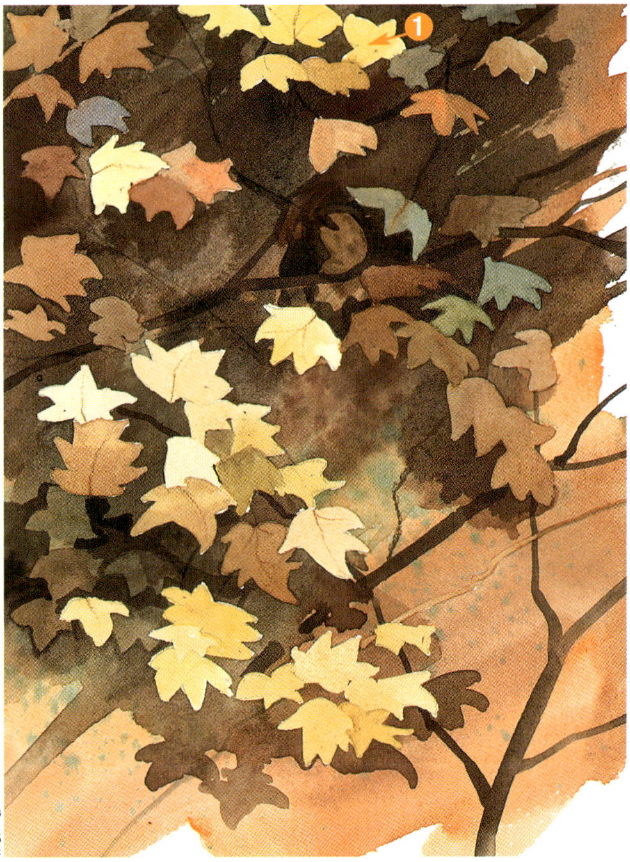

T. S. - d

◀ Peignez les feuilles les plus proches avec des teintes claires (à vous de définir lesquelles). Celles qui sont plus éloignées seront rendues par des teintes plus sombres. Utilisez quelques couleurs froides pour créer un équilibre. D'autres feuilles qui se trouvent dans la pénombre ou qui jonchent le sol (tout dépend de l'angle de vue) sont nettement plus foncées. Ces formes seront créées en négatif : il faut dessiner les contours pour obtenir l'effet souhaité.

Les fleurs

La composition florale est l'un des genres les plus appréciés de l'histoire de la peinture. Même peintes, les fleurs gardent leur magie. La richesse des couleurs flatte l'œil.

Pour bien rendre les fleurs, vous allez utiliser les couleurs les plus toniques et chercher à apprivoiser cette nature parfois sauvage sur votre feuille de papier. Cherchez le caractère propre à chaque espèce. Il faut donner vie à votre sujet grâce à tout un jeu de coloris plus vrais que nature.

Des fleurs en milieu naturel

Certaines fleurs sont disséminées dans la végétation sauvage (coquelicots dans les champs de blé, marguerites dans les prés, etc.). Elles apportent une note de gaieté au paysage. Dans les jardins, les fleurs cultivées des parterres permettent de réaliser un paysage riche en nuances, offrant une grande densité dans les couleurs.
Dans les deux cas, travaillez quelques fleurs du premier plan de façon nette et précise. Les autres peuvent rester floues, avec des teintes atténuées.

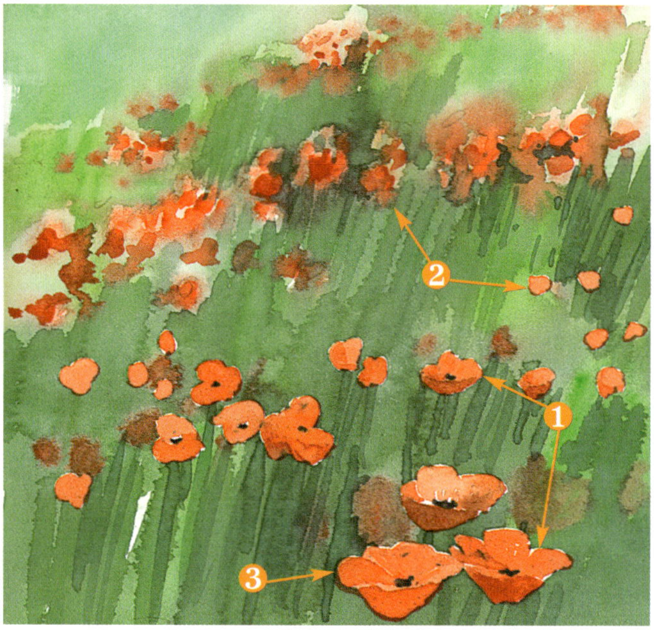

T.S. - a

▲Champ de coquelicots

❶ Repérez quelques fleurs parmi celles qui ont les formes les plus intéressantes. Mettez-les en avant, en les réservant avec de la gomme liquide pour leur donner le maximum de lumière. Ce sont celles qui seront les plus nettes et les plus colorées.
❷ Travaillez le fond en technique humide. Nuancez vos verts et laissez diffuser des touches de rouge.
❸ Après avoir retiré la gomme, travaillez les dernières fleurs.

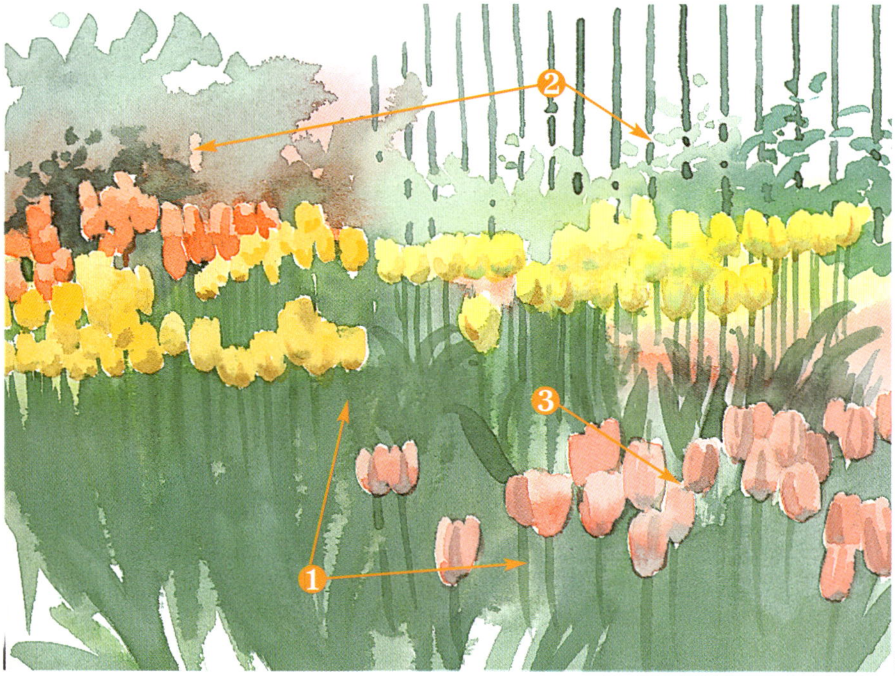

T.S. - b

▲Parterre de tulipes

❶ Réservez les fleurs au premier et au second plan.
❷ Travaillez les autres formes en technique mixte, en commençant par de légers lavis sur un fond humide. Reprenez les zones plus proches en technique sèche.
❸ Retirez la gomme et terminez les fleurs. Celles-ci devront être plus soigneusement détaillées.

Les bouquets

Lorsque les fleurs sont en gros plan, ne vous concentrez pas sur une zone précise. De fait, vous devez travailler l'ensemble.
Il ne s'agit pas de reproduire un bouquet, mais de créer une ambiance, de donner au tableau un écho qui va bien au-delà de la composition florale.
En effet, si une telle nature morte nous émeut, c'est assurément parce que nous aimons les fleurs, mais aussi les belles couleurs et les objets qui font partie de la composition.
Pour intégrer des roses jaunes dans une composition, nous avons choisi une cruche en terre cuite émaillée du même coloris. Quelques feuilles vertes bien découpées font ressortir les fleurs de cette ambiance chaleureuse et chaude.
Ainsi, le fond plus froid donne son équilibre à la composition.
La présence d'un jeu d'ombre et de lumière donne enfin du volume et de la profondeur à tout l'ensemble.
Cette technique très simple, qui consiste à projeter une ombre et à laisser claires les zones plus exposées à la lumière, vous permettra d'obtenir un magnifique bouquet.
Le dessin légendé ci-dessous va vous permettre de bien visualiser les principales étapes de la réalisation de ce bouquet de roses.

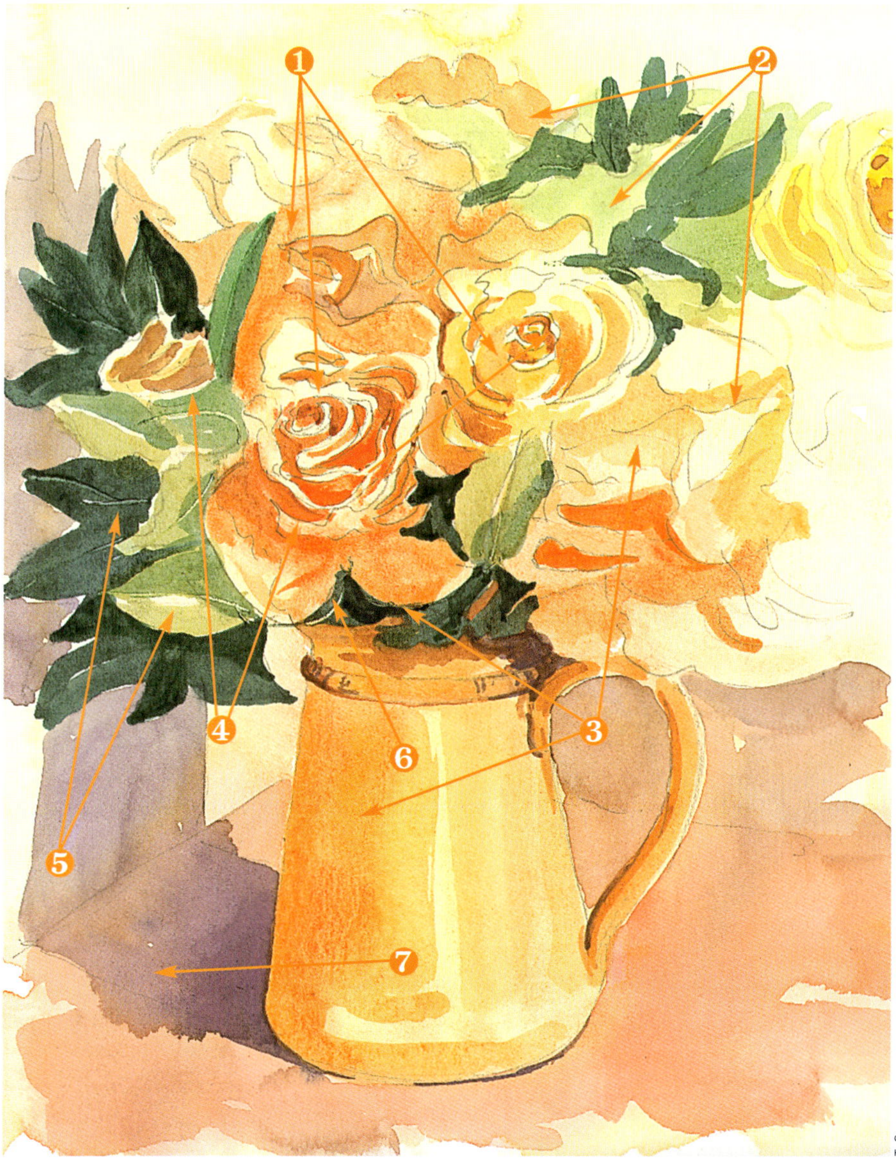

T. S. - C

▲ Un bouquet de roses

❶ Le dessin au crayon transparaît par endroits. Certaines roses dont le dessin est précis alternent avec d'autres zones de la composition où la peinture est atténuée.

❷ Ici, toutes les zones sont couvertes par des lavis, y compris le fond. Mais l'occasion de mettre quelques rehauts blancs peut très bien se présenter.

❸ Le travail a été effectué sur un fond sec. On a toutefois utilisé beaucoup d'eau pour poser les premiers lavis.

❹ Le bouquet est construit avec des lavis de plus en plus colorés.

❺ Un même lavis peut être appliqué sur plusieurs zones éparses.

❻ C'est quand on pose les verts que les fleurs se détachent du fond.

❼ Les ombres doivent être travaillées en dernier.

Fleurs en motif décoratif

Vous pouvez réaliser une composition florale et décorative qui convienne très bien à un motif de papier peint, un tissu coloré... Trouvez votre motif à partir d'une ou de plusieurs variétés de fleurs. Vous êtes entièrement libre de personnaliser le motif, de le simplifier, voire de faire abstraction du modèle de base. Cherchez des fleurs formées de motifs géométriques simples.

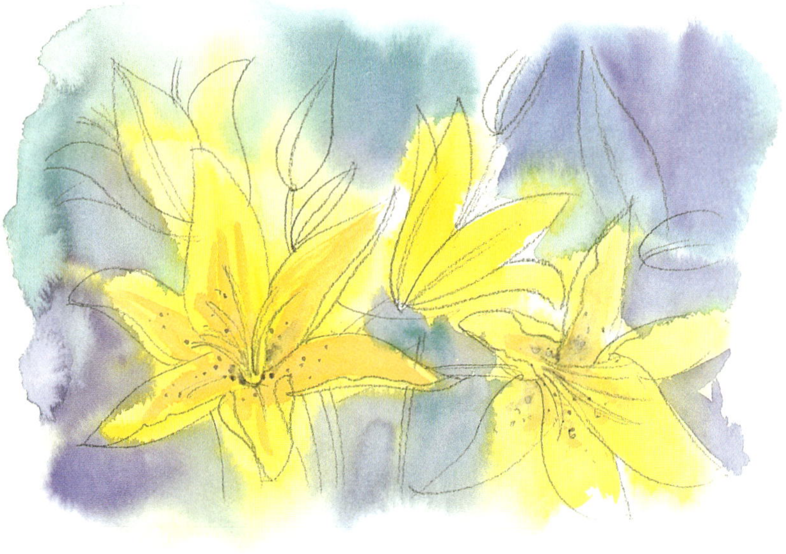

T.S. - b

▲ **La composition est réalisée en technique humide. Utilisez des lavis très dilués et laissez diffuser les couleurs.**

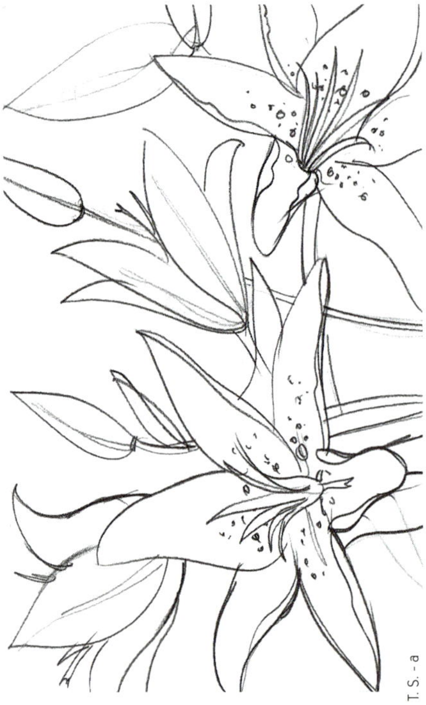

T.S. - a

▲ **Voici un exemple de composition que vous pouvez mettre en couleurs.**

Voyez sur notre exemple comment un même motif peut avoir des rendus très différents, selon la technique employée pour la mise en couleurs.

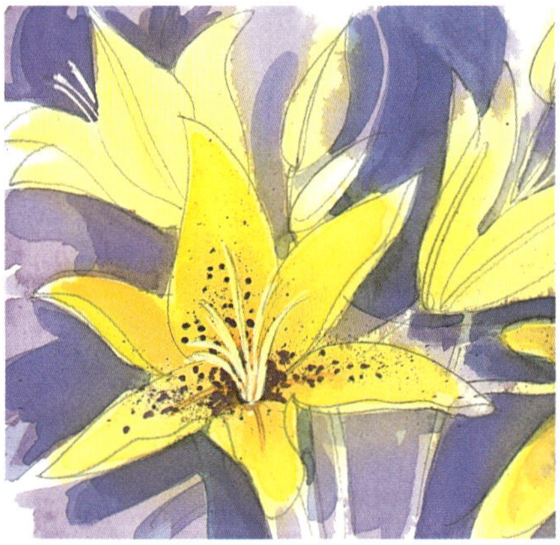

T.S. - c

▲ **La composition est réalisée en technique sèche.**

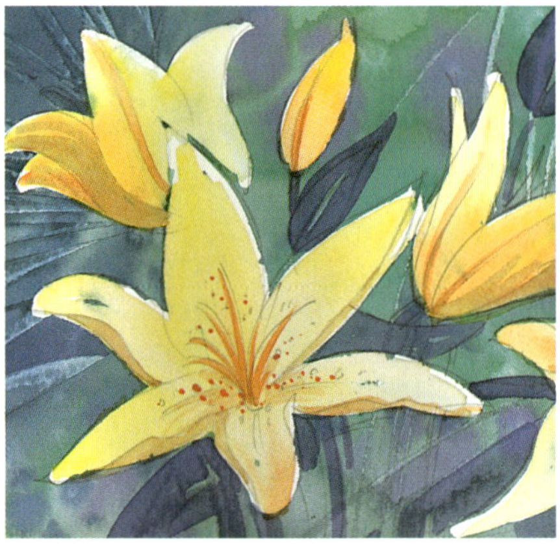

T.S. - d

▲ **La composition est réalisée en technique mixte. Les fleurs sont masquées à l'aide de gomme liquide. Travaillez le fond en technique humide. Laissez sécher.**
Les autres couches sont appliquées à sec. Retirez la gomme et travaillez les fleurs.

▼ **Vous recadrer le motif et créer des surfaces plus importantes.**

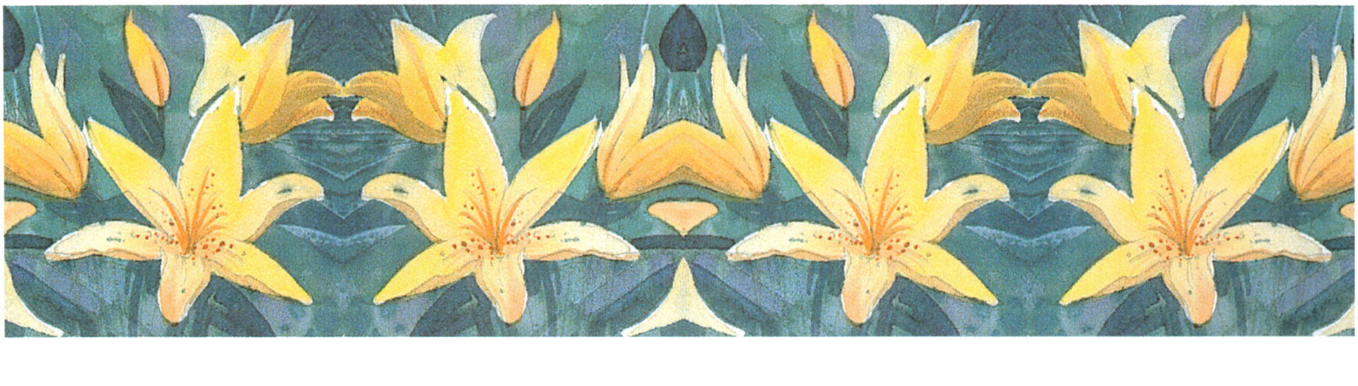

T.S. - e

Fleurs dans une composition

Quand les fleurs ne sont pas le sujet principal, ne mettez pas trop l'accent sur elles. Ayant un rôle purement décoratif, elles vont mettre en valeur les formes plus rigides de l'architecture d'une maison ou d'un coin de rue. Une aquarelle qui représente une rue ou un détail de bâtiment (fenêtre, porche...) est statique. Les fleurs, aux formes plus arrondies, apportent une touche de vie au tableau.

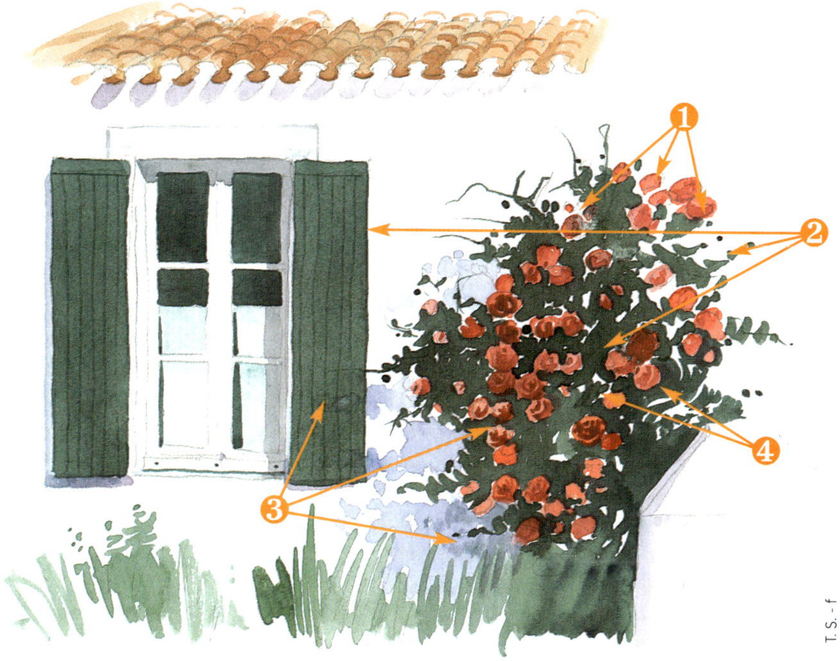

▲ Fenêtre et fleurs : deux sujets qui contrastent par leurs formes et leurs couleurs. Les roses agrémentent le tableau et brisent la monotonie du sujet. Pour obtenir un effet net et précis, utilisez la technique sèche (technique des rehauts).

Travaillez par couches transparentes superposées.

❶ Posez des touches de rouge carmin à l'emplacement des roses.

❷ Construisez la zone de vert tout autour, par petites touches superposées. Ce même vert est utilisé pour la fenêtre et les volets.

❸ Appliquez les autres lavis (herbes, ombres, rideaux, tuiles...).

❹ Terminez par quelques détails sur les pétales des roses.

Astuce

Ajoutez de la gomme arabique à vos mélanges. Les teintes y gagnent en transparence, en profondeur et aussi en qualité. Si vous aimez cet aspect, vous pouvez ajouter systématiquement 5 à 10 % de gomme arabique prête à l'emploi. Il existe deux façons de procéder :

- Utilisez une petite pipette ou une seringue en plastique pour ajouter une ou deux gouttes de gomme directement aux pastilles. Préparez ensuite vos mélanges comme d'habitude.
- Dans un petit récipient, préparez un mélange de 10 à 20 % de gomme prête à l'emploi et 80 à 90 % d'eau pure. Cette préparation remplace l'eau pure et sert à diluer les teintes de vos pastilles. Chaque fois que vous utilisez ce mélange, nettoyez bien votre pinceau dans un autre récipient.

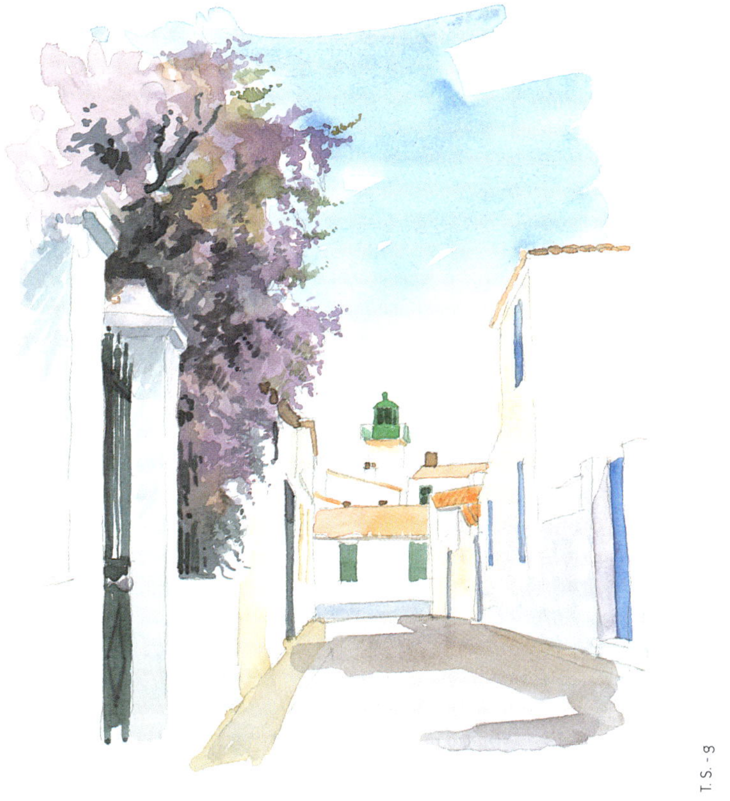

Une ruelle aux glycines. ▶ Dans cette ruelle surplombée de glycines, le sujet principal est le petit phare. Le regard s'oriente en zigzag à partir des glycines. Ensuite, l'œil est guidé et converge le long de la ruelle pour finalement s'arrêter au petit phare, centre d'intérêt du tableau.

Les couchers de soleil

L'aquarelle se prête à merveille au rendu des nuances subtiles et éphémères d'un ciel au crépuscule.

Les artistes ont presque tous cherché à saisir l'instant magique d'un coucher de soleil.
Le bord de mer est idéal pour essayer de capter cette merveilleuse ambiance du soir. Procédons par étapes...

Première étape

Pour représenter le soleil, la méthode la plus facile est de réserver le disque solaire avec de la gomme liquide. Vous pourrez alors poser librement vos lavis.

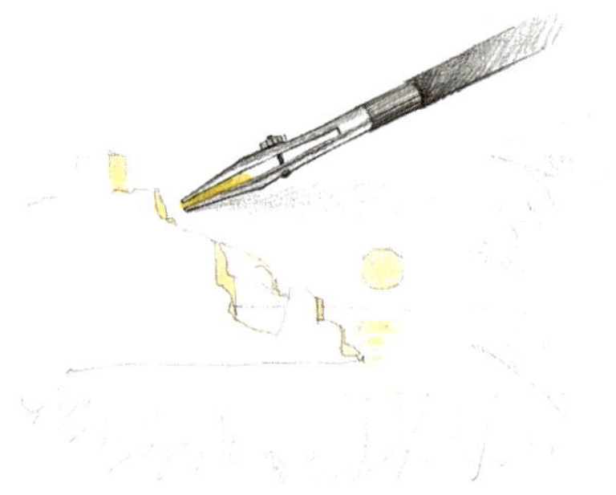

▲ Avec la gomme liquide, masquez le soleil et placez des rehauts lumineux sur la mer et les rochers.

Deuxième étape

Humidifiez la feuille avec un gros pinceau. Préférez le pinceau à l'éponge : cette dernière frotte la feuille et risque d'abîmer les zones qui sont couvertes de gomme.
Sur la surface humide, réalisez un dégradé allant du jaune orangé (en haut du ciel) au violet (vers l'horizon).
N'oubliez pas que le dégradé du ciel se reflète dans la mer.

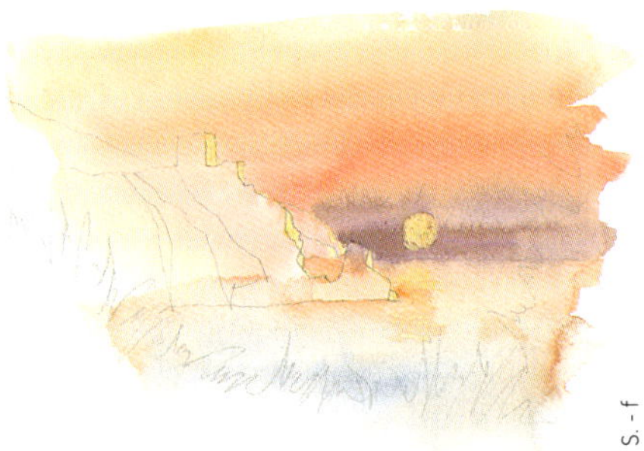

▲ Essayez de poser votre dégradé alors que la surface est humide (du jaune orangé au violet).

Du bon usage de la gomme liquide

Pour éviter l'encrassement rapide de votre pinceau (un vieux pinceau réservé à l'application de la gomme liquide), utilisez un tire-ligne. Sa petite manette permet de régler le débit du liquide et de moduler l'épaisseur du trait souhaité. Vous pourrez même couvrir de petites surfaces.

Ajoutez une teinte claire à votre gomme liquide (quelques gouttes suffisent). Ainsi, vous repérerez facilement les zones qui sont réservées.
Attendez que les couleurs alentour soient bien sèches avant de retirer la gomme, afin de ne pas risquer de faire des traces.

Aspects du ciel

L'utilisation de teintes neutres et l'équilibre des couleurs chaudes et froides contribuent au bon rendu d'un coucher de soleil. Évitez de recourir à l'excès aux rouges-roses-orangés. Un ciel limpide, sans nuages, peut se traduire par de légers dégradés. En revanche, rendre un ciel nuageux nécessite beaucoup d'attention. Proches de l'horizon, les nuages reflètent la lumière du soleil à leur base. À mesure que l'on s'éloigne de l'astre, les nuages prennent de l'ampleur et foncent à leur sommet.

Troisième étape

Utilisez les mêmes teintes (un mélange de bleu de cobalt et d'orange), mais plus foncées, pour peindre les rochers. Pensez aux couleurs complémentaires qui, par mélange, donnent les « neutres ».

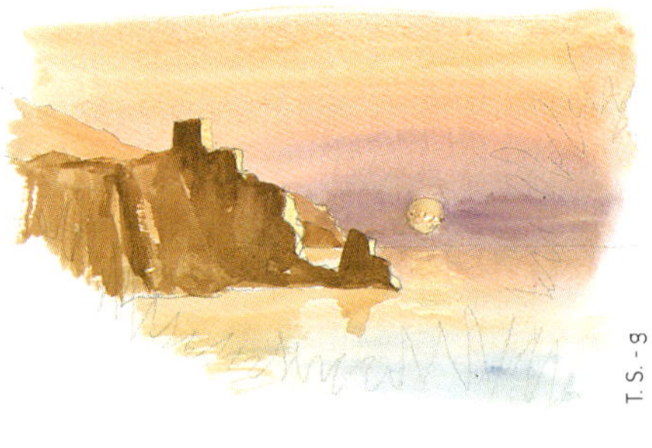

▲ Pensez davantage « harmonie » que « contrastes ».

Quatrième étape

Frottez les zones masquées avec un doigt pour ôter les réserves, puis retouchez les rehauts avec un léger jus coloré.

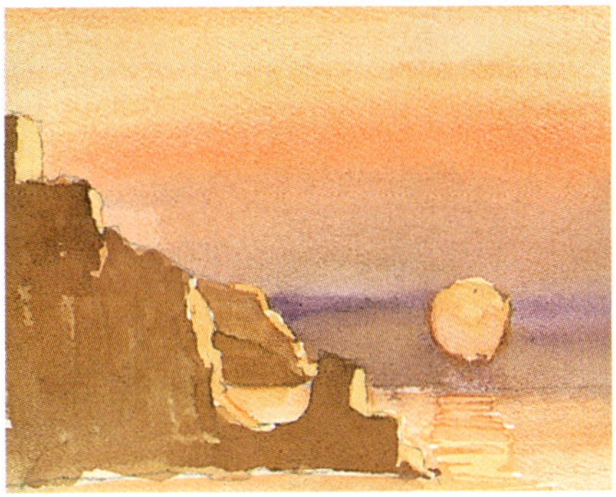

T. S. - h

▲ En fonction de la tonalité du soleil, votre jus coloré ira du jaune au rouge.

Cinquième étape

Travaillez le premier plan. Afin d'accentuer l'impression de contre-jour, utilisez des nuances très sombres pour suggérer la végétation.

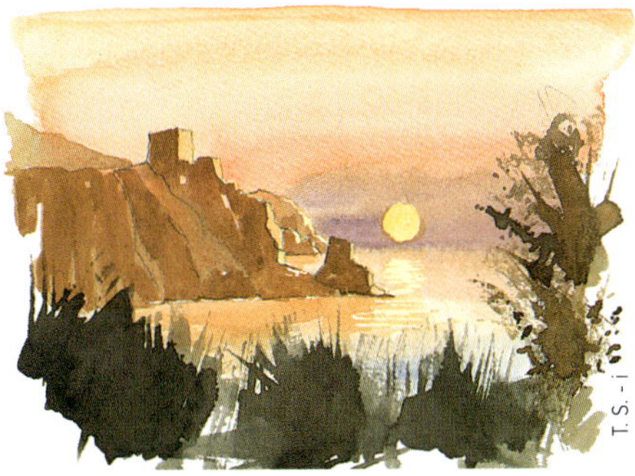

T. S. - i

▲ Voici le premier plan en place, et l'œuvre en phase finale. Notez l'utilisation de l'éponge pour diversifier les formes.

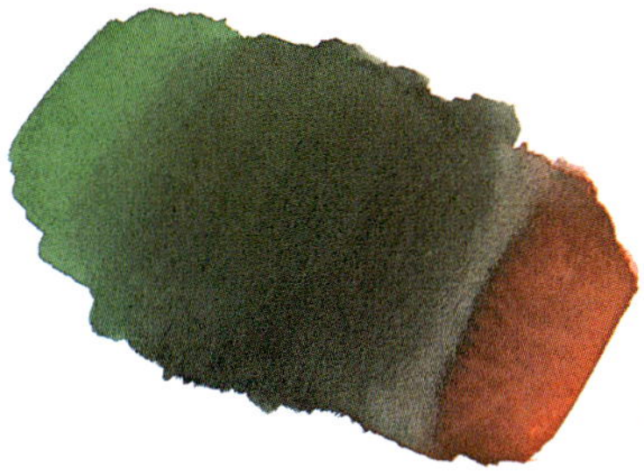

T. S. - b

▲ Pour rester dans l'harmonie des teintes, utilisez les gris colorés issus des complémentaires. Ici, le mélange de rouge et de vert bleuâtre permet d'obtenir un ton proche du noir.

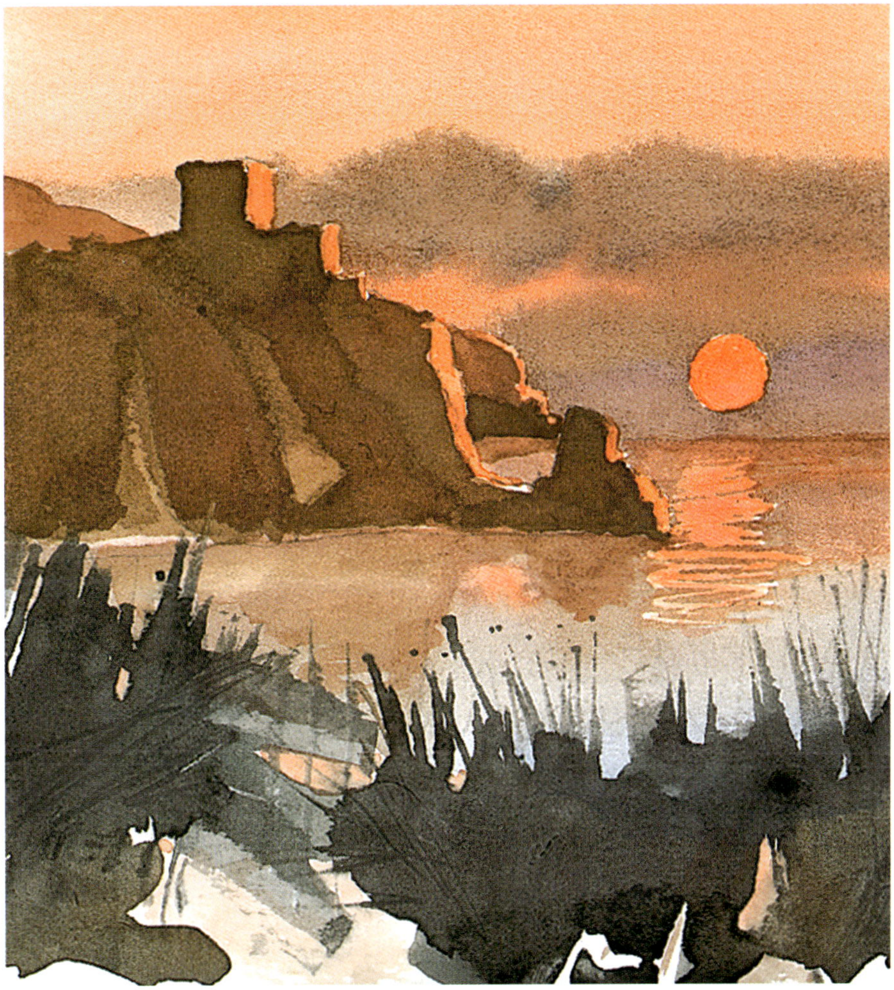

T. S. - d

▲ Chaque fois que vous modifiez la teinte du disque solaire, vous créez une autre ambiance. Ici, le rouge du soleil indique l'imminence du coucher et la densité de la masse nuageuse à l'horizon.

Astuce

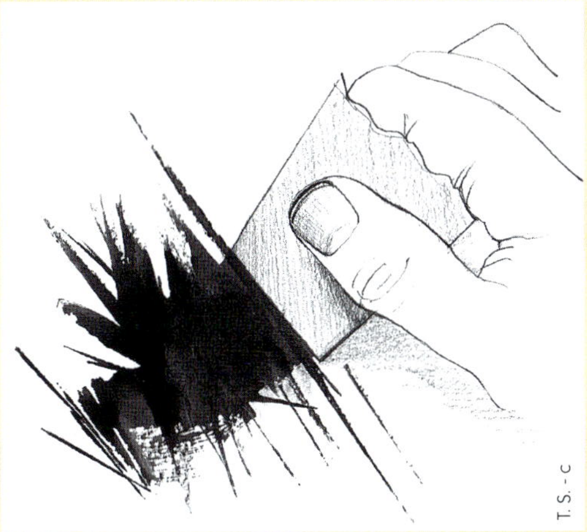

T. S. - c

Pour réussir un premier plan composé d'herbes, voici une technique qui vous étonnera à coup sûr par son rendu et sa simplicité d'utilisation.

- Servez-vous d'un morceau de papier aquarelle (300 g) pour animer la surface.
- En utilisant le fil de la feuille, vous imprimez une ligne.
- En faisant glisser cette feuille dans une tache de couleur, vous créez un aplat qui sera d'autant plus intéressant qu'il sera spontané.
- Malgré tout, vous pouvez aisément contrôler vos gestes. Faites des mouvements saccadés, des glissés-posés. Avec un peu d'entraînement, vous allez vite devenir maître en la matière !

Exercice

Nous allons utiliser deux images, dans des tonalités bien différentes, pour représenter un coucher de soleil sur la mer.

La première photographie sera la source d'inspiration : des nuages qui se reflètent dans la mer. À vous de placer le soleil couchant selon votre choix. Nous vous proposons par ailleurs une deuxième image, qui vous montrera l'aspect d'un ciel au crépuscule.

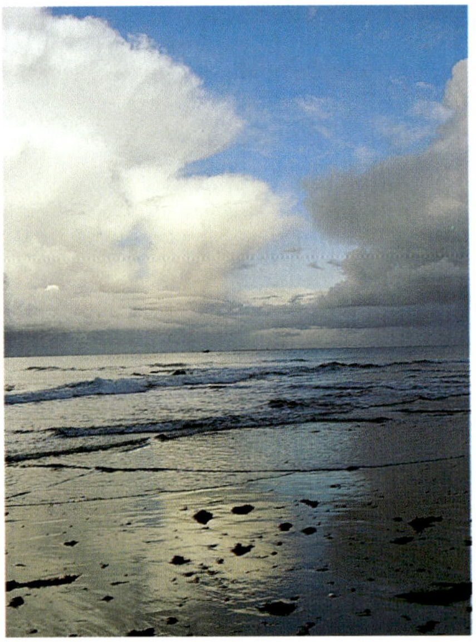

T. S. - j

▲ Ce beau ciel nuageux sera votre point de départ.

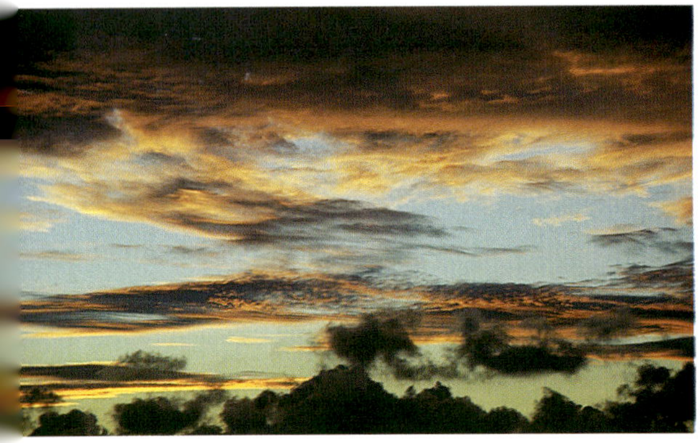

T. S. - k

▲ Ce crépuscule servira de modèle pour rendre le ciel au coucher du soleil.

Créer une ambiance

Le cadrage

Plusieurs situations se présentent à vous : soit vous mettez le ciel en valeur, soit vous donnez plus d'importance à la mer.
Si l'étude des nuages vous intéresse, optez alors pour la première solution.
En revanche, si l'aspect de la mer vous inspire, cadrez votre dessin de telle sorte que la ligne d'horizon se trouve plutôt vers le haut de votre travail.
À vous de faire le choix, selon l'ambiance que vous souhaitez obtenir.

L'emplacement du soleil

C'est l'emplacement du soleil qui déterminera la luminosité et la tonalité générale du sujet.
De lui va découler tout le travail d'ombre et de lumière.
On peut isoler quatre cas de figure, représentés par les schémas suivants.

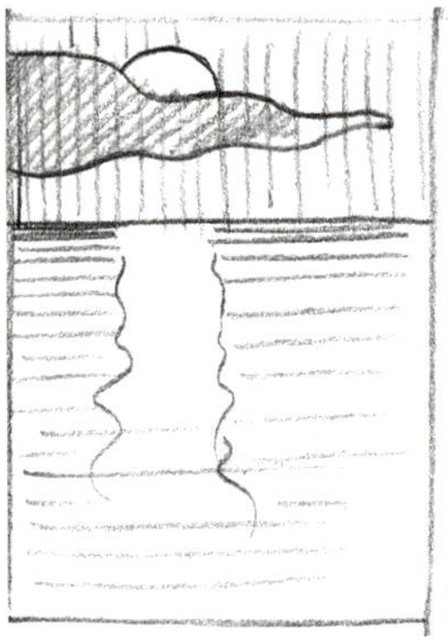

T. S. - a

◀ Le soleil est à moitié caché par les nuages.

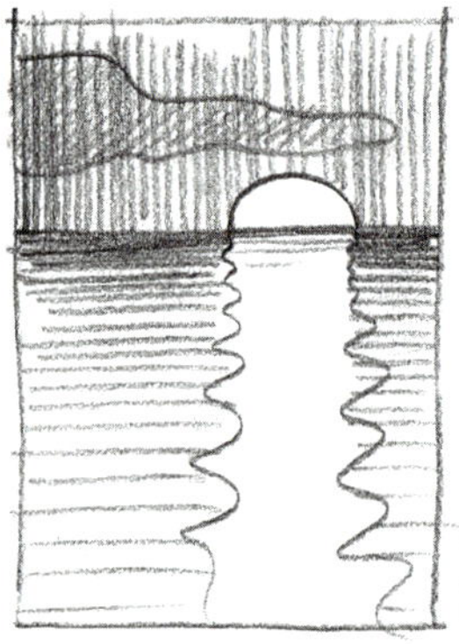

T. S. - c

◀ Le soleil est à moitié caché par la ligne d'horizon.

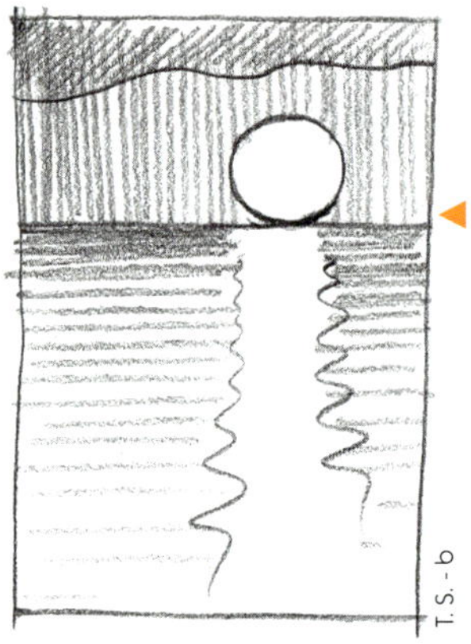

T. S. - b

◀ Le soleil se situe près de l'horizon, ou il touche la ligne d'horizon.

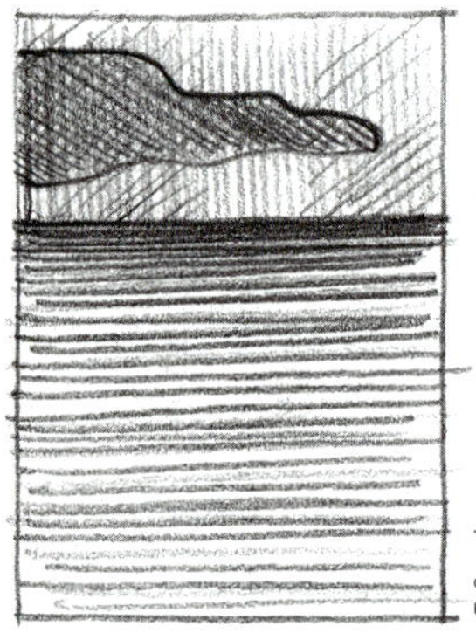

T. S. - d

◀ Le soleil est complètement caché par les nuages, ou alors il est déjà couché.

La réalisation

Le cadrage

La solution qui semble la plus évidente est de placer la ligne d'horizon dans la partie haute du sujet. La raison de ce choix est l'intérêt que présente la mer dans ce coucher de soleil. Les lumières rosées des nuages se reflètent à merveille dans cette mer calme, ponctuée par le rythme de petites vagues. Les roches et algues qui surgissent hors de l'eau sont autant d'éléments qui accrochent le regard et, en même temps, déterminent le premier plan. C'est un point très important dans les cas où la mer constitue le sujet majeur de l'œuvre à réaliser.

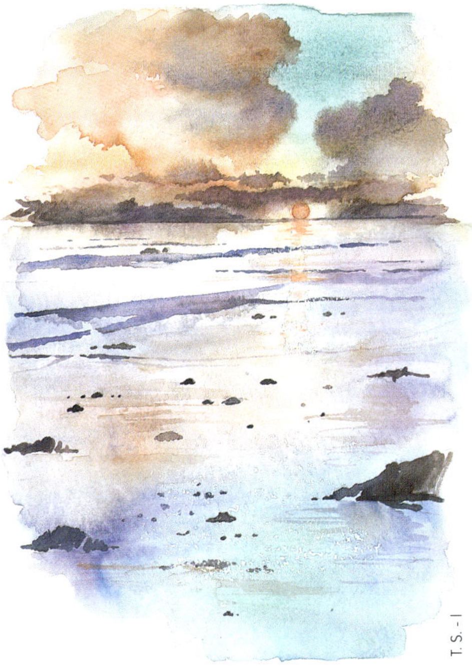

T. S. - l

▲ La ligne d'horizon est située dans le tiers supérieur de l'aquarelle afin de privilégier la mer et les reflets du soleil dans l'eau.

L'emplacement du soleil

Placez-le à l'endroit le plus évident : juste au-dessus de la ligne d'horizon.

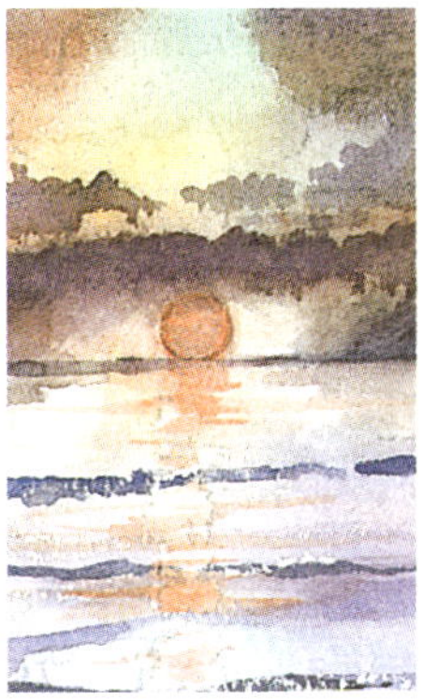

T. S. - e

◄ Ici, le soleil s'apprête à disparaître sous l'horizon. Ses reflets prennent une place importante.

Les techniques et le développement du travail

Pour représenter le soleil et les reflets, utilisez la technique de la cire. Le frottis de la bougie à la surface de l'eau rend à merveille les petits rehauts lumineux.

T. S. - f

▲ Observez le résultat obtenu grâce au frottis de la bougie à la surface de l'eau.

Travaillez en technique humide sur toute la feuille (mer + ciel) et posez les premiers lavis en essayant de contrôler leur diffusion (il faut absorber le trop-plein de peinture ou alors en rajouter le cas échéant).

Progressivement, construisez les volumes et les ombres, toujours en technique humide.

Au fur et à mesure de l'avancement des travaux, le fond commence à sécher.

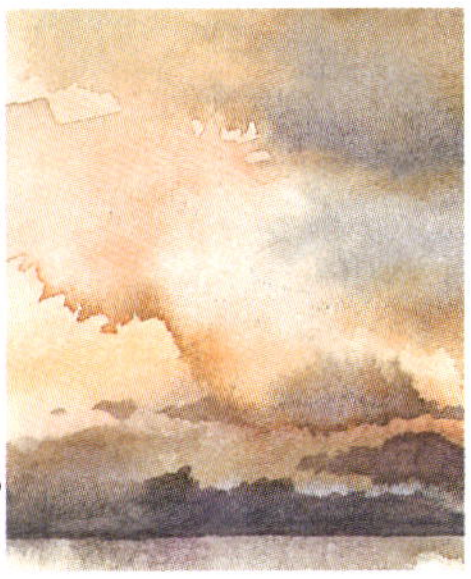

T. S. - g

◄ Les masses nuageuses sont travaillées en technique humide.
Les zones qui demandaient une retouche complémentaire ont été réhumidifiées.

Les éléments foncés sont posés en technique sèche. Ce sont les ombres sur les vaguelettes et, bien sûr, les algues et les galets qui émergent.

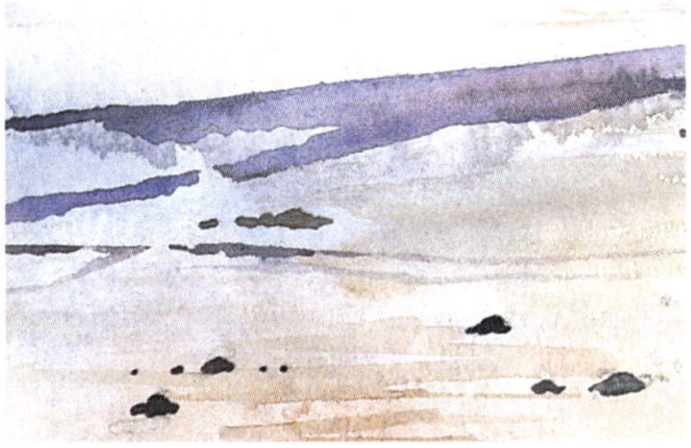

T. S. - h

▲ Les éléments les plus foncés sont travaillés en technique sèche.

Apportez une touche personnelle en transformant certaines pierres du premier plan.

Absorbez la cire à l'aide d'un fer à repasser et d'un papier buvard, ce qui permet de mettre les touches finales.

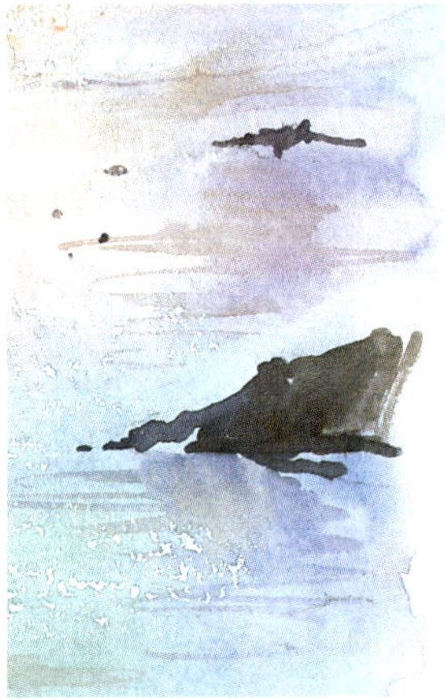

T. S. - i

▲ Les pierres du premier plan peuvent être retouchées.

Les nuages

Tels des météorologues, nous allons scruter le ciel et traquer ses moindres variations. Mais même le temps couvert nous réjouira, car il est depuis toujours une riche source d'inspiration pour les peintres.

Munissez-vous de vos godets, pinceaux, gobelet d'eau, papier de brouillon, chiffon, mouchoir en papier, papier absorbant et éponge.
Avant de pouvoir animer un ciel avec toutes sortes de nuages, il faut apprendre à le peindre par beau temps.

Le ciel sans nuages

Nous pouvons constater qu'un ciel n'est jamais uniforme.
En effet, au zénith il paraît beaucoup plus lumineux alors qu'à l'horizon il perd de son intensité.
Ne représentez jamais le ciel par un lavis uniforme.
Essayez d'imaginer une voûte qui l'englobe. La technique du dégradé est donc spécialement recommandée.
Humidifiez votre papier sur toute la surface du ciel. Après avoir choisi le bleu qui vous semble le mieux adapté, réalisez votre dégradé vertical.
Vous pouvez adjoindre un soupçon de rouge là où le ciel vous paraît le plus profond, c'est-à-dire au zénith.
Vers l'horizon, dégradez la couleur du ciel en y ajoutant davantage d'eau.
Ajoutez également une petite pointe de jaune.

T.S. - a

▲ **La technique du dégradé est la plus appropriée pour représenter un ciel par beau temps. Réalisez votre dégradé sur un fond humide en procédant du plus foncé au plus clair.**

Les nuages de beau temps

Cirrus et cirrostratus

Ils évoquent un ciel d'été. Observez attentivement leurs légères formes duveteuses qui s'effilochent au gré des vents. Ce genre de nuages se caractérise par une succession de diagonales. Marquées au premier plan, elles s'estompent et deviennent presque horizontales dans le lointain. Pensez aux lois de la perspective : les nuages diminuent de volume, se rapprochent jusqu'à se toucher vers l'horizon.

> **Astuce**
>
> Pour bien dessiner des nuages, il importe de faire des esquisses en plein air. En effet, leurs formes fugitives doivent être réalisées rapidement. L'aquarelle est idéale pour ce type de réalisation.

En aquarelle, pour représenter ce type de nuages, la meilleure méthode est celle de la soustraction des couleurs. Il s'agit d'absorber le bleu du ciel sur le fond humide avec un petit morceau de chiffon ou un mouchoir en papier. Sur un fond bien humide, posez un dégradé.

T.S. - b

▲ **Réalisez le fond en dégradé. Si vous avez acquis un peu d'expérience, vous pouvez procéder du plus clair au plus foncé. Dans ce cas, retournez votre feuille au préalable.**

Puis, à l'aide d'un papier absorbant, retirez de petites zones de peinture fraîche en commençant par le haut du ciel. Pliez le papier absorbant de façon à créer des formes irrégulières ou des torsades pour obtenir un meilleur effet. Utilisez une éponge naturelle pour estomper les blancs trop « durs ». Respectez le sens des nuages (les lignes diagonales en haut du ciel deviennent horizontales en bas du ciel).
L'effet peut varier en fonction de l'humidité du fond.

T.S. - c

▲ Estompez avec un chiffon ou un mouchoir en papier, puis avec une éponge naturelle.

Cumulus

Ce sont d'autres nuages de beau temps, à contours nets, qui annoncent souvent la pluie à venir. Souvent représentés dans les aquarelles, ils ont des formes bien dessinées. Leur base est plate (dans les tons sombres), alors que les sommets (lumineux et blancs) possèdent des protubérances arrondies en forme de coupole.
Travaillez toujours en technique humide. Il s'agit de soustraire la couleur au sommet des nuages et d'en ajouter vers le bas. Plusieurs passages sont parfois nécessaires. Avant tout, il faut bien observer les formes et les couleurs des cumulus.
Posez un lavis frais de bleu de cobalt. Avec une éponge naturelle, estompez les parties claires et hautes des nuages. Avec un mouchoir en papier sec, formez leurs sommets définitifs (ce seront les zones les plus claires).
Utilisez le pinceau et continuez de travailler « dans l'humide » en posant de petites touches de couleur neutre vers le bas des nuages (essayez d'utiliser le mélange du bleu du ciel avec la complémentaire).
Une fois la surface sèche, vous pouvez compléter par quelques lavis superposés, en prenant soin de garder les rehauts blancs qui se forment en haut des nuages. L'ajout de tons chauds contribue à donner du corps et à créer le volume des nuages.
L'effet de perspective est bien rendu par les petits nuages qui donnent de la profondeur.

T.S. - e

▲ Estompez la forme des cumulus dans le lavis frais, puis complétez par des touches de couleur neutre dans le bas.

T.S. - d

▲ Le fond est plus humide.

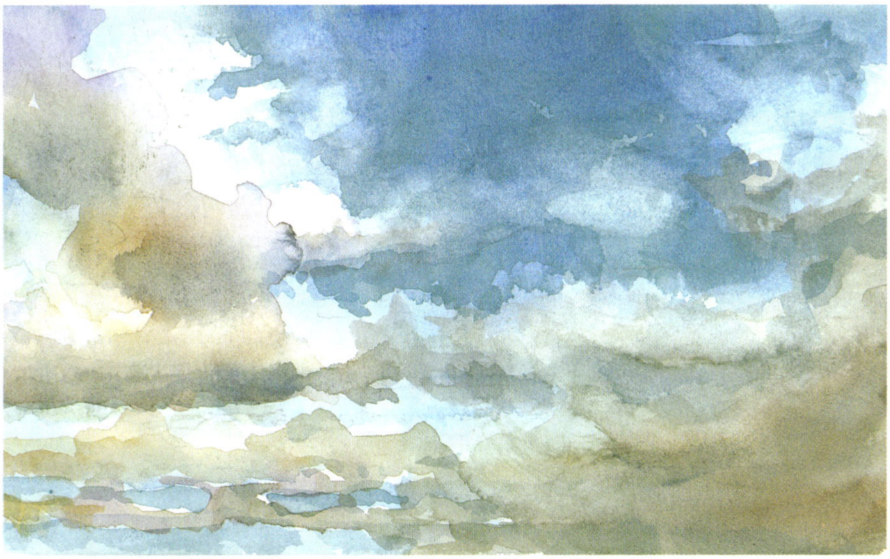

T.S. - f

▲ Le travail par lavis superposés renforce la profondeur des nuages.

Les nuages par temps venteux

La nature n'offre pas que des ciels sereins. Toutefois, s'il n'est pas toujours agréable de se trouver sous la tempête, on prend souvent bien du plaisir à contempler un ciel très couvert, tant ses couleurs et les formes de ses nuages peuvent être belles et variées.
Les formations nuageuses qui caractérisent les ciels de traîne après la pluie sont impossibles à reproduire avec fidélité tant leur forme et leur structure évoluent rapidement.
En aquarelle, on utilise alternativement la technique sèche et la technique humide.
Servez-vous de l'éponge pour essuyer certaines zones.

Ciel venteux peu nuageux

Utilisez un gros pinceau très peu chargé de peinture bleue. Procédez à un balayage horizontal très rapide pour que la couleur effleure la surface granuleuse du papier aquarelle.
Au cours du balayage, certaines zones ne seront pas même effleurées. Elles resteront blanches et représenteront les nuages poussés par le vent. Le geste rapide du pinceau donne son aspect dynamique au ciel. Naturellement, par effet de perspective, les blancs vont diminuer dans le bas du ciel. Vous pourrez humidifier cette partie pour créer un flou dans le lointain.
Ce type de ciel correspond parfaitement à des aquarelles légères, qui sont relativement peu travaillées.
L'essentiel est finalement exprimé avec peu de choses.

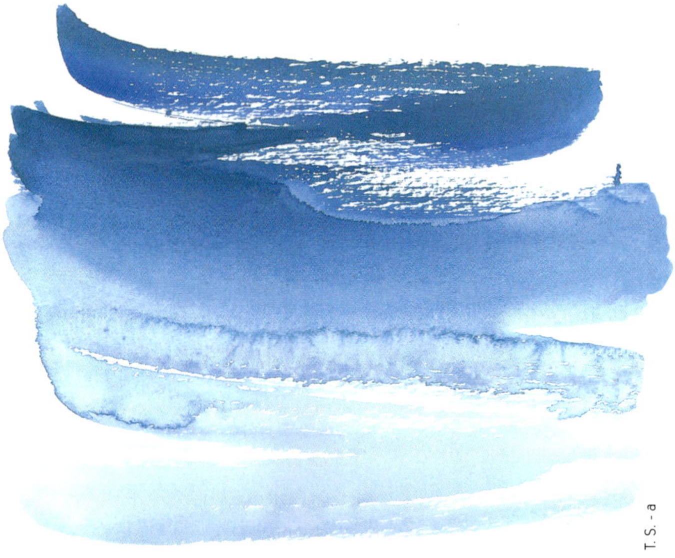

▲ **Afin de reproduire l'aspect dynamique d'un ciel venteux avec peu de nuages, procédez par gestes rapides du pinceau (très peu chargé en peinture) en laissant quelques surfaces blanches pour évoquer les nuages.**

Ciel venteux très nuageux

Appliquez les premiers lavis sur un fond sec. Au premier plan, les nuages sont plus épais et doivent être travaillés davantage. Leur base est rendue par des lavis chauds (mélange de couleurs terre, d'ocres).
Utilisez alternativement la technique sèche et humide.
Travaillez par des superpositions de lavis transparents et fluides.
Toujours pour donner l'impression de mouvement, procédez par touches expressives, avec des gestes légers.

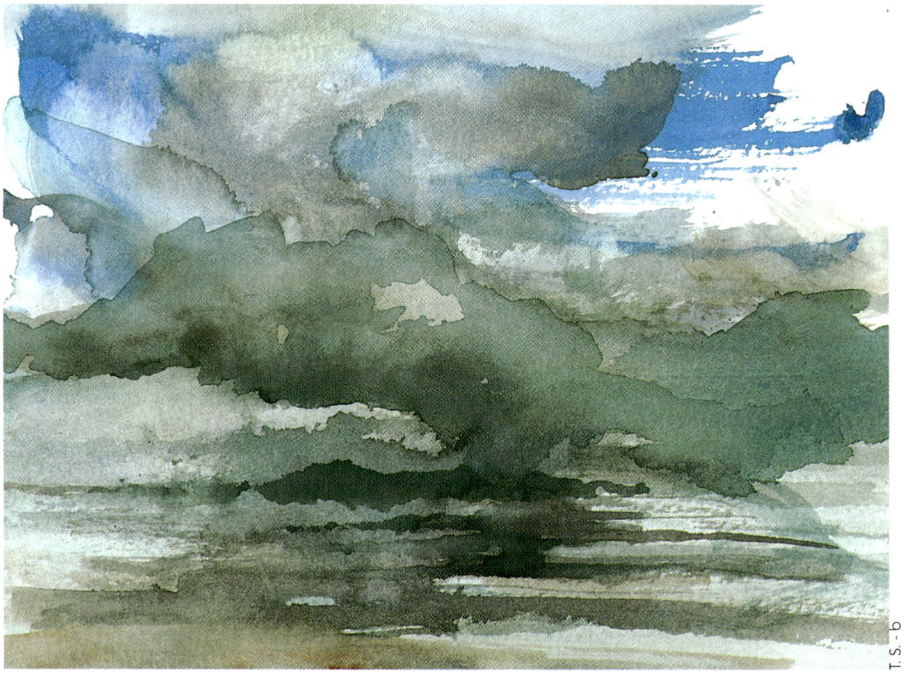

▲ **Pour représenter un ciel très nuageux, alternez technique sèche et technique humide. Les nuages du premier plan, plus épais, doivent être davantage travaillés que ceux de l'arrière-plan, qui donnent l'impression de se déplacer un peu plus rapidement.**

Les nuages de pluie

Cumulo-nimbus, strato-cumulus... des noms qui ne vous disent peut-être pas grand-chose, mais leur simple vue annonce l'imminence d'une bonne averse.
Ce sont soit des nuages bas qui se présentent en couches épaisses, soit des nuages volumineux et de développement vertical, d'aspect foncé, qui déclenchent très souvent un orage ou une chute de grêle.
Mouillez votre feuille de papier aquarelle et appliquez généreusement toutes sortes de gris colorés, qui traduisent la tonalité de vos nuages. Ces derniers n'étant ni plus ni moins que des amas de vapeur d'eau, leur couleur varie en fonction de la lumière. Des bleus violacés ou rosés aux bruns et aux beiges chauds, les possibilités sont innombrables et vous laissent toute liberté dans votre interprétation. Sachez que plus les nuages seront sombres, plus ils prendront un aspect menaçants et plus l'atmosphère de votre aquarelle sera « pesante ».
Des projections de peinture ou d'eau pure peuvent ajouter un effet de brume intéressant.
Modelez la forme des nuages avec une éponge naturelle et un mouchoir en papier pour soustraire la couleur.
Ajoutez des lavis humides à la base des nuages, créez des traînées de lumière en enlevant de la couleur avec un pinceau doux par endroits. Complétez enfin par des effets de pluie obtenus grâce à de petits grattages évocateurs, qui partent de la base de la masse nuageuse.

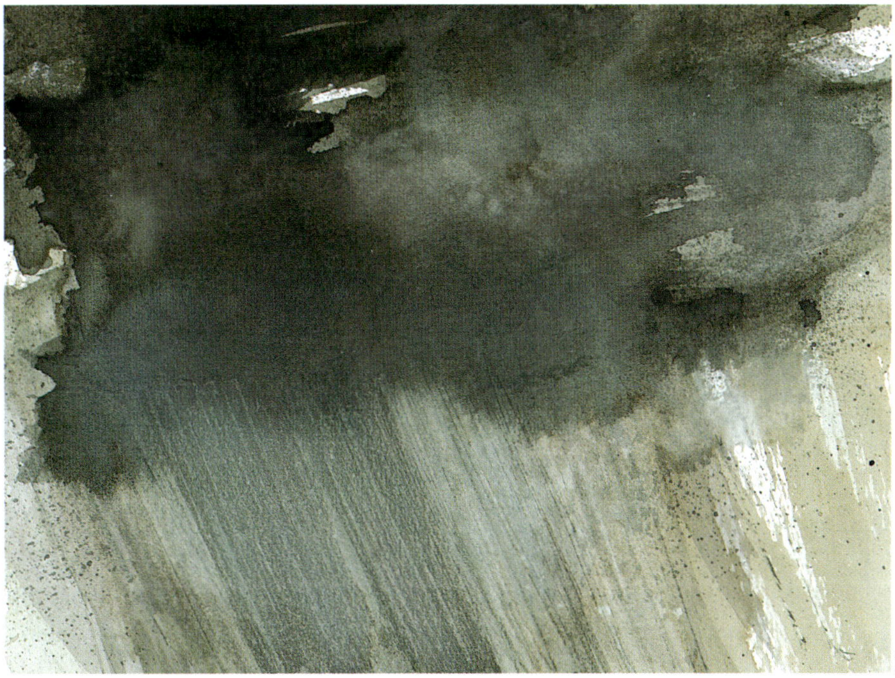

T.S. - c

▲ La masse nuageuse, très lourde, est rendue par des gris sombres et nuancés. Travaillez toujours dans le mouillé. Utilisez également l'éponge et le papier absorbant, qui sont les deux matériaux de base pour réussir ce type de ciels. La pluie peut être rendue au moyen de grattages obliques. Dans l'épaisseur des nuages, on peut inclure des projections de peinture ou d'eau pure pour évoquer les fines particules d'eau en suspension.

Un ciel de tempête

Pour reproduire un ciel en proie à la tempête, les gestes doivent être encore plus rapides et plus vigoureux, les effets plus marqués. On doit véritablement ressentir les éléments qui font rage. N'ayez pas peur de trop en faire. N'hésitez pas à « maltraiter » votre feuille : le résultat n'en sera ainsi que plus évocateur.

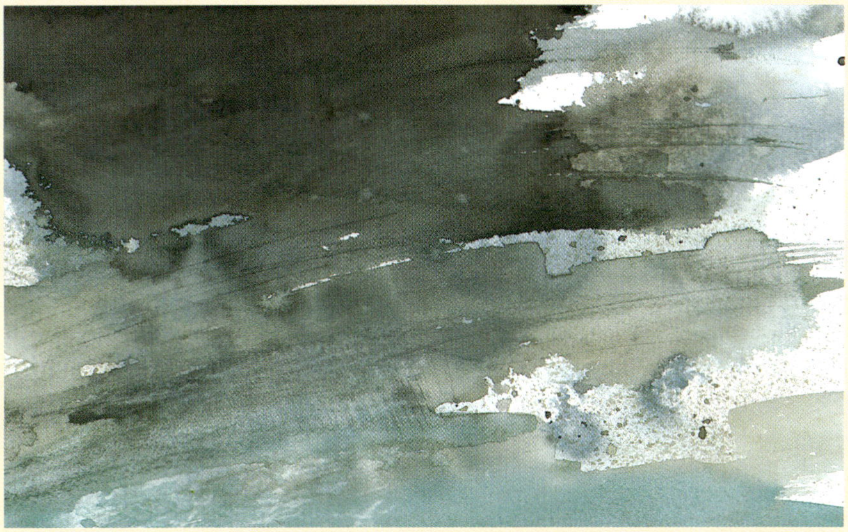

T.S. - d

▲ Les éléments se déchaînent, comme la main et le pinceau de l'aquarelliste. Les coups de pinceau sont vifs et les projections abondantes.

Brumes et brouillards

Les brumes et brouillards sont un autre thème favori de l'aquarelliste, qui aime à représenter les paysages flous et vaporeux. Il faut en convenir : l'aquarelle s'y prête à merveille.

La réussite d'un paysage brumeux à l'aquarelle réside dans la simplicité des formes et dans la sobriété de la méthode utilisée.

La méthode

Elle consiste à travailler sur un fond mouillé avec des teintes très délavées. Peu de touches sont nécessaires pour traduire la grisaille au loin. Il s'agit ensuite de décrire les formes d'une façon plus précise par des lavis superposés et des teintes plus saturées, de laisser sécher puis, éventuellement, de soustraire les pigments de couleur avec une éponge propre imbibée d'eau pour adoucir certaines parties. En dernier lieu, il faut absorber et sécher le tout avec un papier essuie-tout.
Ces sujets se travaillent avec beaucoup d'eau ; alors n'oubliez pas de tendre votre feuille pour éviter qu'elle ne gondole. Voici deux exemples qui vont illustrer nos propos.

Deux cas de figure

- La brume n'est pas généralisée. Elle estompe toutes les zones lointaines et coupe le paysage en deux. De plus, le premier plan est net et contraste avec le flou du fond.
- Le brouillard est omniprésent. Les formes sont diffuses, perdues dans la grisaille. Tout est douceur et subtilité.

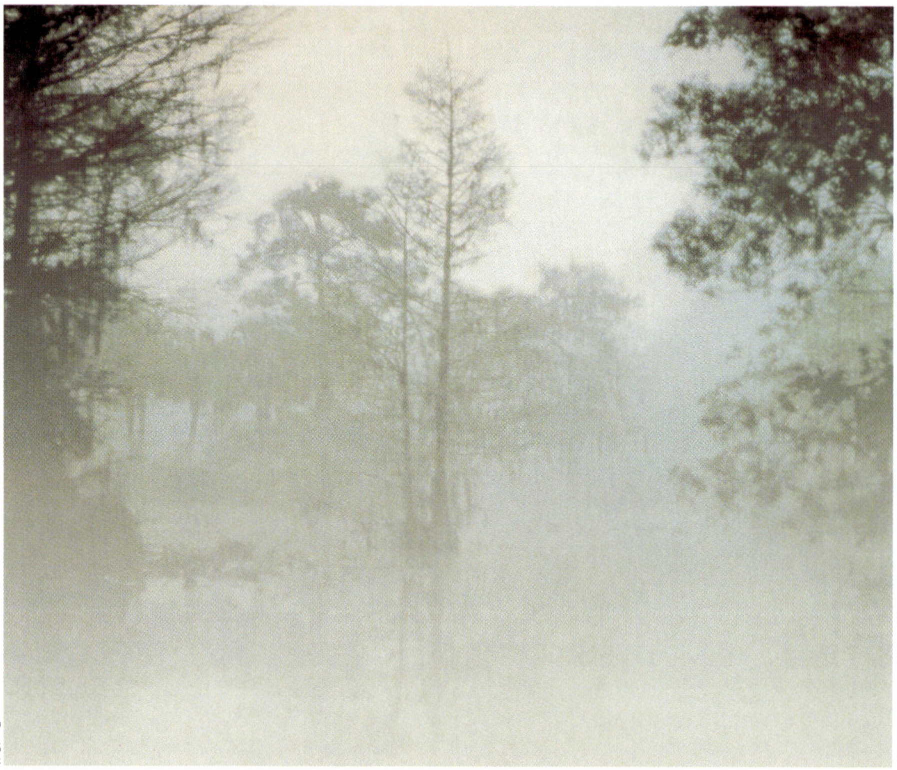

T.S. - a

▲ Le modèle : un paysage marécageux et forestier noyé dans la brume

Brouillard intense

Dans ce premier sujet, le dessin des branches des arbres émerge d'un paysage forestier noyé de brume.
Le brouillard opère comme un filtre. Il estompe les formes, atténue l'intensité des couleurs, en diminue les détails.
Vous pouvez le reproduire en suivant les trois étapes de réalisation que nous vous proposons.

Les couleurs

- Vert bleuâtre
- Violet
- Ocre jaune
- Gris de Payne

Étape n° 1

Pour réaliser ce paysage, utilisez pour commencer une base de gris de Payne. Ce gris sera complété par d'autres teintes selon la tonalité recherchée (notre choix s'est arrêté sur l'ocre jaune et le violet).

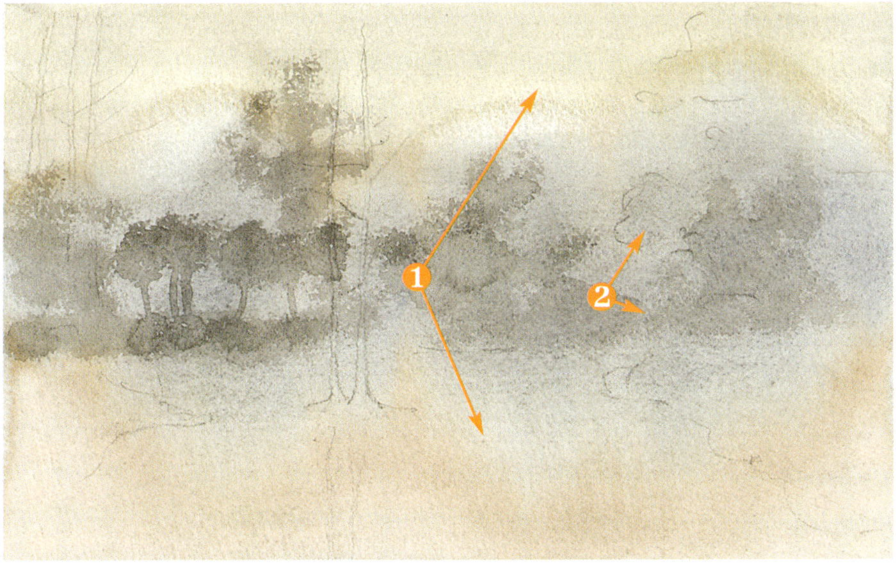

T.S. - b

◄ Étape n° 1
❶ Commencez par poser un léger jus de la couleur dominante sur toute la feuille. Vous pouvez réaliser un dégradé ou un lavis nuancé (plus d'ocre vers le haut et davantage de violet vers le bas).
❷ Posez les formes floues de l'arrière-plan sur le fond encore humide (gris + vert bleuâtre).

Astuce

Voici un petit truc pour réaliser les branches fines : au moment où vous peignez le tronc, utilisez une plume en bambou ou, à défaut, un cure-dents pour étaler la couleur. Il s'agit de repousser la peinture de part et d'autre du tronc pour obtenir de fins tracés. Déposez suffisamment de peinture pour réaliser l'opération.

Étape n° 2

Attaquez-vous à présent aux arbres et au feuillage, en veillant à nuancer les flous les plus « délavés », qui se trouvent bien sûr dans les reflets.

Étape n° 3

Elle concerne le « fignolage » des premiers arbres, qui va créer des contrastes entre les différents plans. Une fois que la feuille a séché, vous pouvez procéder à la dernière phase de votre travail. Elle consiste à atténuer les contours et les contrastes pour donner une impression de douceur généralisée. À vous de voir quelle sera l'ampleur de cette opération. De manière générale, on adoucit les zones lointaines pour leur donner encore plus de profondeur. Mais libre à vous d'estomper également le premier plan si vous jugez que les arbres sont trop contrastés.

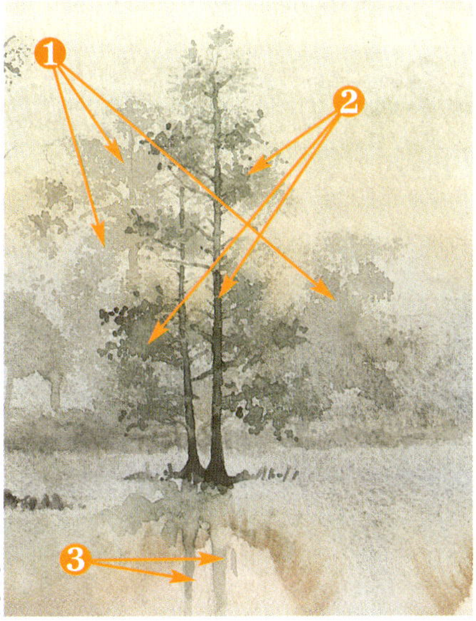

T.S. - c

▲ Étape n° 2
❶ Travaillez les arbres dans les plans intermédiaires, toujours avec votre préparation de base. L'éponge est un moyen intéressant pour décrire les masses de feuillage. Tamponnez des lavis légèrement plus foncés.
❷ Combinez le pinceau et l'éponge pour représenter l'arbre central, qui commence à être détaillé (base de gris de Payne + vert bleuâtre).
❸ Posez simultanément les reflets dans l'eau, avec les mêmes teintes mais plus diluées.

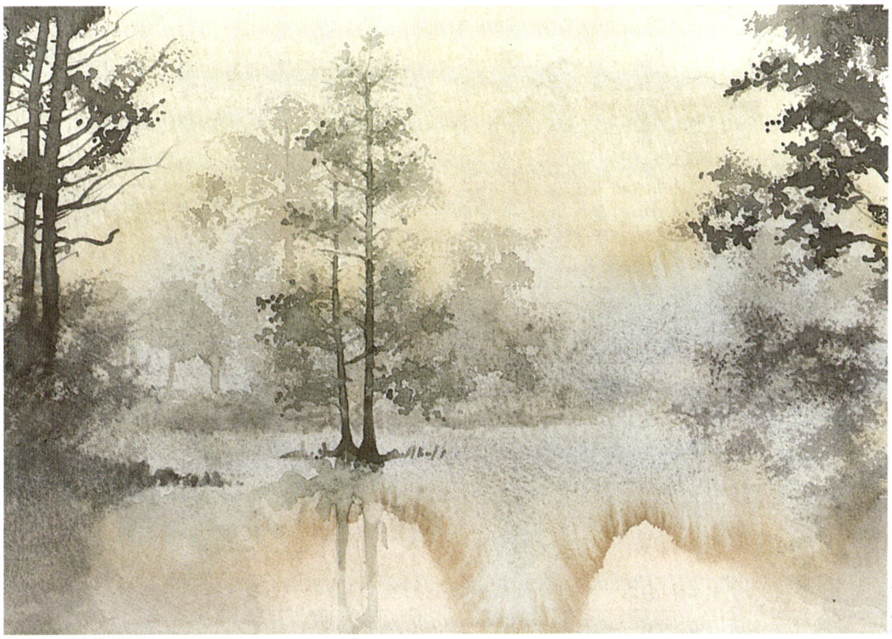

T.S. - d

▲ Étape n° 3. Prenez la tonalité la plus forte pour peindre les arbres du premier plan (base + vert bleuâtre et violet). Choisissez la technique où vous vous sentez le plus à l'aise ou combinez les trois (pinceau, grattage, éponge...).

Brume matinale

Le deuxième exemple que nous vous proposons de réaliser est celui d'un joli port au petit matin, au moment où la brume matinale commence à se dissiper vers le fond.

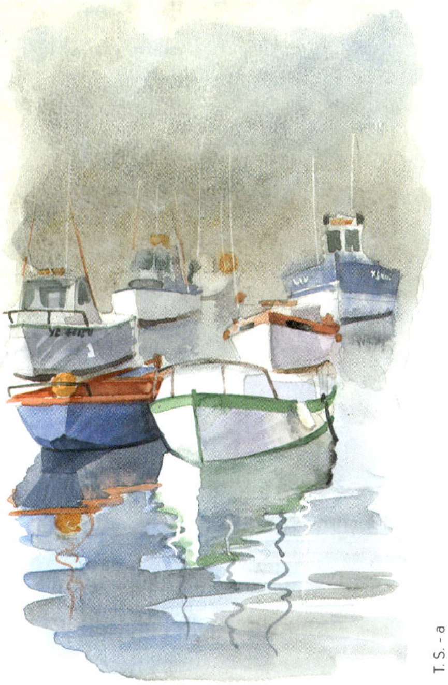

T.S. - a

▲ Brume matinale dans un port de pêche.

Les couleurs

- Bleu de cobalt
- Orange
- Gris de Payne
- Rouge permanent

Étape n° 1

Commencez par le haut de la composition, celle qui est plongée dans la brume.
L'effet recherché est celui d'une atmosphère mystérieuse.

Étape n° 2

Passez aux bateaux, dont les teintes vives apportent une touche de lumière et de gaieté. Vous allez travailler les parties avant sur fond sec, avec des teintes plus saturées et davantage de détails.

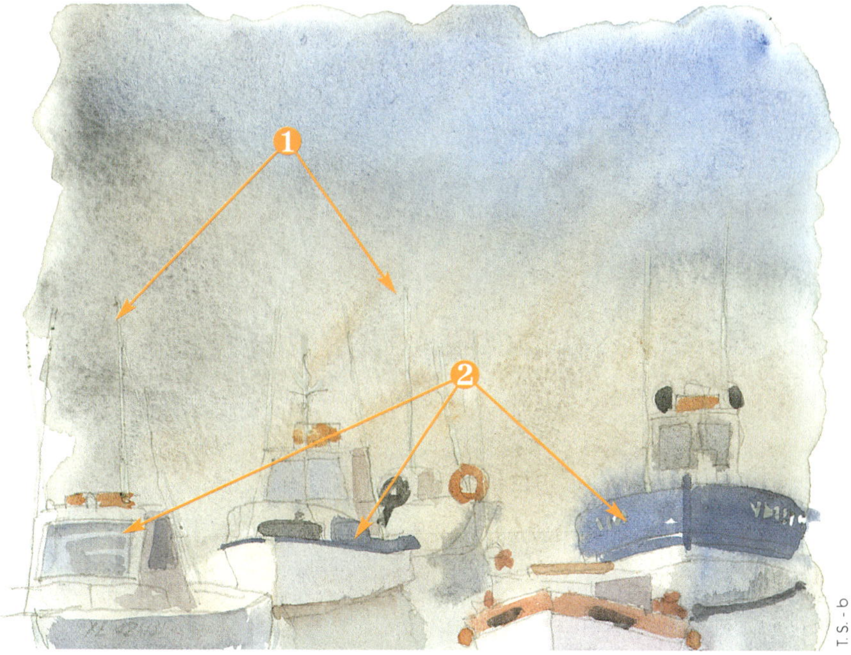

T.S. - b

▲ **Étape n° 1**

❶ Réservez les antennes radio et de petits détails avec de la gomme liquide. Laissez sécher. Mouillez toute la zone arrière et appliquez des lavis faiblement colorés (bleu de cobalt, orange et gris de Payne). Essayez de contrôler la dispersion des teintes.
❷ Au fur et à mesure que vous vous approchez du premier plan, construisez des formes plus solides.

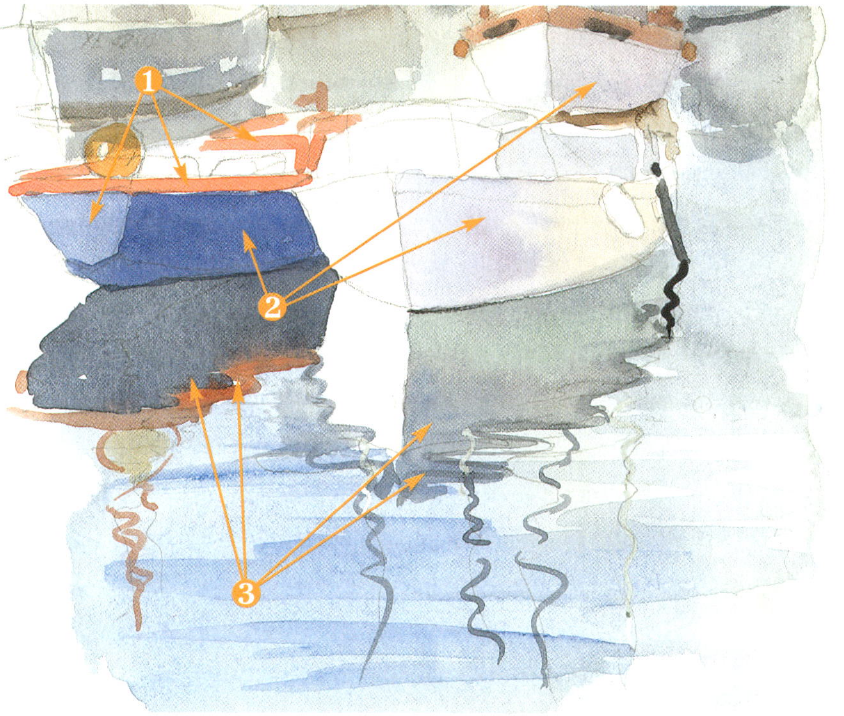

T.S. - c

▲ **Étape n° 2**

❶ Posez des teintes vives sur les coques des bateaux (bleu de cobalt et rouge permanent).
❷ Appliquez des jus colorés sur toutes les zones d'ombre.
❸ Terminez les reflets de l'eau par des lavis juxtaposés. Néanmoins, les teintes peuvent se mélanger à la rencontre de deux lavis frais.

Étape n° 3

Au premier plan, la progression du travail se fait maintenant petit à petit, par lavis superposés. Notez que les zones qui se reflètent sont sensiblement plus foncées que les éléments réfléchis. Une fois la surface parfaitement sèche, vous pouvez ôter les réserves en frottant légèrement du bout du doigt.

Le saviez-vous ?

Quelle est donc la différence entre brume et brouillard ? On appelle brouillard la concentration de fines gouttelettes d'eau en suspension, formant un nuage à proximité du sol qui limite la visibilité à moins de 1 km. La brume, quant à elle, est un brouillard léger, qui autorise tout de même une visibilité de plus de 1 km.

Étape finale

Elle consiste à délaver toute la zone arrière avec un morceau d'éponge (ne frottez pas trop fort) pour atténuer les teintes et rendre l'effet plus vaporeux. Vous pouvez remarquer que les petits traits blancs préalablement masqués seront peu affectés par l'opération. Tout au plus vont-ils être atténués.

Le résultat

Finalisée, l'aquarelle doit mettre en contraste les bateaux au premier plan, éclairés par les premiers rayons du soleil, et ceux du fond, encore dans la brume.

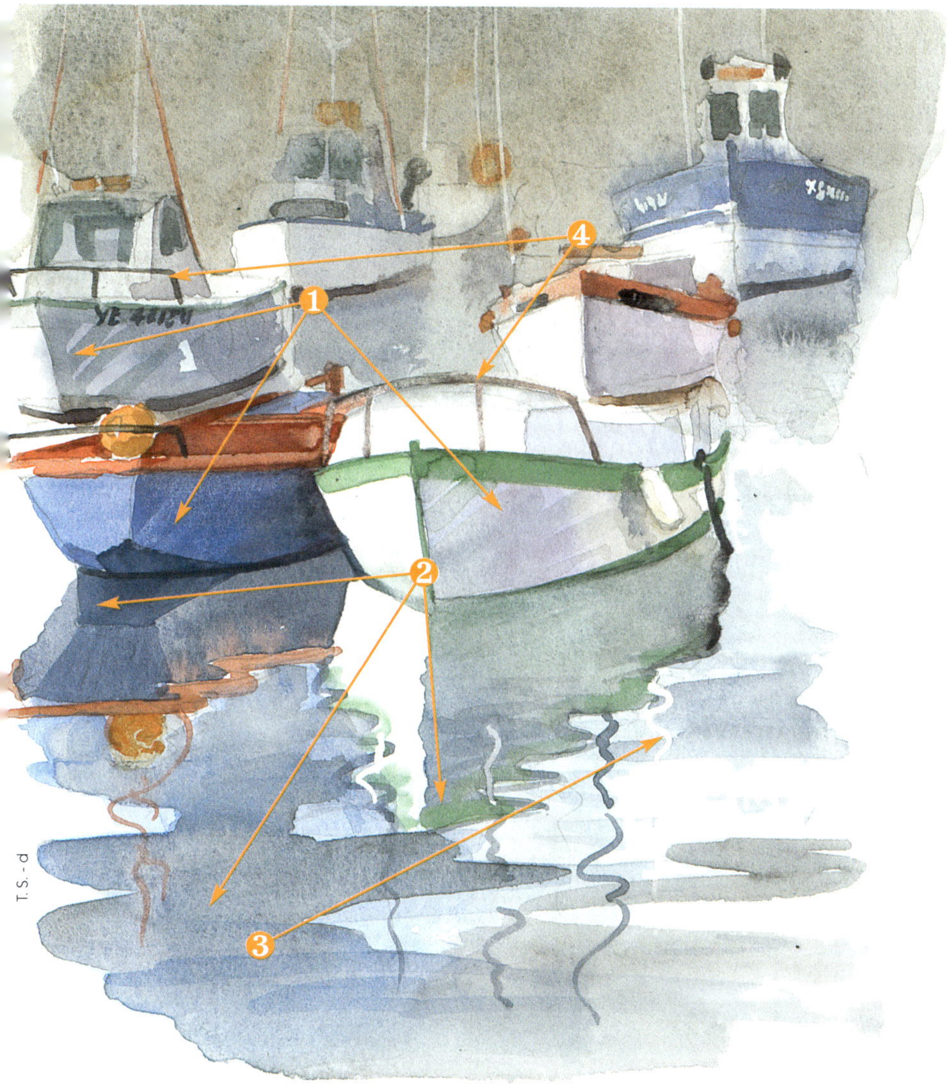

▲ Étape n° 3
❶ Reprenez les zones d'ombre par un deuxième lavis (lavis que vous pouvez nuancer pour éviter l'uniformité des tons).
❷ Complétez les reflets dans l'eau. Notez que les vibrations de l'eau se répercutent sur les coques des bateaux et se traduisent par des lignes hachurées.
❸ Laissez sécher toute la surface et enlevez les réserves en frottant du doigt les zones masquées.
❹ Dessinez les garde-corps à la proue des bateaux.

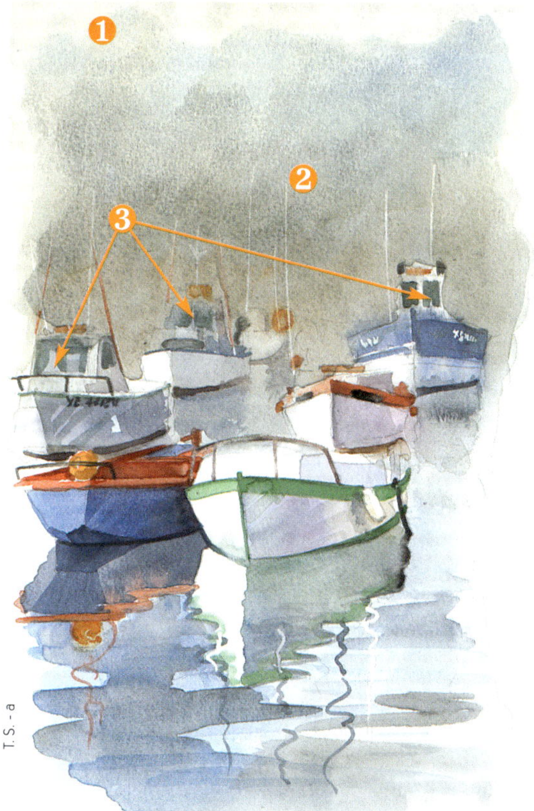

▲ Étape finale
❶ Essuyez les teintes du fond avec une éponge mouillée, puis absorbez la couleur avec un papier essuie-tout.
❷ Appliquez de nouveau un gris coloré très dilué (gris de Payne + orange).
❸ Placez quelques touches foncées sur les bateaux au loin.

Paysages de pluie

Poursuivons notre étude des paysages et des ambiances, en nous intéressant à ceux qui sont soumis au temps pluvieux. Nous procéderons directement par la mise en pratique.

Malgré des conditions atmosphériques inconfortables, vous pouvez facilement esquisser une aquarelle, bien au sec dans votre voiture ou sous un abri de fortune. Ce contexte défavorable a l'avantage de vous obliger à travailler vite pour capter l'essentiel de l'atmosphère.

Conseils préliminaires

Comme il fallait s'y attendre, nous allons essentiellement travailler en technique humide, d'où l'importance de tendre votre feuille sur une planchette en bois avec des bandes de papier kraft gommé.

Nous avons choisi de nous rendre dans une région où l'eau est omniprésente : l'Écosse.

Les paysages y sont magnifiques et subissent les humeurs d'un temps fort capricieux et changeant.

Trouvez votre propre gamme de couleurs (par exemple : une harmonie dans les tons bleutés avec une pointe de couleur complémentaire que vous ajouterez dans le ciel).

Quelques points essentiels

• On détecte plus facilement les signes de la pluie dans un environnement urbain. En effet, une route mouillée se reconnaît aisément aux reflets de ses flaques. De plus, des personnages en vêtements de pluie, des parapluies ouverts sont d'autres éléments qui suggèrent une averse.

• Dans un paysage, on rencontre d'autres facteurs qui signalent qu'il pleut : en premier lieu, l'état du ciel, la forme des nuages et les lignes obliques caractéristiques des averses ; en second lieu, les tons gris colorés qui marquent l'ambiance globale.

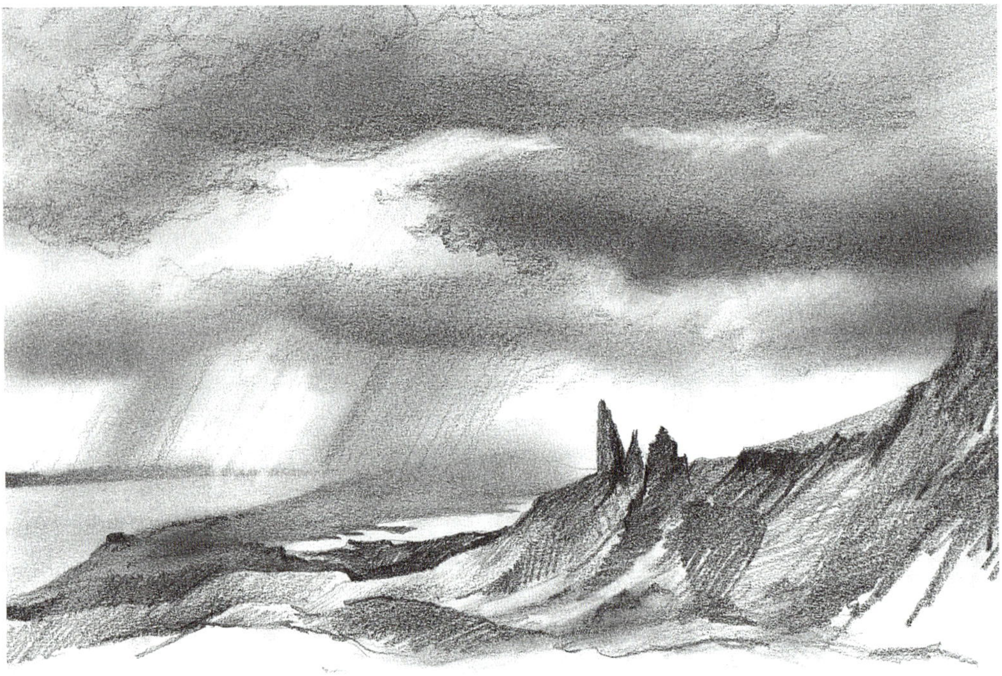

T.S. - a

◀ Voici une esquisse au crayon comme base de travail.

Les couleurs

- Terre d'ombre naturelle
- Bleu de Prusse
- Terre de Sienne brûlée
- Gris de Payne
- Rouge indien
- Brun Van Dyck

Le ciel

Comme vous pouvez le constater sur l'esquisse, c'est le ciel qui occupe la plus grande surface. C'est de son rendu que dépendra la réussite de votre tableau. Le travail du ciel doit se faire dans la continuité (ne laissez pas sécher votre feuille, au besoin remouillez-la).

L'idéal serait que vous réussissiez du premier coup la pose de vos premiers lavis, sans devoir repasser plusieurs fois sur les mêmes zones. Il en va de la fraîcheur et de la spontanéité de votre aquarelle.

Après avoir esquissé les grandes lignes au crayon HB, mouillez généreusement votre surface avec un gros pinceau ou une éponge. Auparavant, préparez une quantité de la couleur dominante proportionnelle au format de votre feuille. La solution de facilité serait d'utiliser le gris de Payne pour ce travail. Utilisez plutôt un mélange composé, qui aura l'avantage de créer une richesse de nuances sans égale. Ce gris coloré sera constitué de bleu de Prusse, de terre d'ombre naturelle et de rouge indien. Faites des essais au préalable pour trouver la teinte juste, car elle se modifie en séchant.

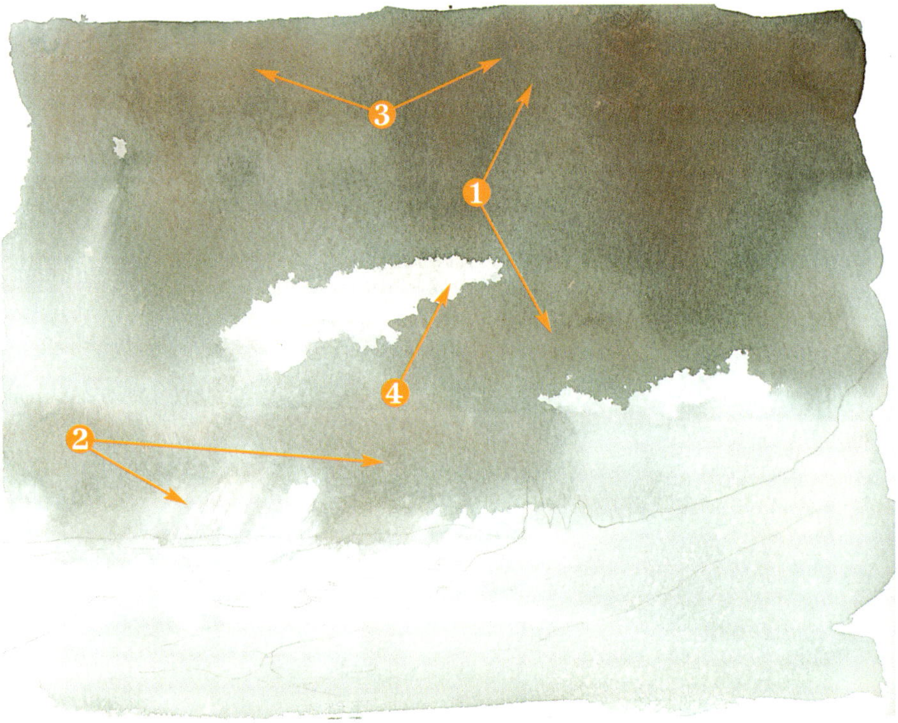

T.S. - b

❶ Posez vos premières teintes et laissez-les se diffuser.
❷ Près de la ligne d'horizon, suggérez les traînées de pluie par des bandes obliques, réalisées avec une éponge.
❸ Appliquez une deuxième couche de la même teinte vers le haut du ciel. Notez que le fond a séché entre-temps.
❹ Au besoin, absorbez des parties de ciel pour créer des trouées de lumière.

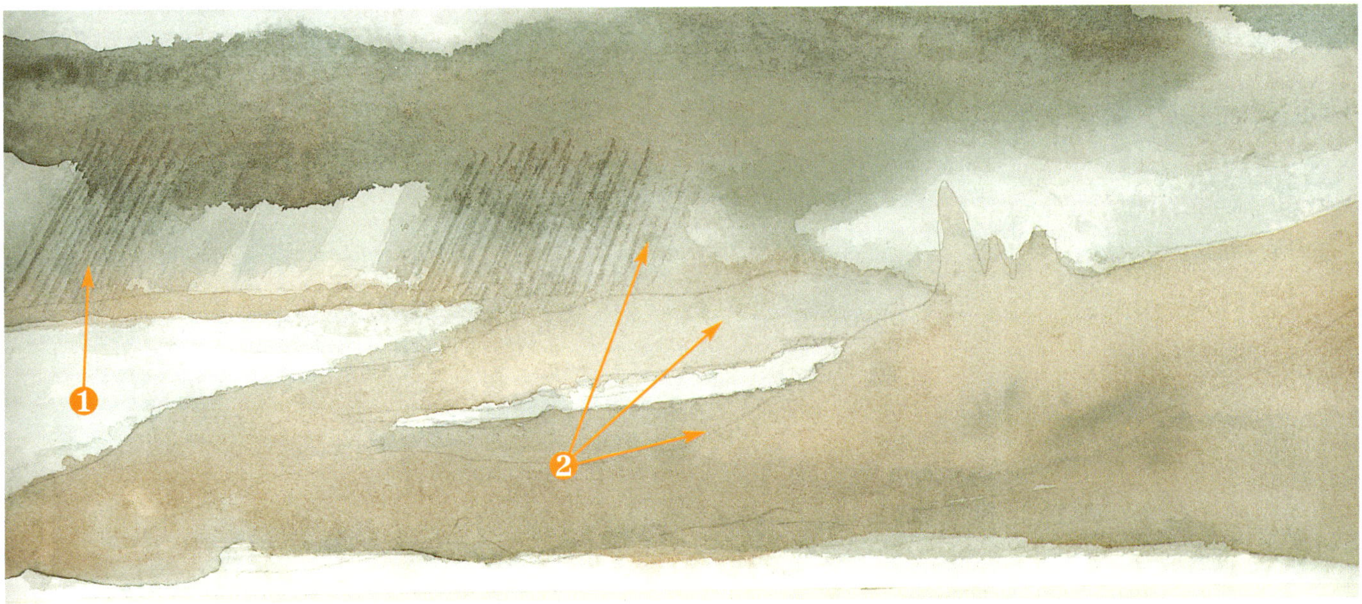

T.S. - c

❶ Une autre méthode pour suggérer la pluie consiste à gratter des lignes obliques avec une pointe quelconque.
❷ Travaillez simultanément ciel et terre pour permettre aux deux zones de se mélanger. Ajoutez une pointe de terre de Sienne brûlée à votre mélange dominant et passez sur les zones de terre une légère couche de ce nouveau mélange.

La terre

Étape n° 1

Après la réalisation du ciel, passez au travail du sol, dont l'essentiel consiste à décrire en quelques touches les volumes et la notion d'espace. Cette profondeur est donnée par des dégradés qui oscillent entre teintes chaudes et teintes froides, teintes claires et teintes foncées.
Préparez une base de couleur chaude (mélange de brun Van Dyck et de terre de Sienne brûlée), qui sera dégradée avec la base froide du ciel au niveau de l'horizon.

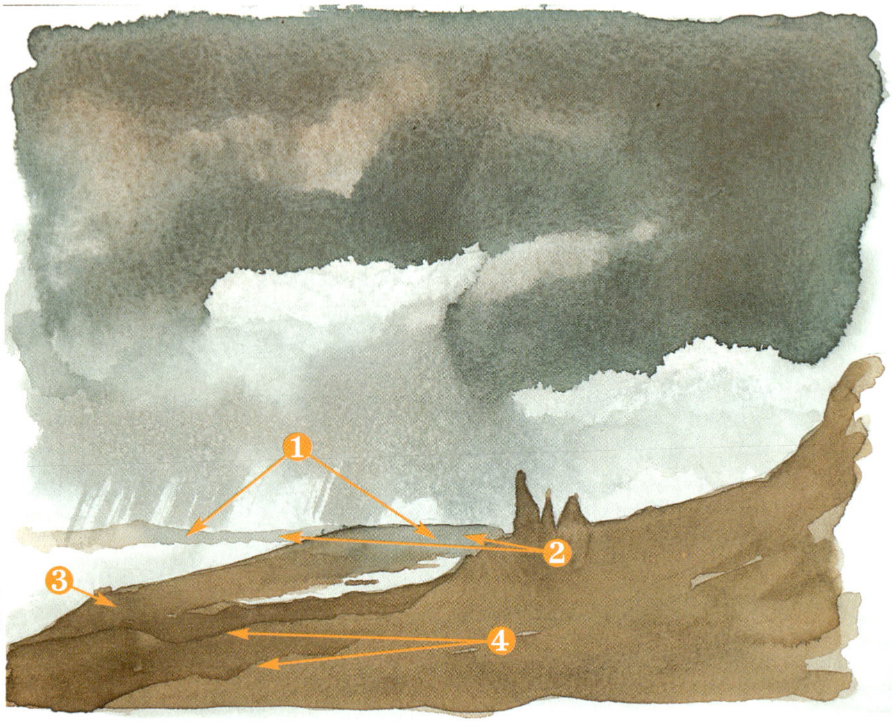

T. S. - a

❶ Commencez par humidifier la nouvelle zone de travail (entre-temps, le fond a certainement séché), qui se compose de toutes les parties « terre ». Puis dégradez le mélange « sol » avec la base « ciel ».

❷ Les teintes s'éclaircissent et bleuissent vers la ligne d'horizon.

❸ Poussez votre dégradé jusqu'au premier plan, où la teinte brune sera dominante. Laissez sécher de nouveau.

❹ Réalisez de nouveaux dégradés pour modeler les collines. Pour cela, mouillez la zone de travail, puis posez des touches de couleur vers le bas.

Étape n° 2

Reprenez le mélange de base, auquel vous allez ajouter plus de brun Van Dyck. Cette nouvelle teinte sera utilisée pour fignoler les zones d'ombre du premier plan.

❶ Posez une série de petits lavis sur les promontoires.
❷ Un deuxième passage s'avère nécessaire pour faire ressortir les creux et les bosses.

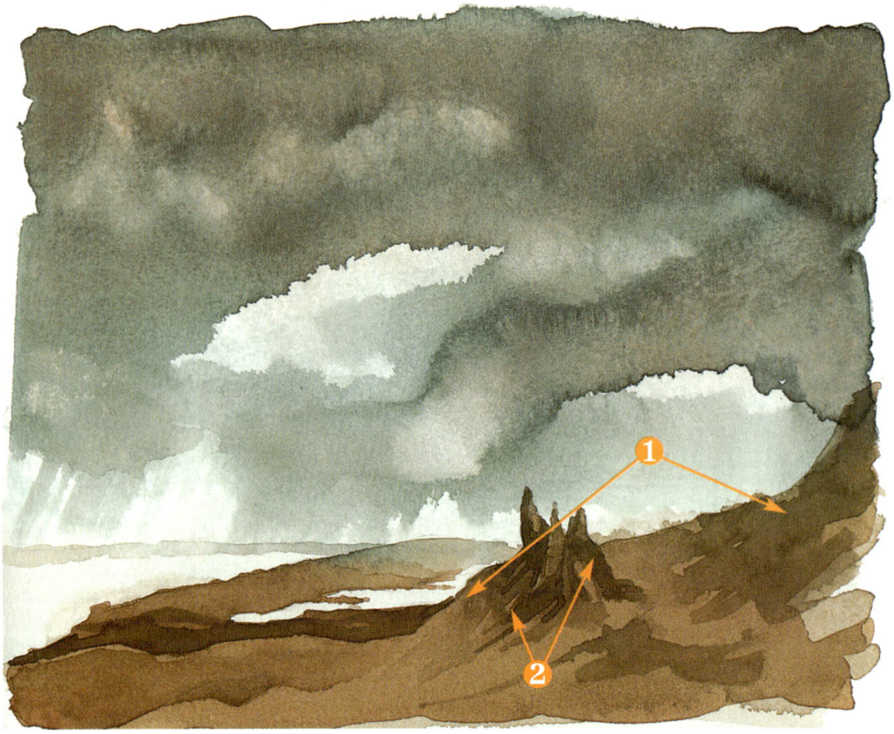

T. S. - b

Remarque

Derrière un rideau de pluie ou de brume, un paysage perd de sa couleur et, curieusement, paraît souvent plus clair qu'il ne le serait par beau temps. Il vous faut en tenir compte.

Touche finale

Vient le moment où l'on se pose la question : faut-il s'arrêter ou pousser l'étude vers plus de détails ? Les risques sont de détruire la fraîcheur de l'œuvre et de placer des lavis inopportuns.

Cependant, n'oubliez pas que vous avez toujours la possibilité de soustraire le pigment s'il vient tout juste d'être posé.

Vous pouvez choisir de prolonger le travail pour les raisons suivantes : premièrement, vous voulez foncer certaines zones pour accentuer le côté dramatique du ciel ; deuxièmement, vous voulez ajouter des petits nuages vers l'horizon pour accentuer l'impression de profondeur ; troisièmement, vous voulez accroître la sensation d'espace en accrochant le regard au premier plan par des détails (comme les ombres des crevasses) et des projections. L'œuvre ainsi peaufinée remplit davantage sa double mission, qui est de donner à voir un paysage grandiose sous un ciel perturbé et menaçant tout en restituant le sentiment de tristesse, voire même d'inquiétude, que son observateur peut ressentir.

Le résultat

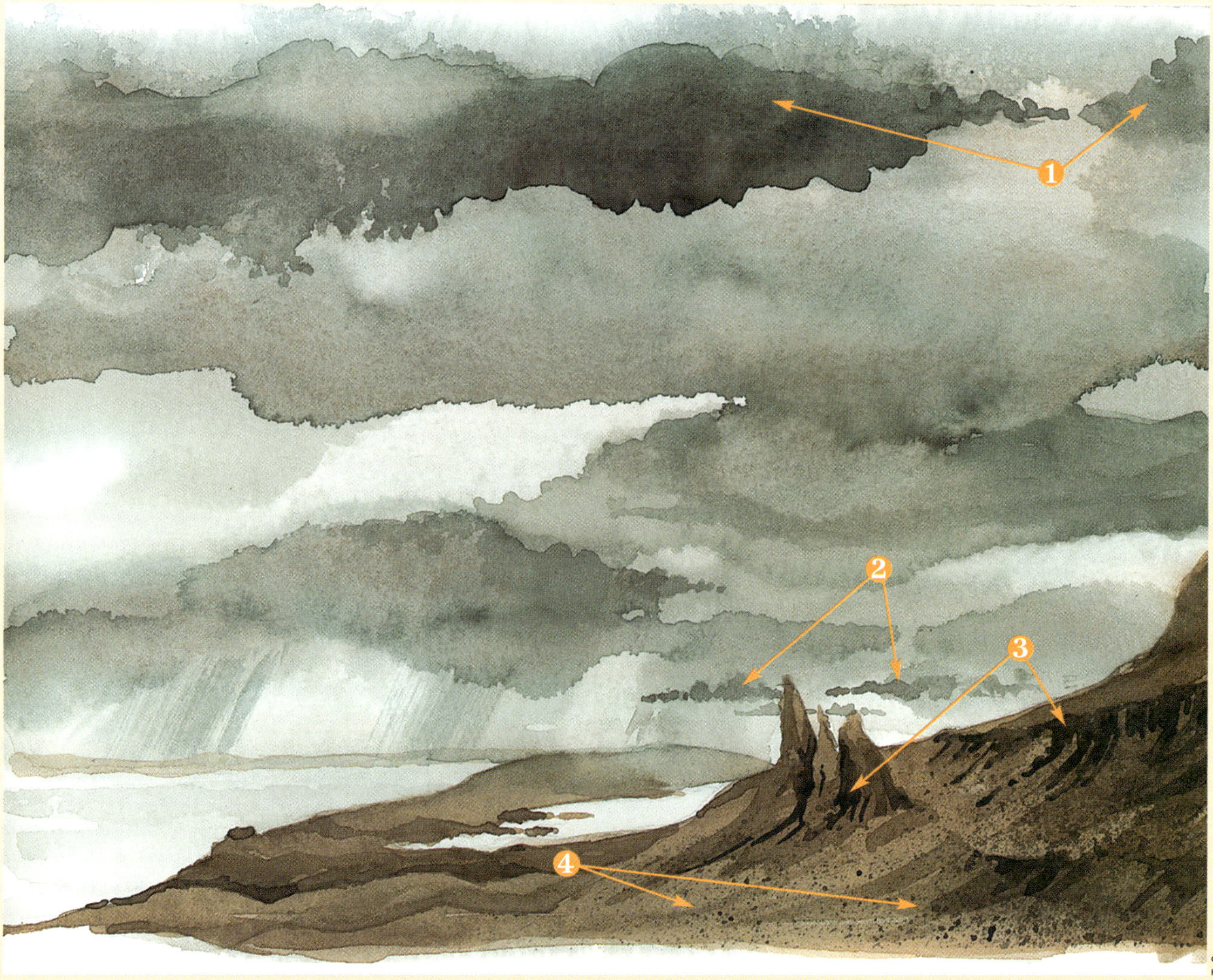

❶ Mouillez le haut du ciel avec une éponge et appliquez votre première base colorée (ciel), additionnée de gris de Payne.
❷ Créez de petits nuages vers l'horizon pour marquer l'éloignement.
❸ Travaillez quelques ombres sur les crevasses et les crêtes du premier plan.
❹ Terminez par des projections, en ayant soin de bien masquer les zones non concernées.

Paysages de neige

Qui dit neige dit blancheur ! Et, dans l'aquarelle, c'est la feuille vierge qui joue ce rôle. Mais le secret, pour représenter la neige, c'est de savoir qu'elle n'est jamais vraiment blanche !

La clé de la réussite des paysages de neige réside dans l'art de disposer les ombres et les zones blanches qui donnent un effet scintillant. Adaptez vos techniques de réserve et laissez une grande place à la spontanéité et à la liberté d'expression.

Conseil

- Nous vous suggérons d'opter pour un papier blanc à grain épais.
- Tendez votre feuille sur un support : en effet, vous allez travailler avec beaucoup d'eau, ce qui fait gondoler la feuille.
- Sachez que les meilleurs moments pour représenter votre sujet se situent en début de journée et vers le soir : c'est là que les ombres sont les plus intéressantes. Elles se colorent de bleus violacés quand elles réfléchissent la couleur du ciel. Les zones en plein soleil prennent des nuances dorées.
- Choisissez une gamme de couleurs simplifiée : tenez-vous-en à quelques teintes qui traduisent l'ambiance du paysage. Les tons froids les plus utilisés sont les bleus, les violets, le vert bleuâtre, qui contrastent avec les tons chauds (ocres, roses, jaunes).
- Essayez d'inclure un premier plan dans votre paysage. Cela est particulièrement important dans de tels paysages, où l'on rencontre de grands espaces immaculés et où l'impression de profondeur n'est pas évidente à rendre.

Les réserves

Sachez bien choisir les effets et la qualité du blanc que vous aimeriez obtenir. D'emblée, deux techniques s'imposent : la cire et la gomme liquide, appelée également drawing-gum.

La cire

C'est sûrement la technique la plus appropriée pour représenter la neige sur les branches des arbres, les troncs ou les rochers, quand celle-ci n'est pas trop épaisse.

- Avant de passer aux lavis, frottez un petit bout de cire sur le dessus des branches.

Selon l'épaisseur souhaitée, insistez plus ou moins.

- Posez vos lavis en tenant compte de ces réserves. Vous allez remarquer le rejet de la peinture fraîche sur la cire.

Laissez sécher.

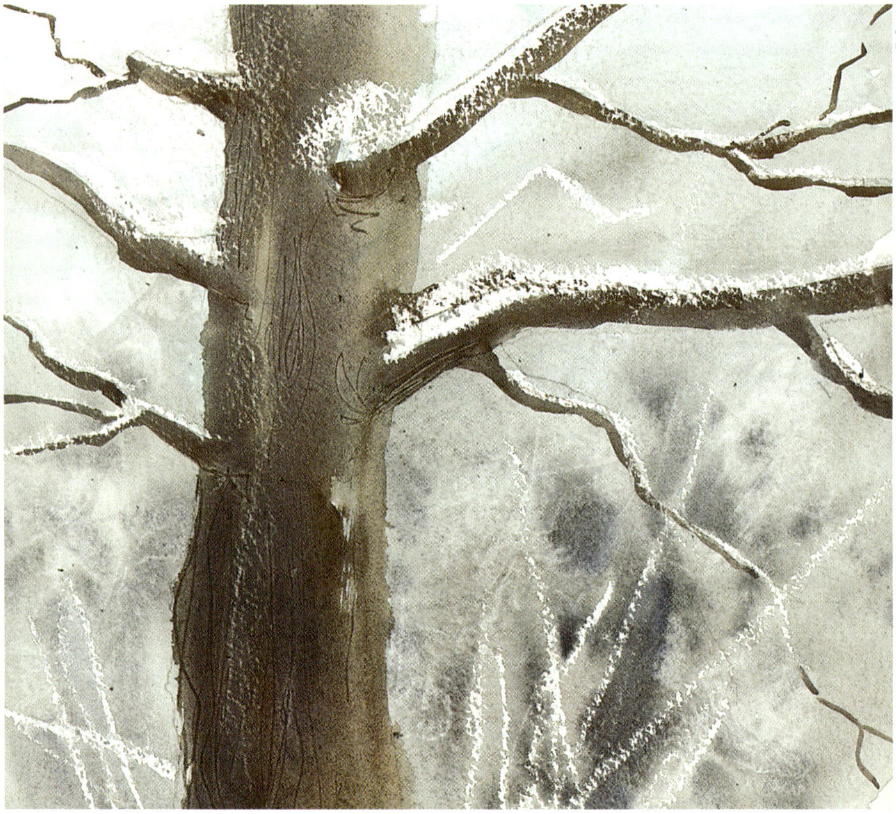

T. S. - a

Sachez que vous pouvez retravailler les zones traitées à la cire en retirant celle-ci avec un buvard après l'avoir fait fondre au moyen d'un fer à repasser. Si la cire n'est pas absorbée par ce procédé, renouvelez l'opération.

La gomme liquide

Il faut réserver cette technique de réserve à des effets de projections (qui restituent parfaitement les flocons se détachant sur des zones sombres telles que les sapins, les rochers) et à de petits détails (par exemple branches, arbres, bois clair). L'usage de la gomme liquide pour de plus grandes surfaces est moins indiqué. Les blancs qui en résulteraient auraient un caractère beaucoup trop précis.

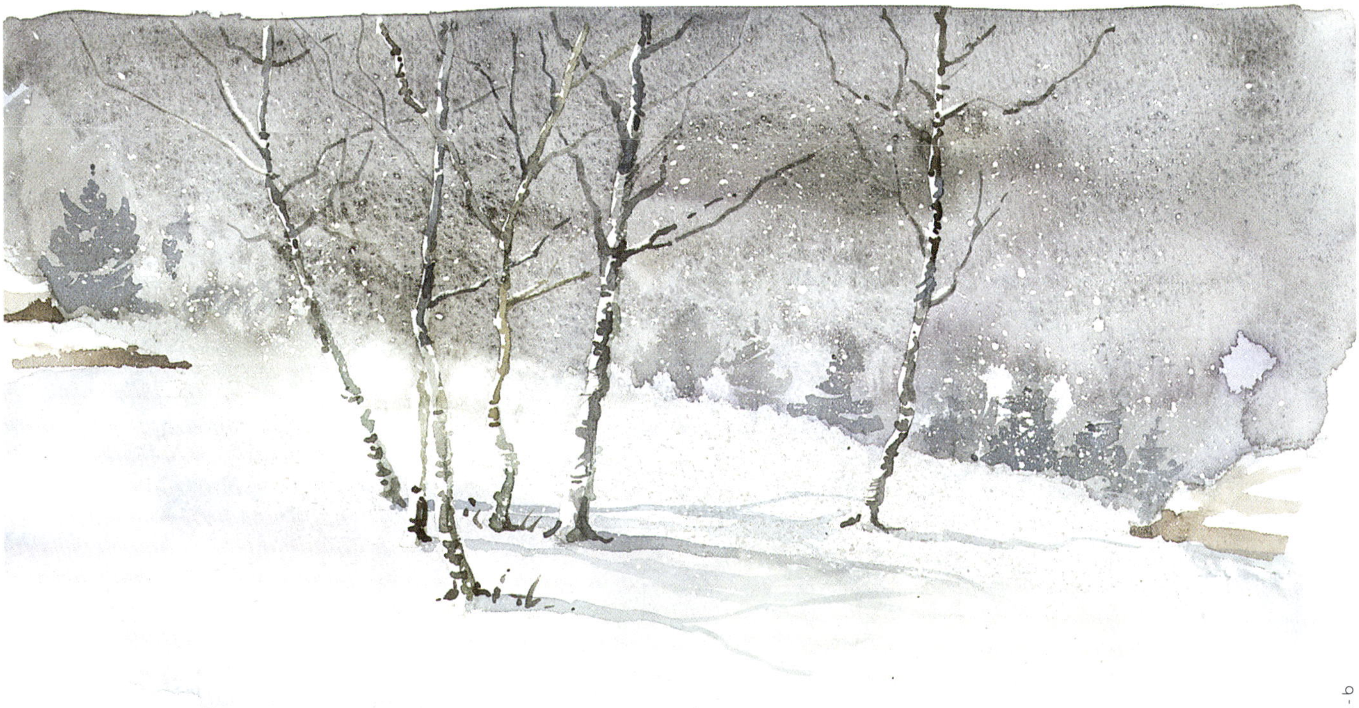

T.S. - b

▲ L'usage de la gomme liquide est tout indiqué pour représenter les flocons suspendus dans l'air.

Bon à savoir

Quand le paysage est recouvert d'un manteau neigeux, beaucoup de lignes directrices (qui servent à la perspective linéaire) disparaissent, d'où l'importance d'utiliser la perspective aérienne pour donner de la profondeur à votre aquarelle. Il faut donc jouer sur la netteté, les valeurs tonales ou les ombres, différentes selon les plans, ou bien encore les contrastes couleurs chaudes-couleurs froides.

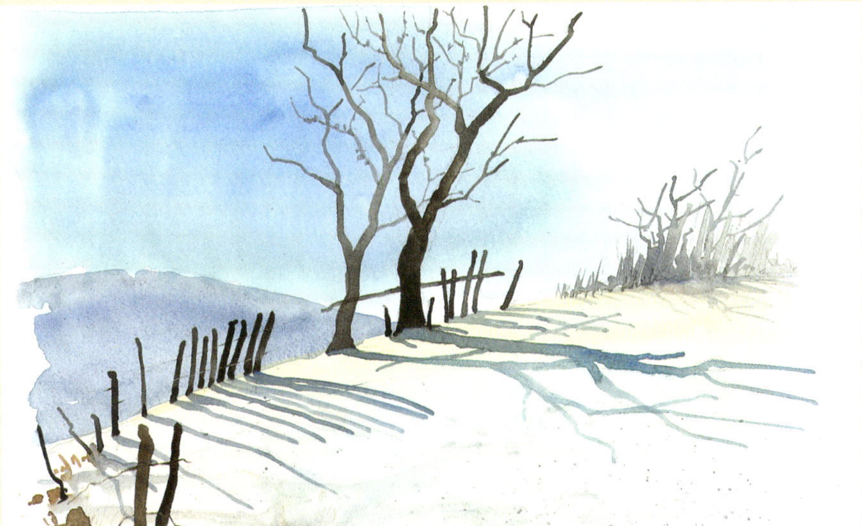

T.S. - c

Pour obtenir une dimension supplémentaire dans les grands espaces immaculés, il faut guider l'œil à travers le paysage par des éléments « accrocheurs » et utiliser la perspective aérienne. ►

Conseil

Les paysages de neige les plus réussis sont généralement les plus simples et comportent de grands espaces immaculés. Soignez les jeux d'ombre et de lumière, qui donnent vie et volume à ces grandes surfaces.

Les effets

Le sel

Déposé sur un lavis humide, il peut suggérer des flocons de neige qui tombent.

Procédez à des essais. Dispersez des grains de sel de mer fin sur le lavis en phase de séchage. Comme le lavis a été déposé sur une surface inclinée, il en résulte une accumulation de l'humidité vers le bas.

Les projections

Elles sont indiquées pour restituer l'impression de neige en train de tomber. Leurs teintes seront très proches du blanc, donc très transparentes.

Ce type d'éclaboussures s'utilise pour animer un premier plan et contribue à donner une dimension supplémentaire à votre tableau.

Il y a deux possibilités : soit on projette de la gomme liquide avant d'appliquer de la couleur par-dessus (pour le ciel, par exemple), soit on projette un mélange bleu très dilué sur une surface laissée en blanc (pour évoquer la neige, notamment).

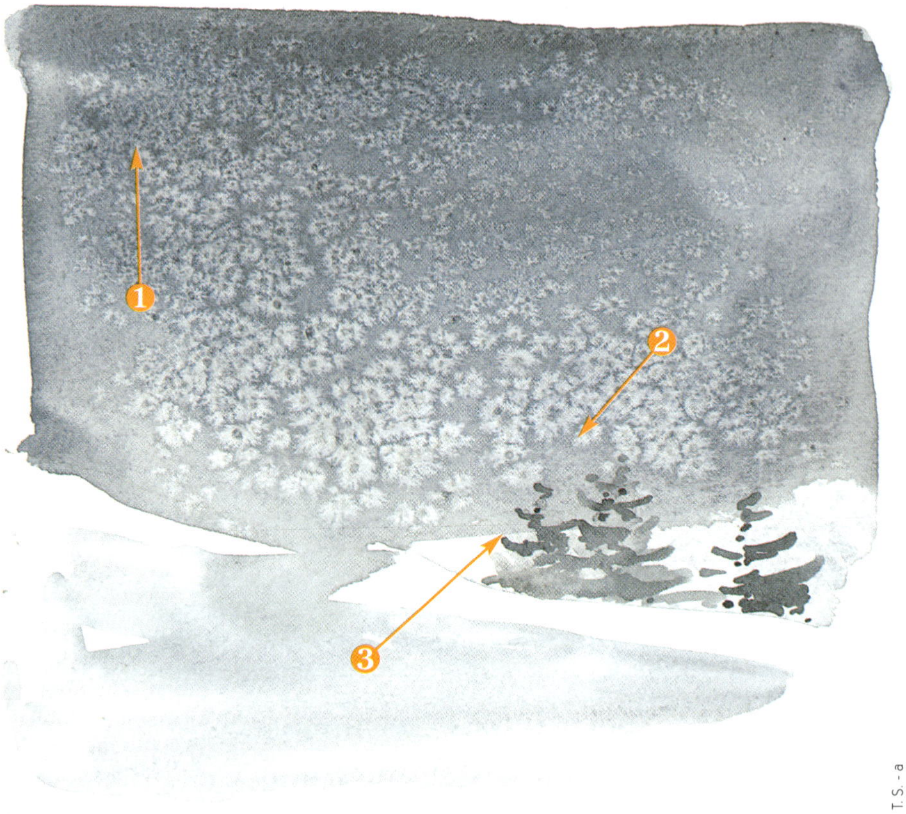

T.S. - a

▲ Sachez reconnaître les couleurs qui réagissent le mieux à l'utilisation du sel et choisir le moment idéal pour le répandre.
❶ On obtient un effet floconneux plus fin sur la région moins humide.
❷ Le sel a le temps de « pomper » plus de couleur sur le lavis légèrement humide et crée des efflorescences plus intenses. Le séchage est considérablement ralenti. Utilisez un sèche-cheveux pour gagner du temps, puis ôtez le sel.
❸ Travaillez les sapins pour finir.

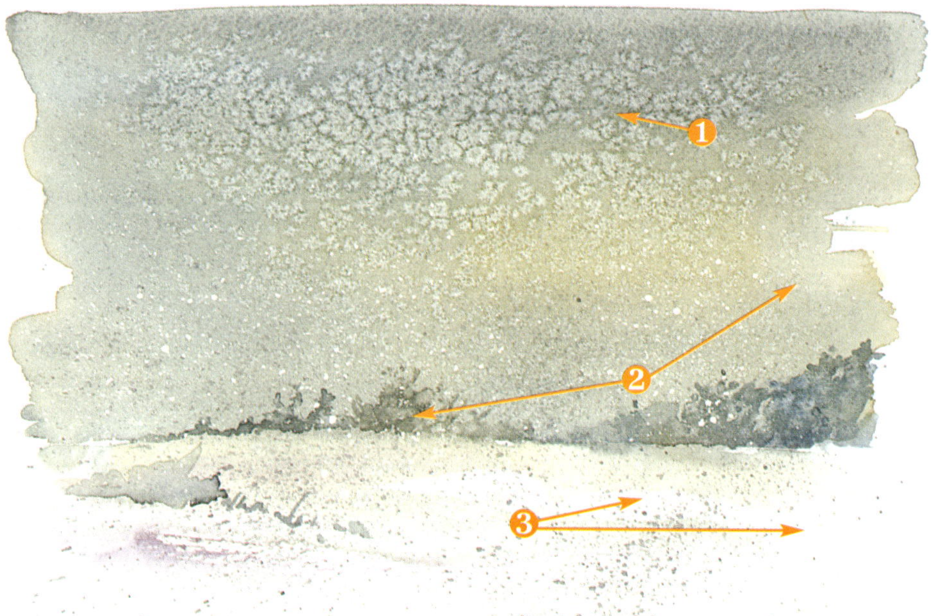

T.S. - b

Voici un exemple qui conjugue ▶ les trois méthodes usuelles pour réaliser des flocons de neige.
❶ Le sel
❷ Les projections de gomme liquide
❸ Les projections de couleur

En cas d'oubli

Si vous avez oublié de faire des réserves en projetant de la gomme liquide pour représenter les flocons, sachez que vous pourrez utiliser des projections de gouache ou d'acrylique blanche pour compléter des effets de flocons tourbillonnants. Vous pouvez aussi avoir recours à quelques touches blanches posées de-ci, de-là sur les branches des sapins par exemple.

Chaud et froid

Sachez que les couleurs froides accentuent le caractère hivernal de votre tableau. Cependant, n'oubliez pas d'équilibrer votre composition par des teintes chaudes. On pourra les retrouver notamment sur les troncs d'arbres, les herbes qui transpercent la neige, les rochers, les chalets de bois, etc.

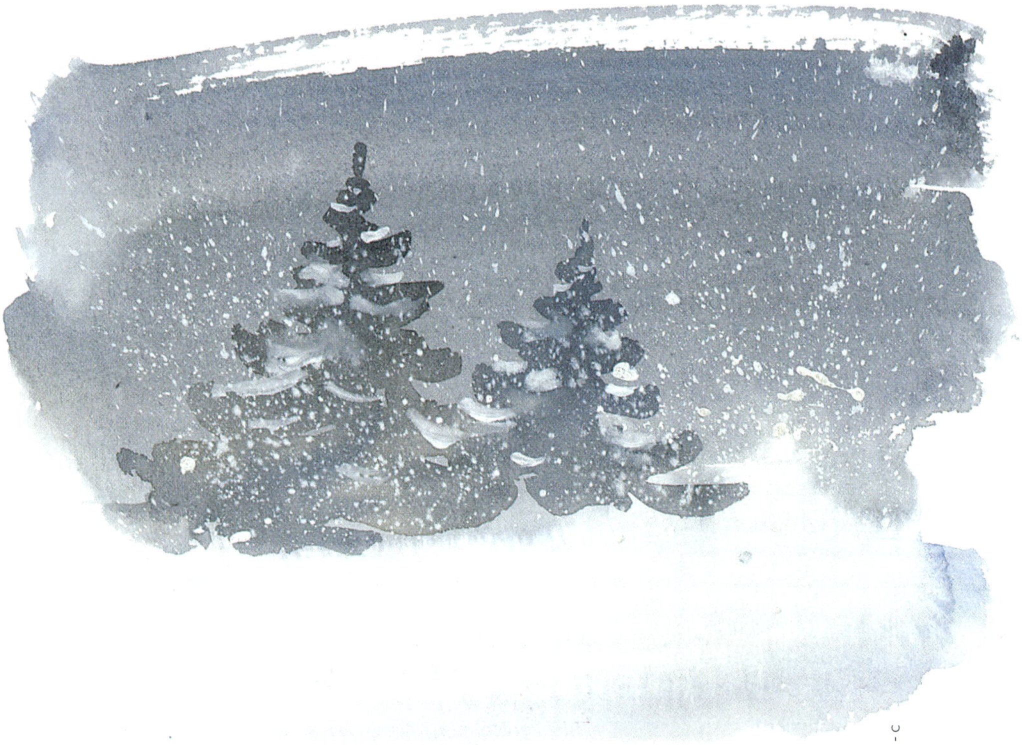

T.S. - c

▲ Les taches de gouache ou d'acrylique sont à utiliser avec modération pour ne pas nuire à la fraîcheur de l'aquarelle.
D'ailleurs, elles n'auront jamais la même qualité lumineuse.
On s'en est tout de même servi pour les sapins recouverts de neige.

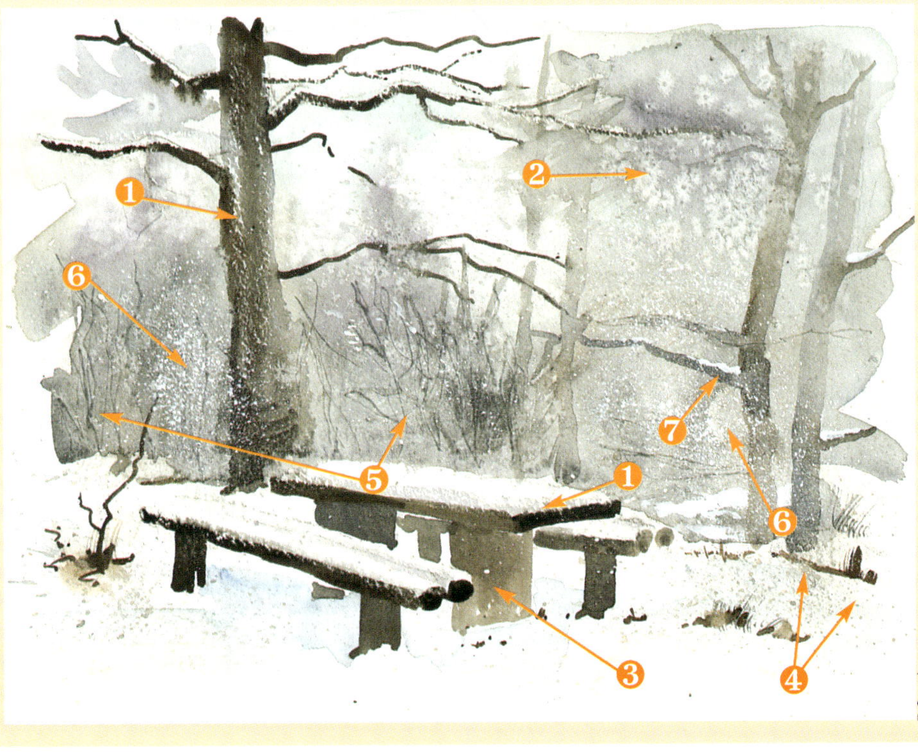

T.S. - d

Récapitulons

Voici un exemple complet qui résume les applications précédentes. Cependant, vous n'êtes pas obligé de les utiliser simultanément. Choisissez les techniques qui vous paraîtront les plus adaptées à telle ou telle situation. Et, surtout, laissez s'exprimer votre inspiration du moment.

1. La cire
2. Le sel
3. Les projections de gomme liquide
4. Les projections d'aquarelle
5. Le grattage dans la peinture fraîche
6. Les projections de peinture opaque blanche
7. Des touches de blanc opaque

Exercice

Vous allez expérimenter des techniques et astuces pour rendre la blancheur d'un paysage enneigé.

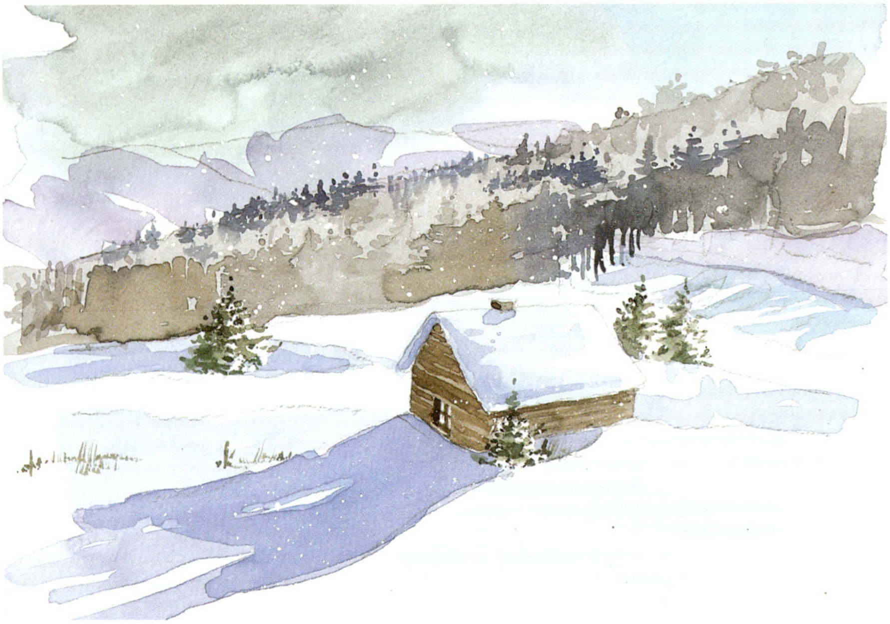

T. S. - d

▲ En suivant les étapes, vous allez devoir reproduire ce refuge des Vosges.

Les couleurs

- Bleu de cobalt
- Vert bleuâtre
- Violet
- Bleu outremer
- Bleu turquoise
- Gris de Payne
- Brun Van Dyck

Étape 1

Après avoir réalisé l'esquisse, réservez de toutes petites zones par des projections de gomme liquide : de petites traces de neige sur les arbres, qui scintillent au soleil, et quelques flocons parsèmeront votre composition.

Appliquez un lavis légèrement bleuté (mélange de bleu turquoise, de bleu de cobalt et de violet selon votre sensibilité) sur toute la surface de travail. Cette teinte à peine perceptible convient aux zones enneigées claires. Avant séchage, nuancez le ciel d'un côté par ajout de bleu turquoise, de l'autre par apport de gris de Payne.

Après séchage, procédez à une seconde passe avec les mêmes teintes (plus prononcées) sur les zones d'ombre.

❶

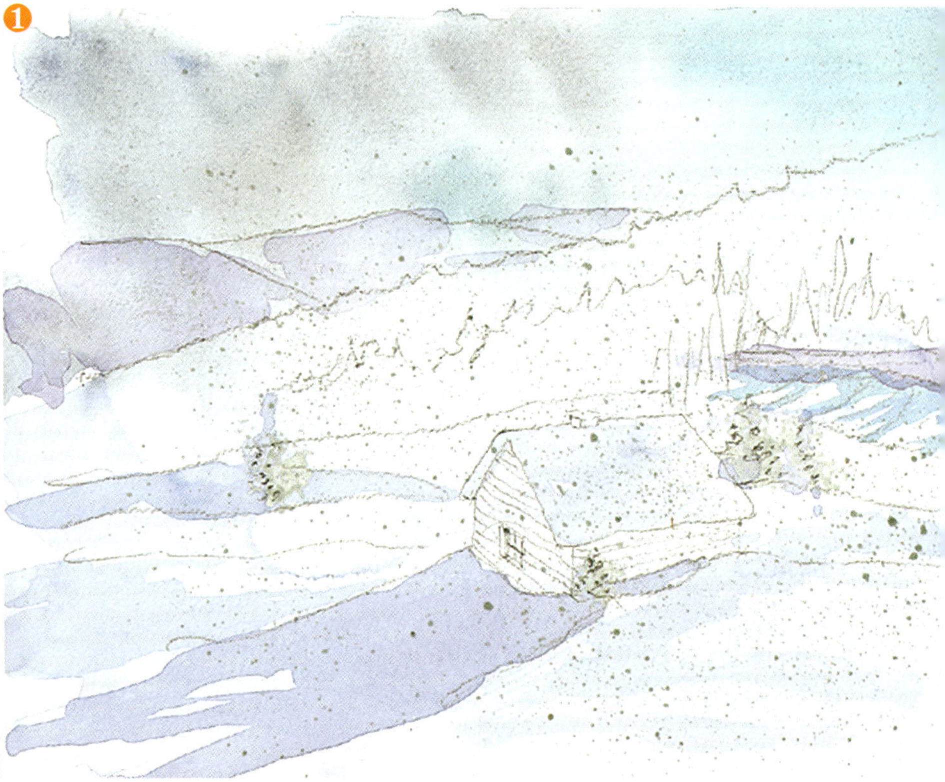

T. S. - a

▲ Dans cette première étape déjà, placez l'ombre du chalet, qui pourra être plus contrastée.

Étape 2

Travaillez le deuxième plan (les sapins) en procédant comme suit. Préparez une teinte à base de bleu de cobalt et de gris de Payne. Posez ce jus sur la zone entière. Ce gris coloré clair représente le voile neigeux posé sur les sapins.

Pour dessiner les arbres, appliquez le même lavis mais de valeur plus foncée avec un petit pinceau. Modulez cette teinte avec du brun Van Dyck, de l'outremer et du gris de Payne.

Travaillez par petites touches et veillez spécialement à la finition des cimes des sapins.

À droite, des traits verticaux suggèrent les troncs des arbres.

Étape 3

Représentez les planches en bois de la cabane par des traits de pinceau horizontaux (suivant le sens de la perspective). Utilisez du brun Van Dyck à cet effet.

Faites ressortir la fenêtre et les chambranles avec le brun Van Dyck, encore.

Quand la couleur est bien sèche, grattez les surfaces vitrées avec la pointe d'un cutter pour suggérer le blanc de la neige qui s'y reflète.

Posez de petites touches de vert pour matérialiser les branches des sapins proches.

Enlevez la gomme liquide pour libérer les blancs.

Retouchez ces derniers avec un vert plus foncé (moins dilué), en ayant soin de conserver des zones blanches sur les branches. Quelques herbes et branches qui transpercent la neige pourront être réalisées avec un pinceau sec (en éventail).

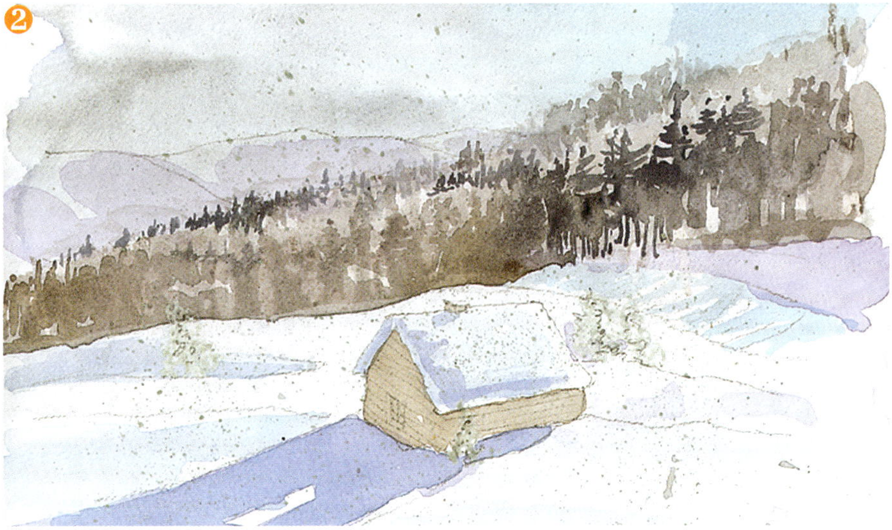

T.S. - b

▲ Cette deuxième étape installe le contraste entre la brume ambiante et les sapins qui, seuls, la percent.

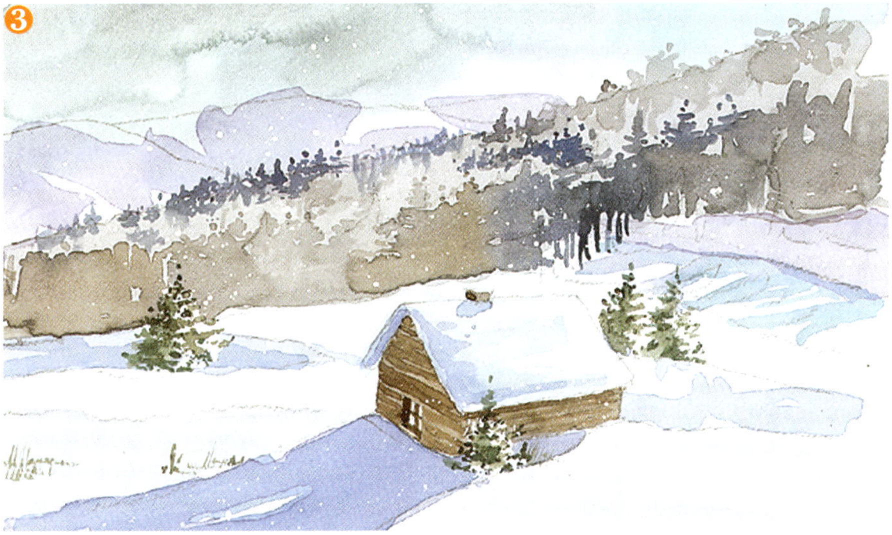

T.S. - f

▲ Dans cette troisième étape, fignolez le chalet et nuancez le feuillage des sapins.

Version tempête

Pour représenter le chalet dans une tempête de neige, reprenez à l'étape 3 : avant d'ôter la gomme liquide et de passer aux finitions, appliquez un jus bleuté sur l'ensemble de la surface. Ce lavis estompera les contours durs et opérera comme un voile posé sur la feuille. En cours de séchage, éparpillez des grains de sel de mer sur l'ensemble de la surface. Appliquez un léger jus bleuté sur les collines de l'arrière-plan. Reprenez les sapins dans la zone intermédiaire. Utilisez des mélanges à base de vert bleuâtre, de violet et de gris de Payne.

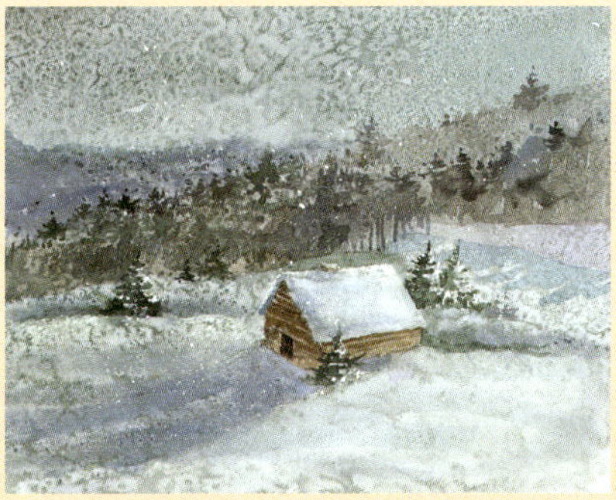

T.S. - e

▲ Pour adoucir et atténuer l'effet du sel, passez une éponge propre sur certaines surfaces.
Enlevez la gomme, puis retouchez les sapins du premier plan.

L'eau et les reflets

Les paysages et les objets qui se reflètent dans une eau calme éveillent en nous un sentiment de plénitude, de parfait équilibre, que nous allons tenter de rendre.

Un bon sens de l'observation et quelques règles générales vous permettront de représenter les reflets de façon convaincante.

Les formes sur miroir

Imaginons trois formes (un cube, un cône, une demi-sphère) posées sur un miroir.
Que pouvons-nous constater en dessinant leurs reflets ?

- C'est une inversion parfaite.
- Il faut tenir compte des règles de la perspective. En effet, les lignes convergent vers les deux points de fuite.
- Il faut dissocier ombre et reflet. Le reflet correspond toujours à l'image inversée, alors que l'ombre varie selon la position du soleil.

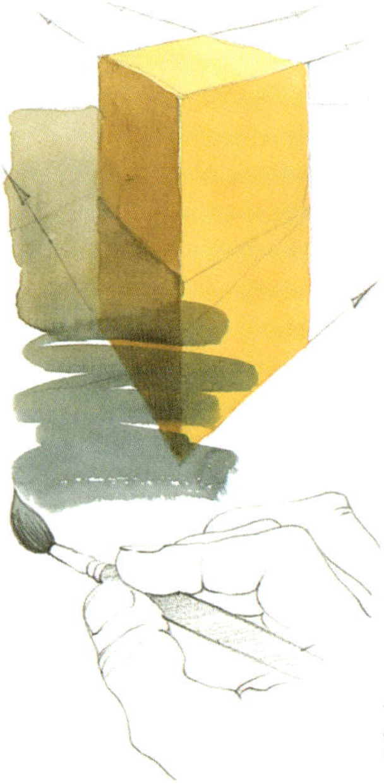

▲ **Le lavis qui représente l'eau est superposé à celui du reflet.**

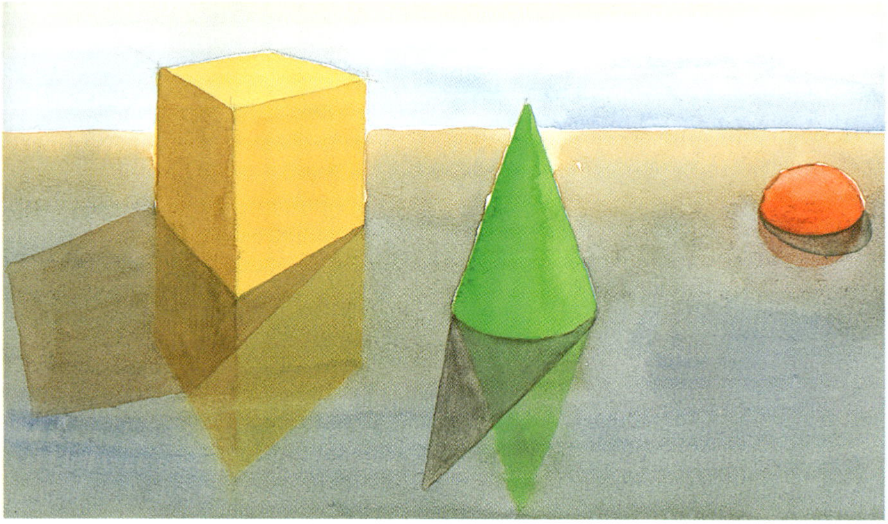

▲ **Quand on applique un jus coloré sur la « partie immergée », le reflet prend forme.**

Où êtes-vous ?

Selon votre position, vous voyez – et donc représenterez – le reflet différemment.

- Vous êtes assis au bord de l'eau :

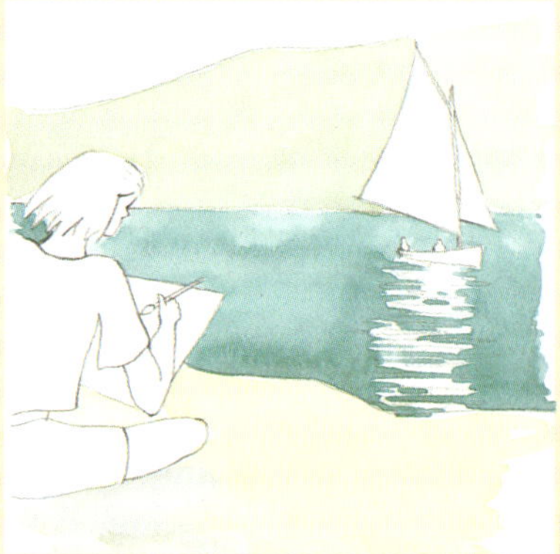

▲ **Comme la ligne d'horizon est basse, les voiles la dépassent nettement et leur couleur est réfléchie sur une large partie de l'eau.**

- Vous vous trouvez sur un pont situé à une dizaine de mètres au-dessus du niveau de l'eau :

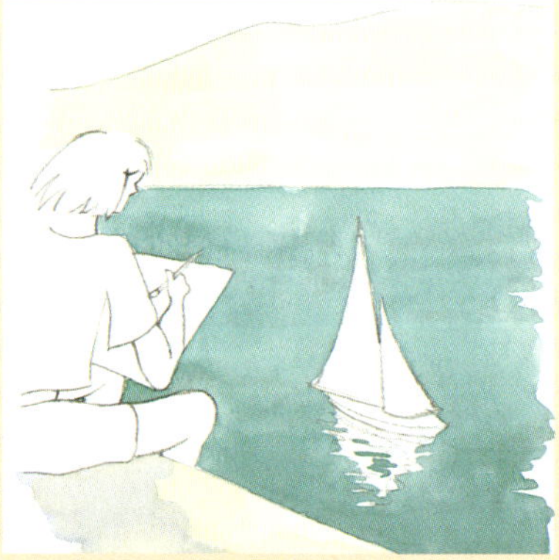

▲ **Les voiles dépassent peu ou ne dépassent pas du tout la ligne d'horizon, qui se trouve toujours à la hauteur de votre œil. Les reflets prennent moins de place.**

Les mouvements de l'eau

Surface plate sans la moindre ride

Le reflet d'un objet qui miroite dans une eau calme est sensiblement plus foncé. Son image est une inversion parfaite sans la moindre déformation.
Dans ce cas, travaillez l'eau et le reflet séparément.

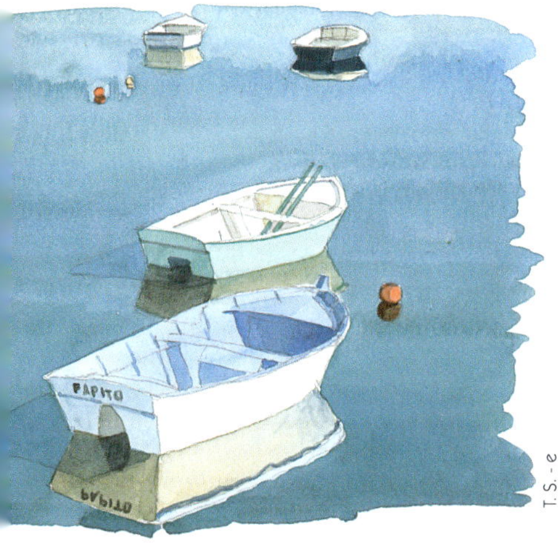

T. S. - e

▲ Choisissez une nuance plus foncée pour réaliser le reflet.

L'eau bouge légèrement

Les petits plis à la surface de l'eau vibrent sans cesse et déforment les reflets. Ces derniers s'allongent et se dilatent. La lumière du ciel s'y reflète et efface en quelque sorte la tonalité de l'objet réfléchi.

Bon à savoir

Ne cherchez pas à interpréter les reflets à votre convenance. Il y a des lois naturelles à respecter, en particulier les lois d'inversion.
N'oubliez pas que l'image réfléchie est influencée par votre position par rapport à la ligne d'horizon.

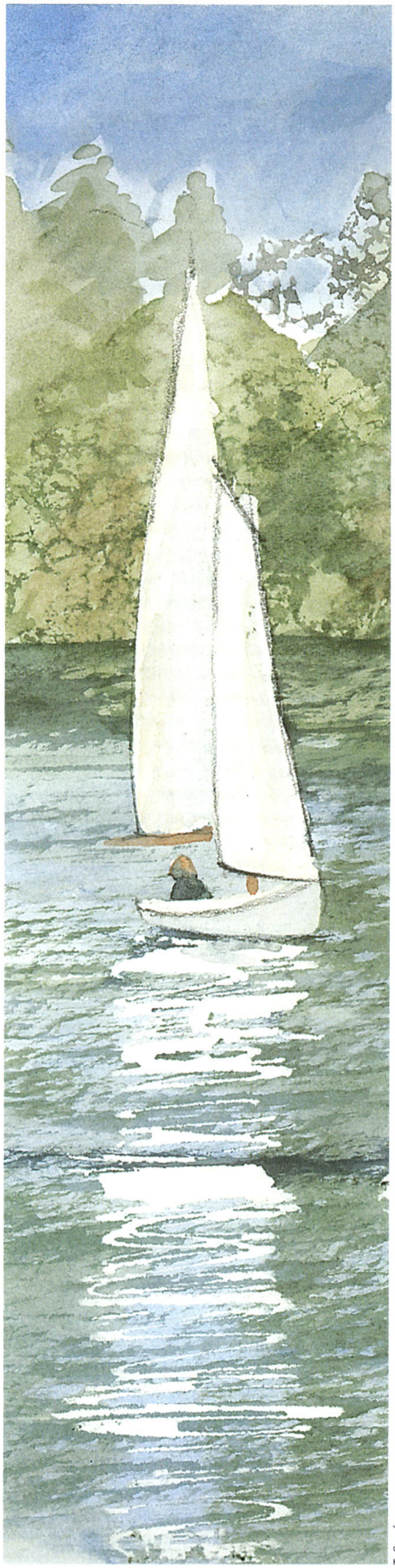

T. S. - f

▲ Le reflet de la voile n'est plus qu'une trace dans l'eau.

La qualité de l'eau

La nature de l'eau, sa transparence et sa teneur en sédiments influencent la tonalité générale du reflet. Il y a deux manières de traiter le sujet...
La première est d'appliquer un premier lavis sur l'eau et de travailler le reflet par la suite. Cette méthode convient quand l'eau est transparente et parfaitement calme.
La seconde consiste à travailler le reflet en mettant en réserve les zones claires et en donnant des tonalités fortes aux couleurs réfléchies ; puis à repasser un deuxième jus sur l'ensemble, au risque de dissoudre certaines parties peintes. Ce côté aléatoire ainsi que cet effet de transparence permettent d'obtenir un reflet parfaitement réaliste.

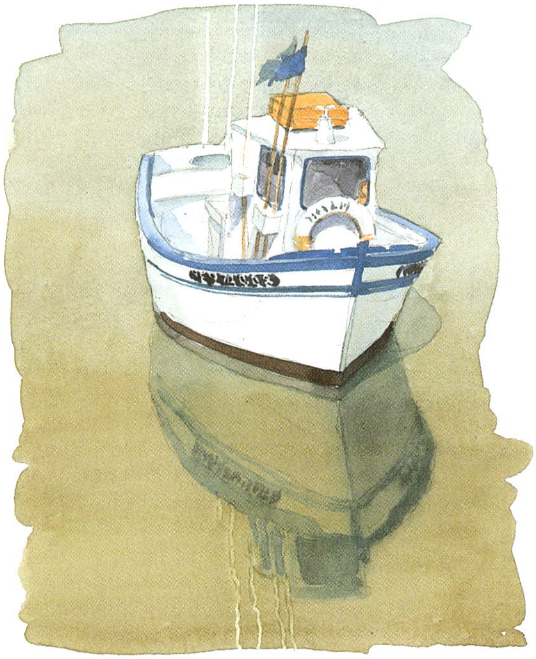

T. S. - g

▲ Une eau trouble se reconnaît à ses tons ocre, à ses couleurs terre. Les formes réfléchies ont des teintes neutres influencées par la couleur de l'eau. Les clairs s'assombrissent et les foncés s'éclaircissent franchement.

Exercice

Nous vous proposons de réaliser un paysage où des eaux stagnantes serpentent dans la végétation.

Nous allons partir de cette photographie d'un paysage verdoyant, duquel se dégage une atmosphère de calme et de sérénité.

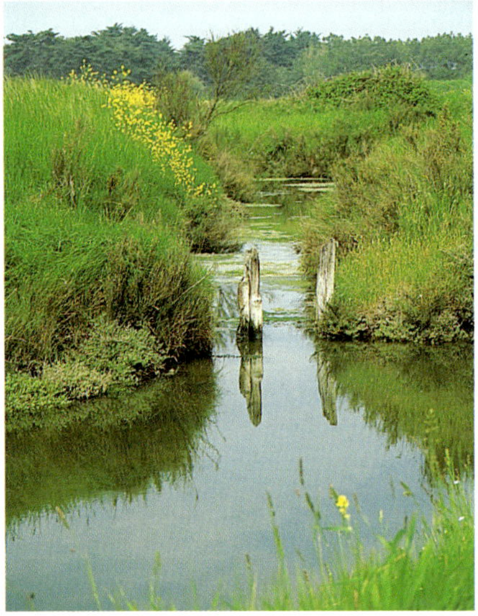

▲ Le regard est guidé vers les piquets plantés dans l'eau, puis s'échappe vers l'horizon.

1 : L'esquisse

Vous pouvez commencer par réaliser une première esquisse au crayon, qui vous permettra de « dégrossir » et de mieux comprendre les différents plans de l'image. Le premier plan est matérialisé par des herbes. Le second plan est le plus important dans notre composition. C'est par là que le regard est accroché avant de se faufiler vers l'horizon à travers les piquets en bois.
Nous avons éliminé le massif de fleurs jaunes qui attire fortement l'œil au second plan et n'est pas un élément essentiel.

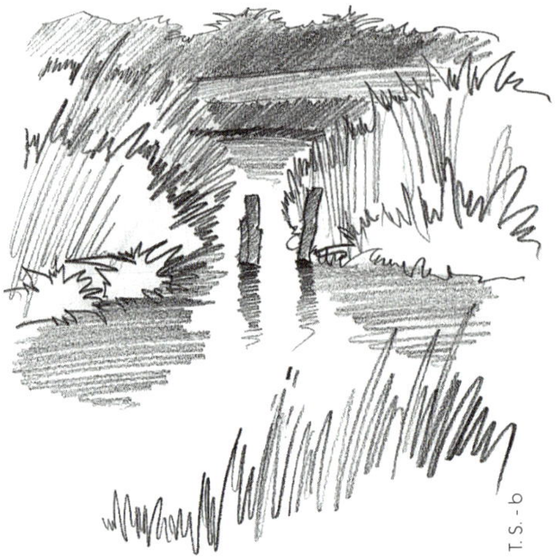

▲ L'étape du crayonné est intéressante car elle oblige à aller à l'essentiel.

2 : Les réserves

Sur une feuille de papier aquarelle, reproduisez très rapidement les lignes de construction du paysage en vous aidant de votre esquisse préparatoire ou de notre modèle (sans reproduire les hachures).
Faites de petites projections de gomme liquide au premier plan (avec une vieille brosse plate). Pour savoir où les placer, consultez l'étape finale : les petits points blancs vous montrent la densité des projections.

3 : Les premiers lavis

Appliquez les premiers lavis : le bleu du ciel et les verts les plus clairs des herbes.

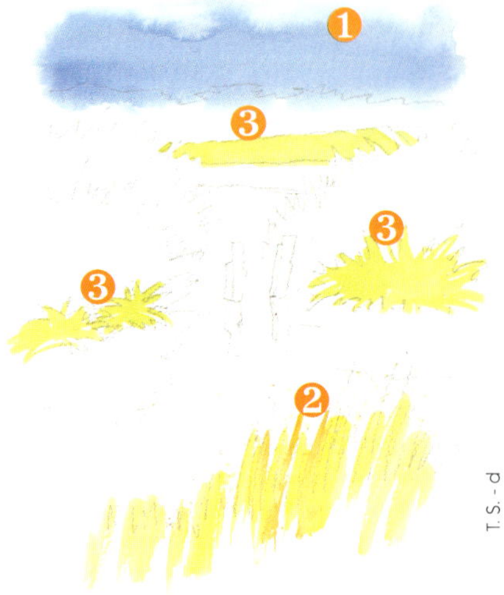

❶ Dans un ciel humide, posez un jus de bleu de cobalt.
❷ Appliquez quelques touches de jaunes citron et indien, sous forme de traits, sur les herbes du premier plan.
❸ Placez le jaune-vert dans les zones d'herbe intermédiaires.

Mettez-vous au vert !

En prenant l'exemple de ce nuancier, préparez vos verts à l'avance à partir du jaune et du bleu. Vous n'êtes pas obligé de reproduire exactement nos teintes. Mais pensez à placer les verts plus vifs à l'avant et les bleutés à l'arrière.

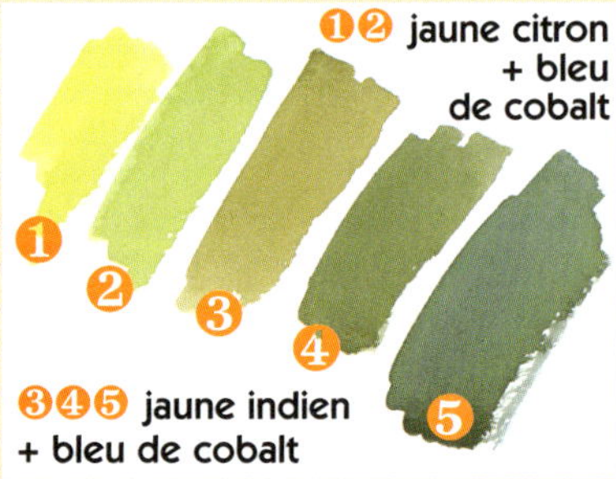

Fluidité de l'aquarelle

L'aquarelle excelle à suggérer les reflets dans l'eau, grâce à sa fluidité et à sa capacité à rendre les formes aléatoires. Un simple frémissement de la surface et les reflets se transforment en motifs abstraits...

4 : Les reflets

En vous basant sur le modèle, disposez les différents verts et les tons « terre » sur les piquets en bois, sans oublier les reflets respectifs. Pour ces derniers, pensez à la règle d'inversion.

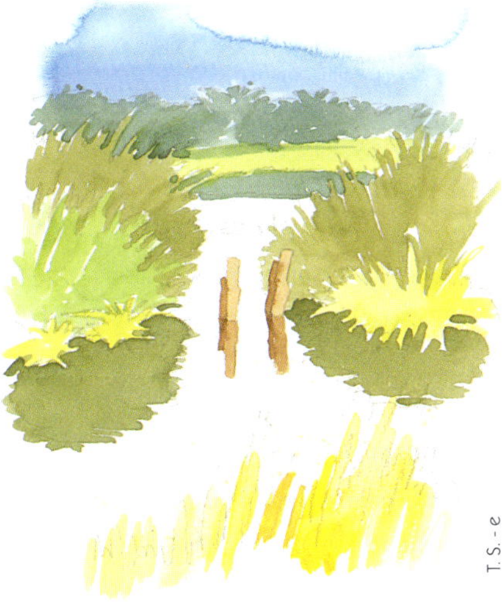

▲ Pensez à la règle d'inversion pour les reflets des piquets.

5 : Le dégradé

Vous abordez maintenant le dégradé. Cette étape est importante pour réussir l'eau. Si vous ne vous sentez pas à l'aise, faites quelques essais au préalable. Il faut toujours incliner la feuille pour éviter les remontées intempestives de couleur, et il faut avoir préparé les teintes à l'avance. Il convient de travailler vite, sans revenir en arrière, et de ne pas s'attarder sur les surfaces peintes (les reflets) car on risque de les dissoudre. Pour ce dégradé, suivez l'ordre indiqué par les légendes du croquis.

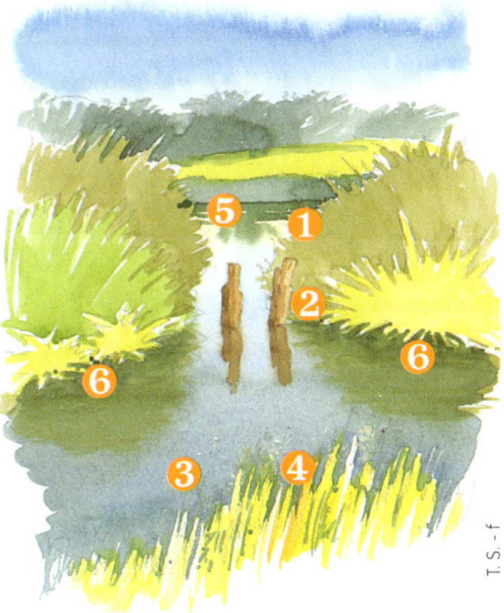

❶ Commencez par le jaune indien, qui se fond rapidement avec le bleu de cobalt très dilué.

❷ Au fur et à mesure, utilisez plus de bleu.

❸ Vers la fin, ajoutez un bleu-vert (que vous retrouvez sur les arbres à l'horizon).

❹ Arrivé à la hauteur des herbes au premier plan, il doit vous rester suffisamment de couleur en réserve. Par grattage vertical, à l'aide d'une plume en bambou, étalez cette couleur et laissez-la pénétrer dans les jaunes.

❺ Puis posez un bleu-vert pour suggérer le reflet au lointain.

❻ Peaufinez le reflet du second plan.

6 : Le volume des herbes

Travaillez le volume des herbes au second plan. Quand la peinture est sèche, retirez la gomme avec un doigt.

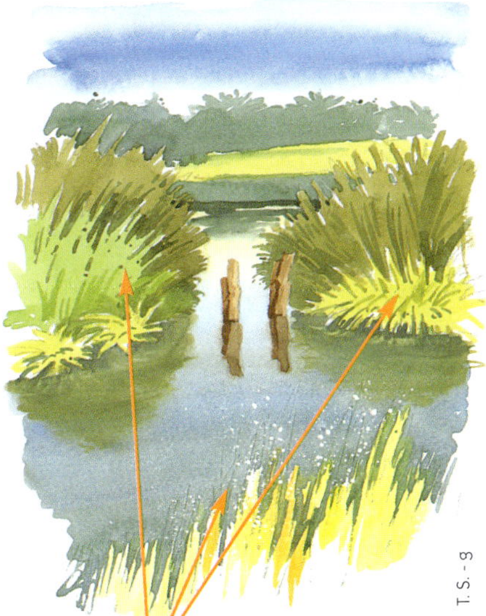

▲ Attendez que la peinture soit sèche pour retirer la gomme liquide.

Finitions

Vous pouvez procéder à diverses retouches pour agrémenter votre tableau.

❶ Ajouter des détails pour les herbes.
❷ Soustraire la couleur avec de l'eau pour le reflet des herbes claires.
❸ Faire des projections de vert foncé.
❹ Ajouter des touches de jaune vif.
❺ Fignoler l'ombre et les détails des piquets.

La mer et les vagues

Peindre la mer constitue un passionnant défi pour l'aquarelliste. Calme, agitée ou déchaînée, en un éclair elle peut changer de visage en restant toujours belle, forte et fascinante à la fois.

Observez attentivement la mer avant de commencer à peindre. Les vagues s'enroulent et s'écrasent inlassablement sur le rivage. Néanmoins, dans cette constante mouvance, vous finirez par découvrir des motifs qui se répètent et, finalement, par des gestes simples et rapides, vous allez la figurer avec assurance.

T.S. - a

◄ Mer calme par beau temps, technique sèche. Les rehauts pourraient également suggérer une mer écumante.

Une mer calme

Le plus souvent, un simple lavis dégradé suffit à rendre le calme de l'eau. Suivant l'atmosphère que vous désirez obtenir, vous allez utiliser la technique sèche ou la technique humide.
Ensuite, vous pourrez y inclure des effets intéressants selon l'état de la mer (légèrement ridée, avec des petits frémissements en surface, etc.).

Technique sèche

La mer n'est pas nécessairement rendue par la technique humide. Par beau temps, le soleil se reflète dans la mer. Un balayage très énergique à sec est une méthode rapide qui permet d'obtenir les petits rehauts blancs.
Par temps gris, les nuages se reflètent dans l'eau. Il faut alors travailler la mer en deux couches légères superposées, à sec.

Mer calme par temps gris, ► technique sèche. Étape n° 1 : posez un premier lavis de fond. Laissez sécher.

T.S. - b

T.S. - c

◄ Étape n° 2 : chargez votre pinceau avec une valeur plus foncée. Faites des essais sur un brouillon, afin de décharger le pinceau. Quand celui-ci est presque sec, procédez à un balayage horizontal afin de déposer la teinte plus foncée sur le relief du papier.

Conseil

N'essayez pas de représenter les mille et une vaguelettes par une infinité de touches : le résultat serait bariolé et trop chargé.
Il vaut mieux poser vos surfaces avec discernement, en touches rapides. En clignant des yeux, vous arriverez à sélectionner les grandes masses importantes et vous trouverez avec évidence les gestes nécessaires pour représenter la mer.
N'oubliez pas que l'eau n'est pas bleue, mais transparente. Elle reflète fidèlement les différentes couleurs ambiantes (ciel, rivage, arbres, bateaux...).
Adaptez votre technique en fonction de l'état de la mer.

Une seconde approche, qui demande un travail un peu plus poussé, consiste à appliquer une première couche de fond.
Avec la pointe de votre pinceau, travaillez ensuite la mer en touches horizontales, colorées.
Il va de soi que plus vous vous éloignez, plus les traits s'amenuisent pour ne faire finalement qu'un seul lavis à l'horizon. L'effet est moins spontané.

◀ La technique humide permet de restituer une atmosphère brumeuse. Ciel et mer se confondent. La ligne d'horizon n'existe plus.

▼ Mer calme par temps gris, technique sèche, seconde méthode.

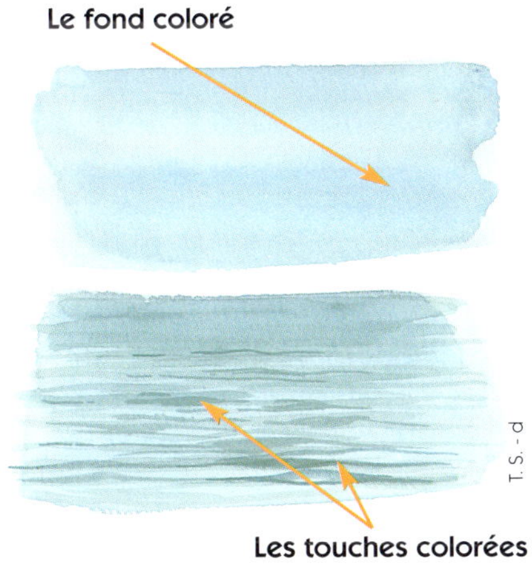

Technique humide

Optez pour cette technique si vous désirez traduire une ambiance brumeuse. Utilisez de simples dégradés sur un support humide pour obtenir des effets de flous. En travaillant sur un fond très humide, vous allez obtenir une aquarelle à la fois légère et fluide.

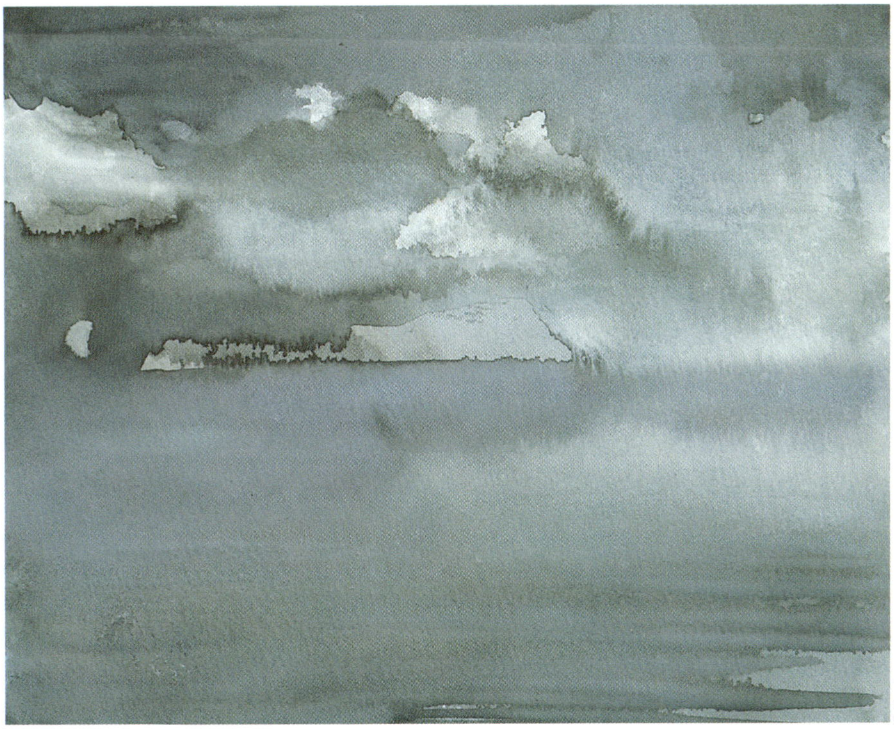

▲ Posez sur le papier humide des valeurs foncées. Laissez l'humidité former des « taches » dans le ciel, puis absorbez la couleur pour créer des nuages menaçants.

Observez les vagues

Imprégnez-vous du spectacle des vagues en observant attentivement la façon dont elles apparaissent et disparaissent. Si vous comprenez leur fonctionnement, vous arriverez, avec un peu d'expérience, à les représenter de mémoire sans trop de difficulté. Vous allez probablement remarquer que leur parcours se reproduit toujours selon le même principe : la vague se forme en pleine mer et son onde se rapproche progressivement de la côte. Elle se soulève au fur et à mesure que les fonds sont moins importants. Il se forme une crête blanche qui roule, se retourne et se transforme en écume blanche avant de mourir sur la grève. C'est au moment où les crêtes se forment qu'elles sont les plus intéressantes à peindre. Quand les vagues s'élèvent, elles paraissent presque transparentes sous les crêtes.
Elles nous offrent de très belles couleurs, entre le turquoise et le vert émeraude.

Une mer agitée

Toute l'énergie et la puissance de la mer et des vagues doivent transparaître dans votre peinture. Associez diverses techniques, utilisez des gestes dynamiques pour traduire les mouvements de l'eau. En aquarelle, il faut penser à laisser des réserves pour l'écume et les crêtes. Remarquez que le blanc recèle de subtiles nuances (ocre, bleu, rose) et que la couleur de la mer est intimement liée aux conditions atmosphériques.

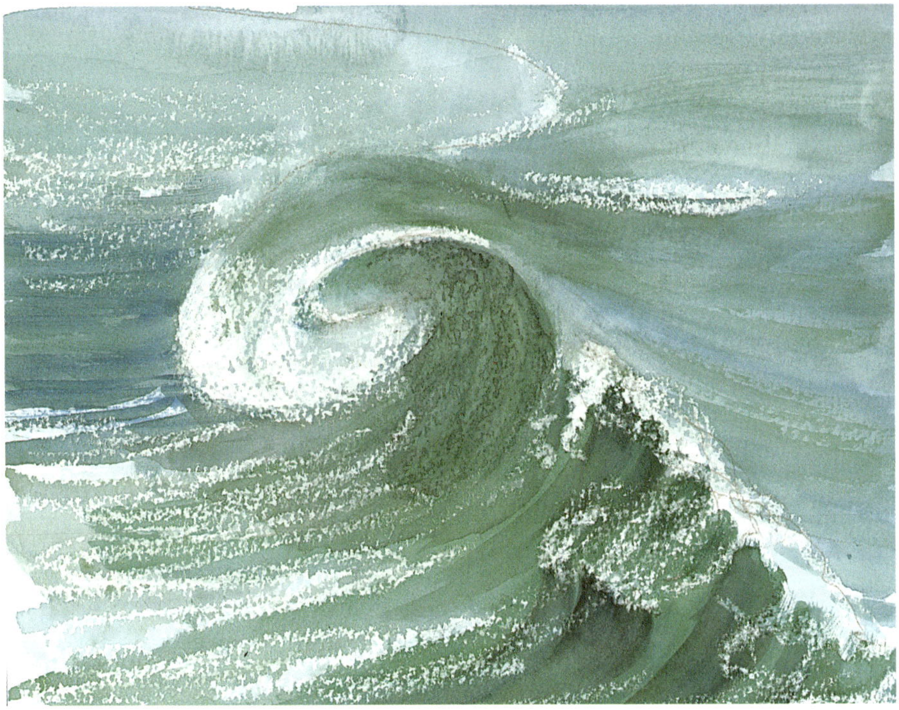

T.S. - b

Pour reproduire une vague qui « roule », ▶ posez des tons plus soutenus dans le creux de celle-ci.

Bon à savoir

Lorsque vous utilisez de la gomme liquide, servez-vous de vieux matériel. Savonnez généreusement vos pinceaux et lavez-les soigneusement après utilisation. Malgré tous ces conseils, la gomme risque de s'accrocher dans les poils. Essayez alors de l'ôter manuellement. Servez-vous d'un tire-ligne pour tracer des traits à la gomme.

Nul besoin de dessiner des détails au crayon : tracez simplement les grandes lignes. Quand vous peignez les vagues, commencez par réserver les blancs avec de la gomme liquide ou avec de la cire pour figurer les vagues à l'horizon.

Après le passage du bleu le plus clair, réservez des zones dans les creux des vagues avant de foncer ces dernières.

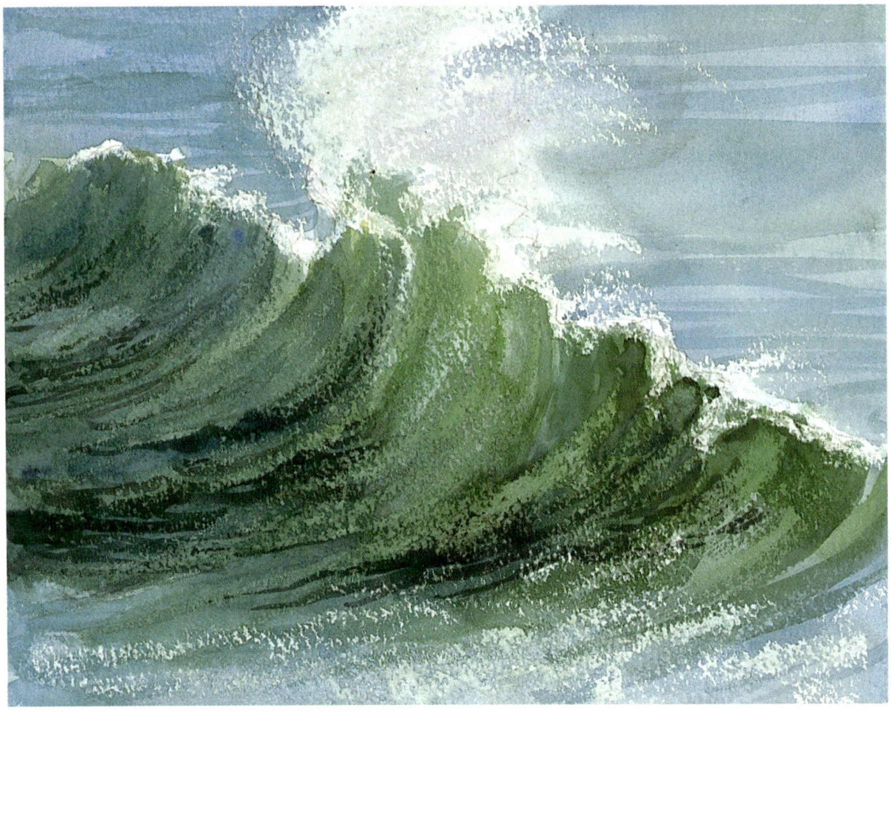

T.S. - a

◀ Pour reproduire une vague qui se forme, réservez les zones d'écume et la crête avec de la cire. Maniez votre pinceau avec souplesse et posez des lavis très transparents. Utilisez beaucoup d'eau. Suivez les courbes du cheminement de l'eau avec vos touches de couleur. Laissez sécher. Passez une deuxième couche de cire sur les zones à assombrir. Posez les tons dans les zones d'ombre. Avec un fer à repasser et un papier buvard, absorbez la cire. Vous pouvez alors éventuellement faire des retouches.

Une mer déchaînée

Une mer démontée est un spectacle fantastique. Mais, en dépit des précautions que vous pourrez prendre, vous installer à proximité pour la peindre sur le vif s'avère très dangereux, sinon très inconfortable. Un bon conseil : imprégnez-vous du spectacle et gardez les images fortes en mémoire. Vous les retrouverez facilement plus tard, au moment de travailler la scène en atelier. Mieux, vous y ajouterez des impressions personnelles complémentaires, qui vont diriger votre travail. Au besoin, ayez recours à des photos. Réservez l'écume et les crêtes des vagues avec la gomme liquide. À l'aide d'un vieux pinceau, posez rapidement la gomme liquide et finissez par des projections (gouttes, éclaboussures, em-bruns). Travaillez la mer en osant utiliser quelques « valeurs fortes » pour suggérer la tempête. Ayez des gestes dynamiques pour insuffler de l'énergie à votre travail. N'ayez pas peur de déborder des contours. Ajoutez des effets de grattage, des projections.

Avis de tempête !

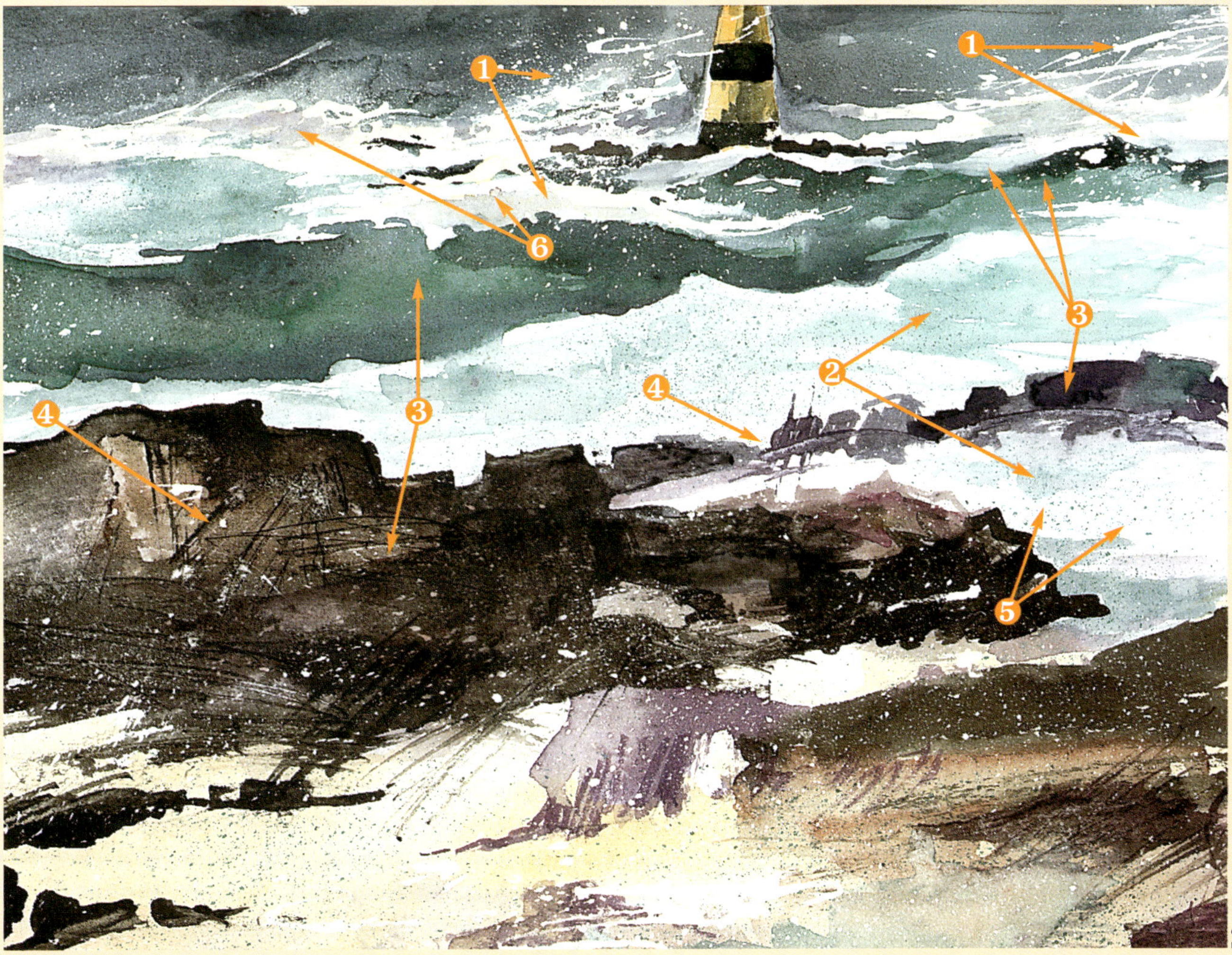

❶ Réservez les blancs à la gomme liquide (pinceau et projections).
❷ Posez les couches transparentes.
❸ Foncez les tons pour d'autres parties de la mer, ainsi que pour les rochers.
❹ Ajoutez des éléments graphiques en grattant dans la peinture humide.
❺ Complétez par quelques projections, avant de retirer les zones masquées.
❻ Retravaillez certains blancs pour leur donner plus de volume.

Peindre les animaux et les personnages

Poils et plumes

Pour réussir son animal préféré, il est impératif d'apprendre à réaliser son pelage ou son plumage. Nous allons étudier les façons de rendre les variations et le volume des poils et des plumes.

La première chose à faire, lorsqu'on décide de s'attaquer au dessin animalier, est de collecter des photos et d'examiner en détail le sujet que l'on souhaite traiter.
Profitez-en pour observer les attitudes de l'animal. Évitez de recopier minutieusement une photo : vous n'obtiendrez qu'un résultat plat, sans profondeur et sans vie. Si vous avez la chance d'avoir un animal familier chez vous, profitez-en pour en faire des croquis, sous tous les angles.

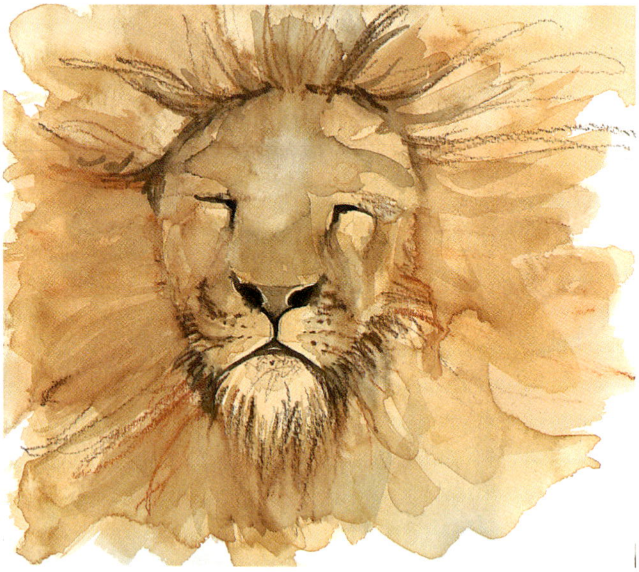

T. S. - b

◄ Une bonne méthode consiste à souligner le dessin par quelques détails incisifs sur les contours, réalisés à la plume, au pinceau fin ou au crayon aquarellable.

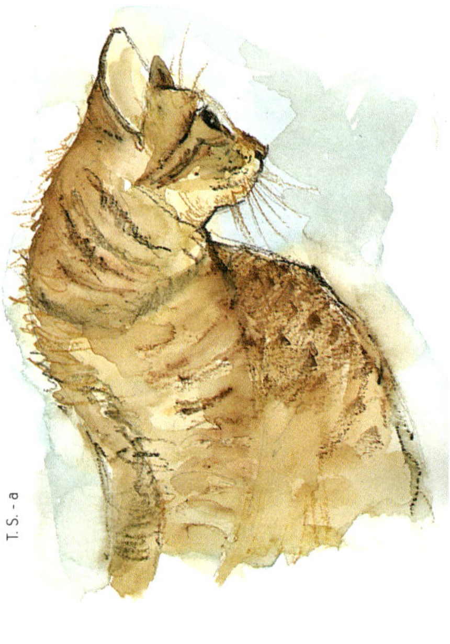

T. S. - a

▲ Faites des esquisses très simples, sans vous attarder sur les détails.

Le pelage

Il est inutile de vouloir représenter chaque poil de l'animal. Vous obtiendriez un aspect hérissé et un animal sans vie. Utilisez un lavis humide pour créer un fond, puis mettez l'accent sur certains endroits par des lavis superposés. Finissez par quelques détails incisifs.

Poil long clair

Choisissez votre technique en fonction de la couleur. Pour faire ressortir un poil clair, utilisez la technique des réserves. Accordez une attention particulière aux contours de l'animal. Dans certains cas où l'animal est petit, il faut masquer tout le reste du corps pour travailler tranquillement le fond.

Lustré : mode d'emploi

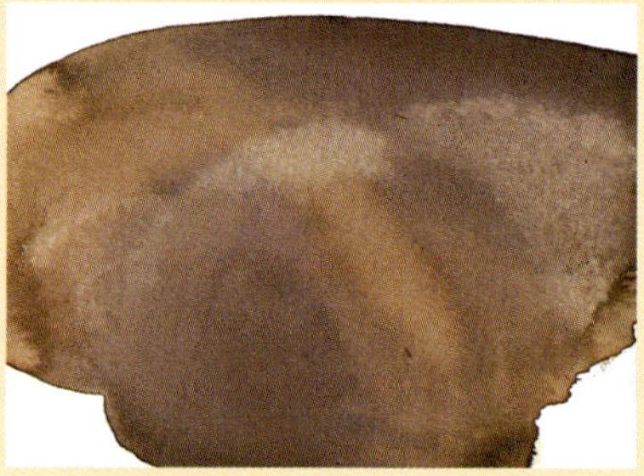

T. S. - j

Observez minutieusement la musculature de certains animaux (chevaux, vaches...), qui est mise en évidence sous les poils courts par des dégradés et des accents de lumière. Dans ces cas, mieux vaut éviter de dessiner les poils trait par trait, car cela risquerait de détruire l'effet de « lustré » qui se dégage du pelage.

• La première étape consiste à dessiner certains des poils (les plus fins et les plus clairs) à la gomme liquide, en utilisant une plume à encre ou un tire-ligne. Travaillez de l'intérieur vers l'extérieur pour que le poil finisse en pointe.

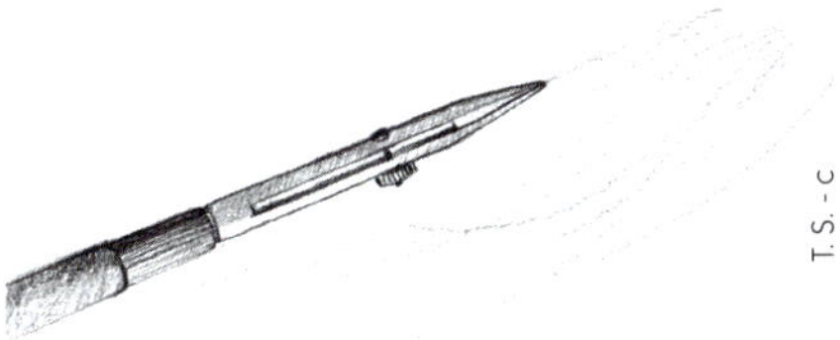

T. S. - c

▲ Mettez les poils les plus clairs en réserve en les dessinant à la gomme liquide.

• Dans la deuxième étape, appliquez de légers lavis sur l'animal. Ensuite, travaillez le fond avec une teinte plus foncée. Laissez bien sécher le tout. Vous pourrez alors soit retirer immédiatement la gomme si vous estimez que les lavis sont aboutis, soit garder la réserve jusqu'à la fin de votre travail.

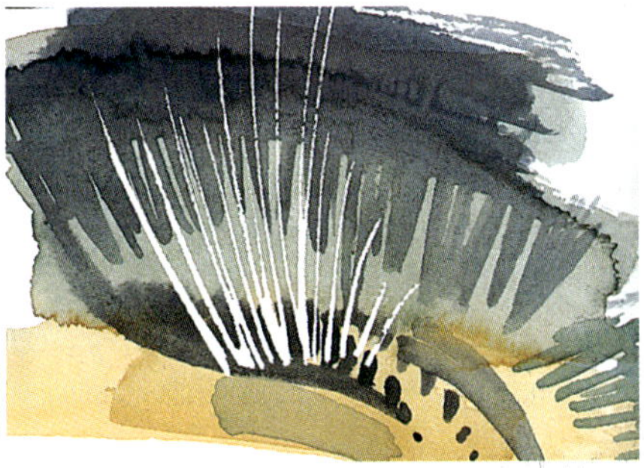

T. S. - d

▲ Appliquez des lavis clairs sur l'animal, et plus foncés pour le fond. Si vous êtes satisfait du résultat après séchage, retirez la gomme.

• La troisième et dernière étape consiste à construire les textures du poil à l'intérieur du corps de l'animal. Utilisez un pinceau fin ou une plume. Cette dernière sert à dessiner des traits vraiment fins. Vous pouvez aussi reprendre certains détails au crayon aquarellable.

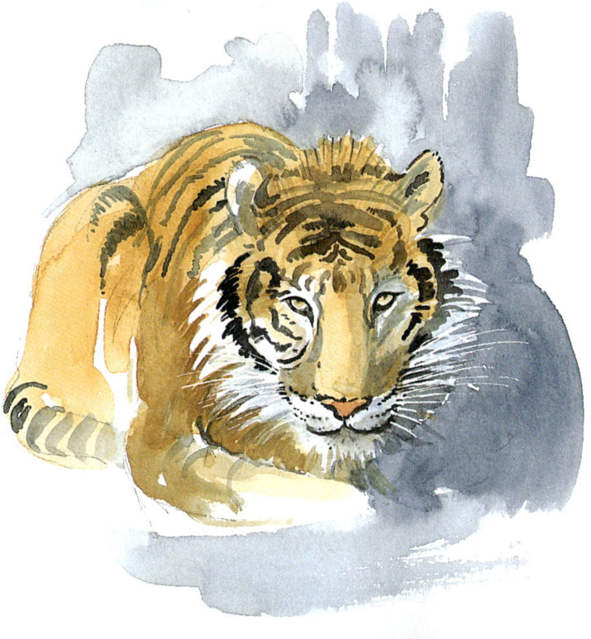

T. S. - e

▲ Travaillez le pelage au pinceau fin ou à la plume et éventuellement au crayon aquarellable.

Poil long foncé

Pour rendre le poil foncé, utilisez la technique du « blaireautage », qui consiste à travailler en technique sèche avec un pinceau en éventail ou une brosse plate (écrasée entre le pouce et l'index). Appliquez vos traits et lavis par superpositions. Les poils isolés doivent être dessinés un par un avec des gestes amples et assurés. À cet effet, utilisez un petit pinceau ou une plume. Néanmoins, vous pouvez toujours essayer d'inclure des effets de grattage en fin de travail. Ils sont utiles pour placer des rehauts lumineux dans les zones foncées.

Poil court

La fourrure composée de poils courts a souvent un aspect brillant et velouté. Pour les animaux à poil lisse, travaillez en technique humide par des lavis très dilués et placez des petits dégradés pour créer le volume. Observez avec soin l'emplacement des ombres et des lumières.

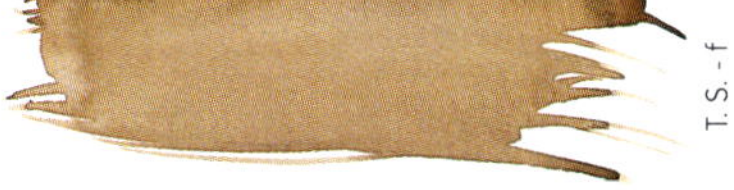

T. S. - f

▲ Une première étape consiste à appliquer un ou plusieurs lavis superposés.

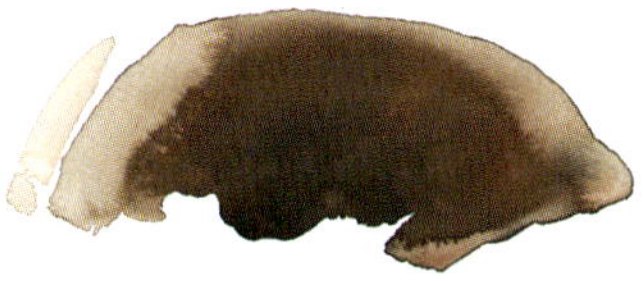

T. S. - h

▲ Il s'agit d'abord de définir les formes par des lavis très dilués.

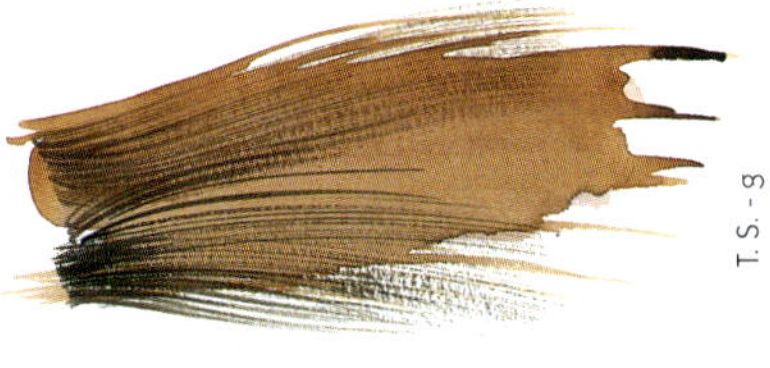

T. S. - g

▲ La seconde étape sert à placer à sec des détails incisifs par « blaireautage » et en dessinant les poils avec un petit pinceau ou une plume.

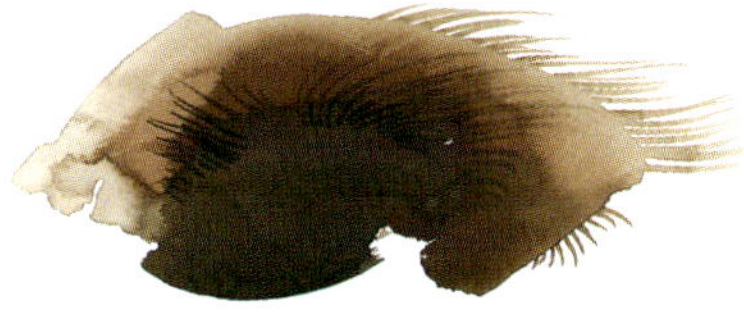

T. S. - i

▲ Vous pouvez suggérer le pelage par de petits traits au pinceau fin sur le contour de l'animal et à certains endroits judicieusement choisis.

Le plumage

Le plumage est composé de deux types de plumes : les petites, qui couvrent le corps des oiseaux, et les grandes, qui habillent les ailes et la queue et permettent à la plupart d'entre eux de voler.

Les petites plumes

De petites plumes douillettes couvrent le cou, la poitrine et la face ventrale de l'aile : elles servent moins à voler qu'à protéger l'oiseau ou l'oisillon contre le froid et l'humidité. Il faut essayer de les rendre par un système de hachures et de traits posés dans tous les sens.

Comme pour les poils, commencez par de légers lavis en zone humide. Dans les lavis frais, ajoutez quelques effets de grattage avec un outil pointu (cutter, aiguille, tire-ligne, etc.), et de petites touches de tons plus foncés. Après séchage, ajoutez des traits fins par petites touffes rythmées pour accentuer le côté ébouriffé des plumes.

Les grandes plumes

Les plumes des ailes et de la queue sont longues, lisses et bien dessinées. Elles sont composées d'une tige souple sur laquelle sont implantés des filaments finement ramifiés de diverses couleurs, appelés « barbes ». Tracez les contours de façon précise. Posez un lavis dilué sur toutes les zones. Laissez sécher. Placez les tons intermédiaires en lavis superposés sur fond sec. Puis travaillez le fond de votre aquarelle. Enfin, si vous le souhaitez, agrémentez les plumes de diverses textures (au crayon, à la plume, par grattage...).

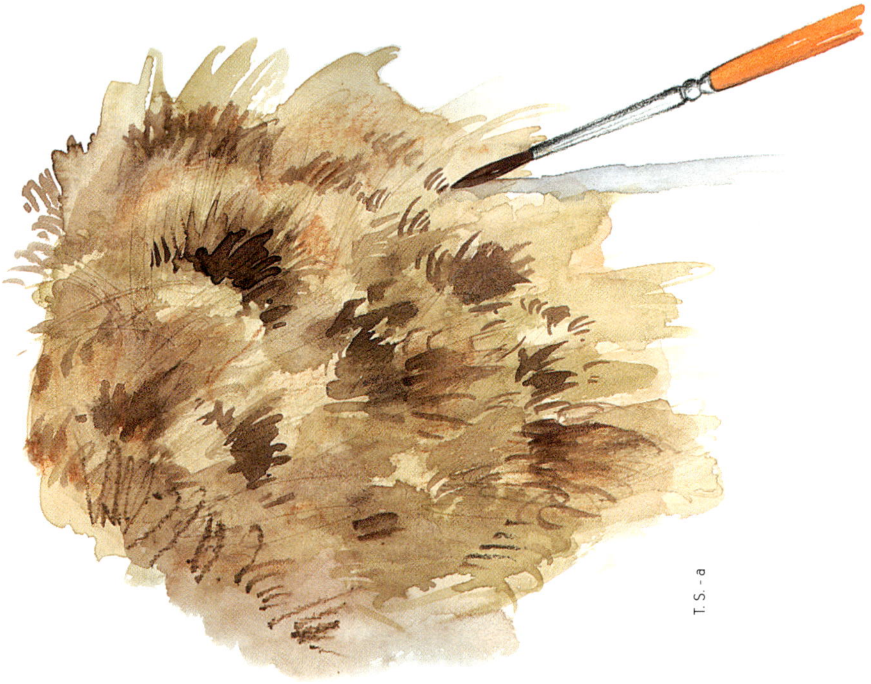

▲ Pour les petites plumes, terminez par quelques traits au crayon ou au pastel aquarellables.

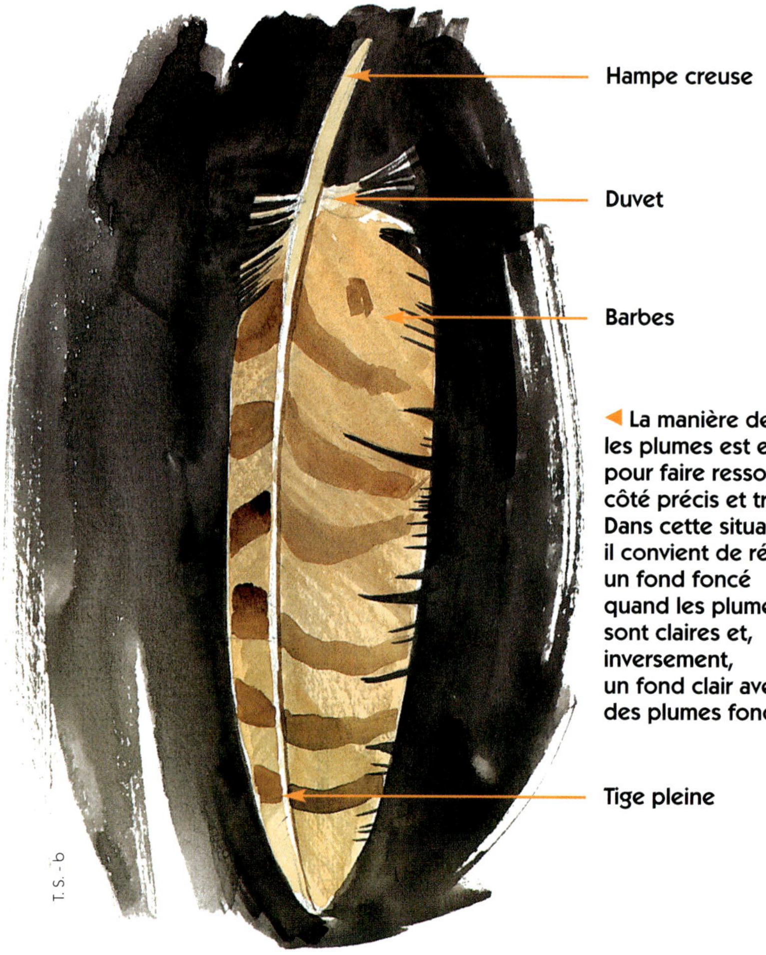

◀ La manière de border les plumes est essentielle pour faire ressortir le côté précis et tranchant. Dans cette situation, il convient de réaliser un fond foncé quand les plumes sont claires et, inversement, un fond clair avec des plumes foncées.

Un bon fond

Il est un défaut que l'on peut souvent observer dans la peinture animalière : c'est l'impression que le sujet est découpé et « plaqué » sur la feuille. Afin d'éviter ce genre de maladresse, il est conseillé de commencer par le fond. Ensuite, en intégrant l'animal dans ce dernier et en jouant sur ses contours, vous arriverez à donner une unité à l'ensemble de la peinture. Voyons comment procéder avec ce « jaseur boréal ».

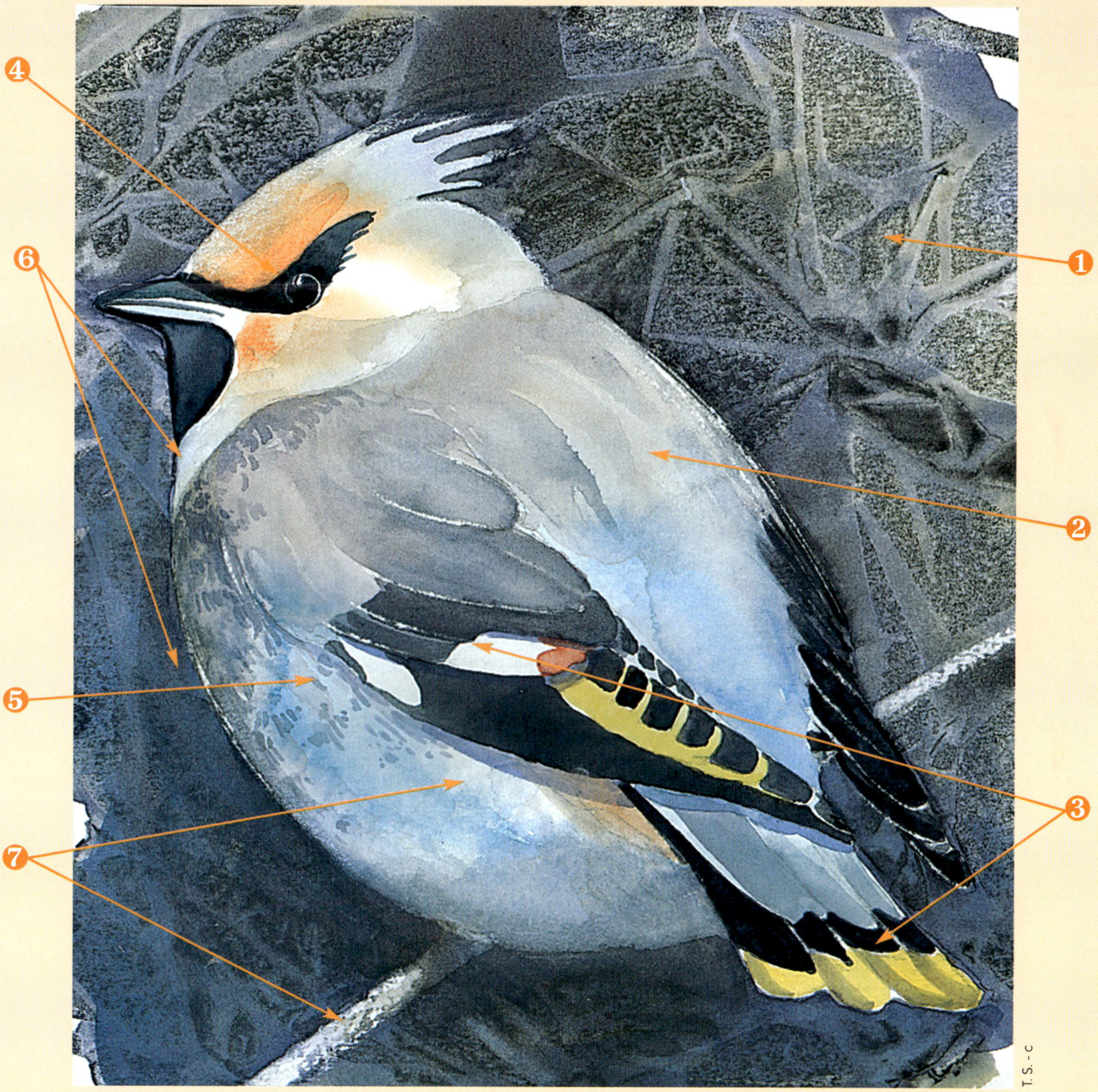

1 Commencez par le fond.
Deux méthodes sont utilisées : soit vous le travaillez au gros pinceau, rapidement, en établissant la couleur et l'intensité ; soit vous masquez l'animal avec de la gomme liquide ou une forme découpée puis scotchée. Vous aurez alors une plus grande liberté de manœuvre pour rendre le fond.
2 Posez les lavis en technique humide, en réduisant au maximum les coups de pinceau afin d'accentuer le velouté des toutes petites plumes.
3 À présent, détaillez les plumes des ailes et de la queue en réalisant des formes plus précises, plus délimitées.
4 L'œil est soigneusement dessiné avec un pinceau fin. Laissez un petit point blanc pour rendre le regard plus vif.
5 En petites touches, créez de fines textures pour rendre le duvet du cou et du poitrail de l'oiseau.
6 Retravaillez le fond en variant les contours de l'oiseau. Donnez plus de netteté et de précision là où l'animal est dans la lumière et, *a contrario*, davantage de flou dans les zones d'ombre.
7 Placez quelques petits rehauts par grattage au cutter.

Les chats

À poils longs ou à poils courts, le chat est un sujet artistique privilégié. Voici comment le rendre en aquarelle.

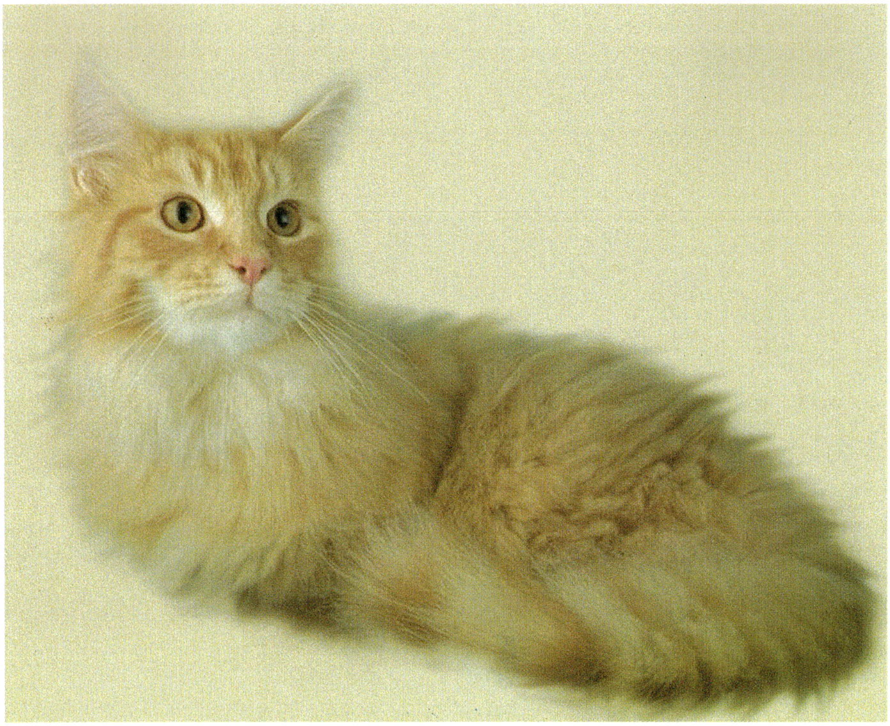
T. S. - a

▲ Le modèle : un chat couché, attentif.

À chacun sa couleur

Le chat domestique à poils courts serait issu du chat sauvage africain, domestiqué il y a environ 4 500 ans par les Égyptiens, tandis que son compère à poils longs descendrait du chat sauvage asiatique. Le pelage original du chat domestique était sans doute brun-gris, avec des rayures sombres qui facilitaient son camouflage. Le gène de la couleur orange serait le fruit d'une mutation du gène de la couleur noire. Le blanc pur serait le résultat d'un gène qui prive l'animal de toute pigmentation, le noir ou le gris pur d'un gène qui supprime les rayures.

Les croquis

Si vous avez la chance de posséder un chat, profitez-en pour faire toutes sortes de croquis de lui (leur durée ne doit pas excéder 5 minutes). Vous allez vite remarquer que l'animal adopte certaines positions favorites. Observez ses comportements : ils sont souvent répétitifs (par exemple la toilette, le sommeil, les étirements).
Si vous n'avez pas de chat, servez-vous de photographies ou de dessins comme modèle.
Plusieurs poses du même animal sont utiles pour pouvoir l'étudier et le transformer à volonté.

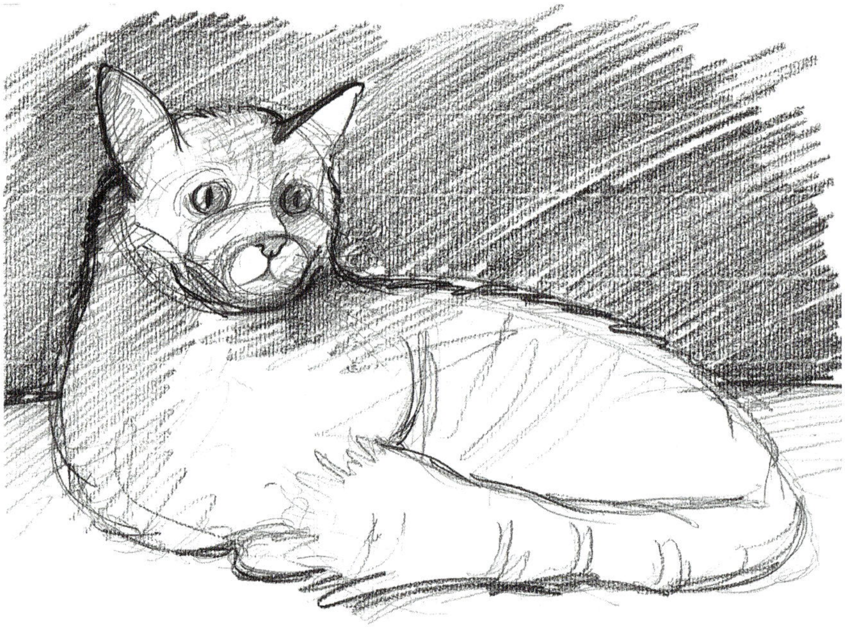
T. S. - b

▲ Commencez par des esquisses sommaires quand l'animal est au repos. Variez les poses en vous déplaçant autour de l'animal.

Réalisez ensuite un croquis plus élaboré, qui servira de base à votre futur travail à l'aquarelle. Puis reportez les contours de l'animal sur une feuille de papier aquarelle. Inutile de vous attacher aux détails du corps. Attardez-vous davantage sur la tête, surtout sur les yeux, qui sont souvent particulièrement expressifs.

Le fond et les grandes lignes

Commencez par les étapes habituelles (préparation du matériel, encollage de la feuille). Mouillez la feuille entière à l'aide d'une éponge propre ou d'un gros pinceau. Préparez vos couleurs : si vous suivez notre modèle, une teinte orangée avec du jaune indien et du rouge vermillon pour le chat ; une teinte bleutée avec du bleu de cobalt et du vert bleuâtre pour le fond. Vous allez commencer par poser le mélange orangé en laissant fuser la couleur sur la surface humide. Puis vous poserez le mélange bleuté en fond.

Le corps du chat

Travaillez toujours en technique humide. Modelez la forme du corps en augmentant le contraste des tons clairs et des tons foncés. Petit à petit, vous allez créer une impression de volume et de profondeur.

Vous n'êtes pas obligé de respecter les teintes d'origine du chat. Transformez les couleurs et ajoutez votre touche personnelle (efforcez-vous de ne pas imiter la photo).

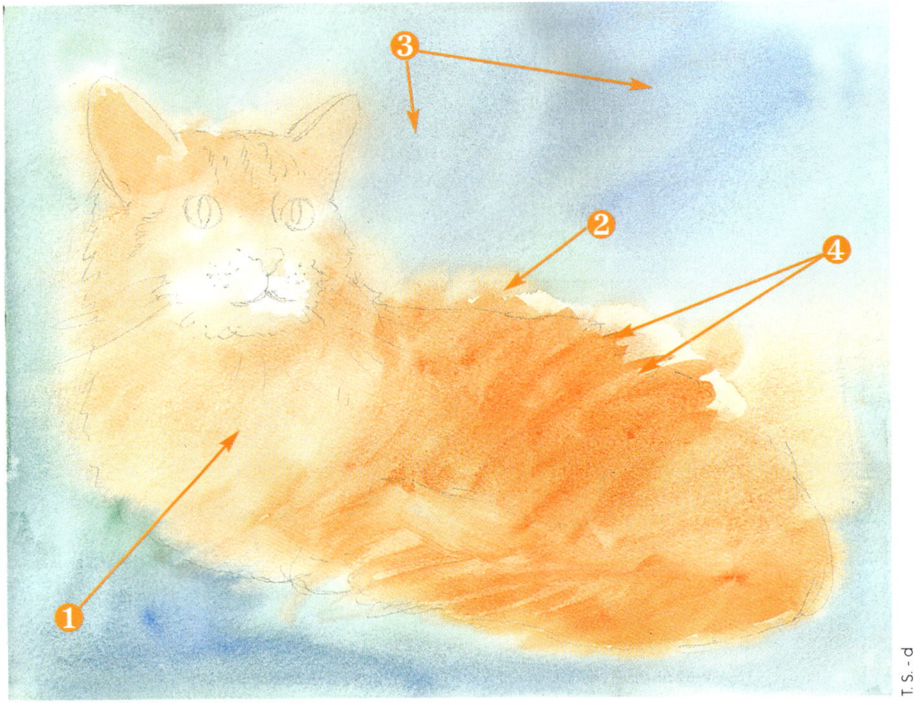

❶ Posez le mélange orangé sur la surface humide.
❷ Laissez « diffuser » la couleur au-delà des contours de l'animal.
❸ Entre-temps, appliquez le mélange bleu.
❹ Au besoin, ajoutez quelques touches d'orange sur le poil du chat (toujours dans le sens du poil).

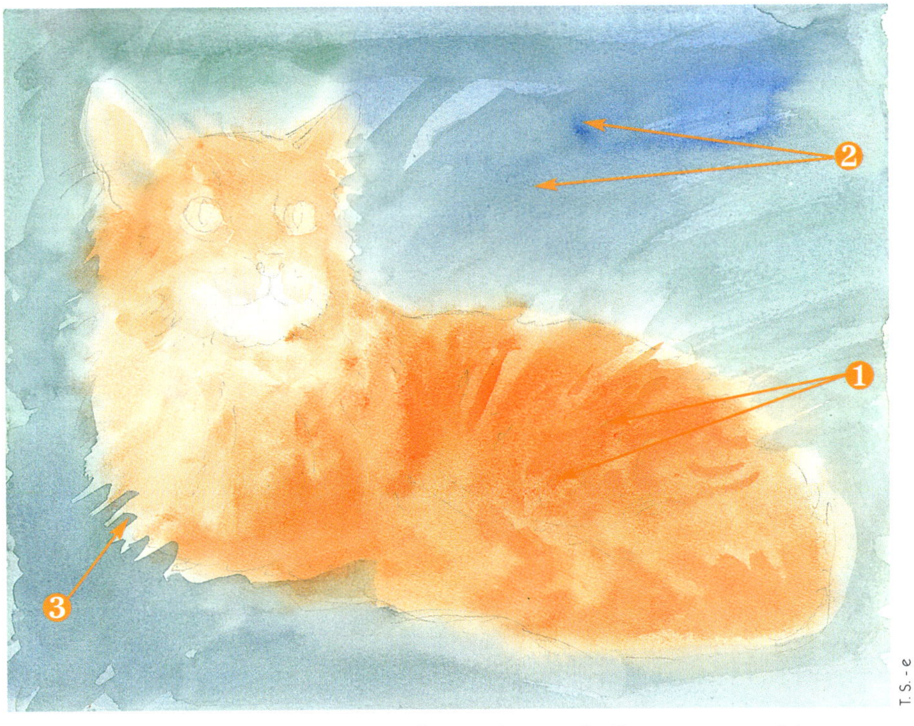

❶ Utilisez votre mélange de base orangé et de la terre de Sienne pour modeler le poil du chat.
❷ Posez un deuxième lavis sur le fond humide.
❸ Certains contours deviennent nets (avec le séchage de la feuille). Exploitez-les en laissant pénétrer le fond à travers le poil plus clair de l'animal. Laissez sécher la feuille.

La tête du chat

Les chats sont des animaux particulièrement expressifs. Il convient donc de s'attarder plus particulièrement sur le travail de la tête, auquel nous allons nous intéresser en détail.
Faites d'abord les yeux, puis le museau, la gueule et les oreilles.

Les yeux

Ce sont les éléments les plus expressifs de la tête d'un chat, comme de celle de tous les mammifères. Ils doivent être mis en relief par des contours nets, travaillés en technique sèche. Certains détails seront repris ou soulignés, soit au crayon, soit au pinceau fin.

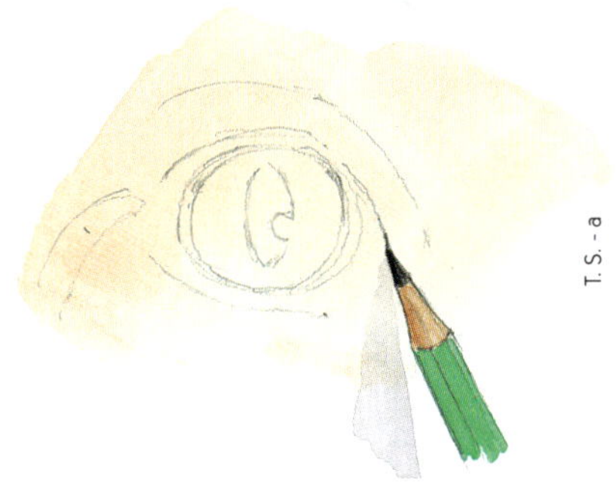

▲ Reprenez le contour de l'œil au crayon.

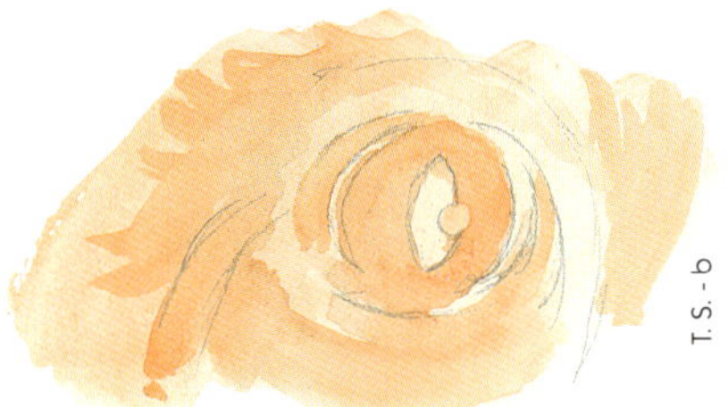

▲ Posez un jus orangé sur l'œil.

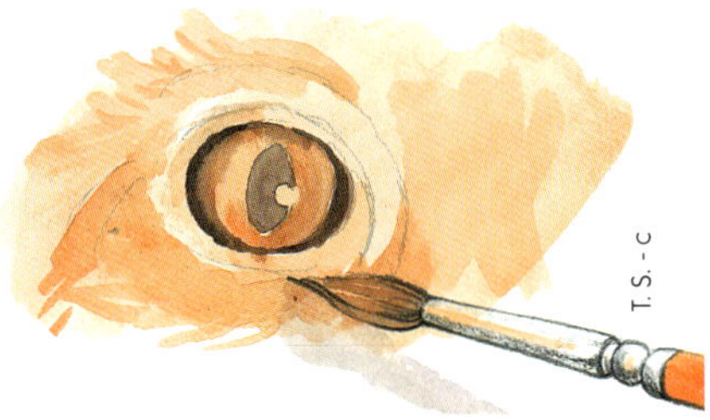

▲ Posez un deuxième jus orangé dans l'iris et autour de l'œil. Avec un petit pinceau, appliquez une teinte sombre (bleu de Prusse + rouge vermillon) autour de l'iris et dans la pupille.

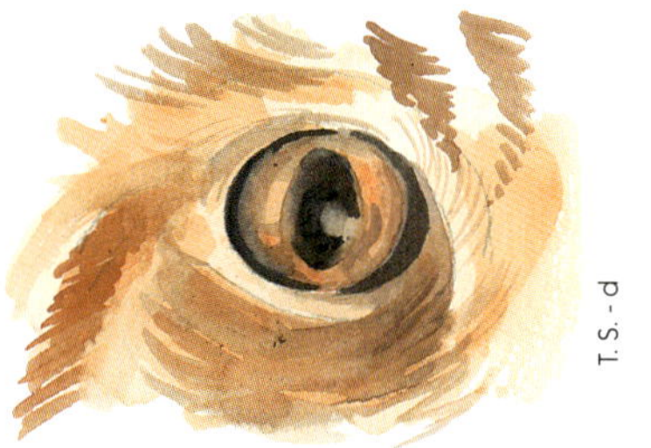

▲ Augmentez le contraste en insérant davantage de détails dans la pupille et autour de l'œil.

La tête du chat : poils et moustache

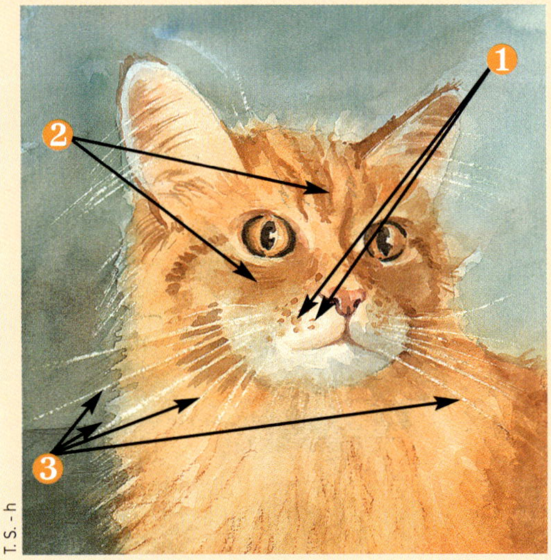

❶ Avec un petit pinceau, posez de petits points de terre de Sienne sur le museau (l'implantation des poils de la moustache).
❷ Travaillez le dessin du pelage, toujours dans le sens du poil. Parfois humide, parfois sec, il se transforme petit à petit par des superpositions de lavis de plus en plus foncés.
❸ Essayez de réserver l'emplacement de la moustache en posant les lavis tout autour. Tout à la fin, quand la feuille sera bien sèche, faites ressortir la moustache par grattage au cutter.

Le museau

Nul besoin d'utiliser du noir pour figurer la truffe de l'animal. Vous travaillerez plutôt à base de mélange très peu dilué, dans la gamme de tons choisis.

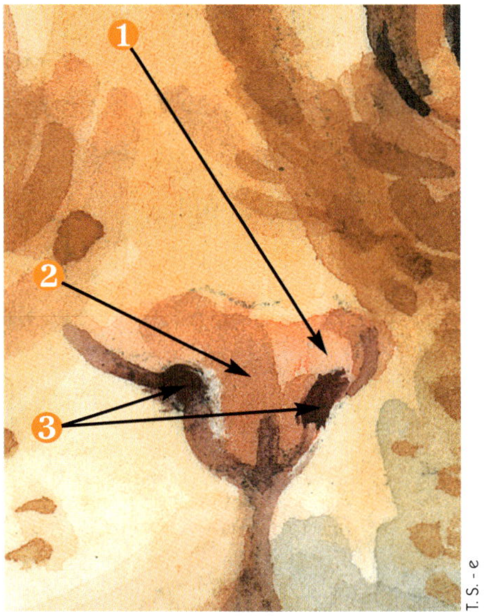

❶ Utilisez un rouge carmin dilué pour la première couche sur le museau.
❷ Posez un deuxième lavis en laissant de petits rehauts clairs.
❸ Au rouge carmin, ajoutez une touche de bleu de Prusse pour obtenir cette teinte très peu diluée.

La gueule

Évitez de forcer sur les traits de la gueule, pour ne pas affubler votre chat d'une sorte de masque. La gueule est régulière, hermétiquement close et reliée à la truffe par une fine rainure.

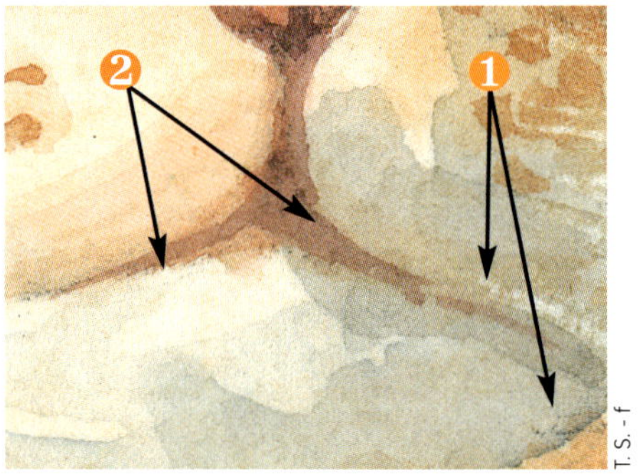

❶ Ombrez le museau blanc avec un gris coloré dilué (bleu de cobalt + orange).
❷ Dessinez les traits de la gueule sans forcer sur la teinte.

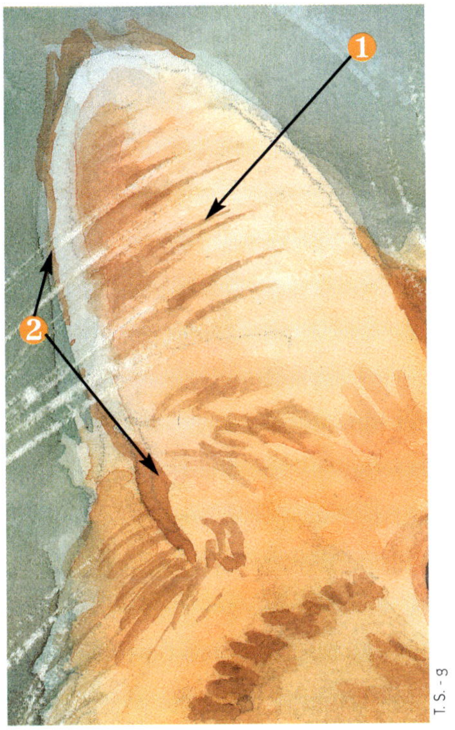

❶ L'intérieur de l'oreille est représenté par un lavis rose orangé.
❷ Utilisez la terre de Sienne pour peindre les contours de l'oreille.

Les oreilles

L'intérieur des oreilles du chat est recouvert de poils. Pour les suggérer, appliquez la teinte par petites touches horizontales.

Les finitions

Deux solutions s'offrent à vous : traiter le corps du chat de façon légère – et mettre l'accent sur sa tête – ou travailler en détail l'ensemble de l'animal.

Première option

Traiter le corps du chat de manière très légère, vaporeuse, permet d'évoquer la douceur de la fourrure. En revanche, il faut mettre l'accent sur une partie de l'animal (le meilleur exemple est la tête) et lui accorder une bonne finition. Beaucoup de sujets gagnent à être représentés de la sorte. L'artiste pourra, par la même occasion, négliger les autres parties du corps, moins intéressantes, en les laissant floues.

Seconde option

Elle consiste à travailler l'animal entier de la même manière que la tête. Détaillez davantage le poil par une succession de lavis de plus en plus foncés. Les traits seront toujours posés dans le sens du poil. Vous pouvez suggérer quelques traits au crayon ou au pastel aquarellable.

❶ Travaillez le pelage et la queue.
❷ Appliquez un lavis sur le fond. Il permettra de détacher les contours du chat. Ce même lavis sert à marquer l'ombre et à « poser » l'animal au sol.
❸ Ajoutez les derniers détails aux traits (crayon ou pastel aquarellable).
❹ Terminez par quelques effets de grattage supplémentaires (queue + oreilles + certains contours).

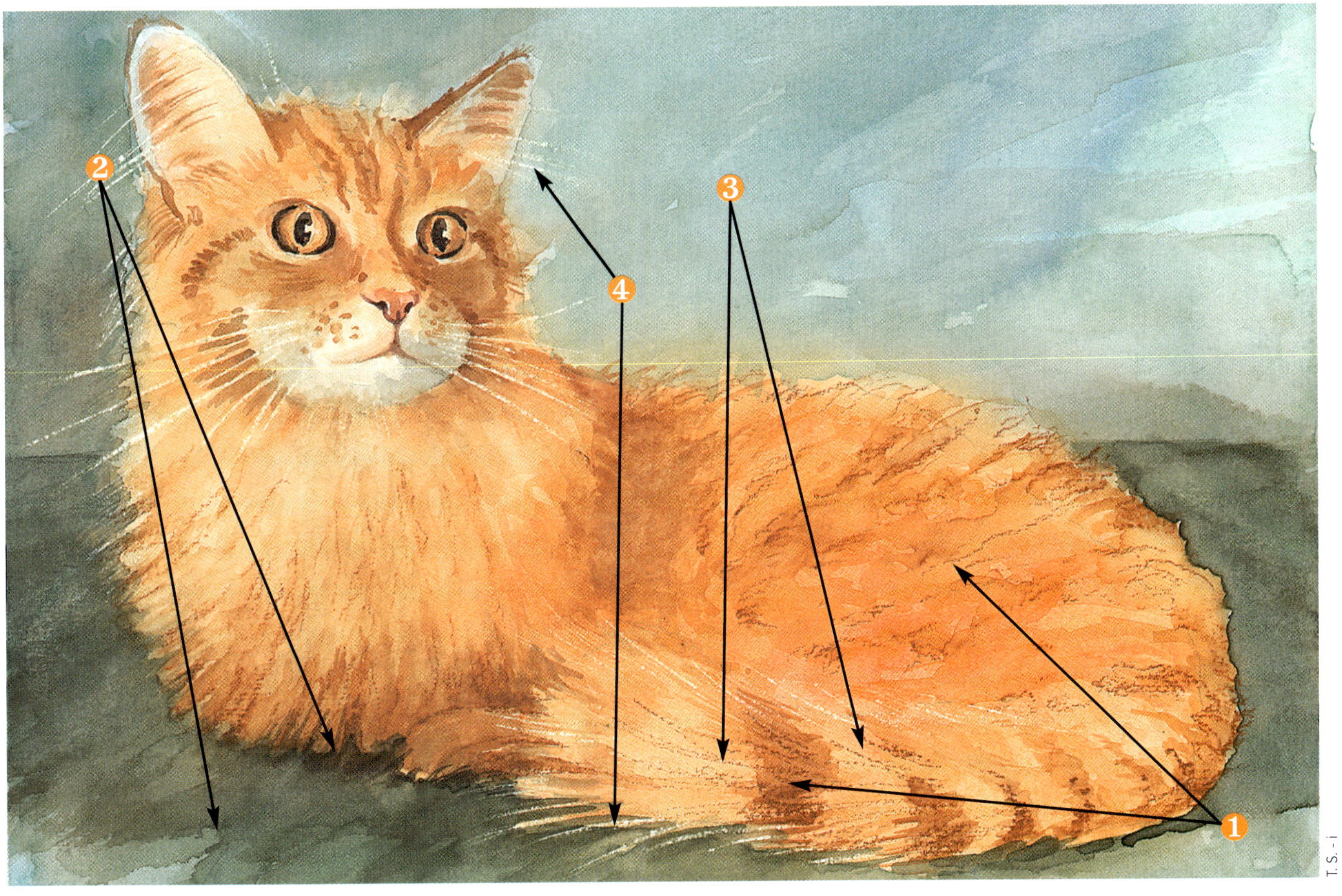

Les poissons

Poursuivons dans l'aquarelle animalière avec les poissons. Un sujet en or, puisqu'il évolue dans l'élément aquatique !

Comme toute chose qui a un rapport avec l'eau, les poissons sont d'excellents sujets pour l'aquarelle. Leur peau prend des reflets argentés et leur aspect luisant convient parfaitement au travail sur fond humide.

Poissons de nos régions

On distingue deux grandes catégories de poissons dans les mers froides ou tempérées : d'une part les poissons du littoral et d'autre part les poissons pélagiques, qui vivent en haute mer. Les premiers (tacaud) sont strictement côtiers. Ils nous offrent une palette de couleurs relativement riche et variée. Les seconds (dorade) effectuent de longues migrations. Ils présentent des teintes bleutées et d'un blanc argenté. Cette coloration constitue pour eux un moyen efficace de se confondre avec l'arrière-plan et donc de se protéger de leurs prédateurs.

Poissons tropicaux

Les poissons des mers chaudes (scalaire) ont des formes parfois étonnantes et se parent d'une multitude de coloris. Leurs couleurs sont extrêmement vives, ce qui les rend très intéressants à peindre.

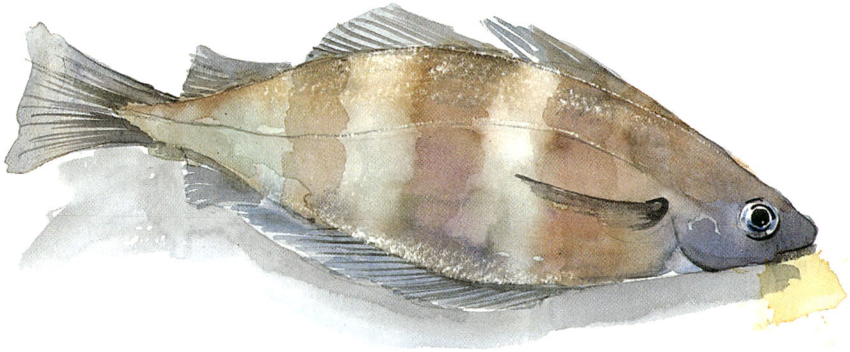

T.S. - a

▲ Un tacaud : ce poisson de petite taille, aux tons brun rosé et violacés, est commun près des côtes de l'Atlantique.

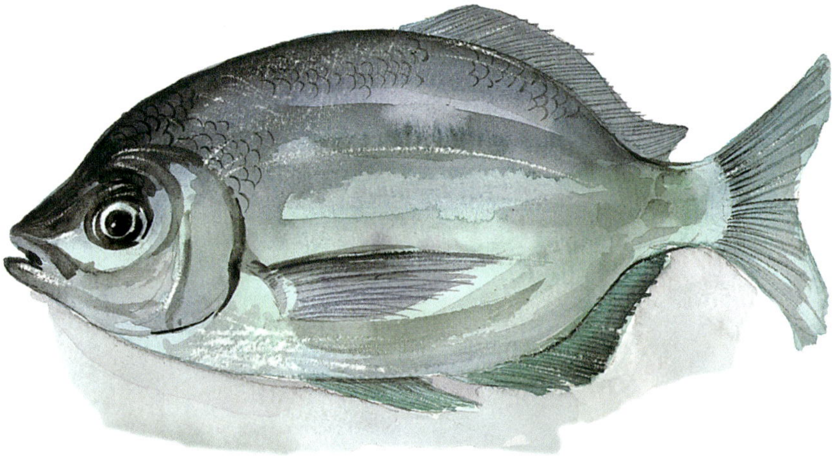

T.S. - b

▲ Une dorade : les teintes bleues, violacées et argentées attestent qu'il s'agit d'un poisson de haute mer.

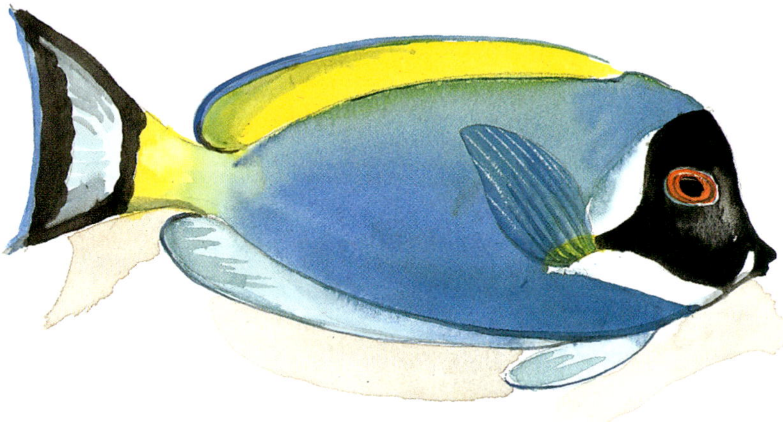

T.S. - c

▲ Un scalaire est un poisson des mers du Sud : il offre un festival de couleurs.

La technique mixte

Quelle que soit la situation dans laquelle vous choisissiez de représenter votre sujet (des poissons sur un étal, dans un aquarium, dans leur milieu naturel, un poisson détaillé...), la technique mixte est la plus adaptée pour représenter ce type d'animal.
La méthode est toujours la même : commencez impérativement par la technique humide. Progressez dans votre travail sur une surface qui devient de plus en plus sèche et finissez par quelques détails en technique sèche.
Réservez toutefois l'œil à l'aide d'un cache adhésif, car il sera travaillé à part.
Voici un exemple que nous allons suivre pas à pas, qui vous montrera comment procéder.

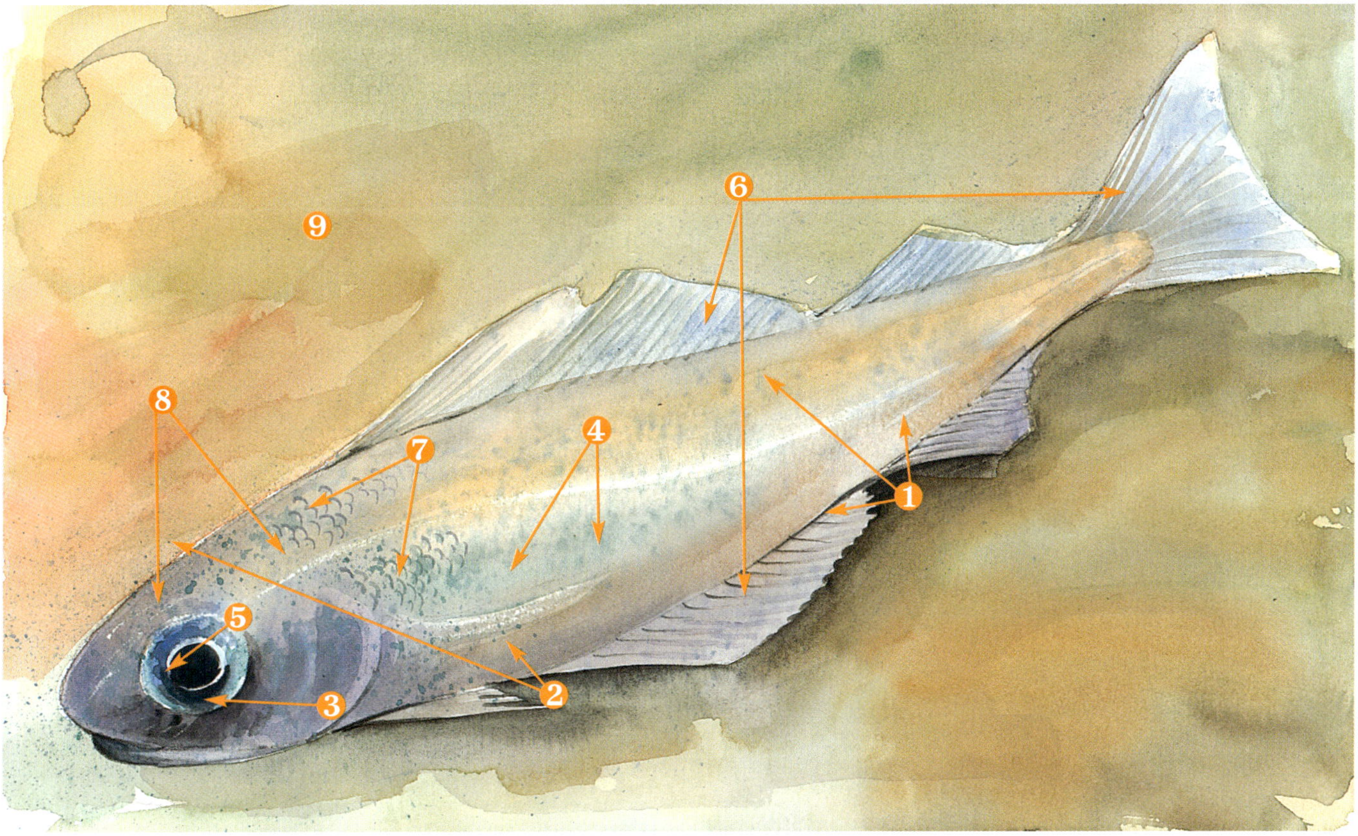

T.S. - d

❶ Commencez par humidifier la forme, puis appliquez des teintes très diluées. C'est la phase la plus importante pour peindre un poisson. Maintenez un aspect flou et faites en sorte que les mélanges de couleurs soient à peine perceptibles.
❷ Toujours dans la peinture humide, remontez sensiblement les tons pour donner du volume à l'animal.
❸ Autour de l'œil, les tons changent et deviennent plus sombres.
❹ Avant que la peinture ne sèche définitivement, projetez des taches bleutées sur le corps du poisson afin de créer des reflets sur les fines écailles. Ces projections donneront des mouchetures un peu floues qui commenceront à se disperser dans les couleurs légèrement humides. Trouvez le moment idéal pour ces projections : trop mouillées, elles disparaîtront ; trop sèches, elles seront trop visibles.
❺ Ôtez le cache de l'œil et travaillez-le séparément.
❻ Réalisez les nageoires dorsales, ventrales et caudale par des petits traits légers. À cet effet, vous pouvez employer un pinceau fin. N'hésitez pas à utiliser le crayon pour rehausser certains détails.
❼ Vous pouvez souligner les écailles par de petits arcs de cercle posés régulièrement, surtout dans le cas de poissons à grosses écailles.
❽ Le grattage à sec est une méthode facile pour retrouver des rehauts blancs. La peau des poissons a toujours un côté luisant et visqueux.
❾ Le fond a été travaillé en même temps que le poisson.

Bon à savoir

Dans leur milieu naturel ou dans un aquarium, les poissons semblent parés de couleurs plus intenses et plus nettes. C'est hors de l'eau et sur l'étal du poissonnier que leur peau devient brillante, iridescente. Adaptez votre technique à la peinture à réaliser. Privilégiez les rehauts par grattage à sec si vous voulez représenter une peau brillante. Au contraire, travaillez, surtout en technique humide pour la peau plus mate d'un poisson dans l'eau.

Exercice

Vous allez réaliser grâce à cet exercice votre propre décor aquatique. La diversité des formes et des couleurs des fonds sous-marins laisse le champ libre à l'imagination.

Pour cet exercice, nous avons choisi des poissons tropicaux. Ces derniers sont intéressants par leur grande diversité de formes et de couleurs. Libre à vous de sélectionner les sujets qui vous tiennent à cœur. Deux conseils : variez les formes et les couleurs, et alternez les grands et les petits poissons.
Comme d'habitude, nos solutions vous attendent au verso !

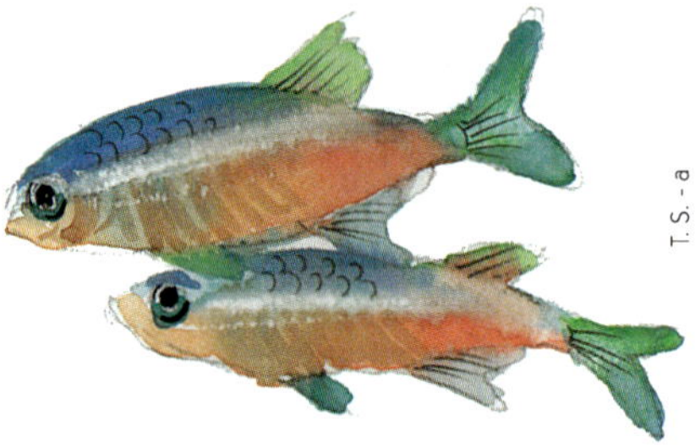

T.S. - a

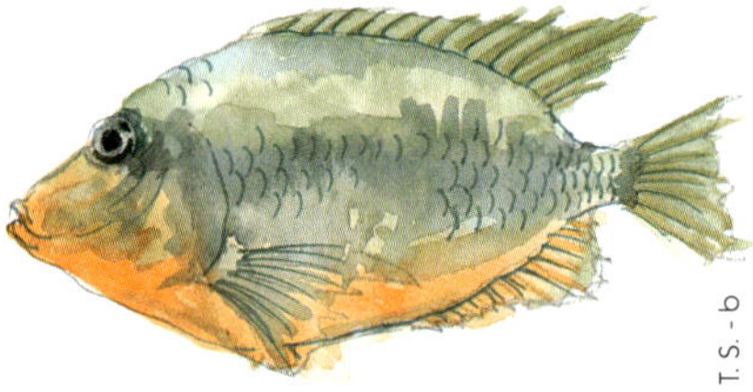

T.S. - b

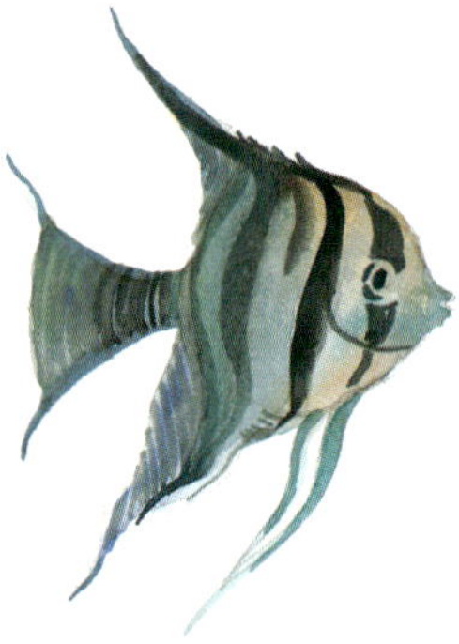

T.S. - c

▲ Quelques exemples de poissons tropicaux. Vous allez vous en inspirer pour réaliser votre propre fond sous-marin.

Créer l'ambiance

Le croquis

Faites quelques croquis sommaires pour trouver la bonne mise en place des poissons sur le fond sous-marin. Au moment du choix du cadrage, n'hésitez pas à couper un ou plusieurs poissons : cela donnera du mouvement à la scène.

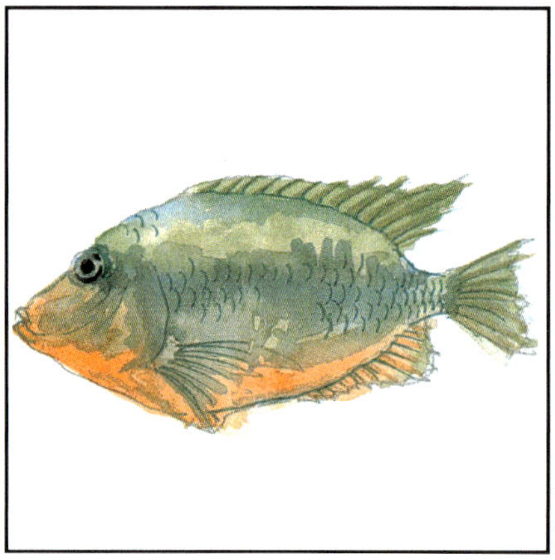

T.S. - d

▲ Comme vous pouvez le constater, le poisson paraît immobile quand il est centré.

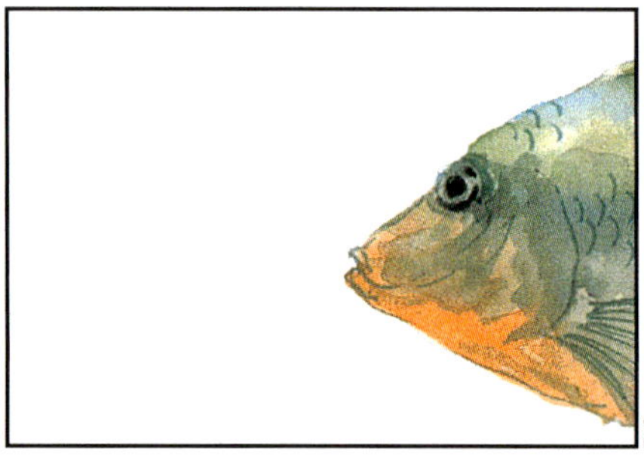

T.S. - e

▲ Quand on retranche la partie arrière du poisson, il donne l'impression d'« entrer en scène ».

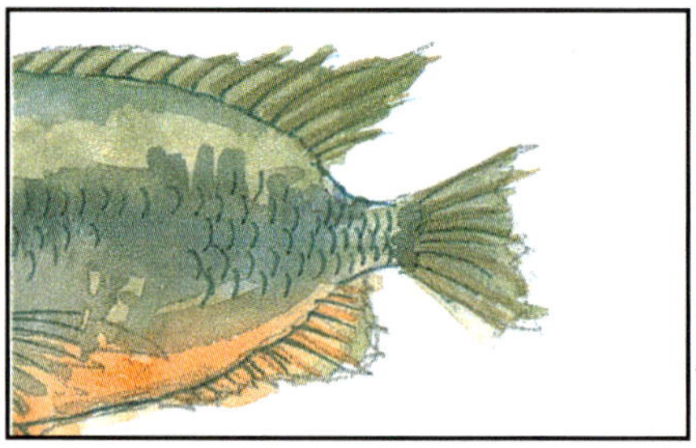

T.S. - f

▲ Un poisson qui sort du cadre, ne laissant qu'entrevoir la partie arrière de son corps, donne également l'impression de bouger.

Après avoir ébauché les poissons au crayon, réservez leurs formes soit avec de la gomme liquide, soit en les masquant avec un cache en papier et de l'adhésif repositionnable. La première méthode donne un résultat plus propre et plus net, et permet de bien humidifier le papier sans risque de bavures dans les zones réservées.

Le fond

Ensuite, commencez par travailler le fond, cela vous facilitera la tâche ultérieurement. Pour choisir vos techniques, n'oubliez pas que la faune sous-marine est constamment en mouvement – les formes sont de plus en plus floues en s'éloignant.

Les poissons

Après avoir retiré la gomme liquide, terminez par l'exécution des poissons tropicaux. Le mieux est de les traiter un par un.

La réalisation

Le croquis

Ébauchez rapidement les formes des poissons, en variant les cadrages, les formes et les tailles, afin de donner plus de vie à la scène et de créer une profondeur de champ.
Ensuite, réservez-les avec de la gomme liquide pour les protéger des couleurs du fond. Vous pouvez aussi utiliser divers caches en papier.

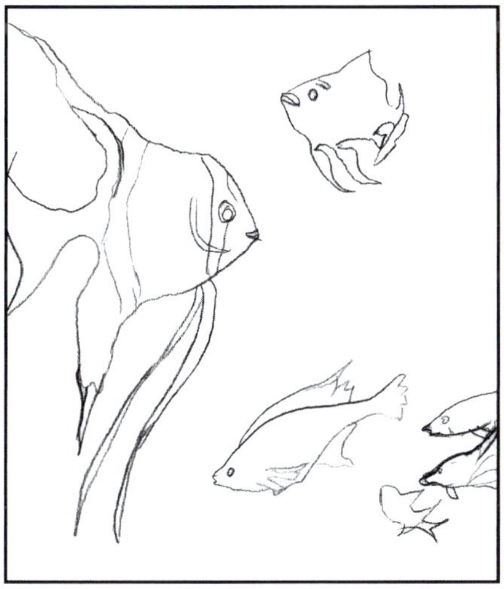

T.S. - g

▲ L'ébauche n'a pas besoin d'être détaillée. En revanche, il faut veiller à créer une composition dynamique.

Le fond

Pour réaliser le fond marin, humidifiez la feuille, puis déposez un premier lavis jaune-vert. Toujours dans la peinture humide, posez des tons verts de plus en plus saturés. Puis appliquez le vert en bandes verticales ondulées pour suggérer des laminaires.
Grâce à la gomme liquide, vous pouvez travailler le fond sans vous soucier des contours des poissons. Les lignes et les traits sont dessinés sans interruption. Vous pouvez ensuite réaliser quelques effets de grattage dans la peinture humide pour créer une dynamique. En grattant avec une spatule plate, vous pouvez déplacer de la couleur et en ôter partiellement. Enfin, vous pouvez projeter des gouttes d'alcool à brûler pour créer des bulles transparentes.

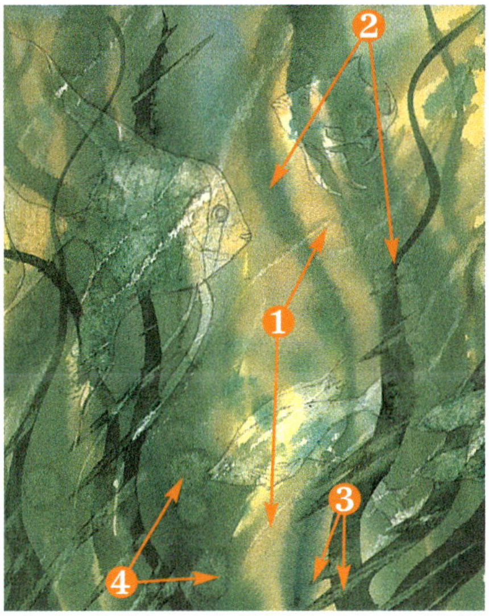

T.S. - h

❶ Lavis jaune-vert

❷ Bandes verticales ondulées

❸ Grattage à l'aide d'une spatule

❹ Projections de gouttes d'alcool à brûler

Les poissons

Une fois la peinture sèche, retirez la gomme à masquer avec le bout du doigt ou avec une gomme spéciale. Humidifiez la surface correspondante et appliquez les jus colorés. Progressivement, remontez les tons.
Les poissons doivent être rendus en technique humide et rehaussés par certains détails. Il faut qu'ils s'intègrent dans le fond sans trop trancher.

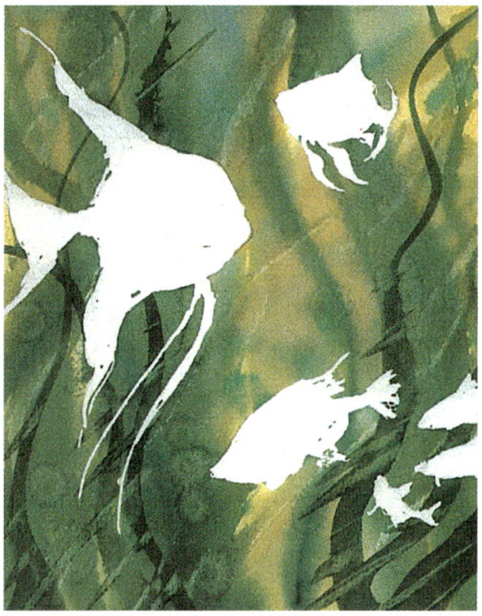

T.S. - i

▲ Grâce à la gomme liquide, les formes des poissons réapparaissent parfaitement nettes et propres. Vous pouvez à présent les travailler en technique humide.

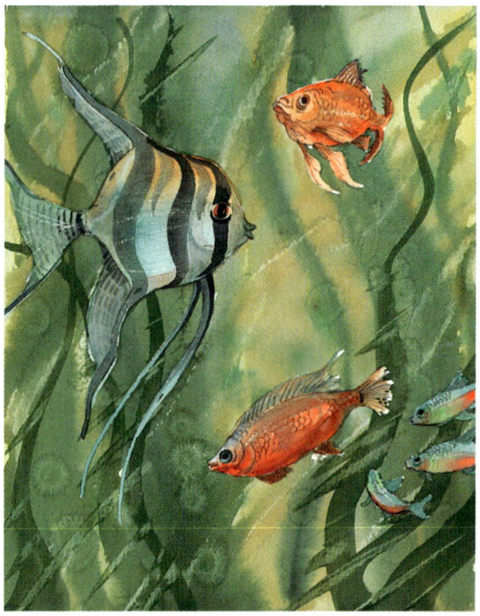

T.S. - j

▲ Voici l'aquarelle finalisée. Les couleurs des poissons sont variées et ont été rehaussées par certains détails, comme les écailles.

Bon à savoir

• Dans les profondeurs, ce n'est plus le ciel mais les algues et les coraux qui donnent sa couleur à l'eau. N'abusez donc pas du bleu.
• Attendez que les lavis de fond soient bien secs avant de retirer la gomme liquide, afin d'éviter de propager la couleur avec le doigt.
• Évitez de couvrir d'écailles le corps des poissons concernés. Quelques rangées judicieusement placées suffisent.

Le portrait : revue de détails

Nous allons étudier les cinq parties essentielles qui constituent un visage et la meilleure façon de les représenter en aquarelle.

Les yeux

Les yeux diffèrent d'un individu à un autre, mais la structure anatomique est toujours identique. Pour le dessin des yeux, il est essentiel de bien comprendre les volumes qui s'imbriquent les uns dans les autres.
La partie fondamentale de l'œil est l'orbite, qui est délimitée par l'arcade sourcilière. Dans cette sorte de cuvette repose le globe de l'œil, lui-même protégé par la paupière, qui a elle aussi sa propre forme.
L'iris est la partie colorée et la pupille le cercle sombre.

Conseil

Avant d'aborder véritablement le portrait, multipliez les esquisses et commencez par des détails (le nez, la bouche et les yeux).
Pour acquérir de l'assurance, travaillez d'après photo, mais ayez une préférence pour le croquis sur le vif. Au début, réalisez les portraits de personnes de votre entourage proche. Leurs traits familiers vous paraîtront plus évidents à représenter.

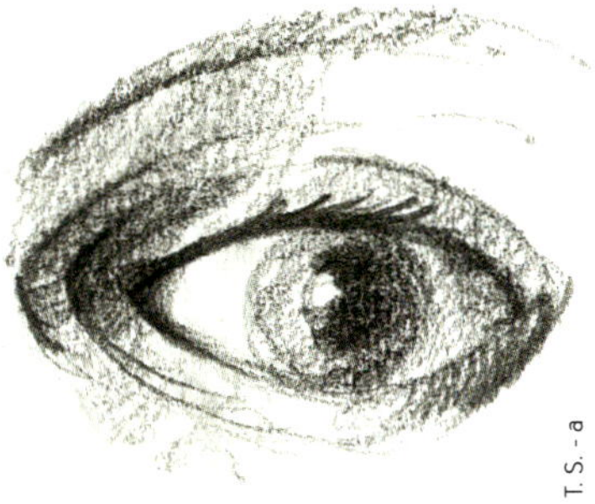
T. S. - a

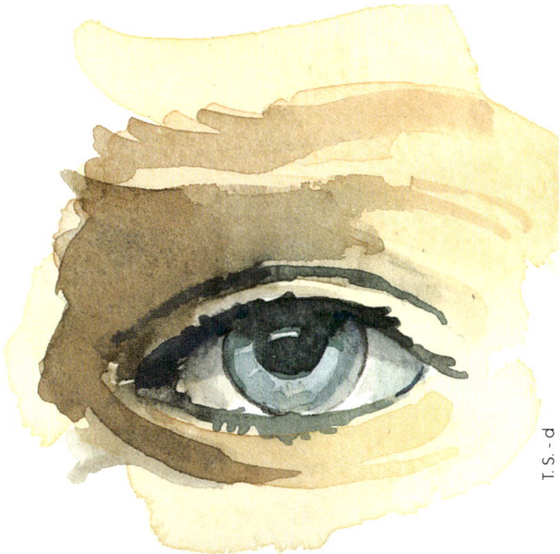
T. S. - d

▲ L'œil vu de face

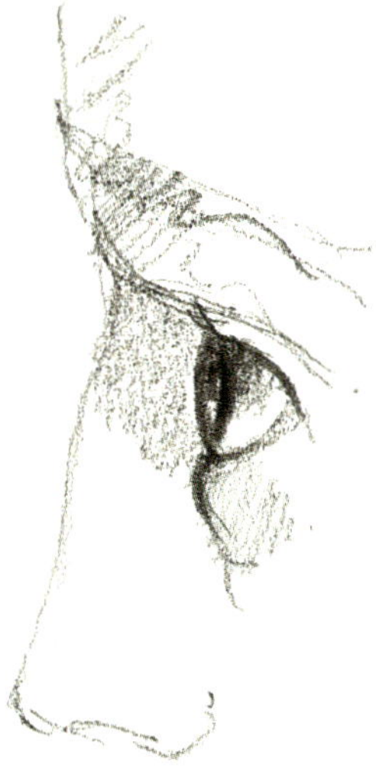
T. S. - c

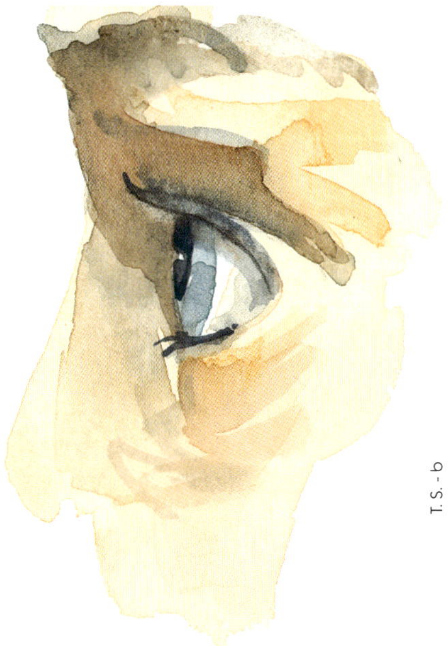
T. S. - b

▲ L'œil vu de profil

La délicatesse de l'aquarelle permet la pose de plusieurs lavis successifs qui donneront leur transparence à l'œil et particulièrement à l'iris. Suivons les étapes sur l'exemple ci-contre.

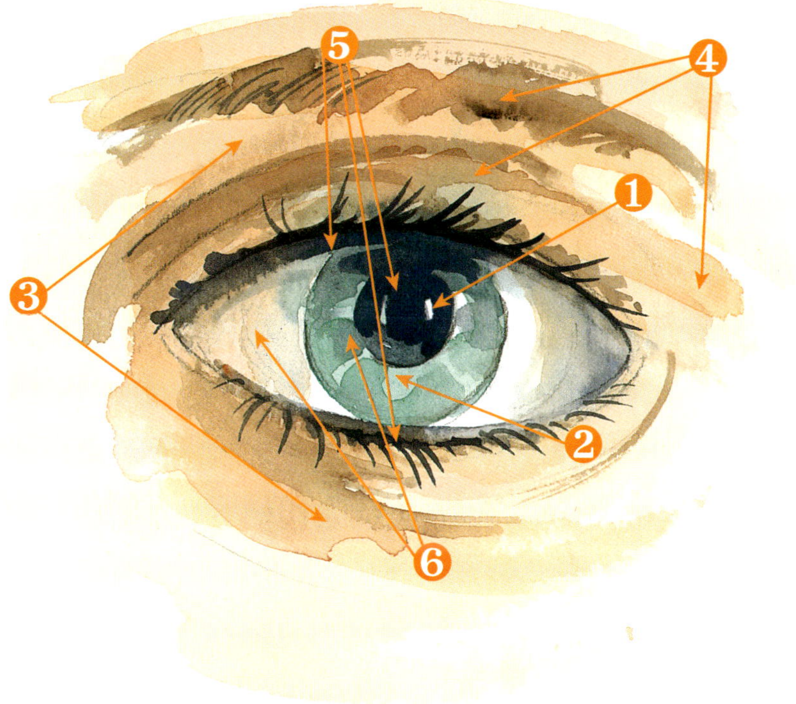

1 Laissez une réserve pour le rehaut ou, plus simplement, posez une petite touche de gomme liquide à l'endroit désiré.
2 Après avoir esquissé l'œil, colorez l'iris au moyen d'un léger lavis de bleu de cobalt et de bleu turquoise (ou d'une autre couleur selon la pigmentation de l'œil).
3 Appliquez un jus très dilué de la teinte « chair ». Dans ce lavis humide, ajoutez une pointe de terre de Sienne brûlée pour les zones d'ombre de l'orbite.
4 Posez les principales ombres autour de l'œil à l'aide de demi-tons.
5 Soulignez les principales lignes qui donnent sa forme à l'œil à l'aide de gris de Payne, de brun Van Dyck et de bleu outremer. Utilisez cette même teinte pour définir la forme de la pupille et pour suggérer quelques cils dans le haut et le bas de l'œil.
6 Terminez par les derniers détails de l'iris. La sclérotique (la membrane fibreuse qui entoure le globe oculaire) n'est jamais blanche : posez-y de légers lavis.

Les oreilles

Vous pouvez remarquer que la position de l'oreille diffère totalement selon que la tête est vue de face ou de profil. Elle se présente extérieurement comme une conque qui, vue de face, est légèrement inclinée et parallèle aux plans latéraux de la tête. Sa partie inférieure est charnue : il s'agit du lobe.
La couleur des oreilles est sensiblement la même que celle de la peau du visage. Ce sont les ombres qui donnent son volume à l'oreille.

▼ L'oreille vue de profil. La forme spiralée de base doit paraître en relief, d'où l'importance des ombrages.

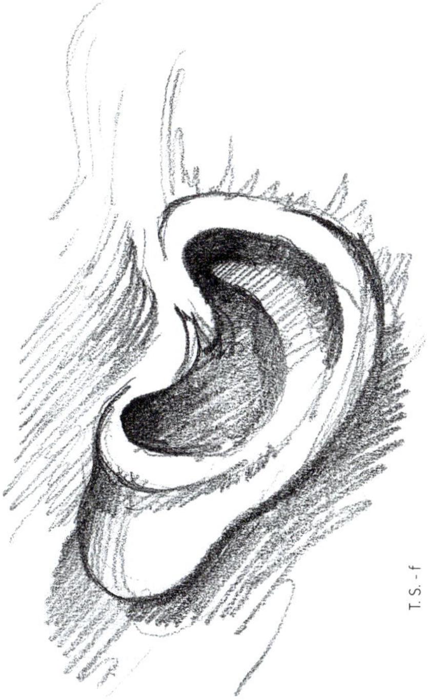

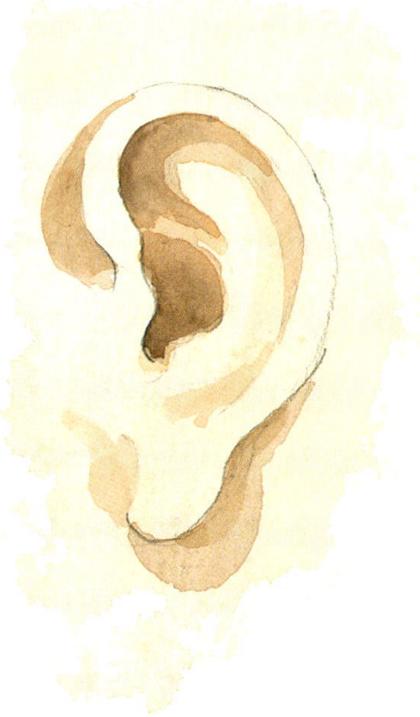

◀▶ Pour cette forme en volume, pensez à ombrer le pourtour extérieur ainsi que l'intérieur.

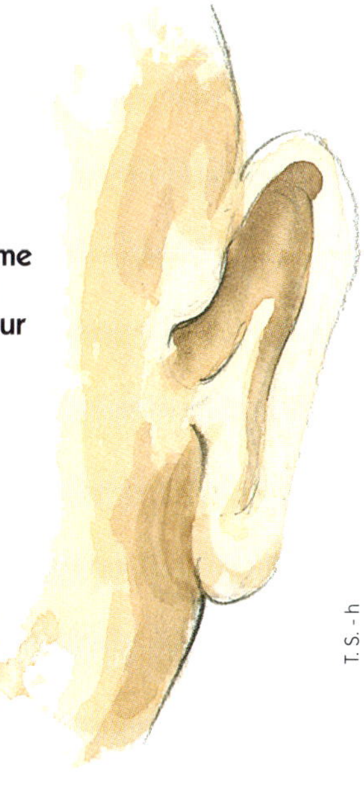

Le nez

Partie saillante du visage, le nez a la forme d'un coin allongé qui est étroit à la rencontre du front et large à sa base, au-dessus de la lèvre supérieure. De face, il se situe dans l'axe médian du visage. La partie haute ne peut bouger, car elle enveloppe une structure osseuse fixe, alors que le bas du nez est souple et suit les mimiques du visage.
Il existe une grande variété de formes, souvent classées par types : nez grec, nez aquilin, nez pointu, nez camus, etc.
Comme pour les oreilles, en aquarelle quelques lavis suffisent pour marquer les traits et les ombres du nez.
De face, ces ombres suivent le contour du nez, essentiellement dans la moitié non éclairée du visage. De profil, elles apparaissent surtout au niveau du renflement de l'aile.
Dans les deux cas, il convient de bien marquer par des ombres légères la présence des narines à la base du nez.

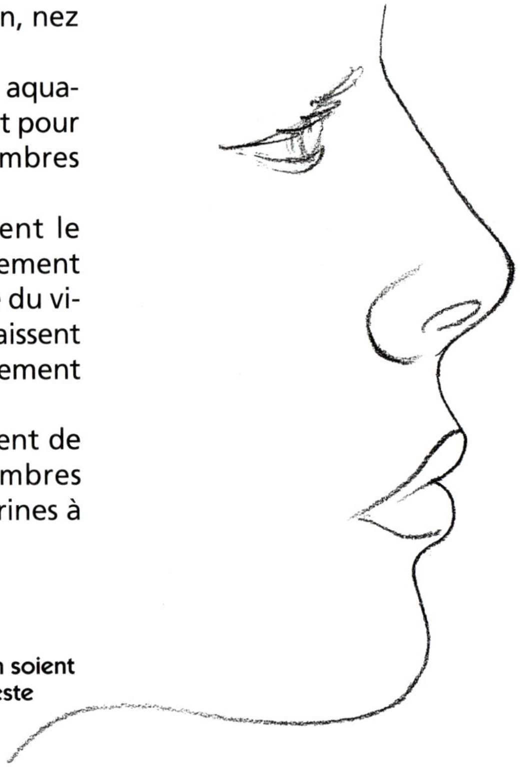

T.S. - b

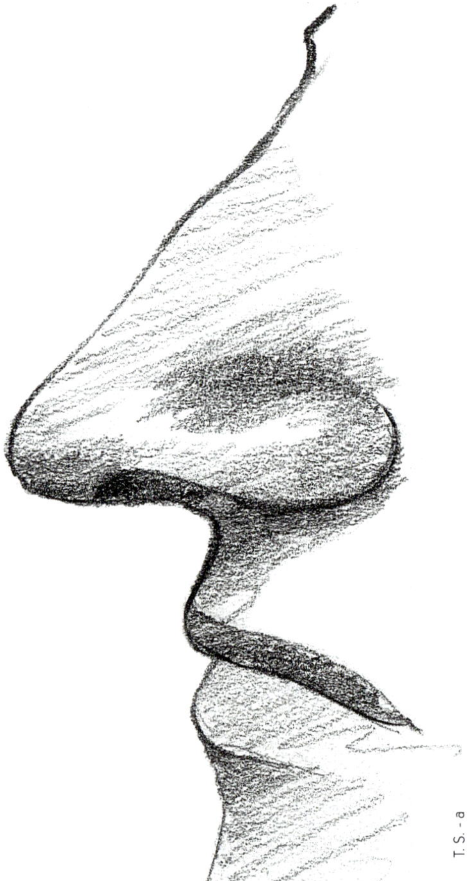

T.S. - a

◄►
Le nez vu de profil. Quelles qu'en soient la forme et la longueur, la base reste semblable.

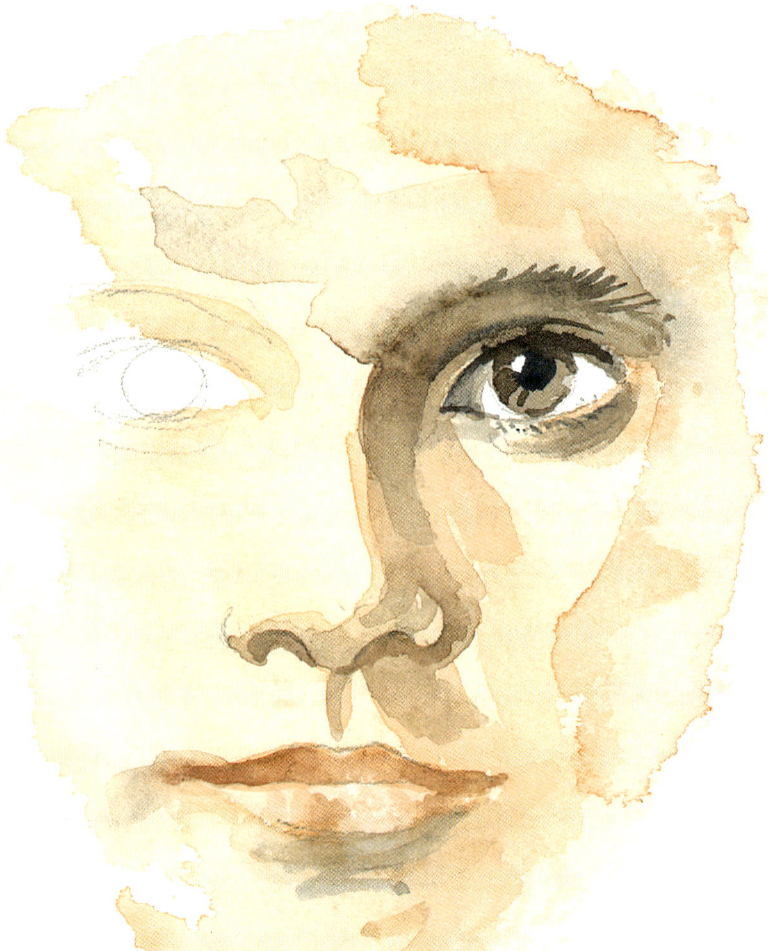

T.S. - c

Traitement du nez à l'aquarelle. ► Notez que l'arête centrale (zone claire) rejoint la base du front et forme une continuité avec un sourcil (côté ombré du visage).

La bouche

Elle se présente comme un volume qui fait saillie sur la forme ovale de base de la tête. En regardant un visage de profil, vous pourrez noter la forme caractéristique de la lèvre supérieure et la façon dont elle est constituée. La lèvre inférieure est généralement plus généreuse (vue de face) et présente des formes douces.
Considérez toujours la bouche comme un volume, comme une sculpture qui accroche les ombres et les lumières.
En aquarelle, n'utilisez pas de teinte vive pour peindre la bouche. Prenez comme base la teinte locale de la peau, à laquelle vous ajouterez tout simplement une pointe de rouge. Travaillez de préférence en technique sèche pour avoir plus de maîtrise et de précision dans vos différents lavis.

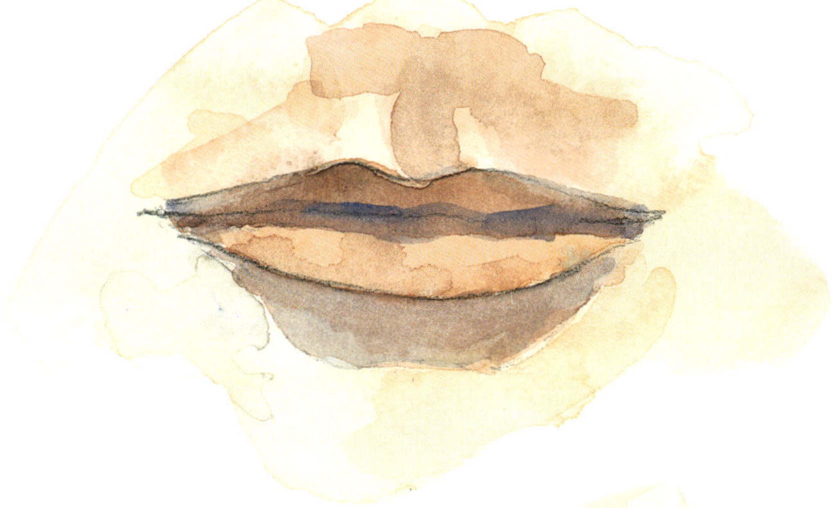

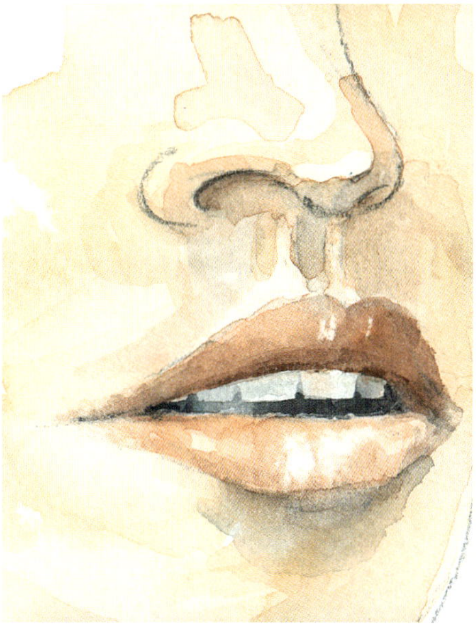

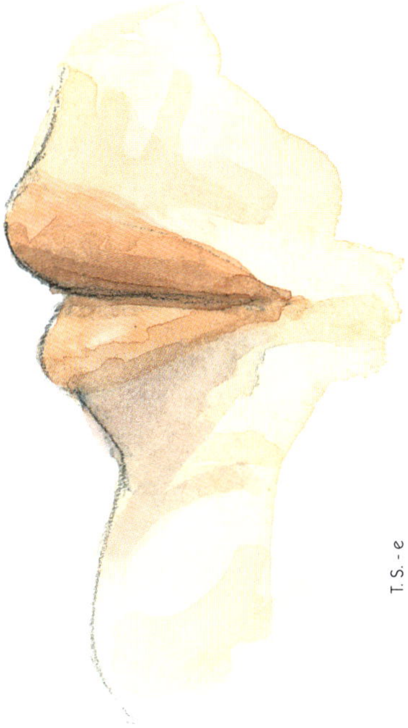

La bouche vue de face et vue de profil. ▶ Pour que la bouche s'intègre parfaitement dans un visage, ne marquez en aucun cas les contours des lèvres par un trait (effet sans volume).

Le maquillage

Il est également intéressant de reproduire un visage maquillé.
En ce qui concerne le rouge à lèvres, il existe de nombreuses teintes qui s'accordent plus ou moins bien avec la couleur de la peau. Leur effet consiste souvent à rendre les lèvres plus pulpeuses et plus charnues.

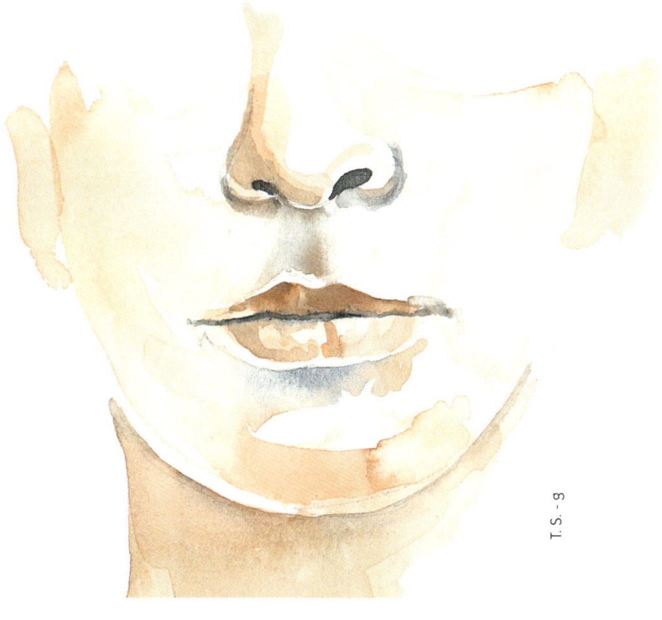

Modelez la bouche en commençant ▶ par les tons clairs, plus importants sur la lèvre inférieure (sans oublier les rehauts). La lèvre supérieure est mince et plus foncée.

Les cheveux

Voici le dernier point important du visage. En effet, il est essentiel d'habiller le volume de la tête par la chevelure. Il convient tout d'abord de lui donner sa forme par quelques traits au crayon. Pensez toujours en termes de masse pour éviter un fignolage excessif. Et, surtout, ne dessinez pas cheveu par cheveu. En aquarelle, pour mettre en valeur une chevelure claire, mieux vaut opter pour un fond sombre. Inversement, des cheveux foncés se détachent mieux sur un fond clair.

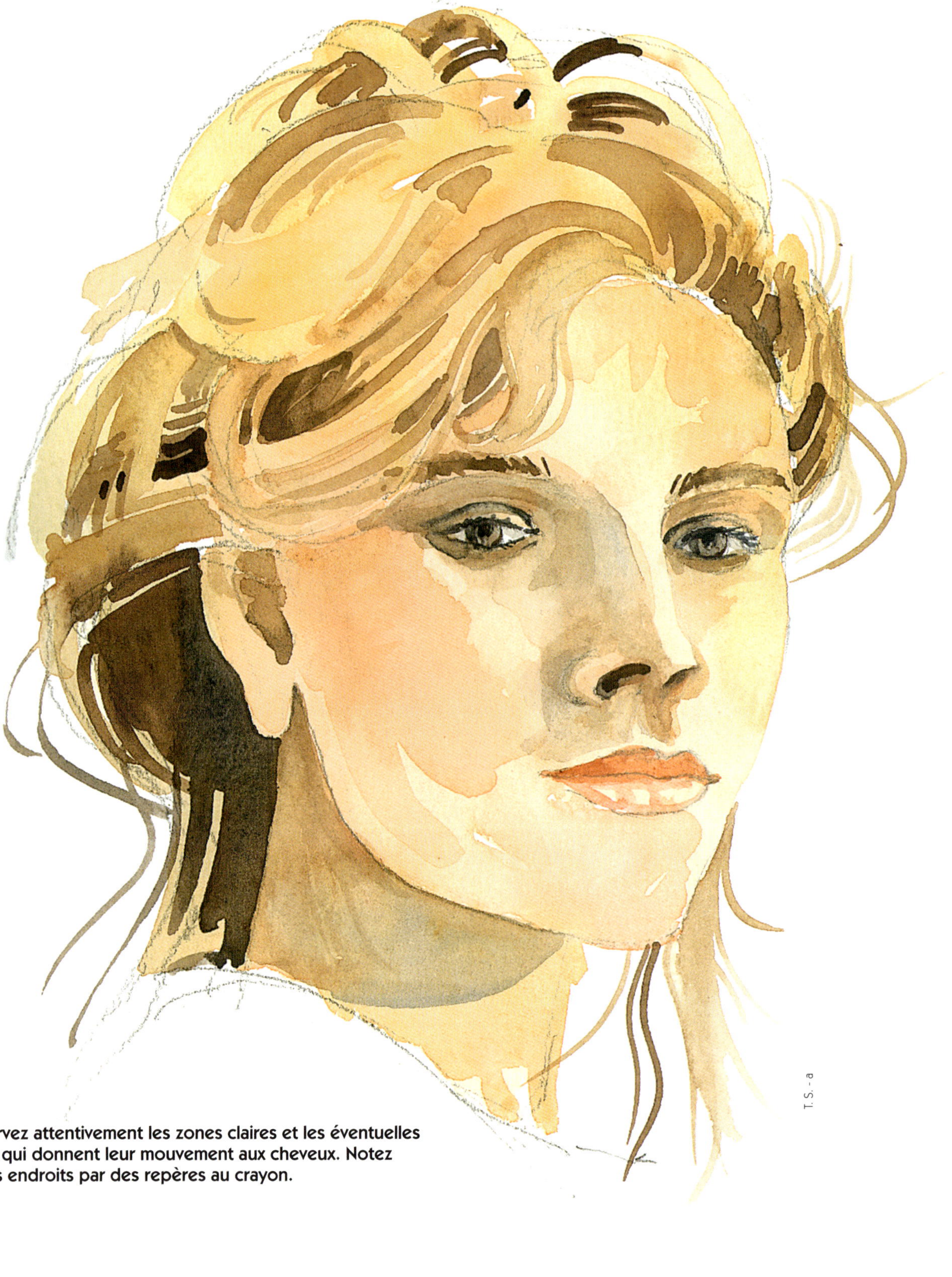

▲ Observez attentivement les zones claires et les éventuelles mèches qui donnent leur mouvement aux cheveux. Notez bien ces endroits par des repères au crayon.

Un exemple de chevelure

Tout d'abord, travaillez les premières teintes frais sur frais, étant donné la nature souple et légère de la chevelure. Pour représenter les mèches claires, il y a plusieurs possibilités : appliquer des réserves à la gomme liquide ; contourner délicatement ces zones en posant les lavis ; et enfin procéder à un grattage au cutter pour matérialiser quelques cheveux épars (cette solution sera utilisée en dernier recours).

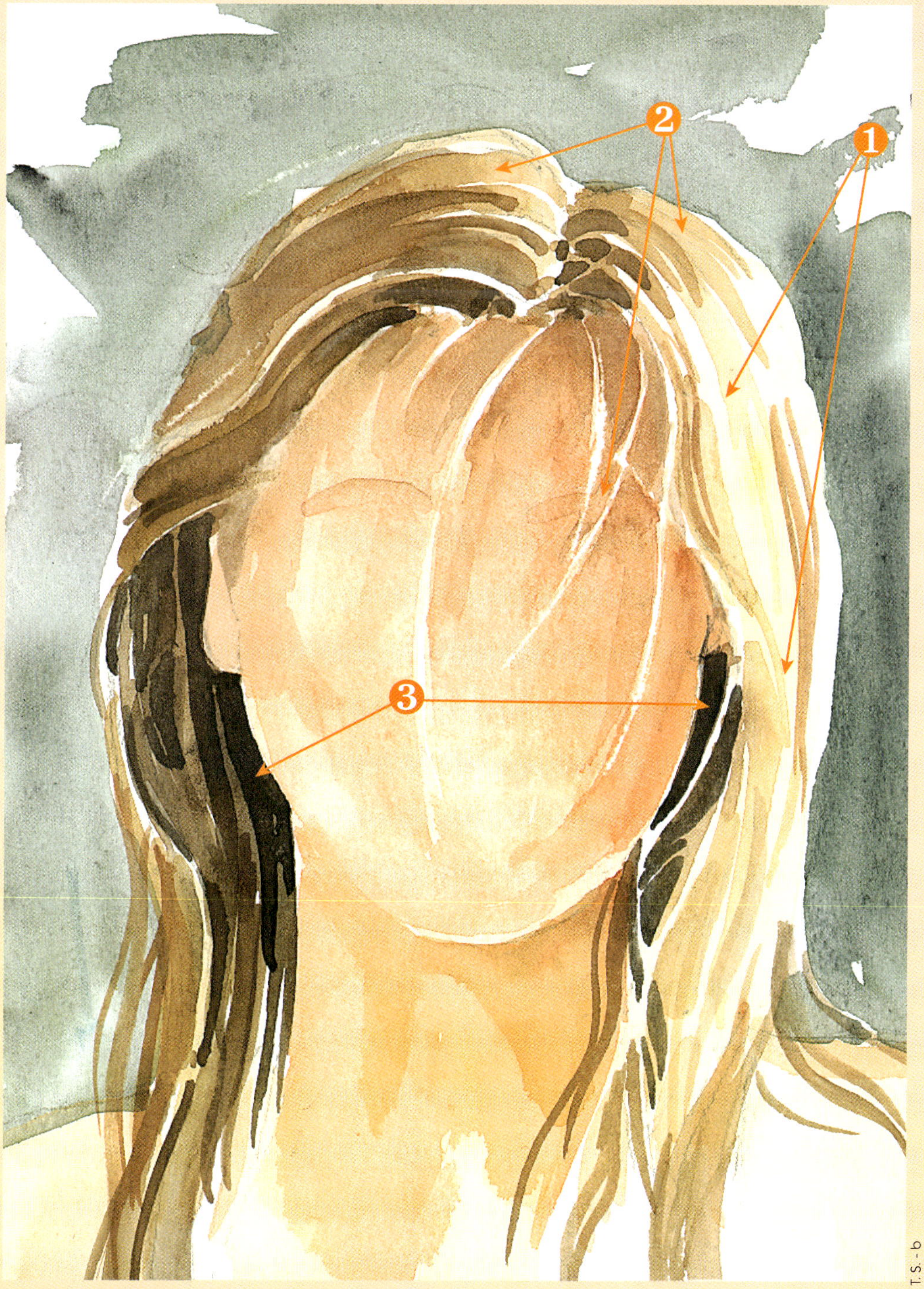

T. S. - b

❶ Commencez par de grands lavis frais sur frais pour définir les zones de couleur, d'ombre et de lumière.
❷ Remontez les tons en posant des glacis transparents (gardez les réserves pour les mèches qui se trouvent sur le visage).
❸ Posez vos dernières touches foncées, toujours dans le sens de la chevelure.

Les couleurs de la peau

Chaque individu possède sa propre personnalité et un type de peau bien précis. Vous allez voir comment l'on peut rendre toutes les nuances d'une peau « blanche ».

L'aquarelle est une technique adaptée à la réalisation de portraits, mais elle passe pour être difficile à maîtriser. Persévérance et pratique vont pourtant vous permettre de restituer le plus naturellement possible la couleur de la peau.
Travaillez dans la légèreté, avec une eau propre. Veillez tout particulièrement à ce que vos godets soient bien nettoyés pour pouvoir utiliser des teintes pures.

Les mélanges de couleur

Si, dans la palette que vous vous êtes constituée, vous possédez une pastille de couleur chair, c'est le moment de vous en servir ! Cependant, essayez de ne pas l'utiliser pure. Combinez-la plutôt à d'autres teintes, comme la terre de Sienne brûlée et l'ocre jaune (pour les parties claires). Vous pouvez aussi fabriquer cette teinte par mélange de rouge et d'ocre jaune (à utiliser très dilué).
Les zones d'ombre seront rendues au plus près par des teintes froides, allant du vert au violet en passant par le bleu. Là, tout dépend de votre style.
Pour réaliser la bouche, utilisez cette même teinte chair et ajoutez-y un peu de rouge (indien ou vermillon, au choix).

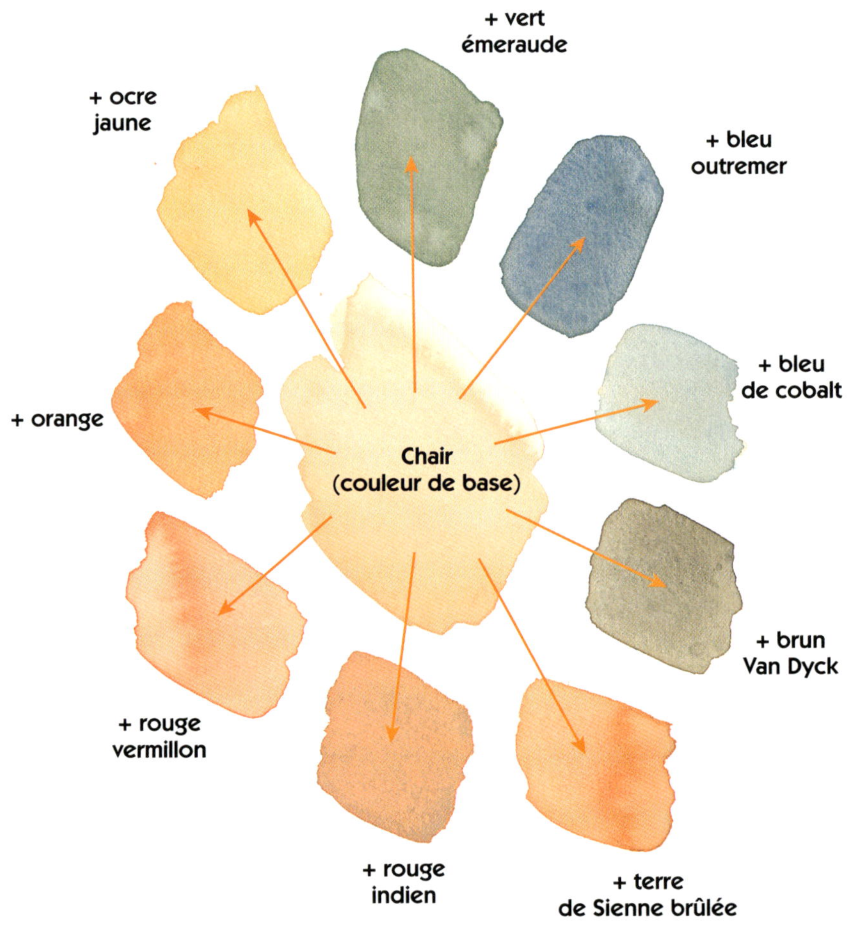

▲ Quelques teintes que vous pourrez utiliser pour modeler un visage. La teinte « chair » de base, combinée à d'autres couleurs, peut donner des mélanges intéressants.

Frais sur sec

La méthode la plus simple consiste à monter les tons par des glacis sur surface sèche. En utilisant cette technique, vous allez constater l'apparition de lignes séparatrices entre les différentes couches apposées (trait caractéristique en technique sèche). Si on regarde de loin, ces traits disparaissent et permettent au portrait d'être fidèle à la réalité (exemple ci-contre).

Frais sur frais

La seconde méthode consiste à travailler en technique humide pour permettre aux couleurs de se fondre. Son but est d'obtenir l'effet d'une peau lisse, nette, sans imperfections. Cependant, n'humidifiez que la zone de travail, ou partie par partie. Travaillez aussi par légers dégradés. Les détails des yeux et les autres finitions seront réalisés à la fin, en technique sèche, à l'aide d'un pinceau fin.

Femme ou homme ?

Sachez reconnaître les différences fondamentales entre le visage d'un homme et celui d'une femme. Chez l'homme, la structure osseuse est prédominante. La forme du menton est carrée et l'arcade sourcilière plus anguleuse. Chez la femme, les traits du visage sont plus doux et les formes arrondies. Le nez et les oreilles seront délicatement dessinés. Dans la réalité, certains individus possèdent des traits que l'on peut retrouver chez les personnes du sexe opposé.

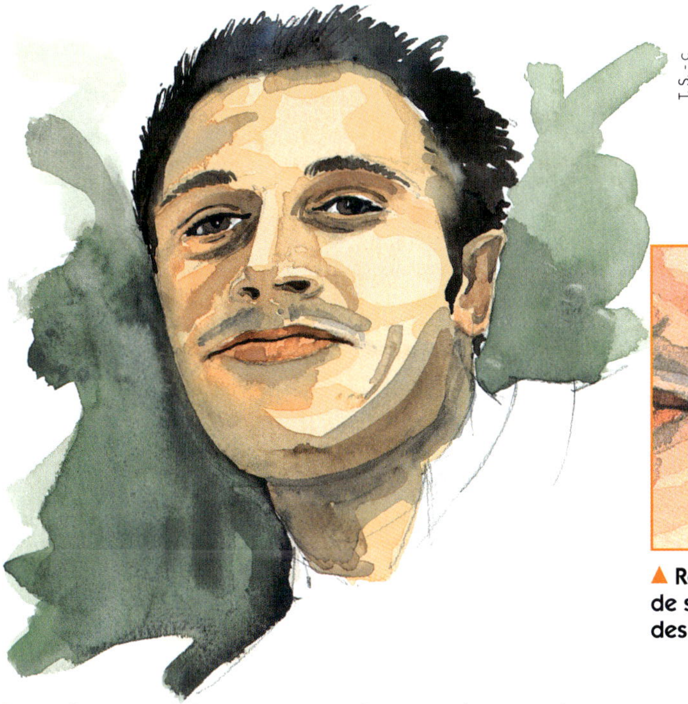

T. S. - c

▲ La méthode « frais sur sec » convient pour les portraits d'hommes. De cette manière, les individus aux traits rugueux, à la peau ridée, seront rendus au mieux.

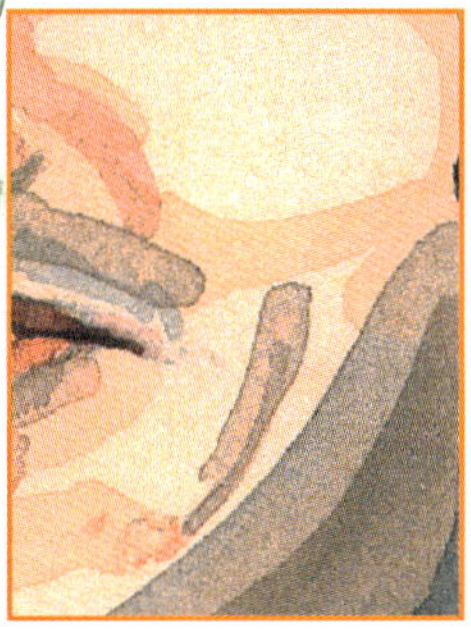

T. S. - b

▲ Remarquez l'effet de superposition des différents lavis.

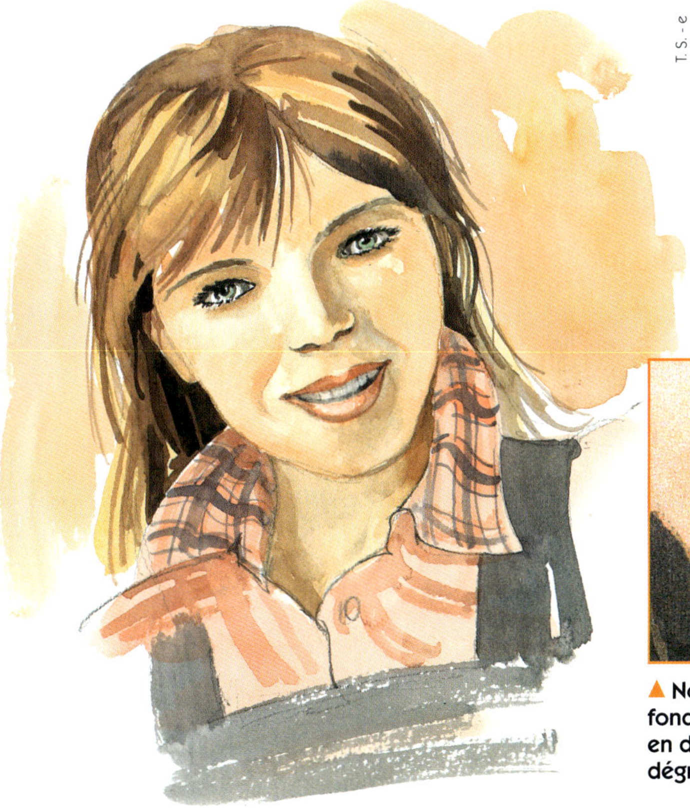

T. S. - e

▲ La méthode « frais sur frais » convient davantage aux sujets féminins, dont les traits sont plus doux et les courbes plus délicates.

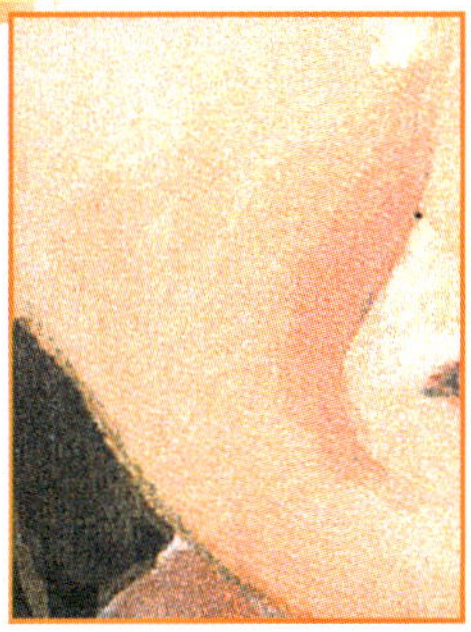

T. S. - d

▲ Notez l'effet de fondu des couleurs en de subtils dégradés.

Exercice

Nous vous invitons à vous exercer à retrouver les tons « chair » sur un visage d'homme. Comme modèle, utilisons un croquis au crayon.

Le croquis

Pour retrouver la ressemblance avec le modèle, faites plusieurs esquisses au crayon HB ou 2B. Respectez les proportions du visage, l'écartement des yeux, la distance entre le nez, la bouche et le menton. Pour vous faciliter le travail, agrandissez le sujet au photocopieur (au moins au format 20 × 30 cm).

1 : Premiers lavis

Reprenez les contours au crayon HB avant d'appliquer les premiers lavis. Préparez une base de teinte chair, orange et terre de Sienne brûlée. Passez ensuite un premier jus sur l'ensemble du visage à l'exception des yeux, puis un second, en ajoutant un petit peu de terre de Sienne brûlée, sur les zones d'ombre.

Les couleurs

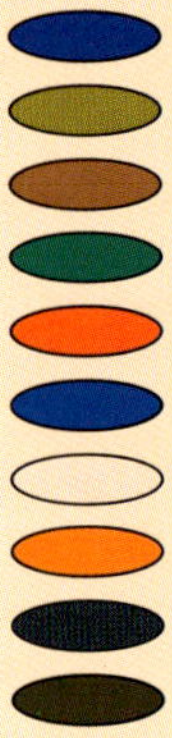

- Bleu de cobalt
- Terre d'ombre naturelle
- Terre de Sienne brûlée
- Vert bleuâtre
- Rouge vermillon
- Bleu outremer
- Chair
- Orange
- Gris de Payne
- Brun Van Dyck

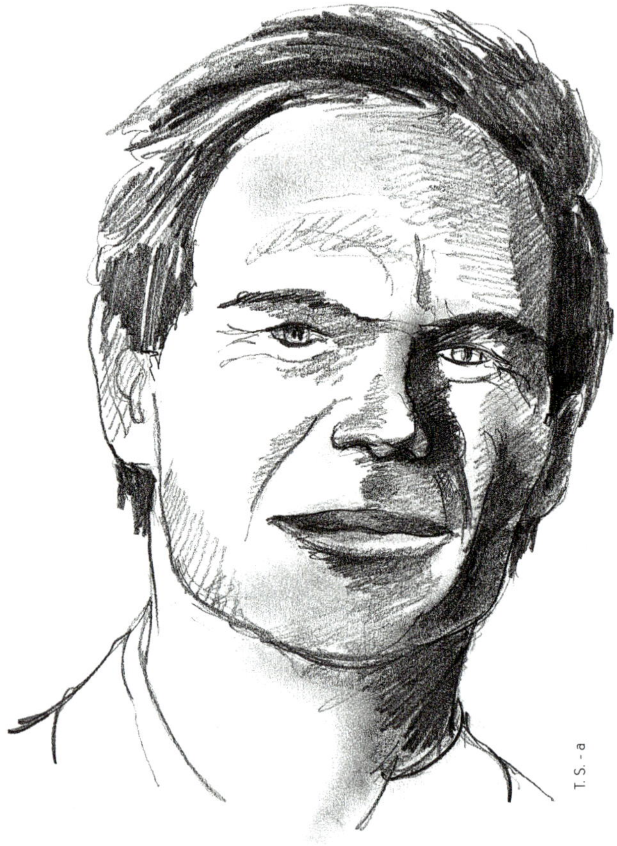

▲ En observant le croquis, vous pouvez deviner la direction de la lumière. Gardez les mêmes ombres pour le travail en couleurs.

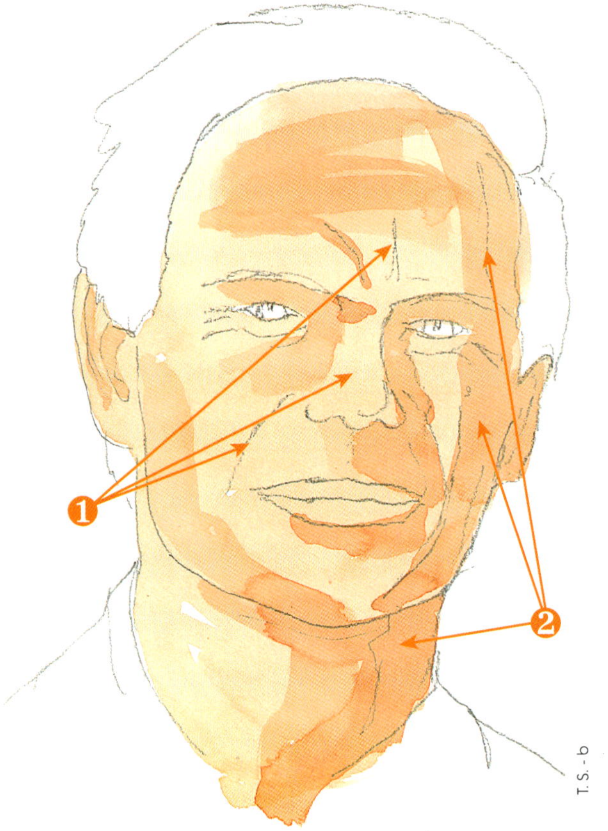

❶ Appliquez un premier lavis sur tout le visage (sauf sur les yeux).
❷ Procédez à un second passage sur toutes les zones dans l'ombre. Utilisez la première base de teinte à laquelle vous ajouterez une pointe de terre de Sienne brûlée.

Entraînez-vous !

Prenez l'habitude d'observer les gens autour de vous. Faites de nombreux croquis au crayon ou à l'encre, que vous pourrez rehausser avec un léger jus aquarellé.

2 : Peaufiner les ombres

Attachez-vous ensuite à rendre la profondeur des ombres. Ce sont elles qui vont donner son relief au visage. Travaillez dès à présent la bouche et les yeux.

3 : La chevelure et les finitions

Passez aux finitions. Peaufinez le détail des yeux ainsi que certaines rides avec un pinceau fin. Le brun Van Dyck et le bleu outremer serviront à relever ces derniers détails.
En ce qui concerne les cheveux, passez un premier lavis de terre d'ombre naturelle auquel vous superposerez, en traits plus ou moins épais, un mélange de brun Van Dyck et de gris de Payne afin de créer du volume.

Savoir-faire

Beaucoup de personnes peignent les visages en rose (comme celui d'une poupée de porcelaine). Malheureusement, ces portraits sont figés, sans vie. Or l'épiderme est bien vivant ! En vous exerçant, vous découvrirez vite que la peau recèle de nombreuses nuances autres que le rose.
Par ailleurs, la mélanine, ce pigment brun qui donne sa couleur à la peau, est responsable aussi du hâle qui résulte de l'exposition au soleil. Il est intéressant de faire le portrait d'un individu à divers stades de son bronzage.

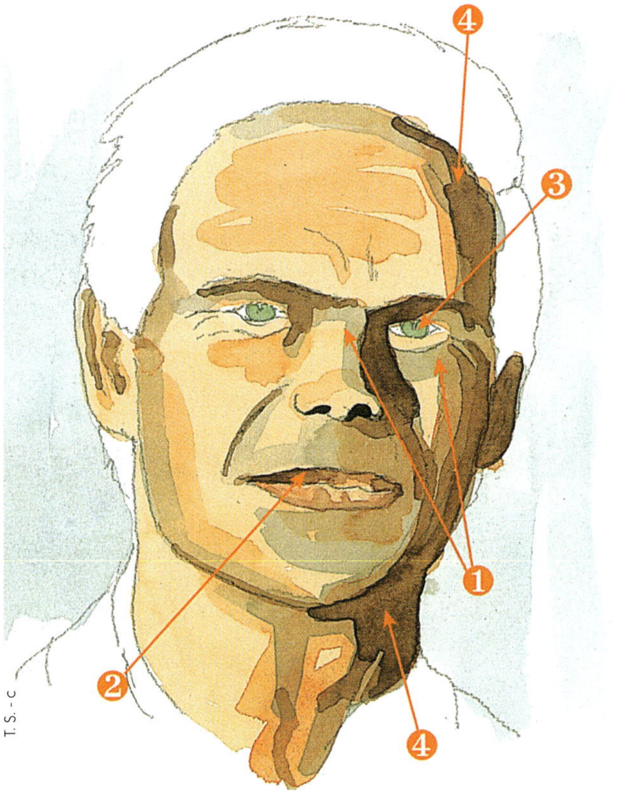

T. S. - c

❶ Préparez une couleur froide pour poser un autre lavis dans certaines zones d'ombre (teinte chair + bleu de cobalt). Procédez de la même façon pour le fond.
❷ Travaillez la bouche (teinte chair + rouge vermillon + brun Van Dyck). Saturez davantage la lèvre supérieure et pensez à garder un rehaut sur la lèvre du bas.
❸ Ensuite, posez un léger lavis de vert bleuâtre sur les yeux (iris).
❹ Parallèlement, utilisez un lavis de brun Van Dyck pour représenter les ombres les plus fortes.

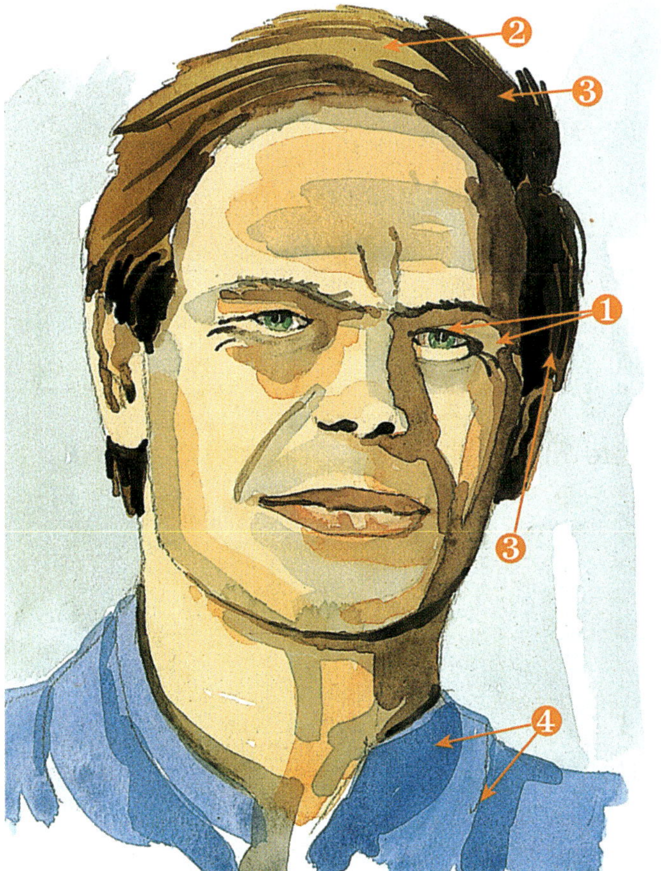

T. S. - d

❶ Posez les touches finales sur les yeux avec un pinceau fin.
❷ Un premier passage de terre d'ombre naturelle servira à placer les tons clairs de la chevelure.
❸ Utilisez un mélange de brun Van Dyck et de gris de Payne pour donner le volume aux cheveux.
❹ Quelques touches de bleu de cobalt suffiront à suggérer une chemise.

Le nu artistique

Le corps humain est un sujet de prédilection pour bon nombre d'artistes. Même si vous préférez d'autres sujets, votre technique s'améliorera si vous êtes capable de reproduire un nu à l'aquarelle.

Connaître l'anatomie humaine est un atout supplémentaire pour construire avec plus d'assurance tous les dessins comprenant des personnages, quelle que soit l'importance de ces derniers.

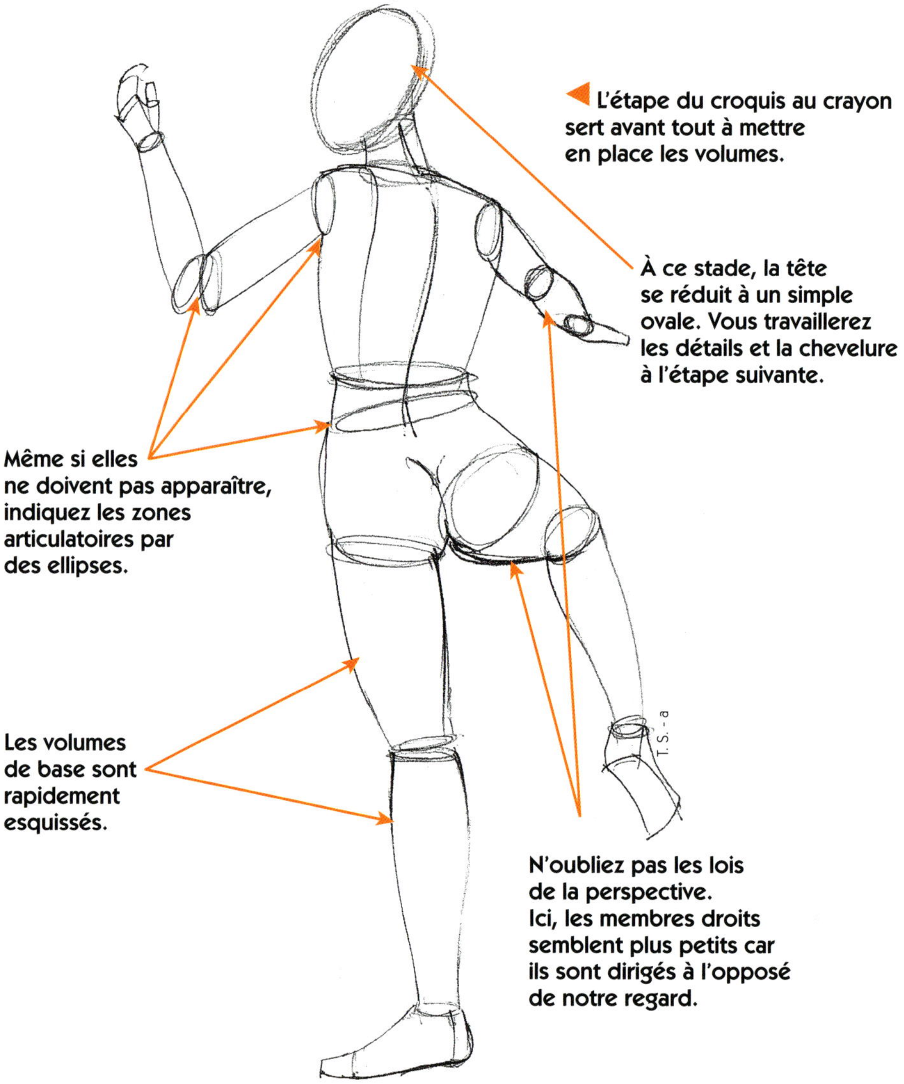

Conseil

- Étudiez les dessins d'autres artistes, consultez des ouvrages qui traitent le sujet.
- Faites des croquis aussi souvent que possible. Des personnes de votre entourage, à la plage ou à la piscine, seront d'excellents modèles. Essayez de les croquer sur le vif.
- Utilisez un papier aquarelle qui permettra l'utilisation du lavis pour mettre en couleurs vos esquisses.
- Pour débuter, choisissez un modèle debout.

Une étude pas à pas

Première étape

Étudiez bien votre modèle et commencez par planter les formes de base : la position et les volumes.

Bon à savoir

Dans l'étude du nu, il est important de reconnaître si une courbe ou une surface du corps est due à la proximité d'un os ou s'il s'agit d'une partie spécialement charnue. Dans le premier cas, les contours seront plus nets et anguleux, alors que, dans le second cas, les parties charnues seront représentées par des courbes douces.

Deuxième étape

Transformez vos volumes de base. En quelque sorte, habillez votre personnage en chair (muscles) et en os. Pour un modèle féminin, les formes sont douces et la musculature est à peine perceptible. Contrairement à l'homme, chez lequel toutes les lignes sont plus saillantes.

Troisième étape

Préparez vos teintes de base pour la couleur chair selon la carnation du sujet.
La gamme des teintes pour le nu est la même que pour le portrait. Mais, ici, tout dépend aussi de la personnalité de l'artiste. Pour un premier travail, mieux vaut commencer par appliquer des teintes très légères, tout en transparence. Le crayonné doit rester visible et garder son importance.

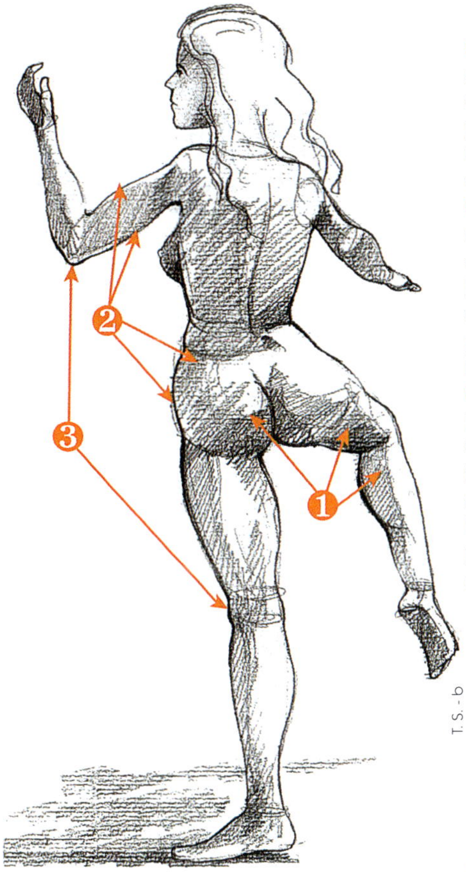

❶ Observez le jeu d'ombre et de lumière qui donne son relief au nu. Dans cette position, le modèle contracte un certain nombre de muscles.
❷ Ce sont les ombres et la façon de les poser qui adoucissent les contours des fesses et des cuisses. Des lignes plus douces indiquent les parties charnues du corps.
❸ Précision et netteté permettront de mettre en valeur les parties osseuses telles que les omoplates et les articulations. Des traits nets et saillants marquent l'affleurement de l'os du coude.

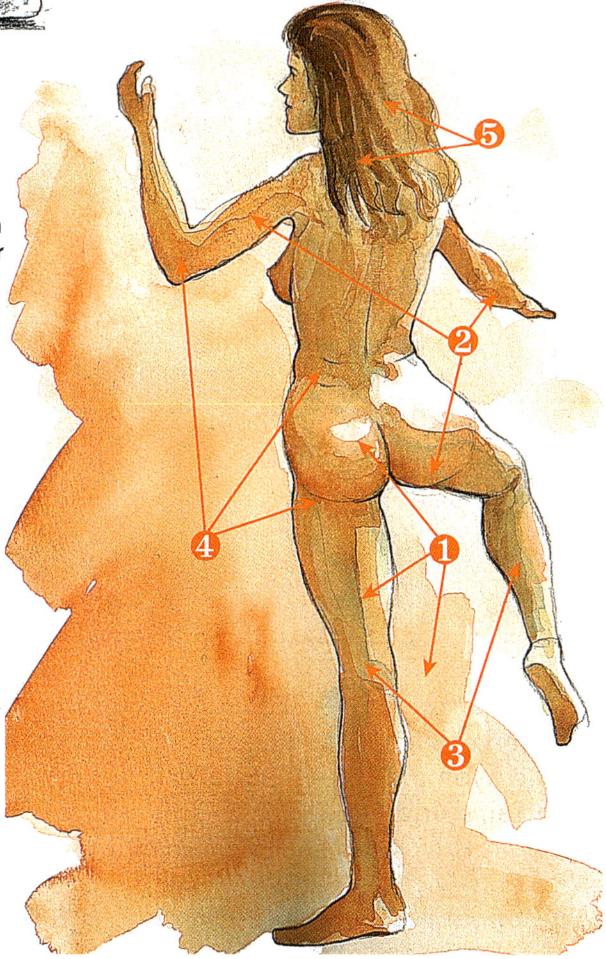

❶ Le premier lavis est un mélange de couleur chair et d'orange. Laissez en réserve les rehauts les plus marquants. Utilisez beaucoup d'eau.
❷ Appliquez le même mélange, auquel vous aurez ajouté de la terre de Sienne brûlée, sur les zones d'ombre. Laissez sécher.
❸ Certaines zones d'ombre sont réalisées avec des teintes froides (des bleus et des verts).
❹ Travaillez tout en légèreté, par couches successives. Plusieurs passages sont nécessaires pour les parties les plus sombres.
❺ Les cheveux seront réalisés en dernier (deux ou trois couches superposées).

Le raccourci

Les lois qui régissent les proportions du corps humain sont valables quand le modèle est debout ou allongé avec ses membres déployés. Dès qu'un membre est plié ou que le corps est vu de semi-profil, on peut parler de « raccourci ». Dans cette situation, la largeur et l'épaisseur gardent les proportions normales. La longueur peut disparaître si par exemple le genou et le coude sont entièrement repliés.

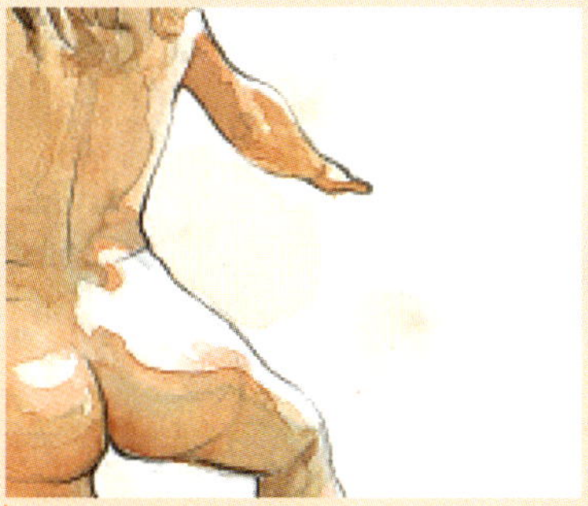

▲ **Ici, le bras et le haut de la jambe sont représentés « en raccourci ».**

Exercices

Mettons tout de suite en pratique les règles de base, avec un nouveau modèle pour réaliser un nu à l'aquarelle.

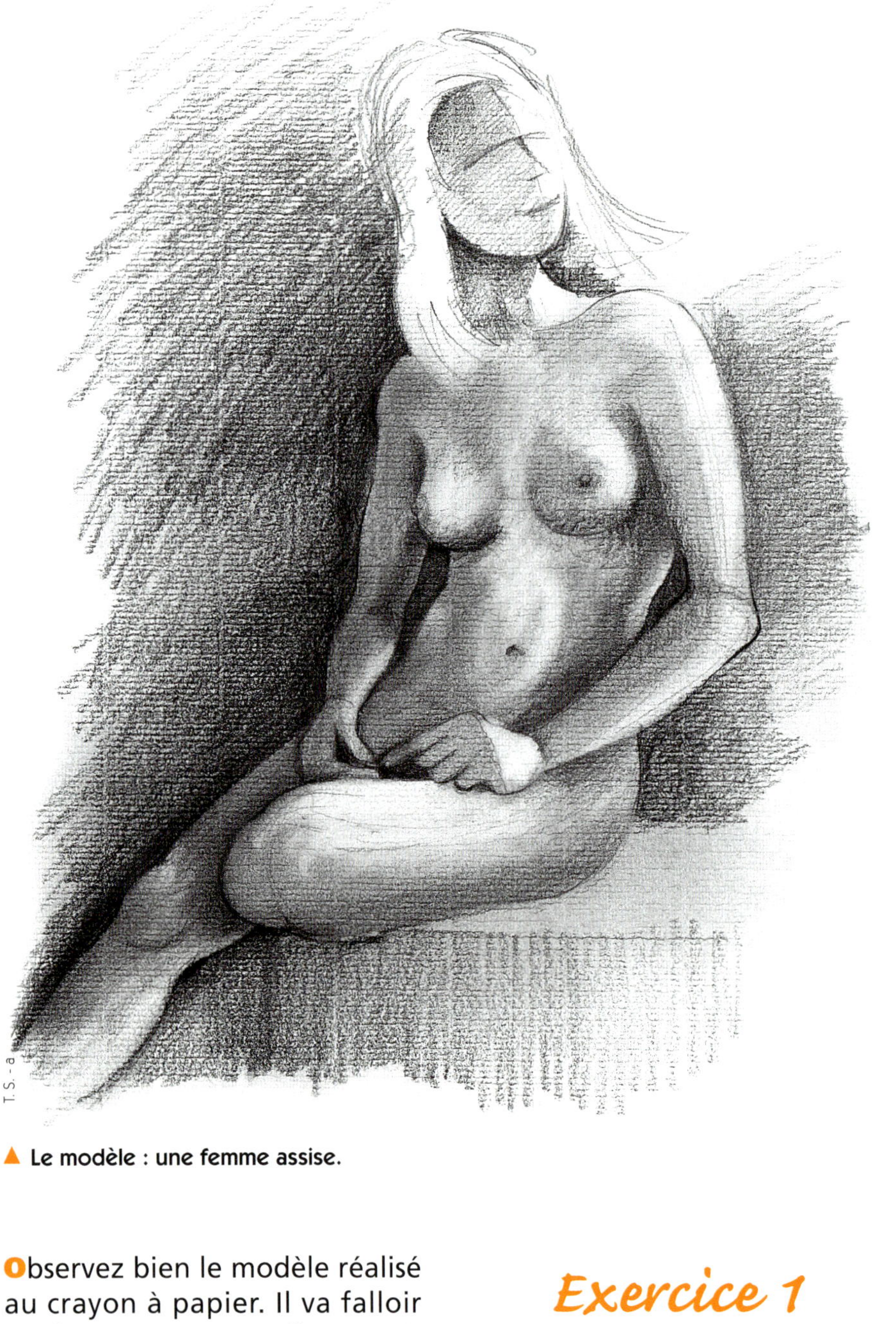

▲ Le modèle : une femme assise.

Observez bien le modèle réalisé au crayon à papier. Il va falloir en faire une aquarelle en suivant les principes de base. À cette fin, nous allons décomposer le travail en quatre exercices consécutifs.

Exercice 1

Quels sont les principaux « raccourcis », les endroits où les volumes sont orientés vers une direction opposée à la nôtre ?

Effectuez un croquis sommaire et indiquez ces « raccourcis » au moyen de plusieurs flèches directionnelles.

Exercice 2

Décomposez le corps de la jeune femme en différentes formes géométriques de base.
Posez un léger jus aquarellé pour commencer à mettre en place les zones d'ombre et de lumière, et restituez de cette façon le relief du corps.

Exercice 3

Reprenez votre précédent croquis. En posant un papier-calque dessus (ou en superposant une feuille de papier aquarelle sur une vitre pour pouvoir reproduire le modèle en transparence), tracez les contours de votre nu en essayant de moduler le trait au crayon, de manière à lui donner un effet de volume. Ensuite, appliquez un léger lavis.

Exercice 4

Essayez d'utiliser plus de nuances pour rendre votre nu. Le modèle ci-dessus vous indique les principales zones d'ombre et de lumière. Tenez-en compte pour placer les reliefs et choisissez le fond.

Solutions des exercices

Exercice 1

La jambe gauche (repliée), le haut du buste, l'avant-bras droit et les deux poignets (légèrement tournés) sont en « raccourci ».

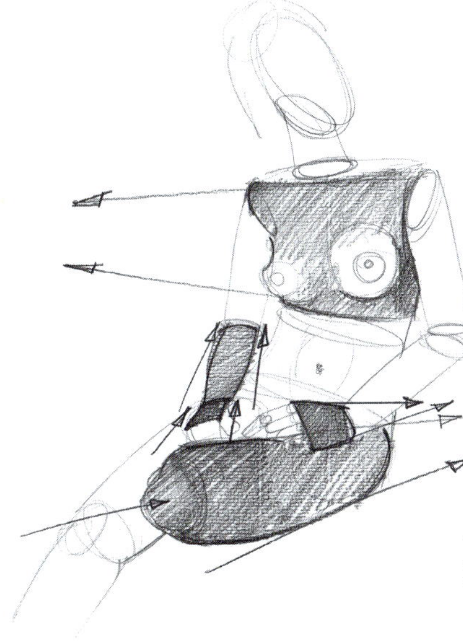

T.S. - b

▲ Les zones hachurées indiquent les plans qui ne sont pas vus de face et qui correspondent aux raccourcis dans le corps humain.

Exercice 2

Les principales formes de base sont des cylindres, qui marquent le volume des membres et les articulations.

Astuce

Pour l'étude du nu, rien ne vaut le dessin d'après modèle vivant ! Un des avantages est que vous pouvez observer votre modèle de plusieurs points de vue, ce qui vous permet de corriger certaines erreurs d'appréciation, notamment dans les proportions.

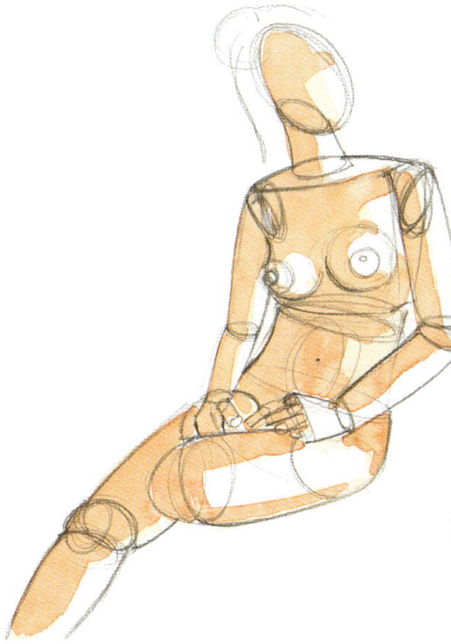

T.S. - c

▲ Pour avoir une bonne idée des volumes, vous devez poser un lavis côté ombres. Votre résultat doit s'approcher de celui-ci.

Exercice 3

Dans ce type de travail, le trait a beaucoup d'importance. La mise en couleurs doit être discrète. Elle donne la tonalité du sujet et sa légèreté suggère très bien la douceur de la peau.

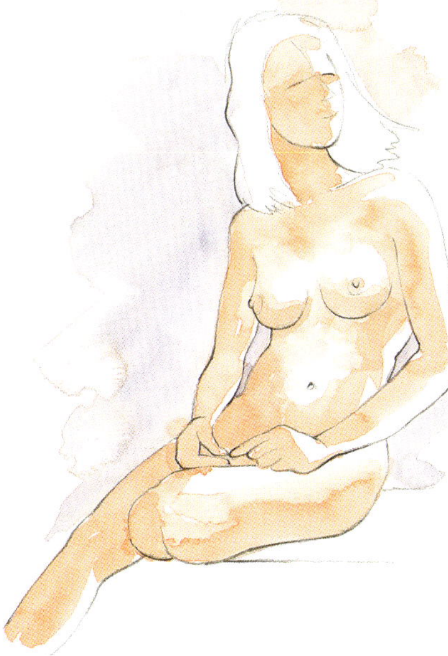

T.S. - d

▲ Un simple lavis de terre de Sienne mélangé à la teinte chair permet d'obtenir cet effet.

Savoir-faire

Si vous travaillez sur un petit format, contentez-vous d'un léger jus. En revanche, si vous peignez sur une grande feuille, osez des couleurs plus toniques.

Exercice 4

Un détail de notre modèle nous montre un travail plus élaboré. Les contrastes entre zones d'ombre et zones de lumière sont davantage marqués.

Quatre ou cinq superpositions de mélanges divers (où couleurs froides et chaudes ont été utilisées) sont nécessaires pour obtenir ce résultat.

Ces nuances seront mises en valeur par un fond sombre et presque uniforme.

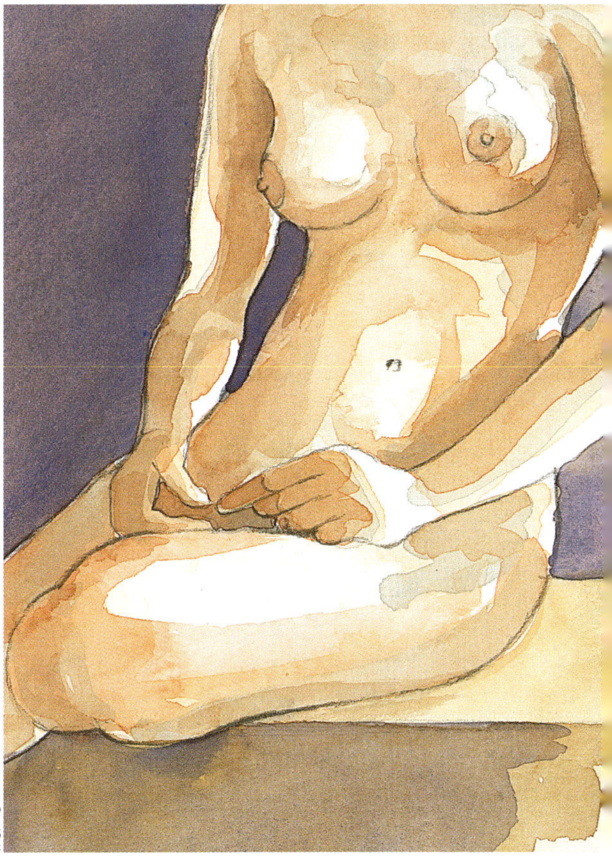

T.S. - e

▲ Le fond plus sombre, mais harmonisé, met en valeur les nuances de la peau.

Silhouettes et personnages

Faut-il ou non insérer des personnages dans un paysage ? Cette question revient fréquemment dans la bouche de l'aquarelliste débutant. Voici quelques astuces pour s'y risquer sans crainte.

Il y a deux raisons pour exclure les personnages d'un tableau :

- vouloir exprimer un sentiment de paix dans un paysage, mettre l'accent sur un détail architectural dans une ville (dans tous les cas où les personnages n'ont aucune raison d'être) ;
- la peur de gâcher votre tableau en ne les réussissant pas bien.

Cette seconde raison est souvent invoquée. Voyons comment nous pouvons lui ôter tout fondement.

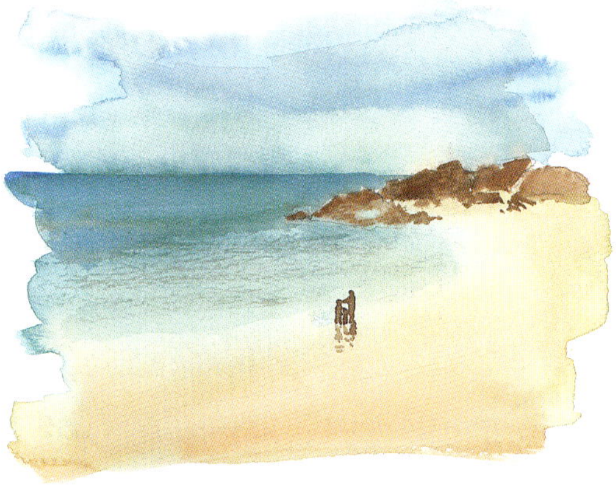

T.S. - a

◄ Si vous désirez mettre l'accent sur l'immensité d'un paysage ou de la mer, de minuscules silhouettes seront d'excellents repères visuels qui donneront une échelle de grandeur au paysage.

À quoi servent les personnages ?

- Ils animent des scènes de rue ou de marché, tous les lieux qui sembleraient vides et, donc, artificiels sans présence humaine.
- Ils donnent une échelle aux autres éléments. En effet, si l'étendue d'un paysage ou la taille d'un monument ne sont pas forcément connues de celui qui en regarde la représentation, nous savons tous combien mesure, à peu près, une silhouette humaine. Par conséquent, les personnages permettent de souligner ou de renforcer la dimension d'un élément du paysage, dans un sens ou dans un autre.

Les silhouettes sont ► plus grandes : on peut voir plus distinctement les gestes et les attitudes des personnages, mais, en même temps, la plage paraît plus petite.

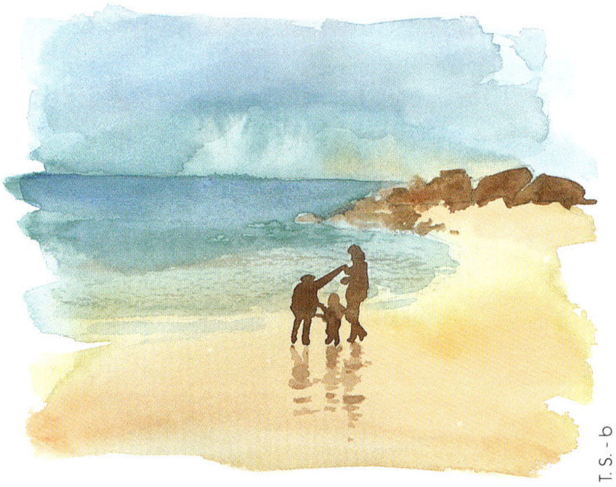

T.S. - b

Astuce

- Disposez vos personnages au deuxième plan ou au loin.
- Suggérez-les par quelques touches de couleurs sans entrer dans les détails. De cette façon, ils s'intégreront bien mieux dans le paysage.
- Donnez-leur vie en les faisant bouger : jouer au ballon, se baisser, vaquer à des tâches quotidiennes, etc.
- Dessinez-les sur du papier-calque. Ainsi, vous pourrez les placer correctement, les bouger, chercher le meilleur emplacement et vérifier si l'échelle est correcte.

Comment les représenter

• Pour vous exercer, commencez par esquisser de petites silhouettes pour pouvoir les travailler rapidement. Dessinez des esquisses sommaires en mettant en valeur les gestes, les attitudes.

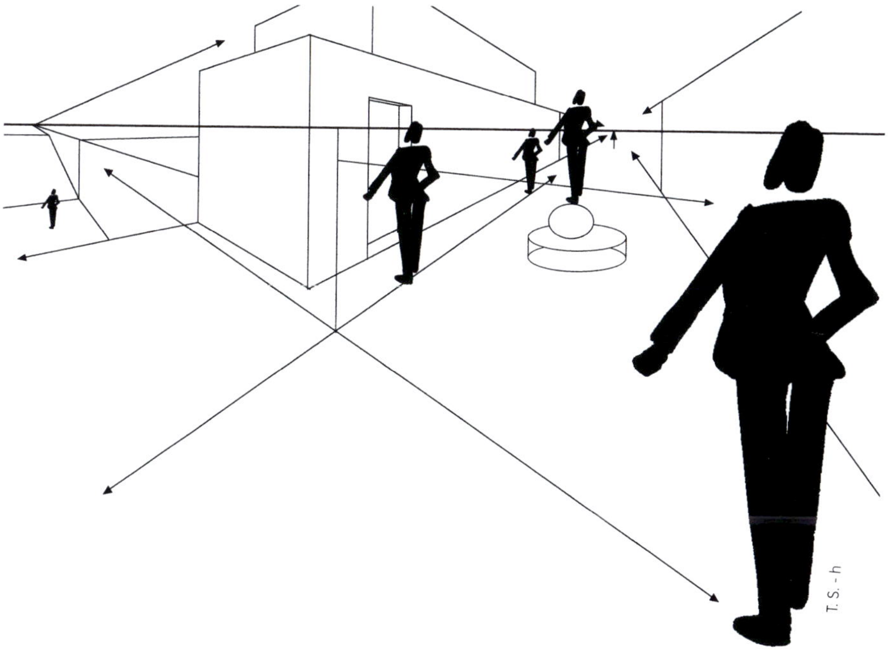

▲ La ligne d'horizon se situe au niveau des yeux pour toutes les personnes qui se trouvent debout dans la rue. Une personne surélevée dépassera cette ligne. Une même silhouette en contrebas sera placée bien en dessous de l'horizon.

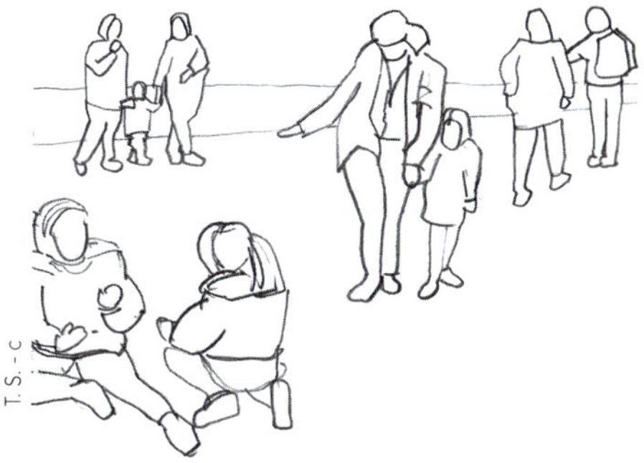

▲ Esquisse préparatoire au crayon, axée sur les gestes et attitudes.

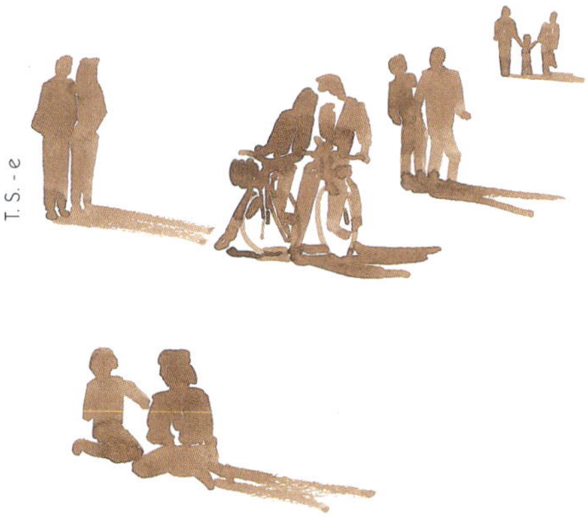

▲ Esquisse au petit pinceau, avec une seule couleur.

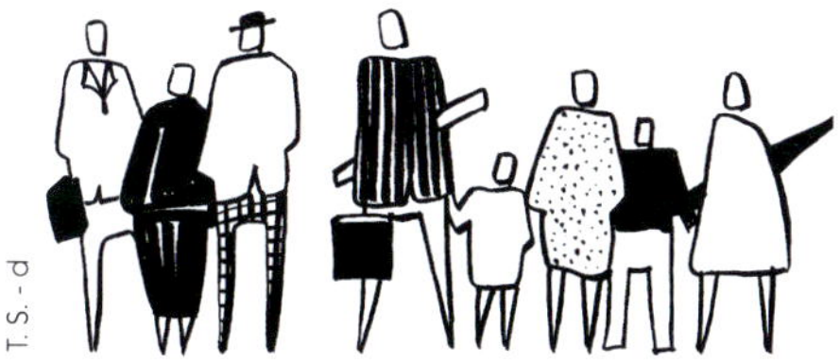

▲ Certains modèles de personnages utilisés dans l'architecture peuvent servir à animer une rue. Ils sont souvent très stylisés, alors transformez-les.

• Exercez-vous à placer vos silhouettes esquissées dans un sujet quelconque en vous fondant sur les principes de la perspective. Apprenez à trouver les repères nécessaires pour les situer facilement.

• Dessinez sur la même feuille des personnages de différentes tailles pour mettre en pratique le respect des proportions.

• Commencez par l'esquisse au crayon en respectant les proportions. Appliquez vos lavis en deux passages (le premier définit la teinte, le second donne les ombres).

• Détaillez davantage les silhouettes plus grandes. Mais inutile de peindre les yeux, les doigts : à petite échelle, il est pratiquement impossible de bien les rendre.

Les personnages d'arrière-plan ne sont plus que des silhouettes. Quelques taches de couleur leur donnent du relief.

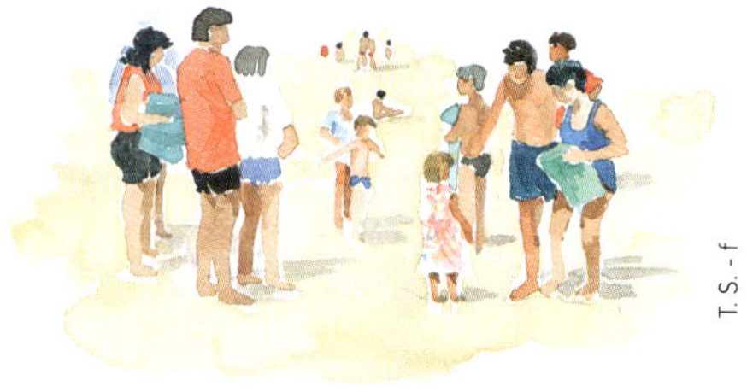

▲ Scène de plage. Au premier plan comme aux autres, l'accent est mis sur les attitudes des personnages.

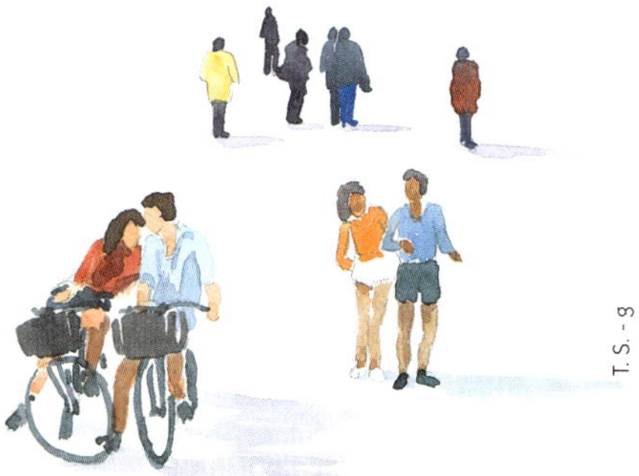

▲ Les silhouettes du premier plan seront davantage détaillées que celles du fond, qui pourront toutefois être « rehaussées » par des taches de couleurs.

Exercice

Vous allez animer une rue de village en y plaçant quelques personnages. Pour ce faire, il va falloir évoquer les notions de perspective.

Étape 1

Reproduisez le croquis que nous vous proposons.
Essayez de positionner les points de fuite et la ligne d'horizon sur l'image existante.
Tentez de trouver vos propres solutions, puis consultez dans un deuxième temps les repères que nous vous suggérons.

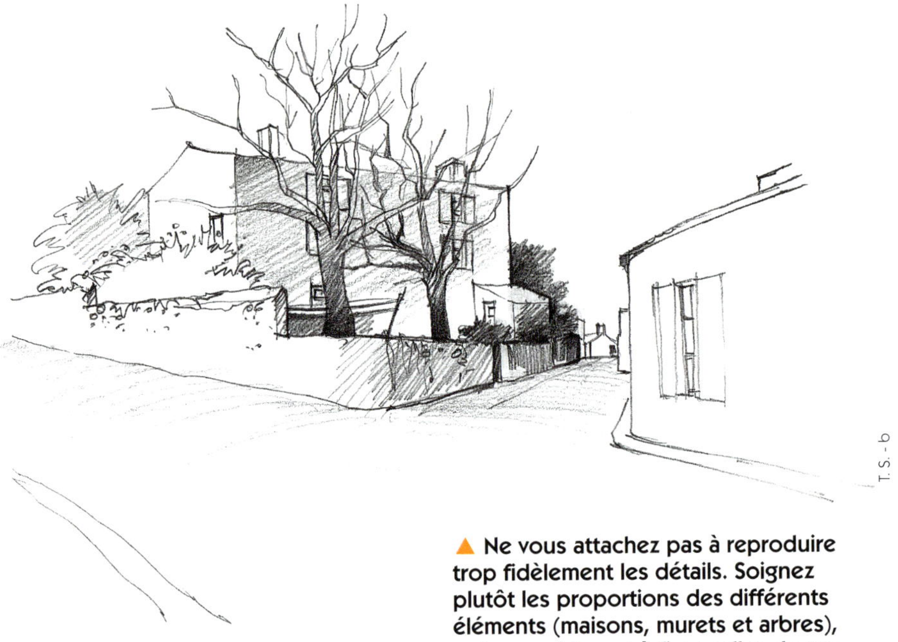

▲ Ne vous attachez pas à reproduire trop fidèlement les détails. Soignez plutôt les proportions des différents éléments (maisons, murets et arbres), qui vous aideront à fixer celles de vos personnages.

Étape 2

Cherchez des points de repère pour définir l'échelle de grandeur. Une porte, une fenêtre sont toujours d'excellents indicateurs de hauteur. Généralement, la hauteur de l'ébrasement se situe entre 2 m et 2,30 m. Si vous positionnez une silhouette à côté d'une porte, on peut estimer qu'il manque une bonne tête pour atteindre le haut de l'ouverture.
Ce personnage vous aidera à placer tous les autres en vous fondant sur la ligne d'horizon et les points de fuite.

Étape 3

Esquissez sur calque quelques silhouettes de grandeurs différentes, en vous attachant à rendre une attitude caractéristique ainsi qu'une impression de mouvement.
Choisissez l'emplacement des personnages et vérifiez que vos

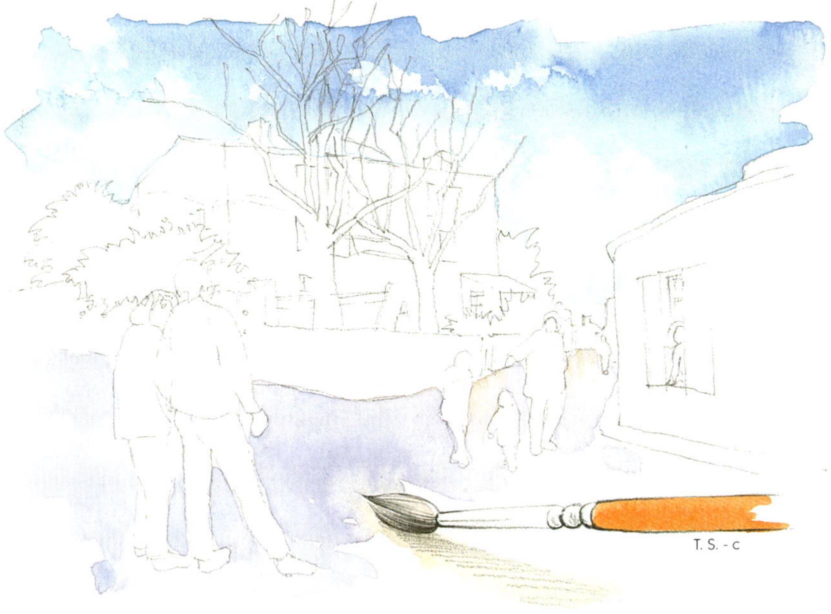

▲ Posez les lavis après avoir positionné vos personnages.

proportions sont vraisemblables en bougeant le calque sur le croquis. Esquissez les personnages au crayon sur celui-ci. Mettez votre décor en couleurs, en restant sobre car le sujet de l'exercice reste les personnages. Commencez par les grandes surfaces de votre composition.

Étape 4

Terminez par la mise en couleurs des personnages. Pour bien les intégrer dans leur environnement, restez relativement sommaire dans votre réalisation.

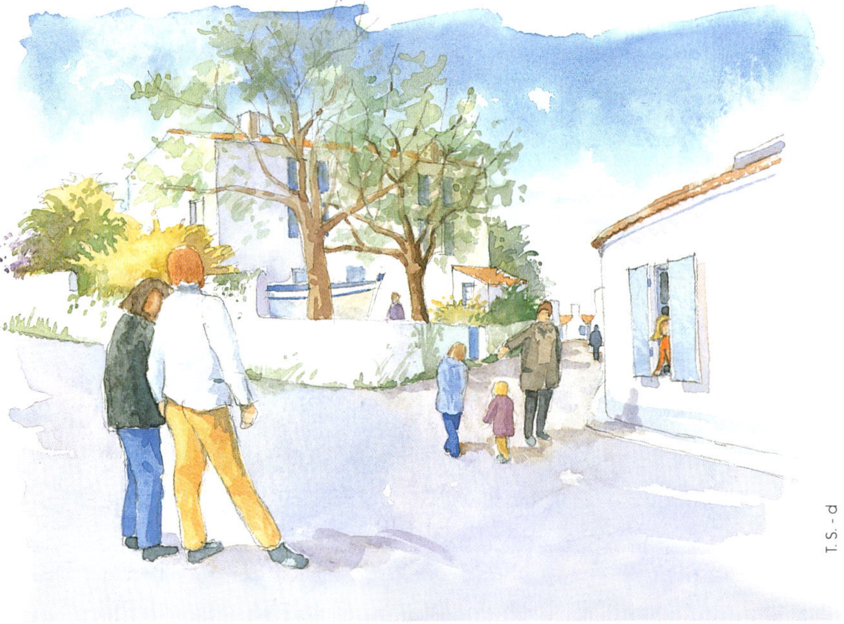
T.S. - d

▲ Les personnages ne doivent pas être trop détaillés.

Solutions de l'étape 1

1) Trouver la ligne d'horizon

• En observant le muret de clôture de la propriété à gauche, nous pouvons affirmer que la rue en face de nous est bien horizontale. En effet, si vous tracez une ligne horizontale, vous pouvez constater qu'elle se situe entre le haut et le bas du muret.

• D'ailleurs, vous remarquerez que le prolongement de ce muret (à votre gauche) est construit en escalier, ce qui signifie que la rue perpendiculaire est en pente ascendante. Nous pouvons donc en toute tranquillité tracer la ligne d'horizon.

• Dernière constatation : l'observateur devait être accroupi pour faire le dessin (h = 1 mètre). Nous pouvons estimer cette hauteur en comparant la ligne d'horizon par rapport au muret et à la fenêtre.

2) Trouver le ou les points de fuite

• Notre ligne d'horizon croise le volet qui se trouve au fond de la ruelle, ce qui permet de dire que la hauteur des yeux se situe à ce niveau-là. En prolongeant deux lignes (traits orange) par notre muret que nous connaissons déjà (celle du bas monte vers l'horizon, celle du haut descend légèrement), nous trouvons un premier point de fuite, qui est confirmé par une autre ligne au niveau de la rigole de l'autre côté de la rue.

• L'autre point de fuite qui nous intéresse ne se trouve pas sur la feuille mais, avec un peu d'expérience, vous pouvez plus ou moins le situer. En fait, il n'est pas sur la ligne d'horizon, car la route à gauche monte, mais au-dessus.

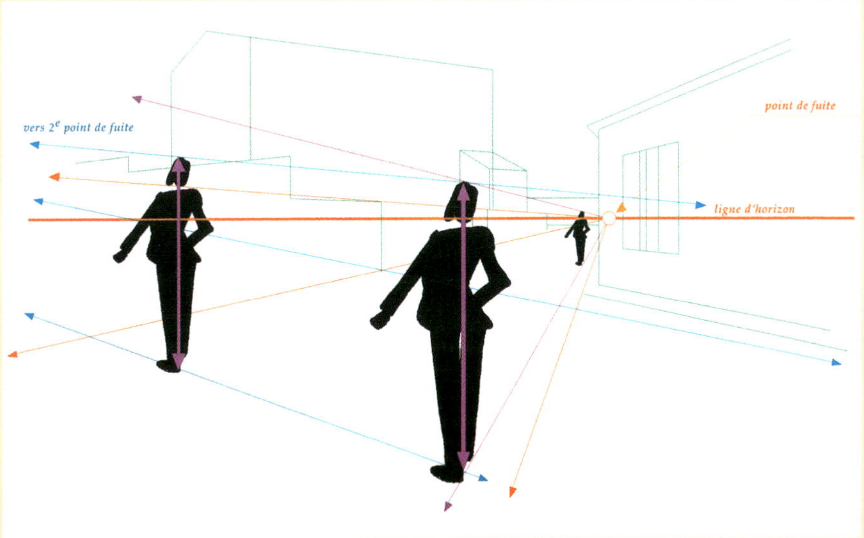

T.S. - e

Pour mémoire

La ligne d'horizon est une projection horizontale du niveau de votre œil vers l'infini. Elle change selon votre position par rapport au sol (selon que vous êtes debout ou accroupi). Les lignes de fuite permettent de positionner les points de fuite.
Dans beaucoup de cas, vous vous trouverez dans des situations à deux points de fuite.

La nature morte

La nature morte

Elle offre à l'aquarelliste un large éventail de possibilités pour s'exprimer. Voyons comment réaliser des éléments qui reviendront souvent dans vos compositions.

Par rapport à un paysage ou encore à un portrait, où l'importance du modèle est essentielle, la nature morte vous offre une plus grande liberté de manœuvre. Elle vous permet de choisir des objets qui vous sont familiers, que vous utilisez chaque jour. Fleurs, fruits, légumes ou ustensiles de cuisine suffisent à créer une composition intéressante.

La composition

Votre premier travail : trouver des objets qui vous inspirent. Puis vous devez les agencer pour créer la composition, en jouant avec la lumière et l'ombre. Choisissez un centre d'intérêt, que vous pouvez placer sur la « section d'or ». Le point d'or ou section d'or se trouve à l'intersection de deux lignes qui partagent votre format suivant la règle des 3/5 (chaque côté est partagé en 8 parts égales : 5 + 3 = 8).

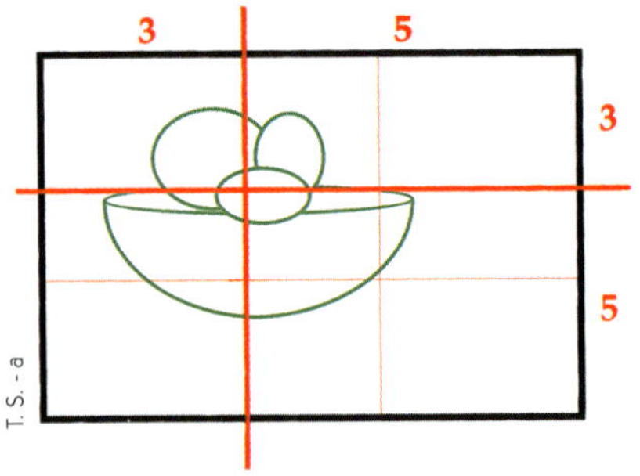

▲ Quatre solutions sont possibles pour agencer votre composition (ici les points d'or sont situés sur les angles du petit rectangle central).

La disposition des objets dans votre composition est d'une importance capitale. Plus il y a d'éléments, plus les choses se compliquent.
Les arrangements les plus simples sont presque toujours les meilleurs. Il vaut mieux par exemple ne pas disposer deux objets à la même hauteur.
Organisez les zones d'ombre et de lumière en plaçant votre source lumineuse à un endroit fixe, à droite ou à gauche de votre tableau. Les ombres relient alors les différents éléments.
Lorsque vous aurez choisi votre cadrage et votre composition, réalisez une esquisse complète, en indiquant les ombres de vos objets au crayon.

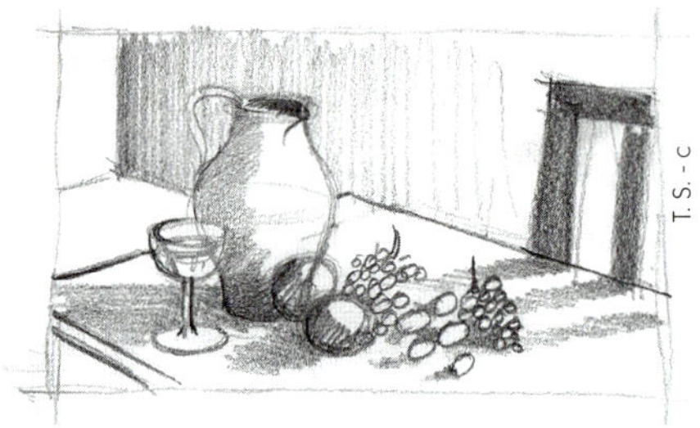

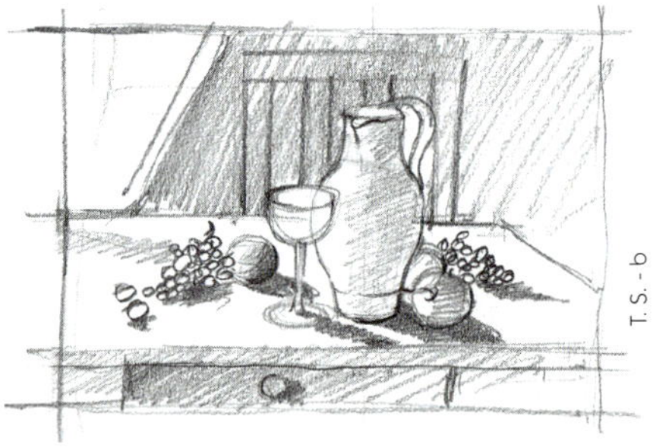

▲ Exécutez plusieurs croquis préparatoires pour trouver le meilleur angle.

▼ Ensuite, faites une esquisse complète en plaçant les ombres.

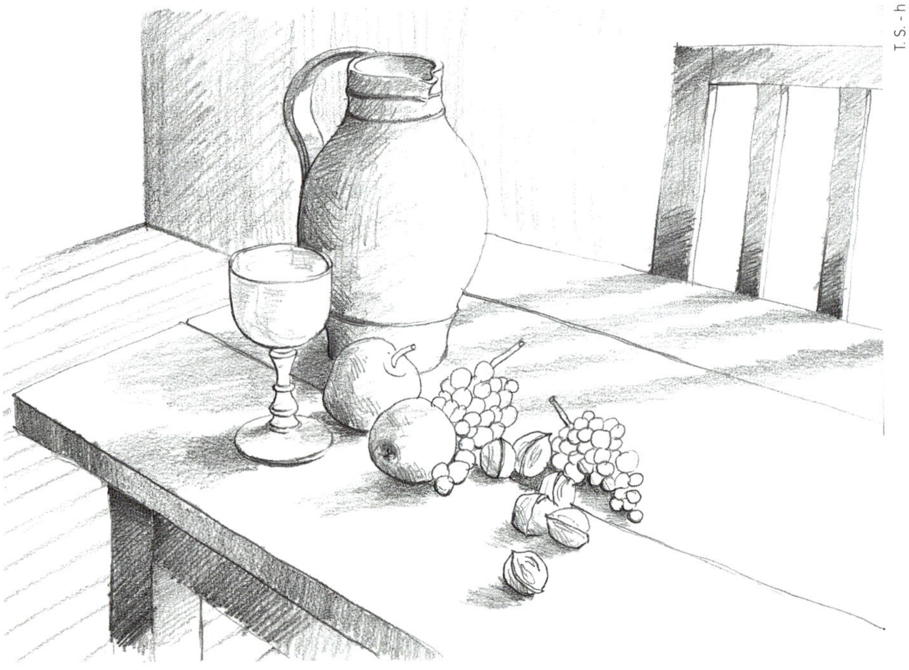

Le choix des couleurs

Choisissez vos teintes et cherchez une harmonie de couleurs. N'ayez pas peur de modifier les teintes originales de vos objets pour le besoin de l'équilibre des couleurs. Vous pouvez utiliser la méthode traditionnelle, qui fait ressortir les éléments par fort contraste (fond très foncé, objets clairs et lumineux), ou une technique plus simple qui allie légèreté et transparence de l'aquarelle. C'est cette dernière que nous allons exploiter.

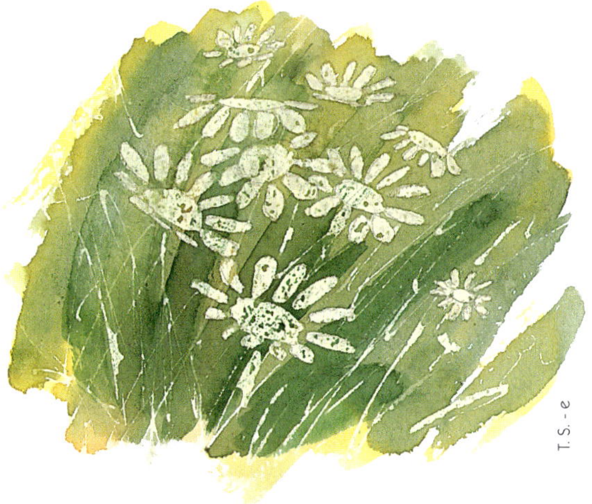

◀ Sur un fond foncé, les fleurs ont d'abord été réservées à l'aide de la gomme liquide.

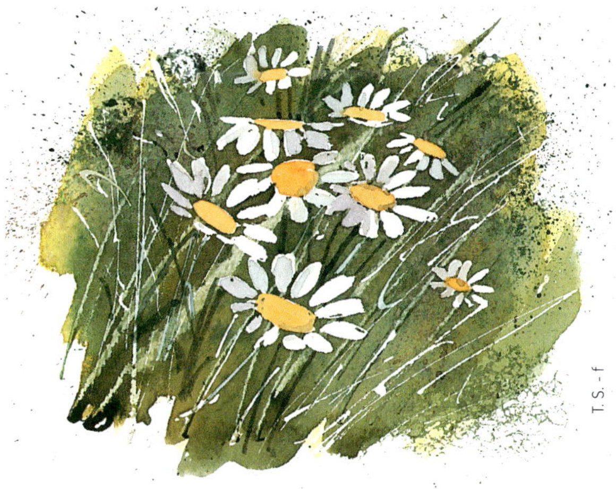

Après séchage ▶ du fond, on a retiré la gomme et peint les fleurs. Celles-ci ressortent parfaitement.

Les motifs

Les fleurs

Pour représenter des fleurs, vous avez le choix entre deux possibilités : sur fond clair ou sur fond sombre. Examinons-les l'une après l'autre.

• Sur un fond clair, vous pouvez travailler simultanément le sujet et l'arrière-plan.

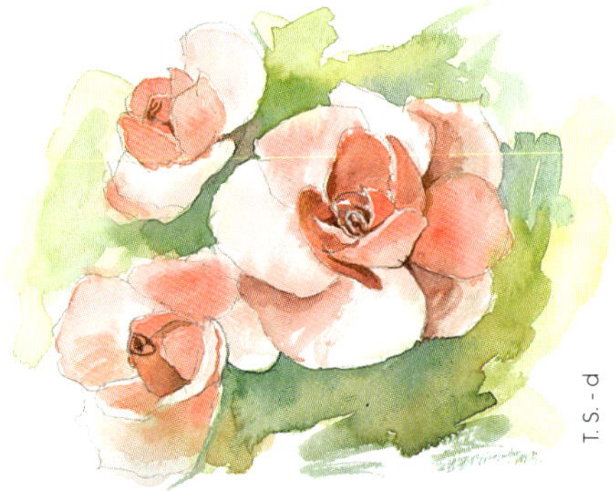

▲ Les roses et le fond ont été travaillés simultanément.

• Sur un fond sombre, il vous faut travailler en trois temps. Commencez par masquer les fleurs, leurs tiges et leurs feuilles avec de la gomme liquide. Laissez sécher. Puis réalisez le fond selon la technique de votre choix et laissez de nouveau sécher. Enfin, retirez la gomme et modelez vos fleurs en simplifiant les coloris.

Intérêt de l'esquisse

Une esquisse complète vous guidera pour réaliser votre aquarelle. Elle donnera la plupart des indications nécessaires (ombres et mise en place) et vous obligera à vous concentrer davantage sur la composition. Essayez de trouver un bon rapport entre le vide environnant et les objets à dessiner. Trop petits, ceux-ci risquent d'être perdus dans l'espace. Trop grands, ils peuvent « écraser » le tableau.

Les fruits

Leurs formes, leurs couleurs, leurs textures, en font un sujet de choix dans la nature morte. Toutes les techniques peuvent être utilisées, du simple lavis transparent aux projections, en passant par le grattage et autres effets plus complexes.

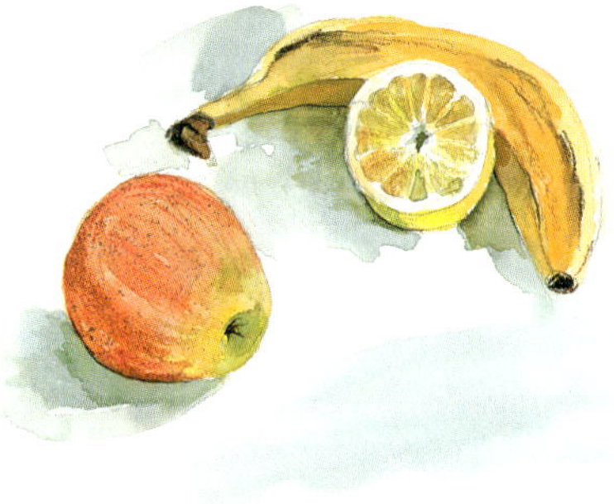

▲ Les fruits sont un excellent sujet pour donner libre cours à votre créativité.

Les verres

Les verres font partie des objets les plus intéressants dans une nature morte à l'aquarelle, car les jeux de lumière qu'ils permettent s'accordent à merveille avec la transparence et la légèreté de l'aquarelle.

Observez bien les reflets, conservez les plus représentatifs. Réservez-les à l'aide de gomme liquide. Ensuite, travaillez simultanément le fond et les objets afin d'obtenir un bel effet de transparence. De manière générale, essayez de dépouiller vos formes.

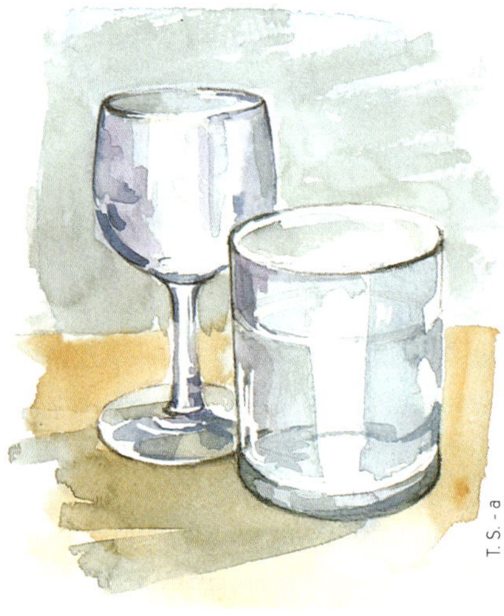

T.S. - a

▲ Pour rendre la matière des verres, travaillez par couches légères et transparentes.

Les poteries

Vernissées, elles sont rendues par de subtils dégradés. Quelques rehauts bien placés suffisent à souligner les petits reflets. Brutes, elles sont suggérées par des couleurs terre, chaudes. Dans ce cas, la technique du dégradé s'avère déterminante.

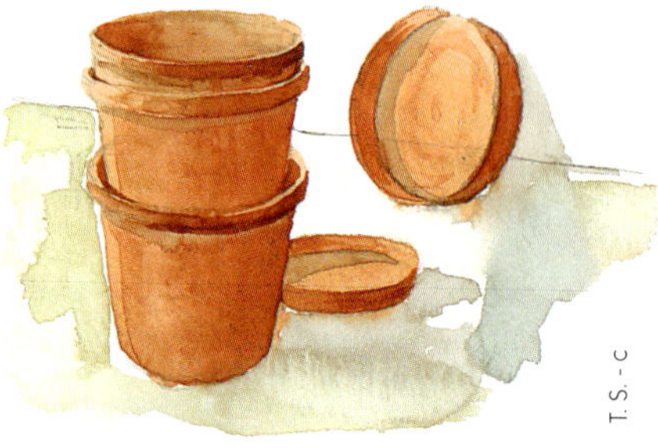

T.S. - c

▲ Poteries brutes, aux tons chauds

Les tissus

On les utilise souvent pour agrémenter le fond d'une nature morte. Une nappe à motifs permet de « relever » une composition sobre. À l'opposé, un tissu uni « repose » l'œil dans un sujet très dynamique. Diverses techniques sont possibles pour simplifier leur exécution, qui peut s'avérer fastidieuse dans la représentation de motifs répétitifs : pochoir, éponge, etc.

Bon à savoir

- Choisissez des objets qui s'accordent entre eux par leur histoire ou leur fonction, mais qui contrastent par leurs formes, leurs couleurs et leurs textures.
- Restez simple dans votre agencement. Ne placez pas les objets de façon disparate, faites-les plutôt se chevaucher (les plus petits de préférence en avant des plus gros), de manière à trouver une cohésion de l'ensemble.
- Vous n'êtes pas obligé de centrer la composition. Coupez judicieusement certains éléments comme le bord d'une table, le coin d'une fenêtre, etc.
- Choisissez l'éclairage, en sachant que la lumière du jour peut varier, alors qu'une lumière artificielle est fixe et dessine mieux les ombres. Pour obtenir des ombres intéressantes, il faut opter pour une source lumineuse venant d'un seul côté.
- Préférez une teinte neutre pour le fond. Si des tons clairs dominent dans les éléments de votre composition, contrastez-les avec un fond sombre.

▼ Tissu à petits carreaux réalisé avec une brosse plate.

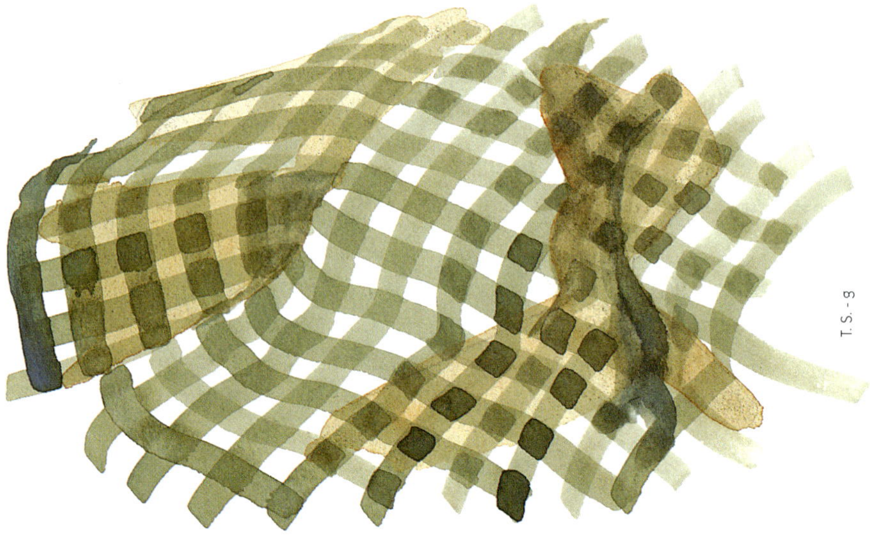

T.S. - g

Savoir-faire

L'une des tentations de l'artiste qui se met à la nature morte est de trop « lécher » son travail. Cherchez plutôt les caractéristiques de chaque élément (rendre le poli des vases et la transparence de la verrerie, les coloris chatoyants des fleurs, etc.). Quelles techniques faut-il utiliser ? Tout dépend des sujets... et de la sensibilité de chaque personne. Observez bien vos objets, leurs textures, leurs formes.

Exercice

La réalisation d'une nature morte va vous donner l'occasion d'approfondir les techniques de base de l'aquarelle : les lavis uniformes et les dégradés.

Le choix des couleurs

T.S. - d

Les six couleurs utilisées pour réaliser cette nature morte sont : le jaune indien, la terre de Sienne brûlée, la terre d'ombre naturelle, le bleu outremer, le violet et le rouge carmin.

❶

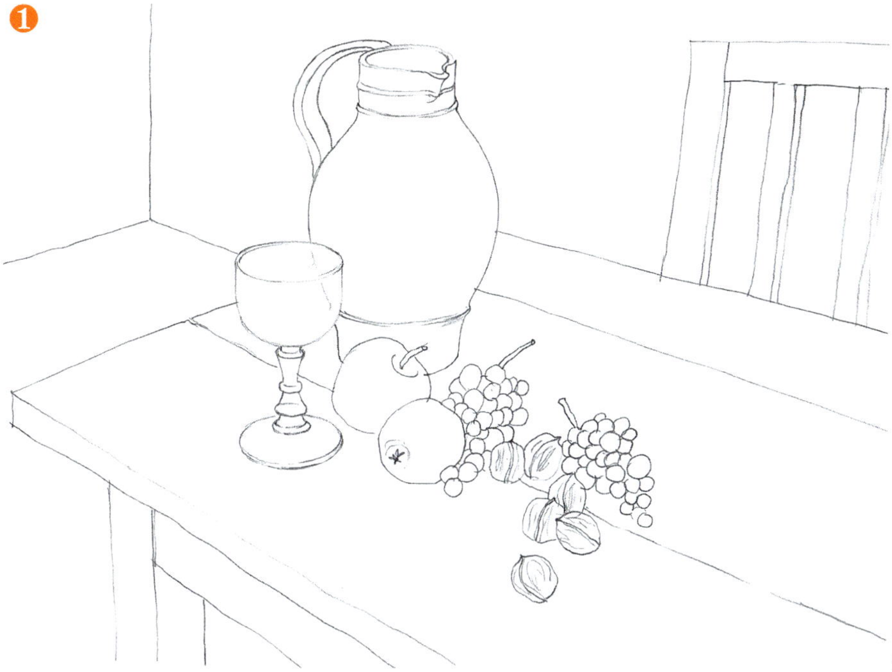

T.S. - e

▲ Voici le dessin de base à reproduire au crayon.

L'esquisse

❶ Sur une feuille de papier aquarelle, reproduisez au crayon les contours des objets en suivant l'agencement du croquis préparatoire.

Les lavis

❷ Appliquez un lavis de jaune indien très dilué sur la table, puis plus concentré sur les pommes. Ajoutez une pointe de terre de Sienne brûlée au jaune indien et dégradez ce nouveau mélange sur le mur du fond. Retournez votre dessin à 90° et travaillez dans le sens de la verticale.

❷

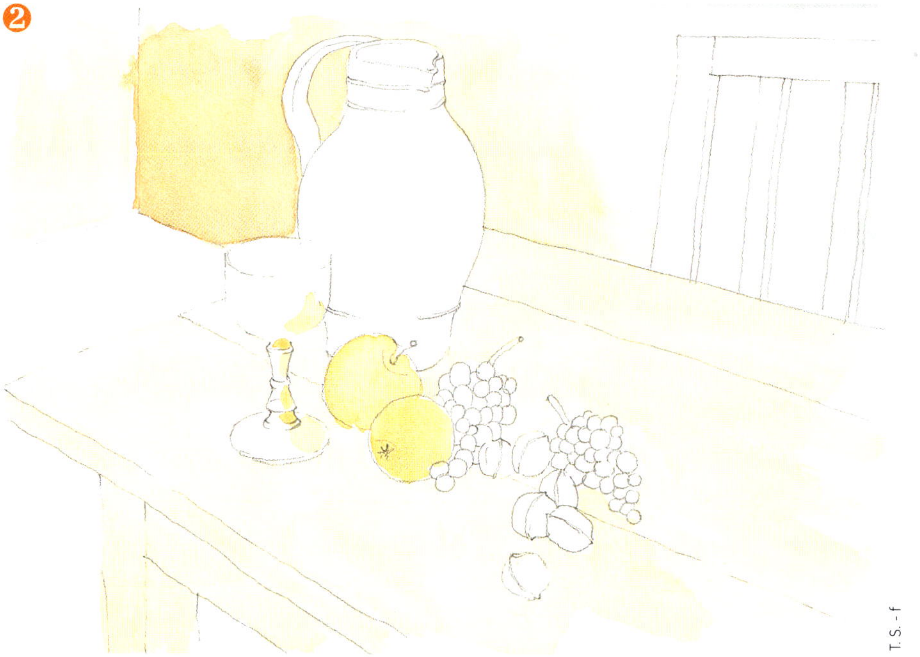

T.S. - f

▲ Des couleurs chaudes très diluées (jaune indien et terre de Sienne) sont utilisées pour peindre le mur du fond et la table.

❸ Utilisez un mélange de terre de Sienne brûlée et de terre d'ombre pour peindre les noix, la chaise et les plans verticaux de la table. Ces derniers peuvent être dégradés en ajoutant une touche de bleu outremer. Servez-vous de ce même bleu pour peindre le pichet et les grappes de raisin.
Pour le pichet, appliquez sur la surface sèche un léger jus de bleu outremer que vous pouvez neutraliser avec une petite pointe de sa complémentaire (terre d'ombre naturelle). Veillez bien à laisser spontanément de petits rehauts blancs sur la zone qui est éclairée.
N'attendez pas que la peinture soit sèche. Essayez de modeler votre forme en déposant plus de peinture dans les zones d'ombre. Anticipez, en posant quelques touches de rouge carmin sur le pichet dans la peinture humide. Sachant que le verre sera rempli de vin rouge, on peut facilement supposer la présence d'un reflet aux abords du verre.
Modelez également l'anse du pichet et terminez par les cercles bleus.
Placez les ombres. Selon l'ambiance souhaitée, ces dernières varient entre le bleu outremer et le violet.

❸

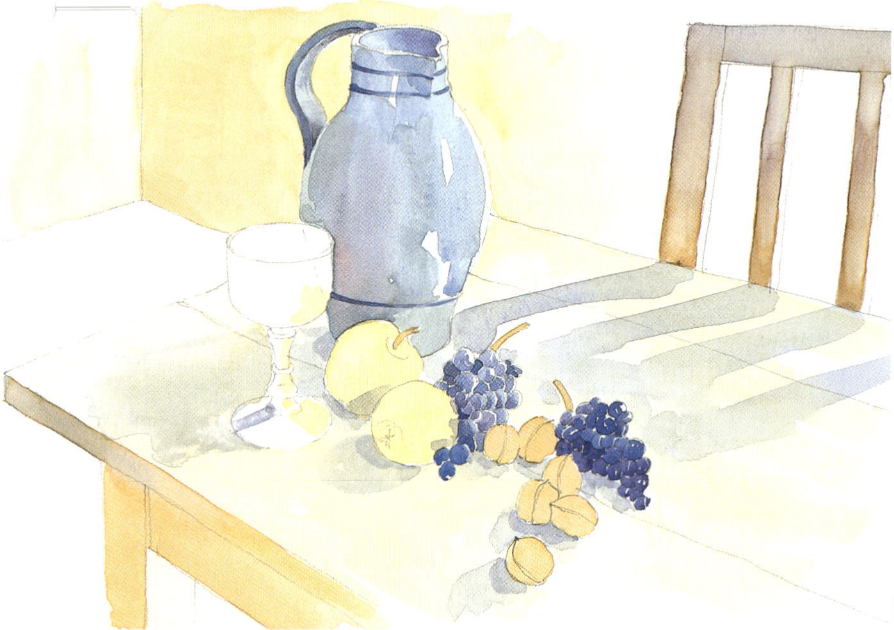

T. S. - a

▲ **Les ombres justifient l'emplacement de la chaise en créant une animation intéressante sur la table. Ce sont elles qui donnent vie à l'image et à la lumière.**

❹

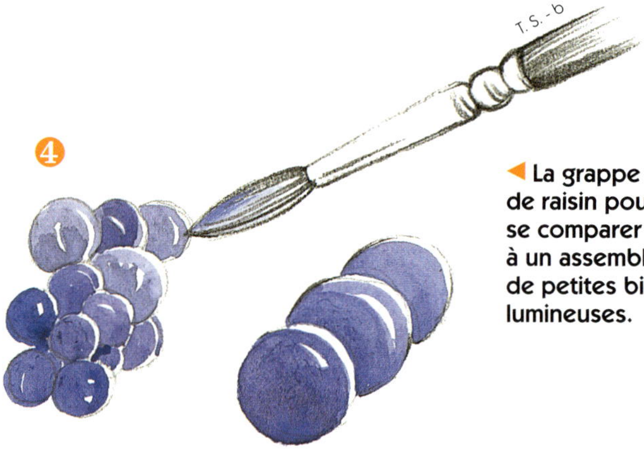

T. S. - b

◀ **La grappe de raisin pourrait se comparer à un assemblage de petites billes lumineuses.**

Les détails

❹ Rehaussez l'éclat des raisins. Pour cela, observez la provenance de la lumière, c'est elle qui vous guidera dans la façon de poser les rehauts blancs et les zones d'ombre.
❺ Modelez les pommes avec du jaune indien et une toute petite pointe de terre de Sienne brûlée. Les ombres donnent le volume et se composent de gris neutres (jaune + bleu / violet). Elles sont posées en légers lavis transparents sur le support sec. Dessinez l'étamine à l'aide d'un crayon HB.

❺

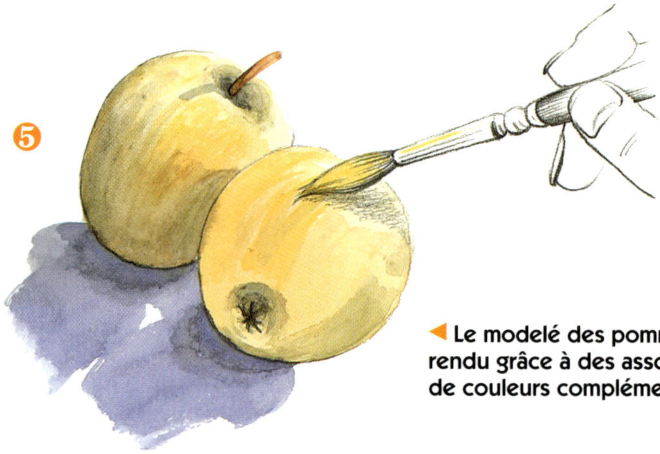

T. S. - c

◀ **Le modelé des pommes est rendu grâce à des associations de couleurs complémentaires.**

❻ Les ombres des noix sont rendues par mélange de trois couleurs (terre de Sienne, terre d'ombre et violet). Avec un petit pinceau, tracez des lignes irrégulières qui suggèrent les coquilles des noix. Les petits détails linéaires sont pratiquement impossibles à réaliser au pinceau. On utilisera avec avantage un crayon HB bien taillé.

❻

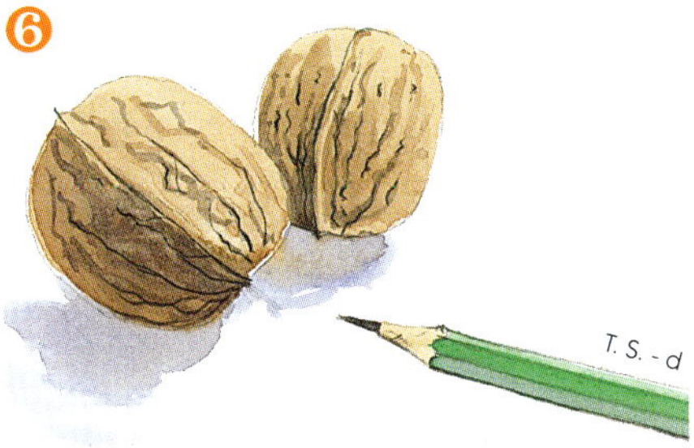

▲ Les plus petits détails sont dessinés au crayon.

Le verre

❼ En raison de la difficulté à représenter les reflets, nous avons gardé le verre pour la toute dernière étape.
Essayez d'isoler les nuances en petites surfaces précises.
Si vous éprouvez des difficultés à imaginer les reflets, posez un verre à vin rempli devant vous et copiez-le fidèlement.
Comme les couleurs dominantes sont des jaunes orangés et leurs complémentaires bleus violacés, la teinte rouge du verre à vin donne un contrepoint coloré à l'ensemble du tableau.
❽ Pour garder espace et légèreté dans l'œuvre finale, le sol peut rester vierge de couleur ; mais rien n'empêche d'y ajouter une légère tonalité.
Faites cependant au préalable des essais sur une autre feuille. Découpez-la selon les contours de la zone à peindre.

❼

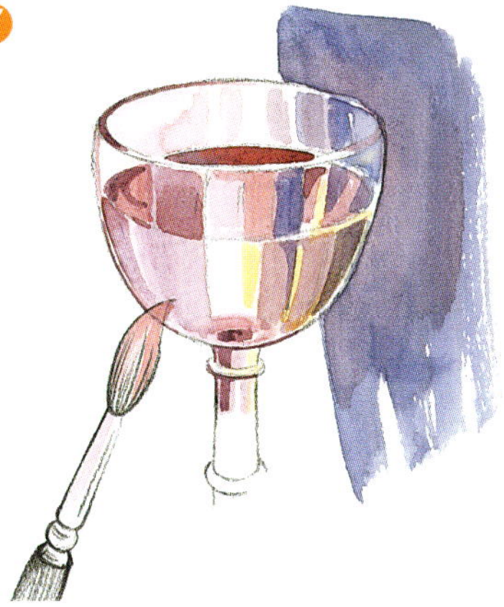

▲ Vous pouvez transformer le verre de vin rouge en verre de vin blanc. La couleur jaune s'harmonisera sans difficulté avec les tons existants et donnera un caractère plus sensible au sujet.

❽

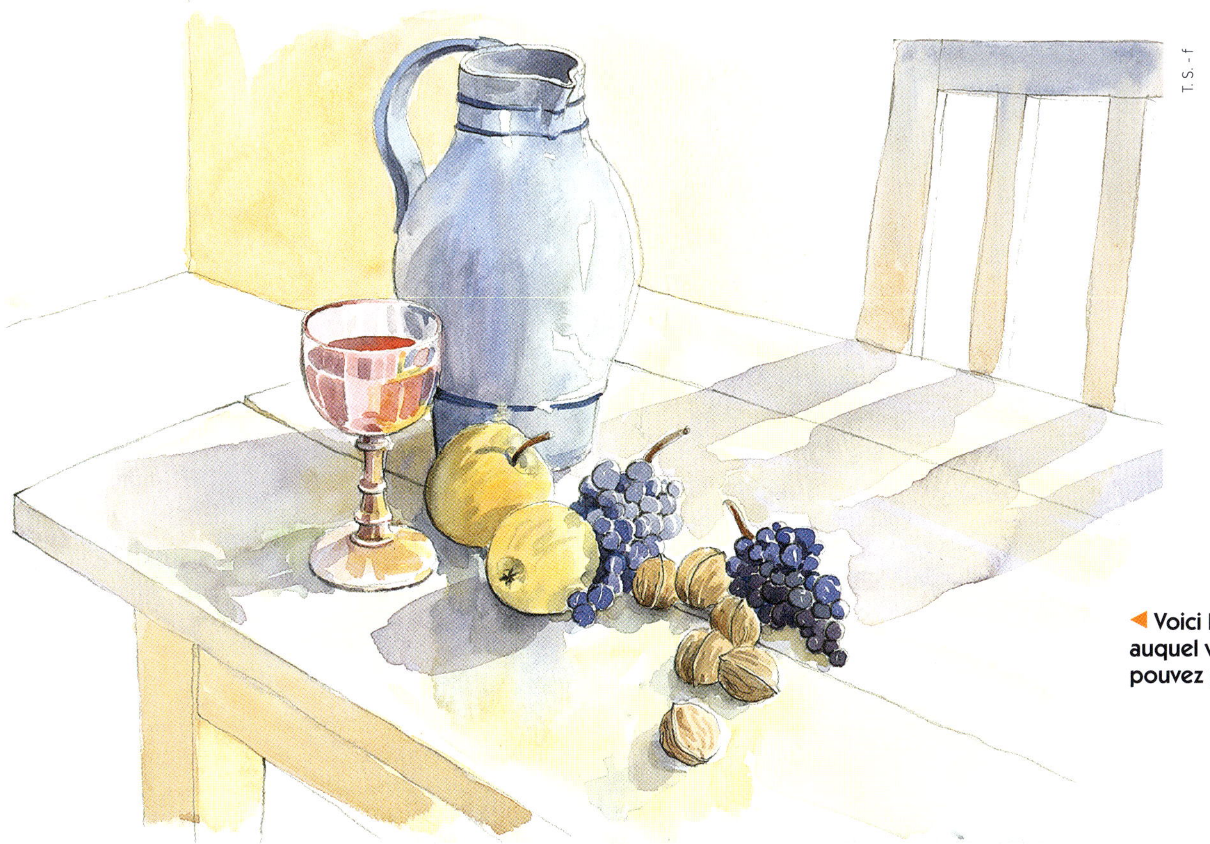

◀ Voici le résultat auquel vous pouvez parvenir.

Les drapés

Les drapés agrémentent et complètent les éléments d'une nature morte. Leurs lignes et leurs plis guident l'œil à travers le tableau. On les retrouve aussi dans les vêtements et les étoffes d'ameublement.

Peindre un drapé est un exercice intéressant, car il requiert esprit d'observation et rigueur autant que sens décoratif.

Trois familles de drapés

Les drapés en forme de zigzag recouvrent souvent une partie verticale et une autre horizontale (le dossier et l'assise d'une chaise, une partie d'un mur et d'une table).

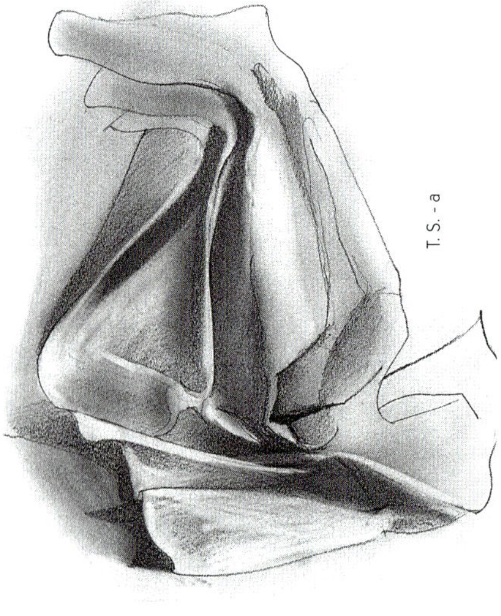

T.S. - a

▲ Drapé en forme de zigzag

Les drapés tubulaires, quant à eux, tombent en formant de beaux plis sans accrocs ni ruptures. Ce sont les rideaux et certaines étoffes murales.

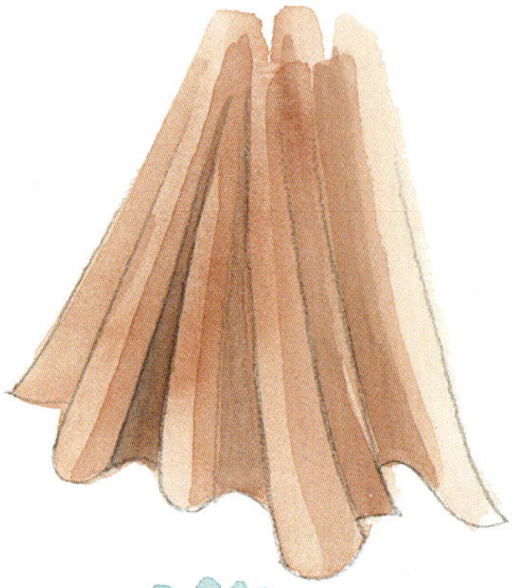

T.S. - b

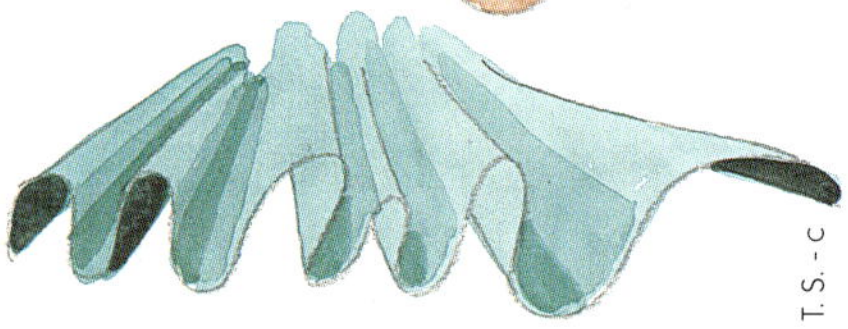

T.S. - c

▲ Drapés tubulaires

Les drapés en spirale se rencontrent surtout sur les habits (les manches retroussées) et dans l'ameublement. Les plis tournent sur eux-mêmes autour d'un axe.

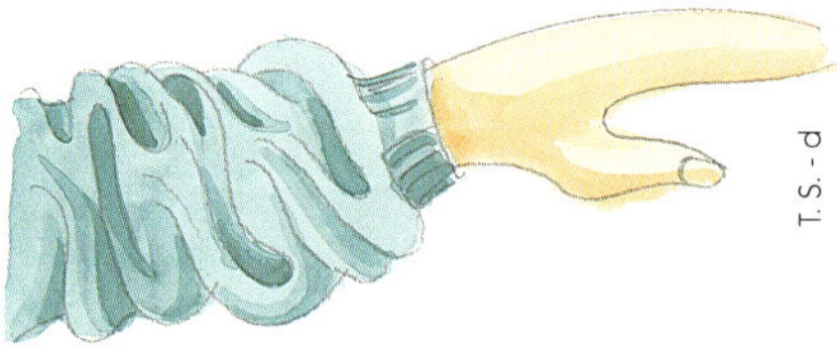

T.S. - d

▲ Drapé en spirale

Le drapé comme sujet principal

Donnez de l'importance à votre drapé ; accordez-lui au minimum deux tiers d'espace dans la composition. Associez-lui des éléments qui le mettent en valeur sans lui ravir la vedette. Dessinez à grands traits les lignes du drapé et les rythmes des plis. Clignez des yeux, puis parcourez les creux et les reliefs des plis pour mieux discerner les différentes valeurs.

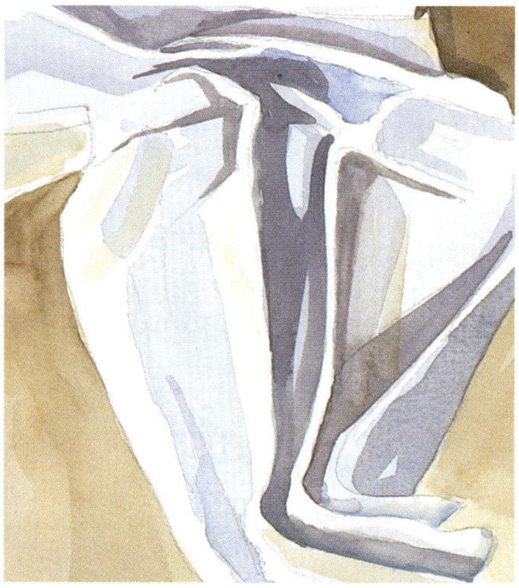

T.S. - e

▲ Un drapé en technique sèche. La précision des lavis donne une certaine rigueur à la composition.

Comment disposer un drapé ?

Posez l'étoffe le plus naturellement possible, en laissant tomber les plis avec souplesse. Ensuite, « cassez » les lignes verticales par une ou deux diagonales.

En plaçant un objet dessus, de nouveaux plis se formeront : ils seront toujours en étroite corrélation avec l'objet, sa place et la façon dont il est posé.

Décomposez les tons du tissu en quelques teintes essentielles. N'oubliez pas de commencer par les valeurs claires.
L'aquarelle rend à merveille les nuances et les subtiles variations sous forme de glacis et de légers dégradés.

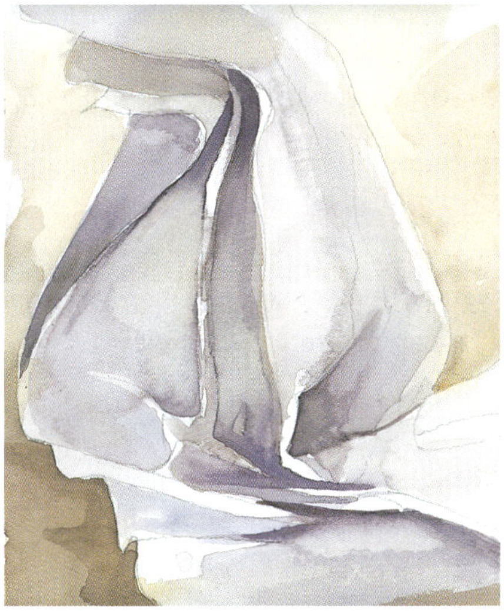
T. S. - f

▲ Un drapé en technique humide. On obtient davantage de souplesse et de douceur dans la forme des plis.

Le drapé en arrière-plan

Choisissez cette fois le tissu en fonction des objets qu'il doit accompagner. Un bouquet de fleurs, des objets métalliques (cuivres, argenterie), des objets riches en couleurs ou en reflets seront valorisés par un tissu uni. Songez aussi à l'harmonie des couleurs : plus celle du tissu contrastera avec les tons de la composition, plus le drapé attirera l'œil.

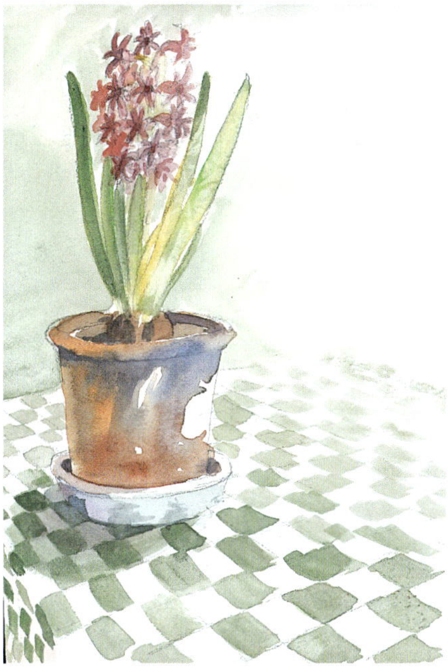
T. S. - h

▲ Une composition sobre composée d'objets simples gagnera en dynamisme avec un tissu à motif.

Les tissus à motif

Un motif répétitif, comme le tissu à petits carreaux, permet d'avoir une idée plus claire du mouvement des plis. Son exécution est déjà assez fastidieuse. Les drapés à motif encore plus complexe sont presque des œuvres à part entière.
Il convient de bien observer la façon dont les dessins suivent la forme du drapé. Prenons l'exemple du tissu à petits carreaux... Deux règles sont indispensables à suivre :

- il faut avoir le pinceau approprié à la largeur du carreau et tracer des traits d'un seul jet ;
- il ne faut pas revenir une deuxième fois sur le même trait, sauf si vous croisez des lignes. Le quadrillage issu du croisement de deux traits peut être renforcé, c'est-à-dire foncé, dans les zones d'ombre.

En bref

Si la composition est déjà riche en objets et en couleurs, mieux vaut opter pour un tissu uni.
Si elle est plutôt sobre, un tissu à motif discret peut l'enrichir sans la surcharger. Un tissu à motif plus complexe peut être à lui seul le sujet d'une œuvre.

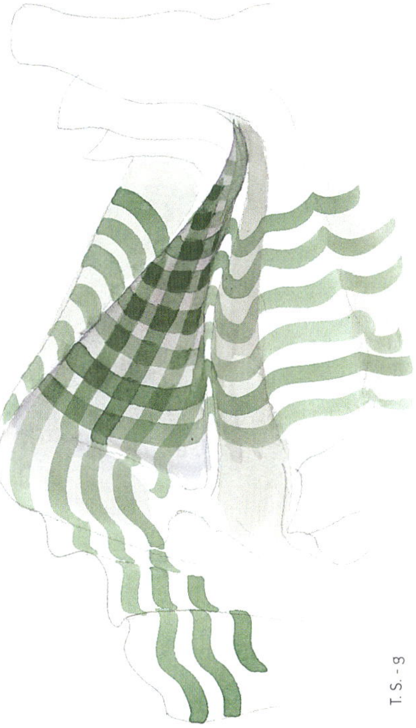
T. S. - g

▲ Utilisez une brosse plate souple, de la même épaisseur que la largeur du carreau.

Le drapé des vêtements

Les plis d'un vêtement sont directement liés à la position ou au mouvement de la personne qui le porte ; ils suivent la logique de cette position ou de ce mouvement, qui est la même pour tout le monde. Pour bien rendre la réalité, il n'y a qu'une solution : observer !

Exercice

Rien de tel qu'un drapé blanc pour apprendre à capter les subtiles variations de tons et de valeurs qui naissent dans ses plis.

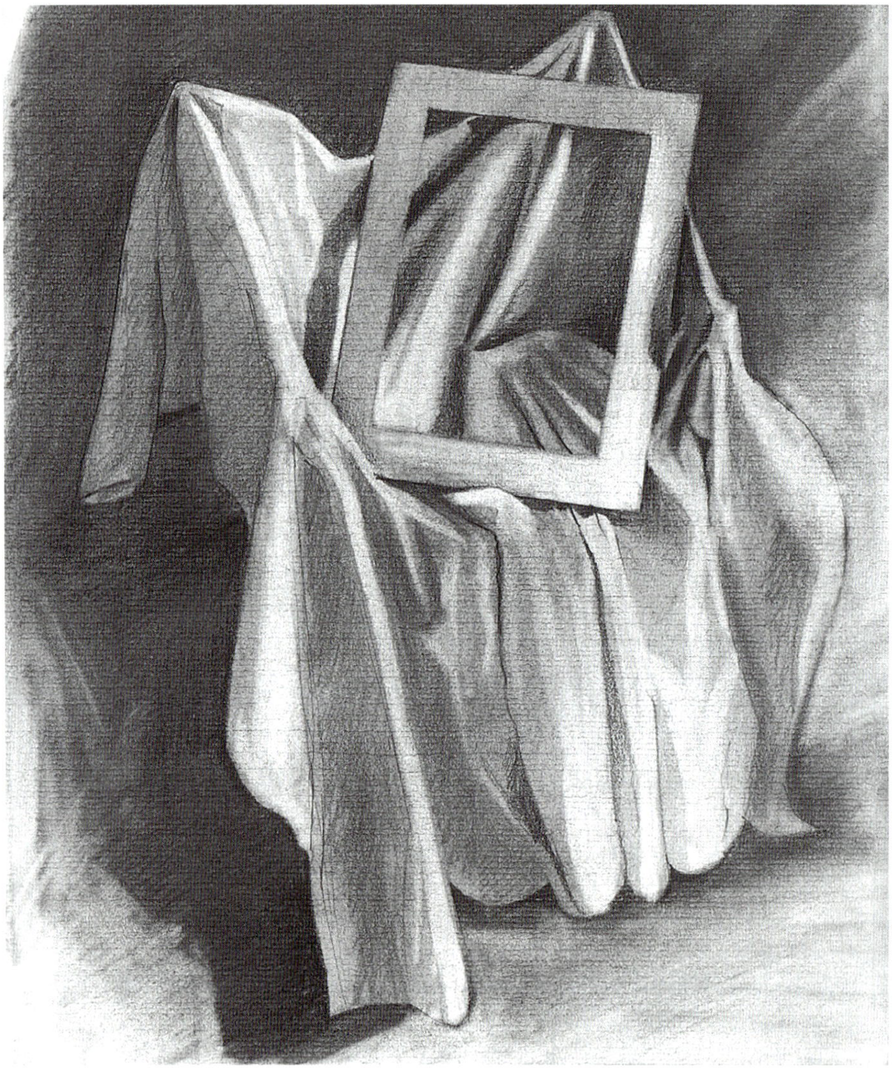

▲ Voici le croquis au crayon du drapé que nous vous proposons de reproduire à l'aquarelle. À cet univers de formes douces et de volutes nous avons ajouté un cadre blanc. Cette forme rectangulaire parfaite contraste avec les lignes aléatoires que forme le drapé.

1 : Reproduisez les lignes

Sur votre feuille de papier aquarelle, reproduisez les principaux contours du modèle proposé (y compris bien sûr les plis du drap). Travaillez de préférence à main levée. Mais vous pouvez aussi décalquer les grandes lignes de la composition.

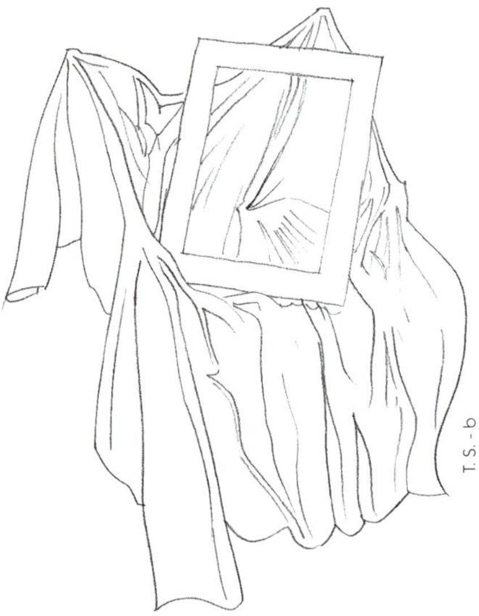

▲ Dans le croquis, on s'intéresse prioritairement aux lignes qui marquent les plis. Elles délimiteront les zones d'ombre et de lumière.

Les couleurs du blanc

Le blanc est rarement « véritablement blanc », sauf dans les rehauts. L'environnement immédiat influence cette couleur, qui y est sensible, et les teintes fortes et proches s'y reflètent. Généralement, on utilise pour ces reflets des tons neutres, des gris colorés, des ocres et des bleus. Il faut légèrement exagérer les tons dans les ombres, de telle sorte que les blancs dans les rehauts tranchent nettement.

2 : Posez les lavis

Commencez par des lavis très dilués (ocre et bleutés). Un mélange d'ocre et de bleu donne des tons « neutres » ; ces gris colorés peuvent virer vers les tons chauds (bruns) lorsque c'est l'ocre qui domine, ou vers les tons froids lorsque le bleu est dominant. Ils sont parfaits pour rendre l'effet de blanc que nous visons dans cet exercice.

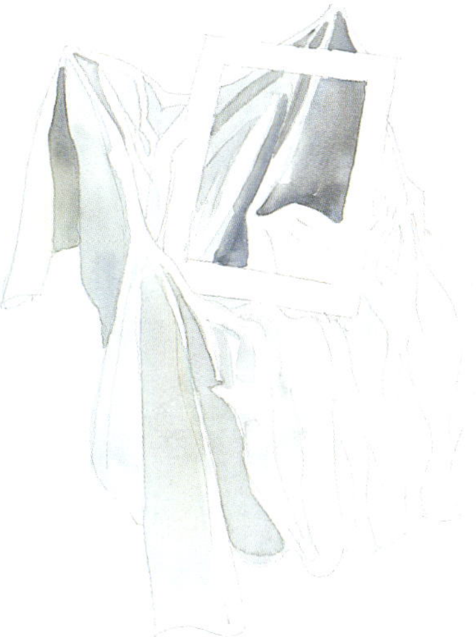

T. S. - d

▲ Comme il est d'usage, on commence par les lavis les plus clairs pour aller vers les plus foncés.

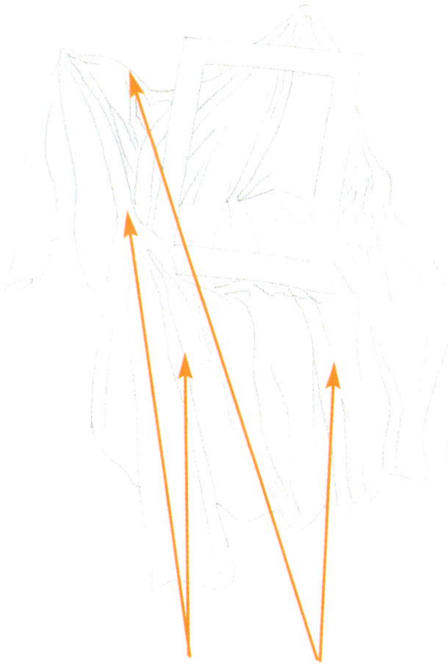

T. S. - c

▲ La lumière accroche le relief des plis. Ces zones de rehauts devront rester exemptes de peinture.

3 : Construisez les volumes

Humidifiez zone par zone et appliquez des lavis dégradés sur ces surfaces. Construisez progressivement les volumes.

4 : Colorez le fond

Pour faire ressortir le blanc, il faut impérativement mettre une valeur sur le fond. Un gris coloré légèrement chaud donnera plus de blancheur au drapé. Vous pourrez constater que l'image a bien changé quand vous aurez appliqué vos teintes de fond. Commencez par passer un premier lavis assez clair sur la surface autour du drapé.

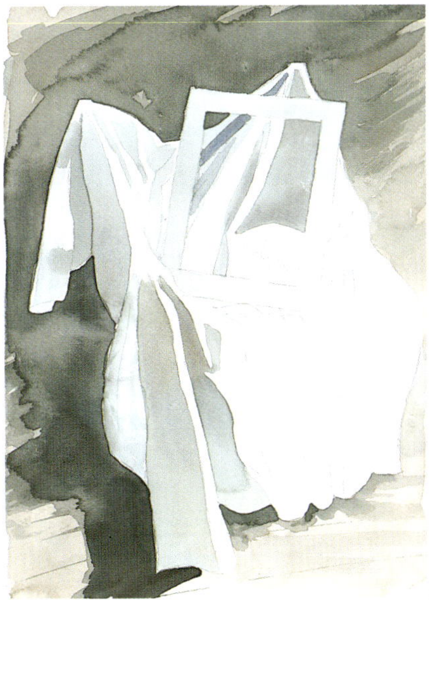

T. S. - e

L'éclairage venant de droite, ▶ placez l'ombre du sujet à gauche en un ou deux passages successifs.

5 : Variez les nuances

Avancez peu à peu dans votre travail en utilisant toujours les mêmes teintes (les couleurs terre mélangées aux bleus).
Là réside en effet l'intérêt de ce travail : varier les nuances à partir de quelques tons de base. N'hésitez pas à tester vos mélanges sur papier libre.

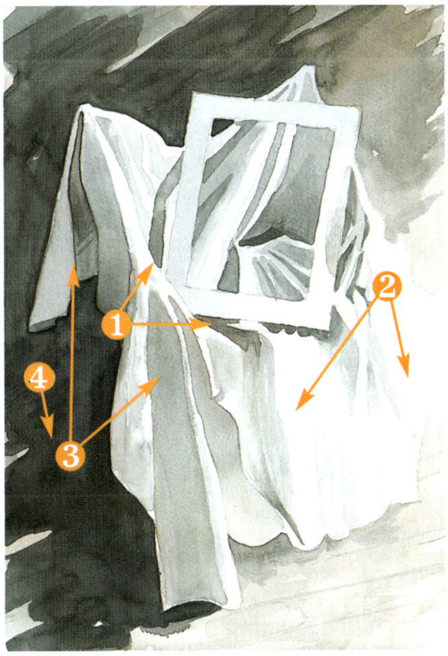

T. S. - f

❶ Tantôt chaudes, tantôt froides, les ombres placées autour du cadre le mettront en valeur.
❷ La zone fortement éclairée doit être travaillée légèrement.
❸ En revanche, attachez plus d'importance aux parties ombrées.
❹ En reprenant l'ombre du fond, vous allez obtenir plus de contraste.

Tableau dans le tableau

Pour attirer l'œil dans une zone du tableau ou mettre en avant une image, placez-la dans un cadre. Celle-ci sera doublement mise en valeur mais exigera davantage de soins.

Fleurs et coupe en verre

Nous allons compléter notre étude sur la verrerie et le jeu de la transparence par un exemple bien précis, celui d'une coupe de fleurs.

À travers cet exemple de coupe remplie de roses, voyons ensemble de quelle façon exalter la beauté de la transparence.

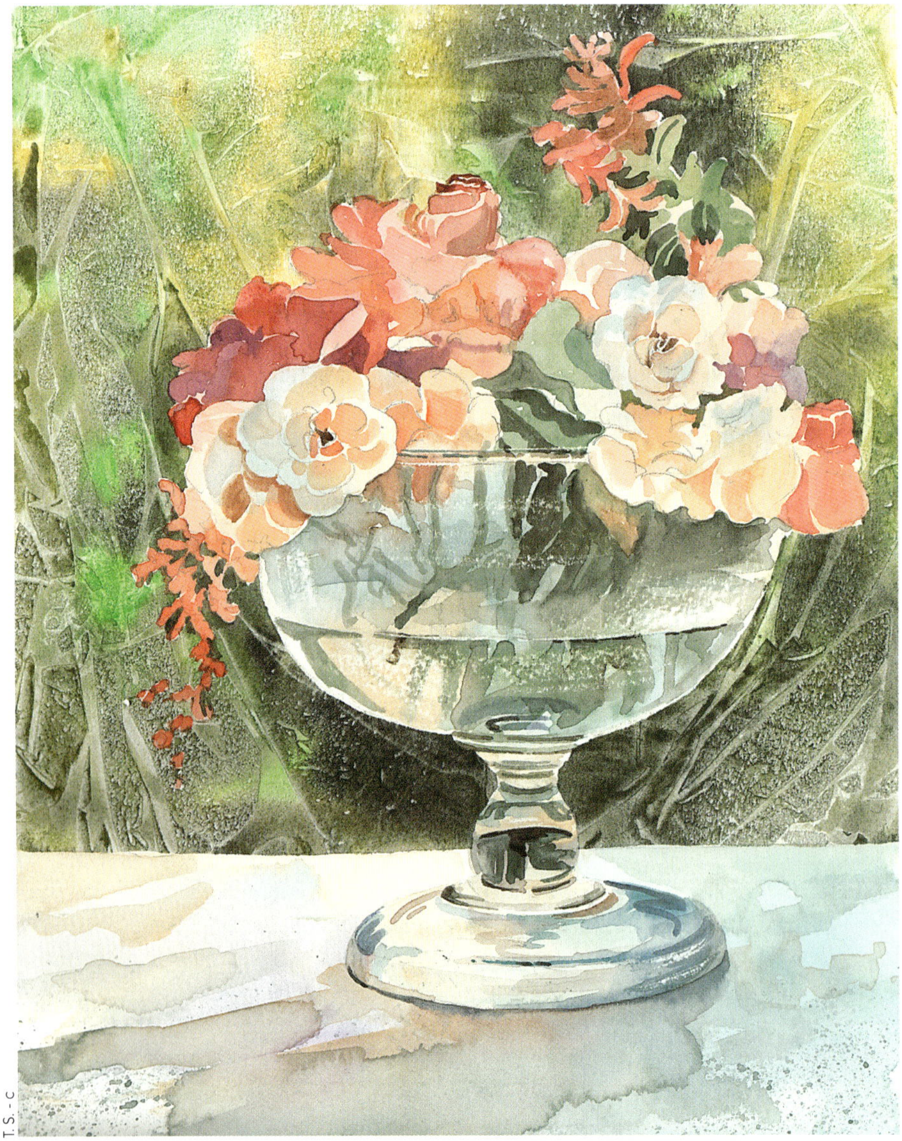

▲ Cette aquarelle montre à merveille comment le peintre a su tirer profit de la transparence du verre et de la délicatesse des roses.

Préparatifs

Avant de commencer, il convient d'observer ces consignes :

- Optez pour une feuille d'au moins 20 x 30 cm (format minimal pour un confort dans le travail).
- Préparez tout votre matériel et tendez bien la feuille sur un support rigide.
- Reproduisez le modèle ci-contre au crayon HB sans peaufiner les détails.

Les couleurs

- Rouge carmin
- Jaune indien
- Vert bleuâtre
- Violet
- Bleu outremer
- Chair
- Bleu turquoise
- Gris de Payne
- Orange
- Vert jaunâtre
- Brun Van Dyck
- Rouge permanent

Masquez le vase et les fleurs

Vous allez préparer la surface de travail. Pour rendre un effet de feuillage flou dans le lointain, vous allez utiliser une des techniques d'empreinte : le film plastique alimentaire.
Afin que les débordements de peinture, inévitables lors de l'impression de la couleur, n'aient pas de conséquences malencontreuses, masquez toutes les parties non concernées.
Pour ce faire, appliquez du ruban adhésif repositionnable au cœur de la coupe. Pour le contour, qui demande davantage de précision, posez de la gomme liquide à l'aide d'un vieux pinceau savonné.

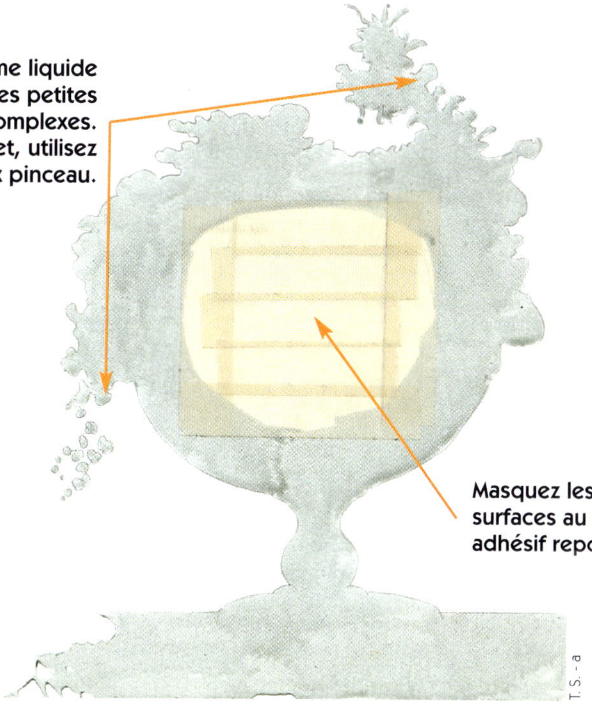

Utilisez la gomme liquide pour réserver les petites formes complexes. À cet effet, utilisez un vieux pinceau.

Masquez les grandes surfaces au ruban adhésif repositionnable.

Réalisez le fond

Posez un lavis nuancé en commençant par du jaune indien. Quelques gouttes de gomme arabique liquide vont accentuer l'effet. Dans le jaune humide, déposez des touches de vert jaunâtre, puis ajoutez quelques pointes de gris de Payne pour créer des zones d'ombre.
Posez un morceau de film plastique alimentaire froissé dans l'aquarelle fraîchement posée et laissez sécher 15 mn ou plus selon l'effet souhaité. Retirez la pellicule. Laissez sécher complètement. Puis ôtez la gomme liquide avec un doigt.

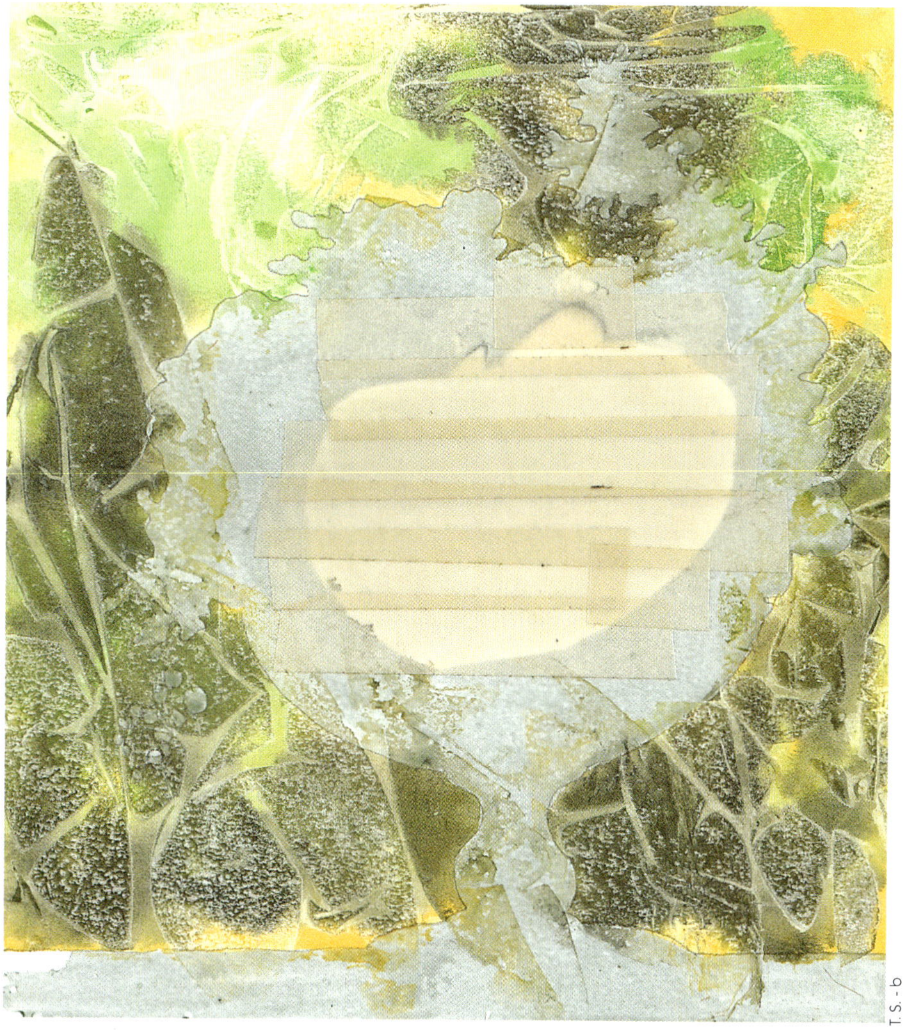

▶ Pour obtenir un fond neutre qui n'influence pas le sujet, vous allez créer des formes végétales floues au moyen d'un film plastique froissé et posé dans la couleur fraîche.

Les roses

Les roses seront représentées à l'aide de couleurs tendres et pastel. Utilisez les teintes chair, carmin et turquoise mélangées avec beaucoup d'eau.
On retrouve les mêmes teintes sur la coupe en verre. Les reflets roses se situent dans les rehauts. Cependant, la couleur dominante sera plutôt bleutée.

Travaillez le bouquet et la coupe ▶ de verre « frais sur frais », avec des teintes diluées.

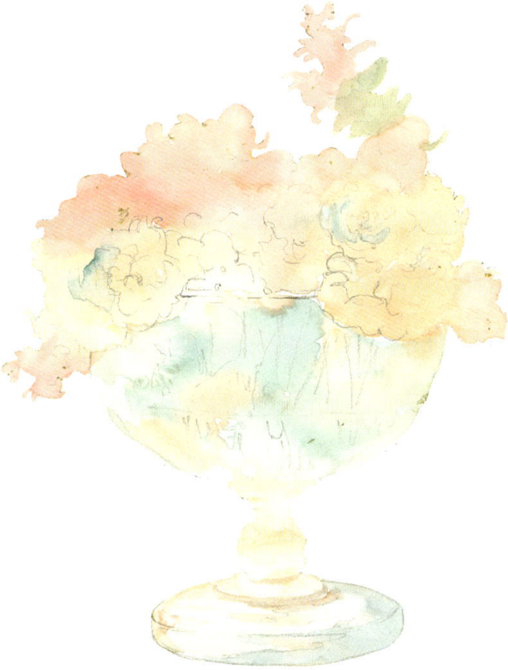

T.S. - b

La verrerie

Nous vous proposons de vous attarder sur la verrerie. Elle est réalisée au moyen de couleurs claires et diluées.
Gardez un caractère spontané pour respecter le côté aléatoire de l'aquarelle, parfaitement adapté pour suggérer l'élément liquide et transparent.
Vous allez utiliser cinq couleurs pour réaliser la coupe : chair, bleu turquoise, bleu outremer, vert bleuâtre et brun Van Dyck.

❶ Dans un premier temps, posez des lavis intermédiaires. Sur l'aquarelle achevée, vous pouvez remarquer l'ellipse qui s'est formée à la limite de l'eau contenue dans le vase. Essayez de retrouver cet effet important, qui contribue à accentuer la transparence du verre. Utilisez le bleu turquoise mélangé à la teinte chair.
❷ Toujours dans la partie haute, travaillez « frais sur frais » en remontant les tons. Le vert bleuâtre et le brun seront utiles pour faire ressortir les tiges au travers du verre.
❸ Passez à la partie basse de la coupe, où quelques traits bien placés vont donner le volume au verre.
❹ Posez rapidement les lavis qui donnent l'ombre sur la table. Soulignez d'un liseré foncé l'endroit où est posé le verre. Quelques projections permettront d'agrémenter la surface.

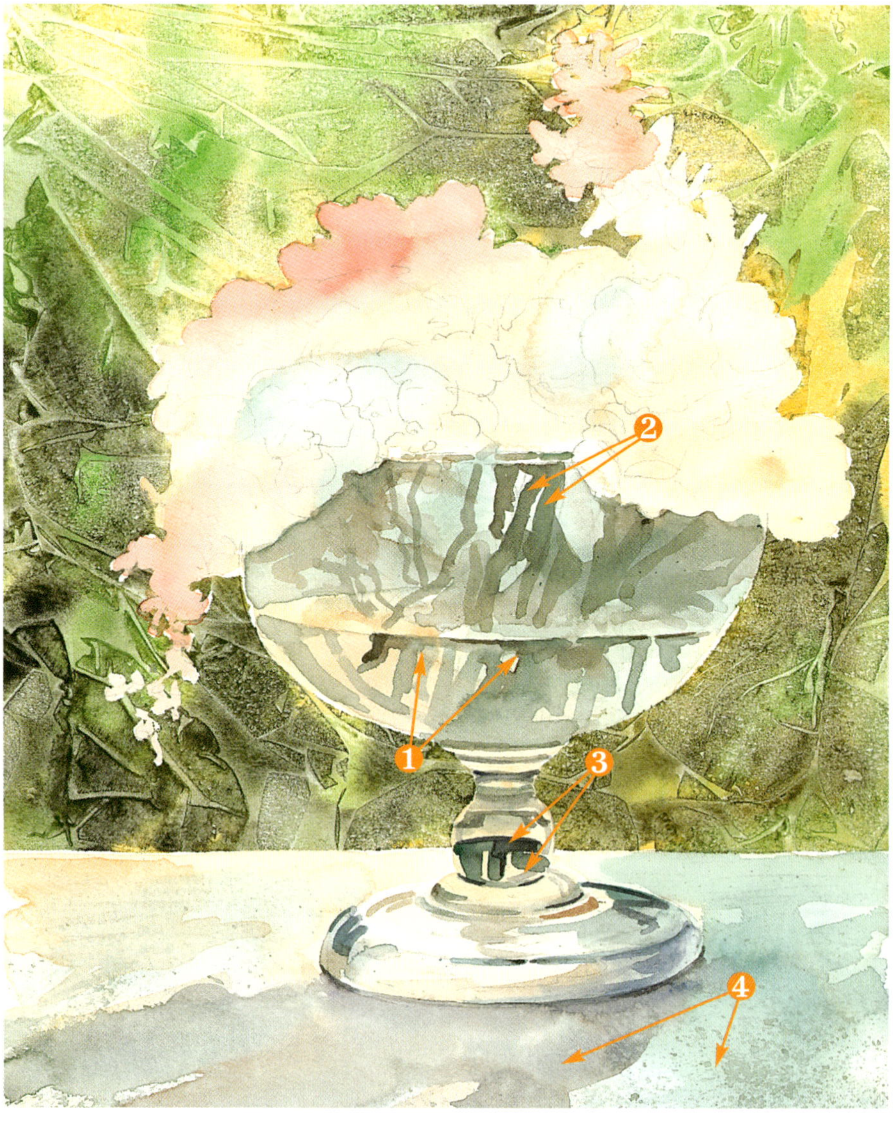

T.S. - a

La progression

En règle générale, il vaut mieux avancer progressivement, surface après surface. Cependant, pour des raisons de commodité, vous pouvez essayer de terminer des zones précises comme la coupe ou les roses (à plus forte raison si vous avez choisi de travailler en technique humide).

Les finitions

À ce stade, il vous reste les roses à préciser. Gardez une certaine légèreté dans le rendu des fleurs. Travaillez en technique sèche en posant des lavis transparents, du clair au foncé.

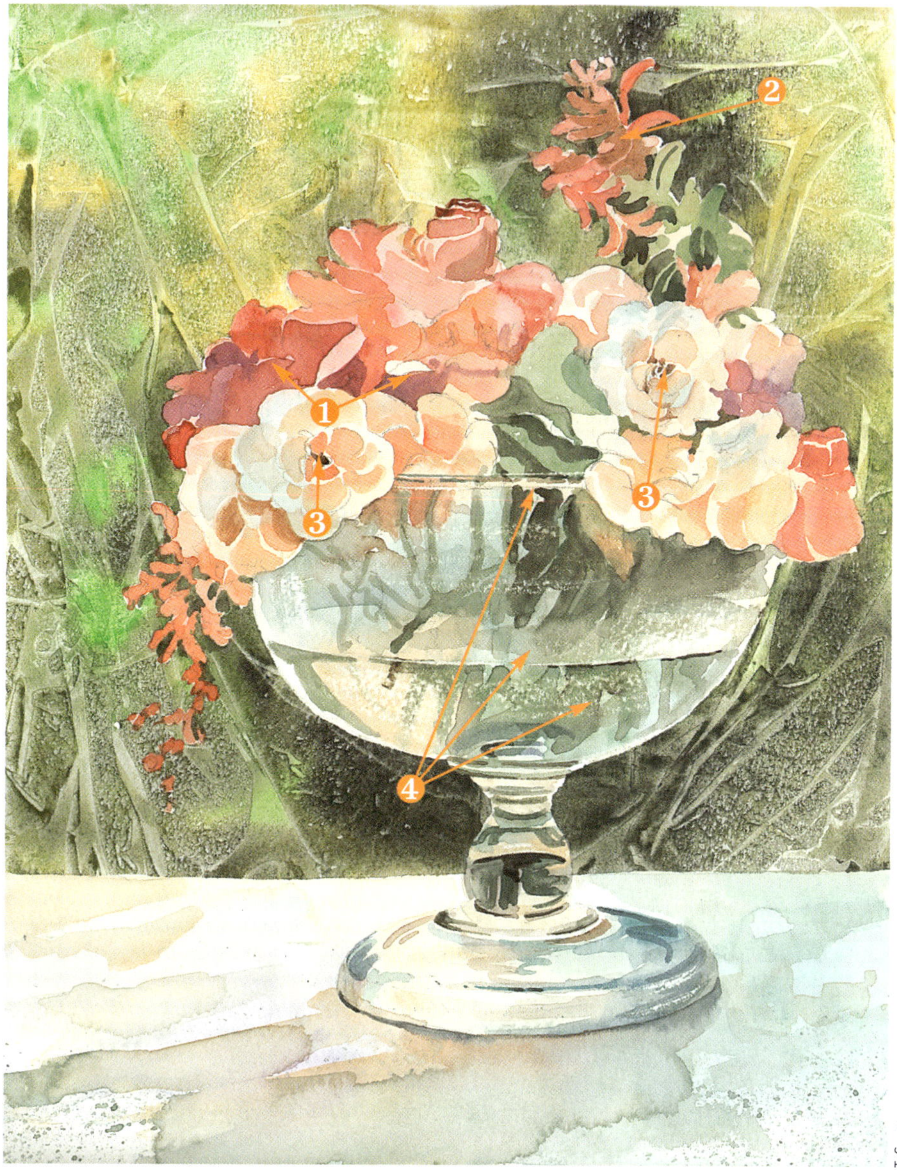

▶
❶ Pour les roses de couleur soutenue, utilisez des teintes plus saturées (orange, rouges et violet).
❷ Travaillez simultanément quelques branches de fuchsia.
❸ Peaufinez le détail des roses en appliquant de petites touches foncées.
❹ Quand la feuille est sèche, réalisez des effets de grattage dans le verre pour accentuer sa transparence. La pointe du cutter est utilisée pour les traits fins, le plat d'une lame à rasoir permet d'enlever plus de matière.

T. S. - c

Les roses claires

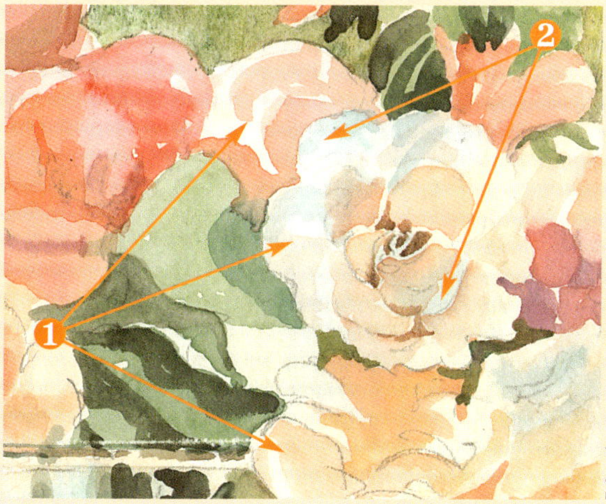

T. S. - d

❶ Pour les roses claires, utilisez un mélange de couleur chair et de rouge permanent. Gardez la teinte sous-jacente pour la valeur la plus claire. Posez de petits aplats ou des dégradés sur chaque pétale.
❷ Les zones à l'ombre semblent légèrement bleutées (turquoise).

Personnalisez votre œuvre

Pour la finition, vous avez la possibilité de couper net votre dessin sur les bords extérieurs. Mais peut-être préférez-vous laisser pénétrer le blanc de la bordure ? En fait, de nombreuses possibilités vous sont offertes : faire déborder certaines couleurs, déchirer et recoller sur un fond uni... Vous pouvez aussi choisir une forme de cadre originale ou bien réaliser une bordure en fleurs séchées.

Index

Le matériel 7
L'aquarelle dans tous ses états 8
Les pinceaux de l'aquarelliste 10
Comment tendre sa feuille 12

Les principales techniques 15
La technique du papier sec 16
Parfaire la technique sèche 17
Parfaire la technique sèche - Exercice 18
La technique humide 21
Les mélanges en technique humide 22
Parfaire la technique humide 24
Parfaire la technique humide - Exercice 25
La technique mixte 28
Parfaire la technique mixte 30
Parfaire la technique mixte - Exercice 31
Le lavis uniforme 34
Le lavis dégradé 36
À vous de jouer 37
Le lavis dégradé - Exercice 38
Parfaire les lavis dégradés 40
Parfaire les lavis dégradés - Exercice 41
Le lavis polychrome 44
La technique des rehauts 46
Ombres et rehauts 48
Ombres et rehauts - Exercice 50
Parfaire la technique des rehauts 52
Parfaire la technique des rehauts - Exercice 53
Le grattage 56
Le grattage - Exercices 58
Parfaire la technique du grattage 60
Parfaire la technique du grattage - Exercice 61
Projections et diffusions 64
Les additifs 66
Les additifs - Exercice 68
Parfaire la technique des additifs 70
Parfaire la technique des additifs - Exercice 71
La peinture à l'éponge 74
La peinture à l'éponge - Exercice 76

Les couleurs 79
Aqua...l'élément eau 80
Bien utiliser ses couleurs 81
Les couleurs complémentaires 82
Le cercle chromatique complet 84
Transparence et opacité des couleurs 86
Mélanges et superpositions 88
Soustraire la couleur 90
Soustraire la couleur - Exercice 94

Peindre la nature et les éléments 97
Les couleurs de la nature 98
Arbres en hiver et au printemps 102
Arbres en été et en automne 106
Arbres en été et en automne - Exercice 108
Les fleurs 110
Les couchers de soleil 114
Les couchers de soleil - Exercice 116
Les nuages 118
Brumes et brouillards 122
Paysages de pluie 126
Paysages de neige 130
Paysages de neige - Exercice 134
L'eau et les reflets 136
L'eau et les reflets - Exercice 138
La mer et les vagues 140

Peindre les animaux et les personnages 145
Poils et plumes 146
Les chats 150
Les poissons 154
Les poissons - Exercice 156
Le portrait : revue de détails 158
Les couleurs de la peau 164
Les couleurs de la peau - Exercice 166
Le nu artistique 168
Le nu artistique - Exercices 170
Silhouettes et personnages 172
Silhouettes et personnages - Exercice 174

La nature morte 177
La nature morte 178
La nature morte - Exercice 181
Les drapés 184
Les drapés - Exercice 186
Fleurs et coupe en verre 188